Marokko fotografieren –

Faszinierende Landschaften und orientalische Kultur

Jörg Löffler · Karen Meyer-Rebentisch

MAROKKO FOTOGRAFIEREN

Faszinierende Landschaften und orientalische Kultur

dpunkt.verlag

Jörg Löffler, Karen Meyer-Rebentisch

Lektorat: Rudolf Krahm
Lektoratsassistenz: Anja Weimer
Copy-Editing: Kerstin Grebenstein, *www.buch-fuer-buch.de*
Satz: Anna Diechtierow
Herstellung: Stefanie Weidner, Frank Heidt
Umschlaggestaltung: Anna Diechtierow, unter Verwendung von Fotos der Autoren
Druck und Bindung: Grafisches Centrum Cuno GmbH & Co. KG, 39240 Calbe (Saale)

Alle Fotos von Karen Meyer-Rebentisch, mit Ausnahme der Bilder auf Seite 27, 35, 153, 157, 186, 228 und 280 von Jörg Löffler

Bibliografische Information der Deutschen Nationalbibliothek
Die Deutsche Nationalbibliothek verzeichnet diese Publikation in der Deutschen Nationalbibliografie; detaillierte bibliografische Daten sind im Internet über *http://dnb.d-nb.de* abrufbar.

ISBN:
Print 978-3-86490-664-0
PDF 978-3-96088-762-1
ePub 978-3-96088-763-8
mobi 978-3-96088-764-5

1. Auflage

543210

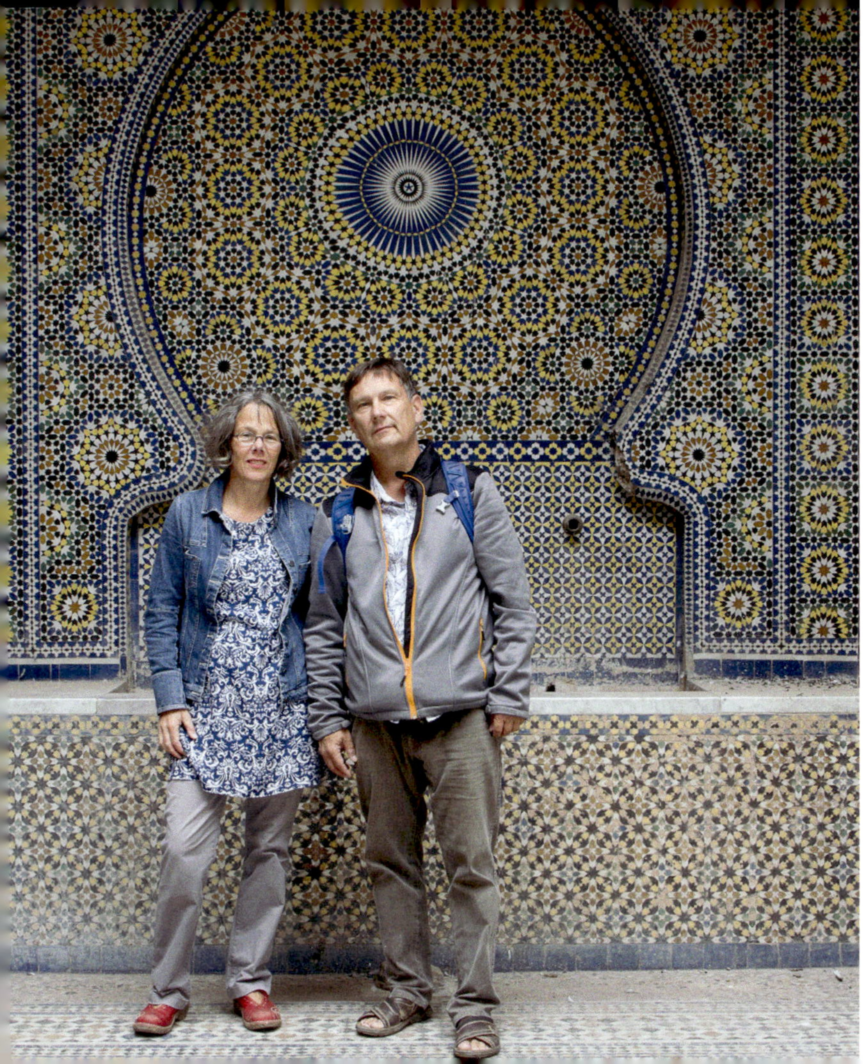

JÖRG LÖFFLER arbeitet seit über 30 Jahren als Reiseleiter und Reiseführer und hat Marokko mehr als 30-mal sowohl auf eigene Faust als auch beruflich bereist. Ihn faszinieren vor allem die gastfreundlichen Menschen und die Landschaften des Landes.

DR. KAREN MEYER-REBENTISCH ist Kulturwissenschaftlerin, Autorin und Fotografin. Schon bei ihrer ersten Reise nach Marokko ist sie dem Zauber des Landes verfallen. Ihre Fotos aus Marokko und anderen schönen Orten der Welt finden Sie auf ihrer Webseite *www.meyer-rebentisch.de.*

INHALTSVERZEICHNIS

Wüstencamp Erg Chebbi – Sahara Garden
21 mm · ISO 1600 · Blende 6,3 · 1/250 s

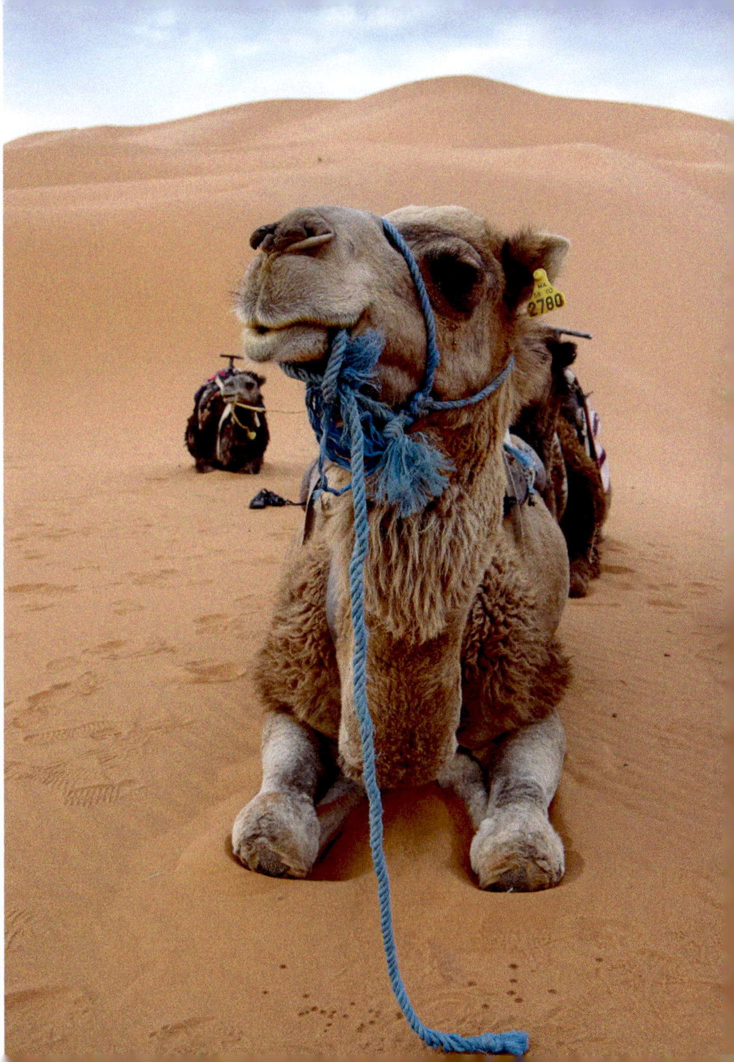

Einleitung

Hohe Berge, grüne Täler, mäandernde Flüsse, trockene Stein- und Sandwüsten, abwechslungsreiche Küstenlandschaften, Einsamkeit und Trubel – Marokko ist ein spannendes Reiseland, das alle Sinne anspricht. Nur drei bis vier Flugstunden von Mitteleuropa entfernt, bekommt man das Gefühl, in eine ganz andere, fremde Welt einzutauchen. Ein Rausch der Farben und Formen, das unglaublich brillante Licht, die Vielfalt der Landschaften, bunte Märkte und faszinierendes Kunsthandwerk – das alles macht den Maghreb-Staat zu einem Traumziel für Fotografinnen und Fotografen.

Die Menschen in Marokko sind herzlich und gastfreundlich. Viele Reiseanbieter offerieren Gruppenrundreisen, aber auch ein selbstorganisierter Trip ist dank einer gut funktionierenden touristischen Infrastruktur mit kleinem Budget problemlos möglich. Da der Tourismus ein wichtiger Wirtschaftsfaktor des Landes ist, finden Besucher hier fast alles, was sie während eines Aufenthaltes benötigen. Die Einreise ist mit Reisepass ohne Visa möglich. Außerdem ist Marokko ein sicheres Reiseziel mit geringer Kriminalität. Das gesundheitliche Risiko ist ebenfalls sehr gering. Die marokkanische Währung Dirham/MAD ist ziemlich stabil, der Wechselkurs liegt bei etwa 10,7 MAD für 1 Euro. Tauschen Sie Geld am besten am Flughafen oder in Wechselstuben der größeren Städte.

Uns begeistert an Marokko vor allem die Vielfalt der Kultur und Lebensweise, die Freundlichkeit und Gelassenheit der Menschen, die Weite der Landschaften im Süden und das überwiegend gute Wetter. Besonders interessant ist der Gegensatz von Stadt und Land sowie Norden und Süden – hier ist man in ganz verschiedenen Welten unterwegs!

Die von Marokko annektierte Westsahara werden wir in diesem Fotoscout nicht berücksichtigen: Dieses große Gebiet ist fotografisch wenig interessant. Die Infrastruktur ist deutlich schlechter als im übrigen Marokko. Man wird aufgrund des unklaren völkerrechtlichen Status von der Deutschen Botschaft nicht konsularisch betreut und das Auswärtige Amt rät sogar von Reisen dorthin ab.

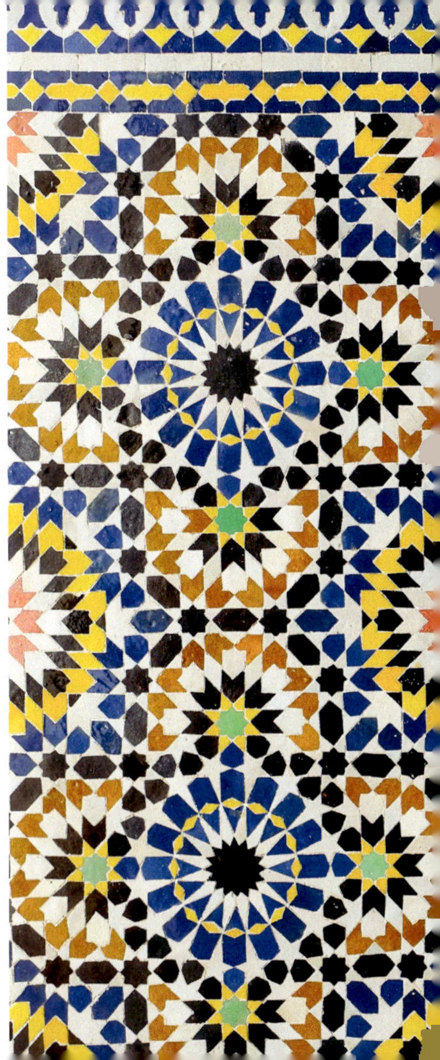

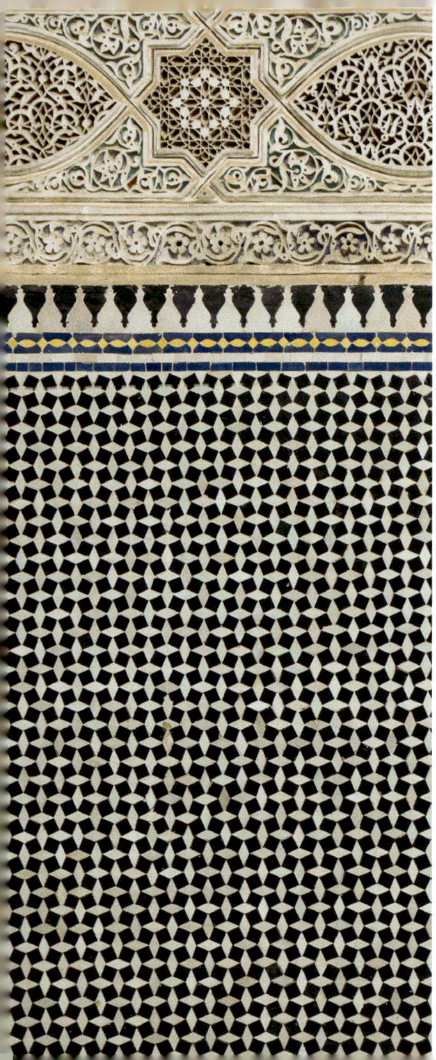

NACH MAROKKO KOMMEN

Am günstigsten und bequemsten ist Marokko von Deutschland aus per Flugzeug zu erreichen. Direkt nach Marokko fliegen Eurowings, Lufthansa, Royal Air Maroc und Ryanair. Umsteigeflüge werden vor allem über Paris, Madrid, Lissabon, Brüssel, Genf und Amsterdam angeboten. Die wichtigsten Flughäfen sind Casablanca, Marrakesch und Agadir.

Mit dem PKW von Deutschland nach Marokko braucht man gut drei Tage. Fährverbindungen gibt es ab Spanien bzw. Gibraltar. Aber auch von Italien (Genua oder Savona) und Frankreich (Sete) aus gehen Fähren. Der eigene Wagen lohnt nach unserer Einschätzung nur, wenn man sehr lange vor Ort bleiben möchte oder es sich um einen Campingwagen handelt. Denn zu den Spritkosten für die mehr als 2.500 Kilometer lange Reise ab Deutschland kommen noch die Autobahngebühren und die Fährkosten (z. B. kostet die Fähre von Algeciras nach Ceuta 120 Euro).

VOR ORT UNTERWEGS SEIN

Das Land bietet eine hervorragende Infrastruktur mit gut ausgebauten Fernstraßen und Autobahnen, Eisenbahnlinien und Busverbindungen. Leihwagen kann man ab ca. 15 Euro pro Tag mieten, man bucht sie aber am besten schon vorab in Deutschland. Auch der Benzinpreis von ca. 12 MAD pro Liter wird Mitteleuropäer sicherlich erfreuen. Bahn- und Buspreise sind noch günstiger und belaufen sich auf ungefähr 35–50 MAD pro 100 Kilometer.

Der Verkehr in den Städten ist für unser Empfinden etwas chaotisch, aber nicht aggressiv, eher umsichtig. Auf den Landstraßen außerhalb der Region Casablanca – Rabat – Tanger – Meknes – Fes – Marrakesch gibt es recht wenig Verkehr. Mit häufigen Verkehrskontrollen durch die Polizei, die Ausländern gegenüber aber freundlich gesinnt ist, muss gerechnet werden. In den Städten zahlt man den Parkwächtern, die an den Sicherheitswesten zu erkennen sind, die Parkgebühren pro Tag (ca. 3 MAD) bzw. pro Nacht (ca. 20 MAD).

VOR ORT LEBEN

Marokko ist für unsere Verhältnisse ein günstiges Reiseziel. Mehrbettzimmer im Hostel sind schon für weniger als 100 MAD pro Nacht zu haben. Ein einfaches Doppelzimmer mit eigenem Bad bekommt man ab 200 MAD, für 500 MAD kann man schon einen gewissen Standard erwarten. Luxushotels in historischen Riads, Kasbahs oder auch Neubauten können ein Vielfaches kosten.

Das Frühstück in landestypischen Unterkünften ist für Westeuropäer eher ungewohnt. Es gibt kaum Aufschnitt und Käse, dafür diverse Gebäckarten. Das Angebot an Restaurants und Cafés ist umfangreich. Ein Kaffee oder Minztee kostet ca. 10 MAD, ein warmes Essen kann man ab ca. 30 MAD bekommen. Die marokkanische Küche ist weltberühmt. Allerdings ist sie bei weitem nicht so verfeinert, wie es in Europa dargestellt wird. Sie ist bodenständig und reell, die Auswahl an Gerichten wie Tajine, Couscous und Fleischspießen ist begrenzt, auch gibt es wenig regionale Unterschiede. Der Preis oder die Restaurantkategorie sind keine Garantie für die Qualität des Essens. Wir haben oft die leckersten Gerichte in einfachen Restaurants erhalten. Eine Lizenz zum Ausschank von Alkohol haben nur wenige Gastronomen.

In den größeren Städten bieten einige große Supermärkte eine enorme Produktvielfalt. In den französischen Carrefour-Märkten kann man auch Alkohol kaufen. Ansonsten findet man eher viele kleine Läden an jeder Ecke, die Produkte des täglichen Bedarfs anbieten. Obst und Gemüse wird eher an den Rändern der Altstädte verkauft, da hier die tägliche Anlieferung frischer Ware einfacher ist als in den engen Altstadtgassen. Die Preise für Lebensmittel liegen erheblich unter dem, was wir in Mitteleuropa gewohnt sind.

Leider besteht die Gefahr einer Magen-Darm-Verstimmung. Kaufen Sie Trinkwasser deswegen lieber in Flaschen, waschen Sie Obst vor dem Verzehr und meiden Sie rohe Lebensmittel, wenn Sie empfindlich sind.

Wenn Sie innerhalb des Landes telefonieren oder surfen wollen, kaufen Sie sich eine SIM-Karte von Maroc Telecom oder anderen Anbietern. Ein Internet-Datenvolumen von 5 GB kostet ca. 50 MAD und gilt einen Monat lang.

KLIMA UND JAHRESZEITEN

In Marokko gibt es zwei vorherrschende Klimazonen: mediterran im Norden und saharisch beeinflusst im Süden. Daher ist die beste Reisezeit für den Norden Mitte März bis Juni und September bis Mitte Oktober. Der Süden ist ganzjährig gut zu bereisen außer im Juli und August, da es dann zu heiß ist und sehr viele Touristen im Land sind. Eine Ausnahme bildet die ganzjährig milde Atlantikküste. In den warmen Monaten gibt es in Südmarokko oft wochenlang einen blauen Himmel. Abwechslungsreicher sind die Lichtstimmungen für die Fotografie in den Herbst- und Wintermonaten sowie im zeitigen Frühjahr, allerdings gibt es dann kein verlässliches Badewetter.

REISEDAUER

Marokko ist so groß und vielfältig, dass wir für eine Reise durchs ganze Land (ohne die Westsahara!) mindestens drei Wochen empfehlen. Gerade für Fotografinnen und Fotografen erscheint es uns sinnvoll, immer wieder mal mehrere Tage am selben Ort zu verbringen. So bekommen Sie ein Gefühl für Ihre Umgebung und können die verschiedenen Motive zu unterschiedlichen Tageszeiten und Lichtsituationen aufnehmen. Hinweise für die optimalen Zeiten finden Sie immer wieder in diesem Fotoscout. Wollen Sie nur den Norden bereisen, so halten wir einen Aufenthalt von 12–14 Tagen für angemessen, für den Süden sollten es mindestens 14 Tage sein.

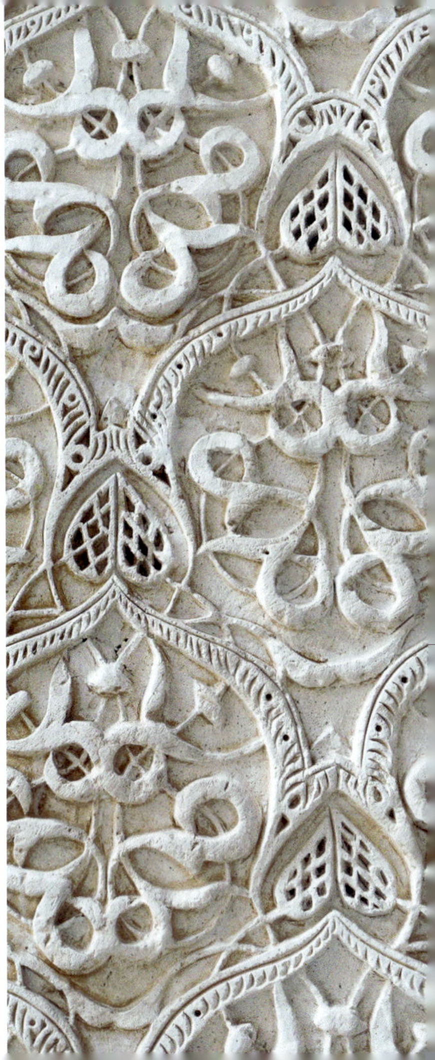

VERHALTENSREGELN

Dieses Thema ist ein sehr wichtiges, da das Einhalten von ein paar Regeln und Umgangsformen erheblich zum Erfolg Ihrer Reise und Ihrem Wohlgefühl beitragen kann.

1. Versuchen Sie unbedingt, mit den Menschen zu kommunizieren! Sie werden schnell merken, ein freundliches Lächeln, ein Nicken, ein »Bonjour« von Ihnen reicht oft schon, um eine sehr freundliche Stimmung zu schaffen. Fragen Sie vorher, wenn Sie ein Foto von Menschen machen wollen. Respektieren Sie ablehnende Gesten vor allem bei einheimischen Frauen!

2. Versuchen Sie, sich ein paar Worte der in Marokko gesprochenen Sprachen Arabisch, Französisch, Spanisch (im Norden) und vielleicht sogar ein paar Worte aus einer der drei Berbersprachen einzuprägen. Die Menschen freuen sich sehr darüber und Sie schaffen damit eine gute Atmosphäre.

3. Lassen Sie sich nicht aus der Ruhe bringen von Händlern, Parkwächtern, Guides oder anderen Personen. Bleiben Sie freundlich, haben Sie Geduld und bedenken Sie immer, dass diese auch nur versuchen, zu überleben, und auf ein kleines Geschäft mit Ihnen hoffen. Da viele Händler auch etwas Deutsch verstehen, können Sie, wenn Sie unsicher sind, ob Sie etwas erwerben möchten, auch sagen »Inschallah – Ich komme morgen wieder«. Damit legen Sie Ihre Entscheidung in Allahs Hand und diese wird vom Händler akzeptiert.

4. Äußern Sie sich nie respektlos über den Islam. Fragen zur Religion sind gerne gesehen, Kritik allerdings nicht. Der christliche Glaube wird respektiert. Wenn Sie sich als Atheist bezeichnen, trifft das auf Unverständnis. Religiöse Stätten des Islam wie

Straßenszene in Nordmarokko/Tetouan, aufgenommen mit einer Handykamera. Das Bild strahlt Ruhe aus und zeigt zugleich den großstädtischen Trubel.

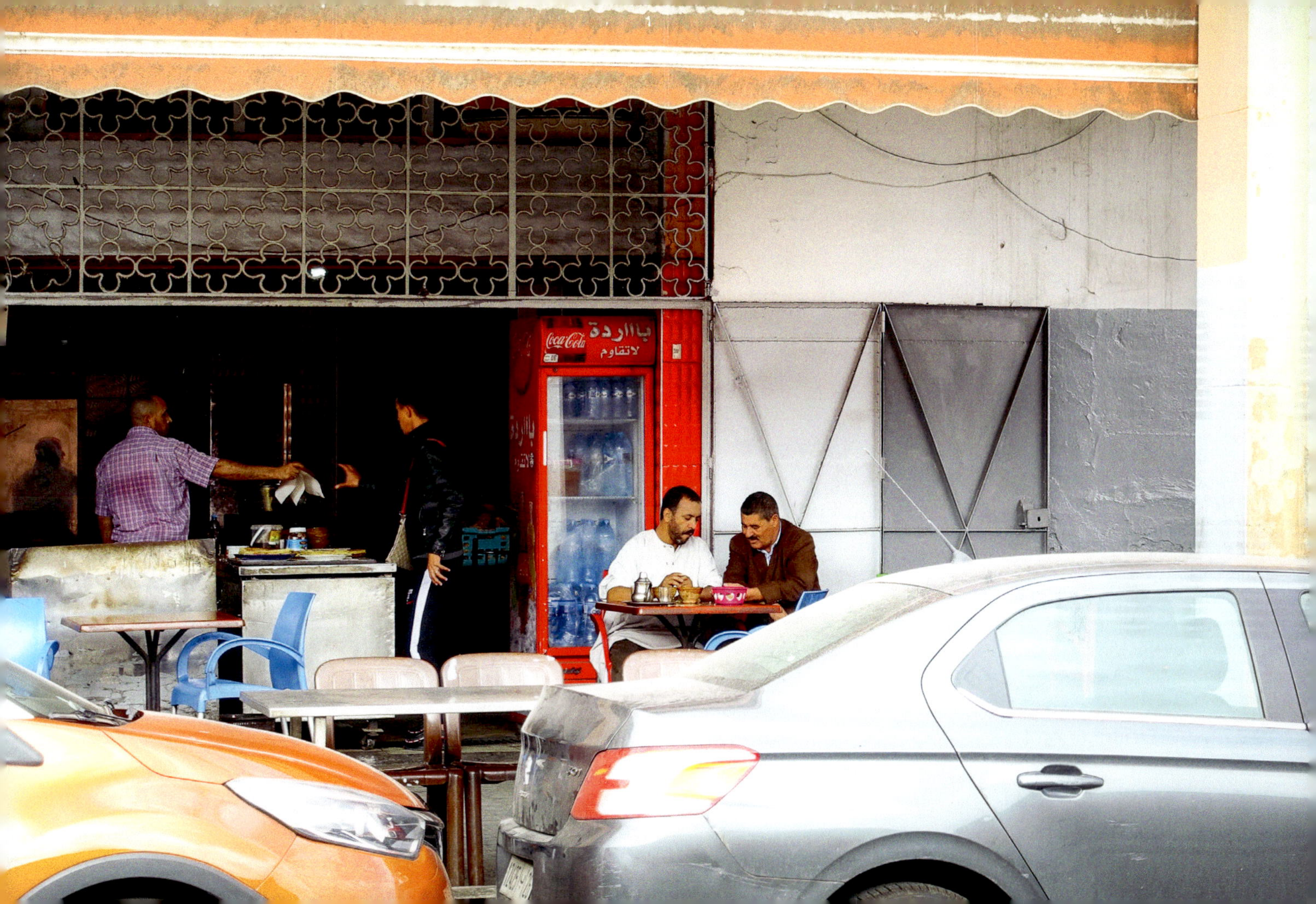
Coca-Cola
باااردة
لاتقاوم

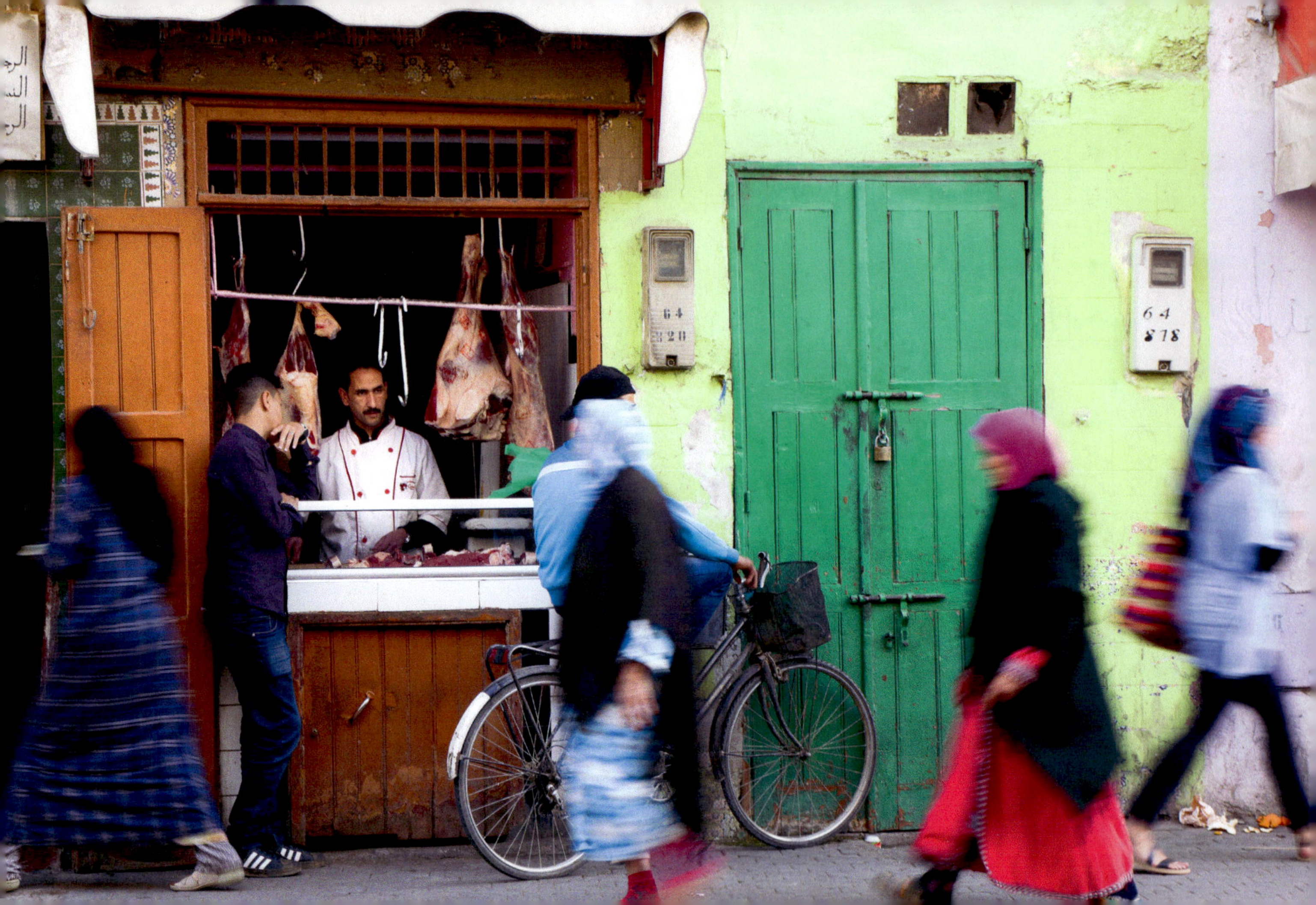
64
878

Moscheen und Friedhöfe dürfen mit wenigen Ausnahmen von Nichtmuslimen nicht betreten werden. Informieren Sie sich, wann Ramadan ist. Zu dieser Zeit ist es weniger vergnüglich, da viele Lokale geschlossen sind, und man sollte in der Öffentlichkeit nicht essen oder trinken.

5. Verhalten Sie sich respektvoll gegenüber Uniformierten. Diese sind hoch geachtete Personen und sollten ohne explizites Einverständnis auch nicht fotografiert werden. Respekt sollte in Gesprächen und im Verhalten auch gegenüber dem Königshaus aufgebracht werden.

6. Ihnen wird mehr Achtung entgegengebracht, wenn Sie sich angemessen bekleiden. Frauen sollten mindestens Schultern und Knie bedecken und auf ein tiefes Dekolletee verzichten. Kurze Hosen bei (nicht ganz jungen) Männern gelten als lächerlich. Als Tourist werden Sie als wohlhabend eingestuft, entsprechend stößt es auf großes Unverständnis, wenn Sie zerschlissene oder verschmutzte Kleidung tragen.

7. Treten Sie als Frau immer freundlich, aber bestimmt auf, vermeiden Sie direkte Blickkontakte zu fremden Männern. Werden Sie nach Ihrer Familie gefragt, so ist es vorteilhaft, einen »Ehemann« zu erfinden, sofern nicht ohnehin vorhanden.

8. Stellen Sie sich mental darauf ein, dass die Dinge hier anders und oft auch langsamer laufen. Hetzen Sie nicht durch den Tag, sondern genießen Sie auch mal Ihre Zeit in Marokko. Setzen Sie sich in ein Straßencafé und beobachten Sie die Menschen. Denn: Als Allah die Zeit schuf, schuf er sie reichlich!

Hier haben mich die Farben fasziniert. Ich habe mich für dieses Foto ins Café gegenüber gesetzt, die Kamera auf dem Tisch in Position gelegt und einfach mal abgewartet. Die gewollte Unschärfe betont die Bewegung.
43 mm · ISO 100 · Blende 9 · 1/15 s · B+W-Polfilter

ZU UNSEREM FOTOSCOUT

Einen Fotoreiseführer für Marokko zu schreiben ist eine spannende Herausforderung für uns gewesen. Wir beide lieben das Land, und obwohl wir schon oft dort waren, gibt es doch immer noch etwas Neues zu entdecken. Und es macht uns sehr viel Spaß, unsere Begeisterung für das Land mit Ihnen als Leserinnen und Leser zu teilen.

An dieser Stelle möchten wir das Konzept für dieses Buch erläutern:

Wir haben Marokko in Nord und Süd aufgeteilt. Diese Teilung ist nicht in jeder Hinsicht aufrecht zu erhalten, ist aber eine Erleichterung für all jene, die (zunächst) nur einen Teil des Landes bereisen möchten. Innerhalb dieser beiden großen Bereiche stellen wir sowohl wichtige Städte und Regionen, aber auch Landschaften vor. Eine Ausnahme bildet die Atlantikküste, die sich vollständig von Nord nach Süd durchs Land zieht. Angesichts der Größe und Vielfalt des Landes konnten und wollten wir nicht für jeden genannten Ort jede (fotografische) Sehenswürdigkeit vorstellen. Stattdessen zeigen wir Ihnen exemplarisch die für eine Region oder Stadt herausragenden Sehenswürdigkeiten, die sich auch gut fotografieren lassen, und weisen darauf hin, wo man andernorts ähnliches besuchen und ablichten kann. Es gibt also eine Menge Querverweise in diesem Buch.

Zusätzlich zu den Kapiteln über die verschiedenen Orte und Regionen haben wir thematische Kapitel geschrieben – zum Beispiel über Bauweise und Architektur oder über das Fotografieren von Menschen. Auch diese werden exemplarisch an einem Ort oder Thema vorgestellt. So zeigen wir Koranschulen vor allem am Beispiel von Fes und Gartenkunst vor allem am Beispiel von Marrakesch. Es gibt ein Kapitel über Berberarchitektur und eines über Handwerkskunst. Wir möchten Sie ausdrücklich ermuntern, den vielen Verweisen zu folgen und auch vom Index häufig Gebrauch zu machen. Unsere Sicht auf das Land ist von langjähriger Erfahrung geprägt und durch die Lektüre vielfältiger Literatur bereichert. Dennoch ist es ein ganz subjektiver Blick. Vieles kann man so sehen, wie wir es beschreiben, aber auch ganz anders. Das gilt auch für unsere Vorschläge, was sich besonders gut als Motiv eignet. Die meisten Orte sind mit QR-Codes versehen, die die Koordinaten enthalten. Scannen Sie den Code mit Ihrem Smartphone und ggf. einer entsprechenden App, um den Ort mit einem digitalen Kartenservice wie z. B. Google Maps anzuzeigen.

Wir haben darauf verzichtet, immer den genauen Aufnahmestandpunkt anzugeben, denn vieles ist im Fluss: Das Licht ändert sich, eine Szenerie ändert sich je nach Jahreszeit oder durch das Hinzukommen von Menschen, parkenden Autos oder anderen Faktoren. Bitte probieren Sie selbst aus, von welcher Stelle aus genau sich Ihre Bildidee am besten verwirklichen lässt.

Neben den für die Fotografin und den Fotografen (die ich hier abwechselnd anspreche, um niemanden auszuschließen) wichtigen Informationen über be-

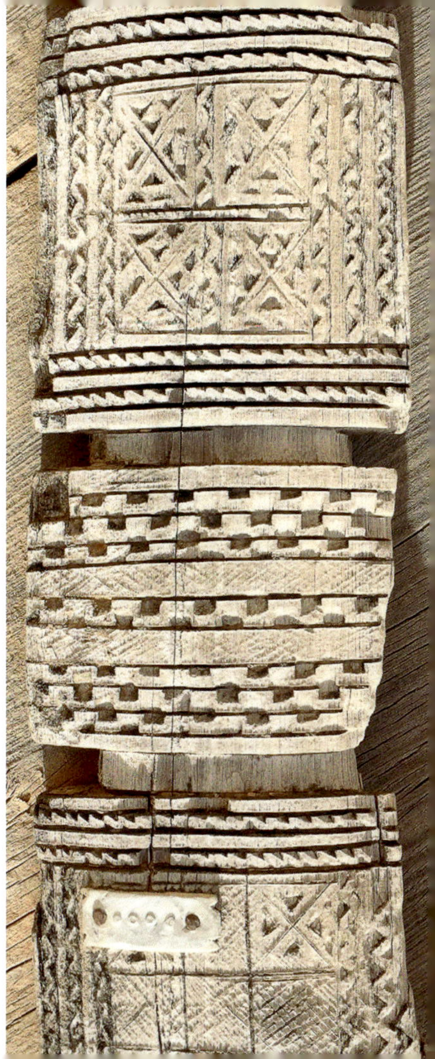

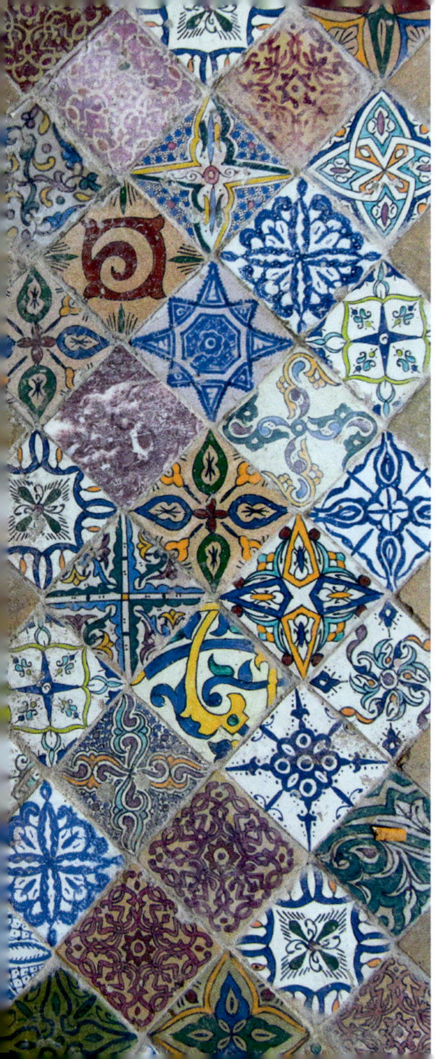

sonders faszinierende Motive haben wir noch einiges an Hintergrundfakten in diesem Buch untergebracht. Denn wir sind sicher, je mehr Sie über das Land und seine vielen Facetten wissen, desto mehr Bildideen werden sich Ihnen eröffnen.

Lassen Sie sich beim Lesen in unserem Buch ein bisschen treiben – so wie Sie es auch bei Ihrer Marokkoreise tun sollten.

UND WENN SIE NOCH MEHR WISSEN MÖCHTEN

Die unserer Meinung nach momentan besten Reiseführer zu Marokko auf dem deutschsprachigen Markt sind aus dem Reise Know-How Verlag (auch der »Kulturschock«), der »Baedeker« sowie der »Stefan Loose« aus dem MairDumont Verlag. Eine informative und aktuelle Webseite ist *www.marokko.com.* Für die Orientierung vor Ort empfehlen wir Google Maps oder die auch offline nutzbare Navigationsapp *maps.me*.

Möchten Sie den exakten Lichteinfall vor Ort im Voraus berechnen, ist die kostenpflichtige App The

Photographer's Ephemeris (TPE) oder die App Sun Surveyor nützlich.

WAS KOMMT IN DIE FOTOTASCHE?

Die möglichen Motive in Marokko sind enorm vielfältig. Deshalb ist es gut, ein weites Spektrum an Möglichkeiten abzudecken. Günstig ist es, neben der »großen« Kamera (Spiegelreflex- oder Systemkamera) noch ein Smartphone mit guter Bildqualität dabei zu haben. Dieses haben Sie schneller und unauffälliger zur Hand, was vor allem beim Fotografieren von Alltagssituationen nützlich ist. Zudem sind mit dem Smartphone bei passendem Licht gute Weitwinkelaufnahmen der Landschaft möglich. Für Ihre »Große« sollten Sie ein Zoom mit mittelgroßem Brennweitenbereich dabei haben, um schnell auf wechselnde Situationen reagieren zu können. Wenn dieses überdies noch lichtstark ist, lassen sich auch Motive in Innenräumen gut bewältigen. Ansonsten sollte noch eine lichtstarke Festbrennweite mit ins Gepäck.

Nehmen Sie ausreichend Speicherkarten mit, denn es gibt wirklich viel zu fotografieren. Ich bevorzuge es, lieber mehr Karten mit geringerem Volumen dabei zu haben und häufiger zu wechseln – im Fall eines Verlustes sind dann nicht gleich alle Bilder weg. Ein Wechselakku sollte auch im Gepäck sein. Sie können ihn ohne Adapter in Ihrer Unterkunft aufladen. Auch eine Powerbank ist sinnvoll.

Ein Polfilter – wir verwenden die Filter von B+W – ist hilfreich, um Spiegelungen des oft starken Sonnenlichts zu minimieren und damit sattere Farben zu erreichen.

Wenn noch Platz im Koffer ist, würde ich auch ein Stativ einpacken. In vielen Innenräumen ist Blitzen nicht gestattet und Bilder mit vorhandenem Licht werden ohnehin natürlicher. Die in Marokko eher kurze Blaue Stunde erlaubt es zudem, sehr stimmungsvolle Fotos zu machen.

Denken Sie auch daran, Tücher oder einen Blasebalg zur Säuberung von Kamera und Objektiv dabei zu haben, denn bisweilen ist es in Marokko recht staubig.

Alltag in Marokko

In diesem Kapitel möchten wir Ihnen den marokkanischen Alltag nahebringen. Dabei gilt es, zu bedenken, dass die marokkanische Gesellschaft weitaus heterogener ist als in mitteleuropäischen Ländern und die Lebenssituation eines Menschen in Marokko sehr stark dadurch geprägt wird, welches Geschlecht die Person hat, ob sie in der Stadt oder auf dem Land lebt wird, welche Bildung und Erziehung sie erfahren hat, welcher Tätigkeit sie nachgeht und wie das Einkommen ist. Prägend sind ebenfalls die familiäre Einbindung und die persönliche Einstellung zur Religion.

Sofort erkennbar ist auch, dass viel »draußen« gelebt wird, was sowohl mit dem Klima als auch mit der überwiegend schlechten bis katastrophalen und beengten Wohnsituation zu tun hat. Im öffentlichen Leben, wie z.B. in Straßencafés, in Geschäften, aber auch in der Politik sind die Männer viel präsenter als die Frauen. Dies hat sowohl mit der Tradition als auch mit der Religion zu tun, die den Frauen eher den Innenbereich des Hauses zuweisen. Aber auch in dieser Hinsicht ist in Marokko mittlerweile vieles im Fluss.

BEVÖLKERUNG

Zunächst fällt Besuchern schnell auf, dass die Bevölkerung jung erscheint. Während der Altersdurchschnitt in Deutschland 42 Jahre beträgt, liegt er in Marokko bei 29 Jahren. Aber auch dort altert die Gesellschaft aufgrund des geringen Bevölkerungswachstums. Die

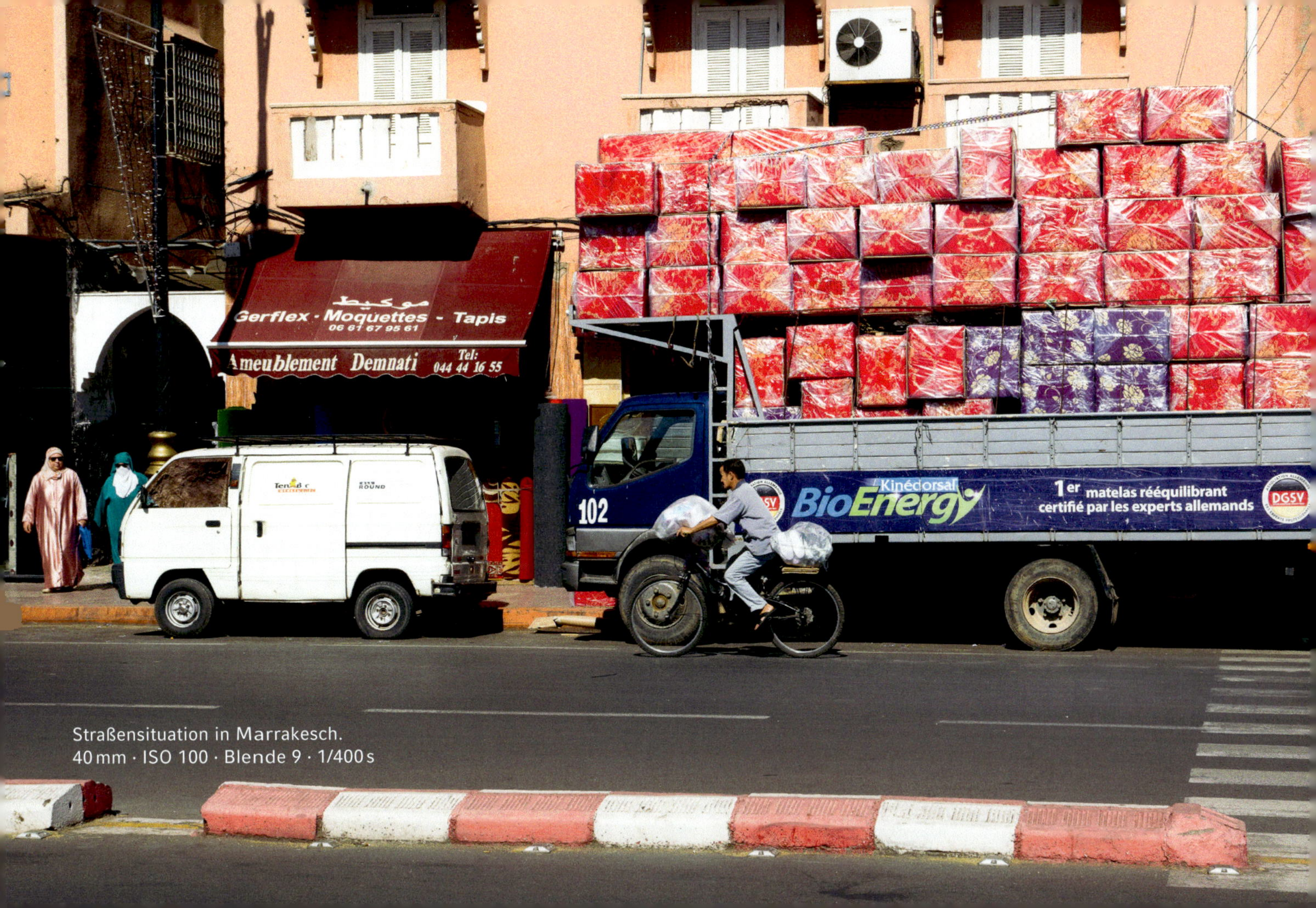

Straßensituation in Marrakesch.
40 mm · ISO 100 · Blende 9 · 1/400 s

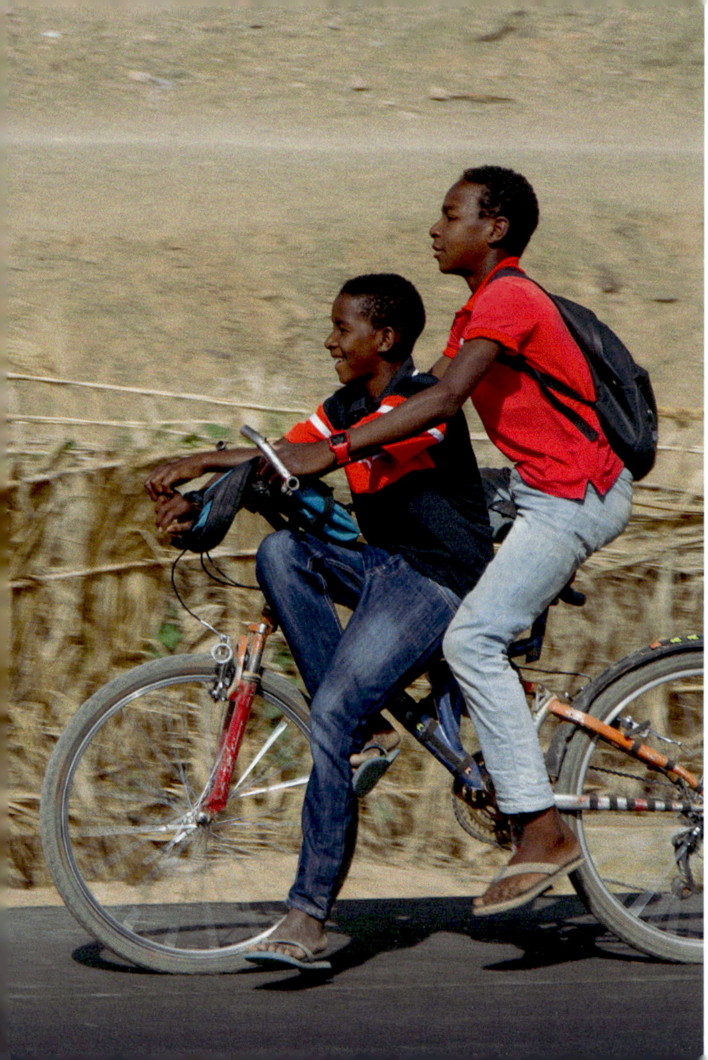

Im Süden: Die Freunde teilen sich gutgelaunt ein Fahrrad.
Mitzieher bei 60 mm · ISO 100 · Blende 8 · 1/200 s

durchschnittliche Kinderzahl liegt nur noch bei ca. 2,1 je Frau und wegen massiver Landflucht lebt heute die große Mehrheit der Menschen in urbanen Zentren, wo das Jobangebot besser ist.

Die Bevölkerung setzt sich aus Berbern, arabisierten Berbern und Arabern zusammen. Dabei ist der genaue Anteil der berberischen Marokkaner unklar, geschätzt sind es 60–75 % der Bevölkerung. Als reine Araber bezeichnen sich ungefähr 25–30 %. Die Kultur der Berber ist viele tausend Jahre alt. Sie waren traditionell in Stämmen organisiert, die auch matriarchalisch angeführt wurden. Doch haben Kolonialismus und Arabisierung den Berbern sehr zugesetzt. Ihre Kultur und ihre Sprache wurden an den Rand gedrängt. Auch nach der Unabhängigkeit versuchte der neue marokkanische Staat, ethnische Unterschiede zu Ungunsten der berberischen Bevölkerung auszumerzen. Es entwickelte sich jedoch Widerstand und seitdem König

Mohammed VI. den Thron einnahm, geht es mit der Integration und Wertschätzung der Berberkultur bergauf. 2011 wurden in der neuen Verfassung die Rechte der Berber festgeschrieben. So gibt es heute drei offizielle Berbersprachen in Marokko, zudem wurde mit Tifinagh eine eigene Schrift anerkannt, die man nun immer öfter auf Schildern sehen kann. Im Idealfall befruchten und ergänzen sich heute die berberische und arabische Kultur, was den kulturellen Reichtum Marokkos ausmacht.

FAMILIE, GEMEINSCHAFT UND KOMMUNIKATION

Durch den Islam ist der Gemeinschaftssinn sehr ausgeprägt. Individualismus nimmt weniger Raum ein als bei uns und ist – wenn überhaupt – den Reichen, die oft eine europäische Erziehung genossen haben, vorbehalten. Das Wohlergehen der Familie steht über allem und wird bei Begrüßungen als erstes abgefragt. Ein sehr freundschaftlicher, gleichgeschlechtlicher Umgang ist vor allem auf dem Land üblich, Körperkontakt wird nicht gescheut. Gerne wird geteilt: Man isst gemeinsam mit der Hand aus einer Tajine; Obst, Süßes oder andere Leckereien werden selbstverständlich angeboten. Die Gastfreundschaft – auch gegenüber Fremden – ist heilig. Sie werden in vielen Situationen einen Tee gereicht bekommen: Vielleicht wenn Sie in Ihrer Unterkunft ankommen oder wenn Sie eine Besichtigung machen oder sich für die Waren eines Händlers interessieren. Natürlich ist eine Einladung zum Tee bei einem Teppichhändler auch mit dem Hintergedanken verbunden, einen Kauf zu forcieren, schafft aber eine sehr freundliche Atmosphäre.

Generell ist den Marokkanern die Kommunikation von Mensch zu Mensch sehr wichtig, auch wenn man die Sprache nicht beherrscht. Sie werden viele angenehme Erinnerungen mit nach Hause nehmen, wenn Sie sich dafür öffnen: Ein Bonjour oder Salaam, eine kleine

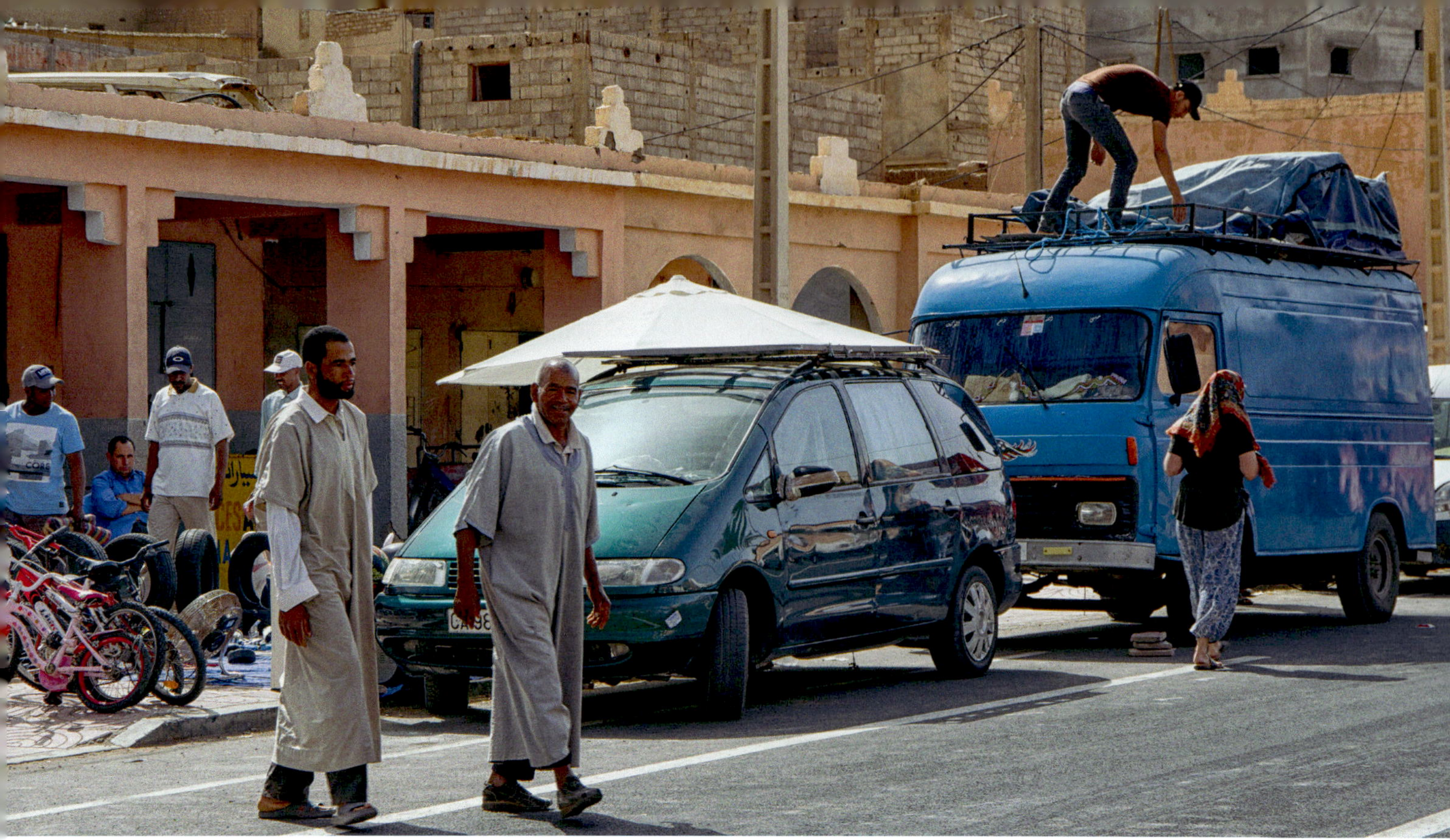

Landmarkt in dem südmarokkanischen Dorf Tamezmoute.
53 mm · ISO 100 · Blende 8 · 1/80 s

Wertschätzung, ein Lob, ein Lächeln, die rechte Hand, die auf das Herz geführt wird – diese Gesten entscheiden letztendlich über den Erfolg einer Reise nach Marokko.

FRAUEN

Mit der neuen Verfassung von 2011 wurde den Frauen die Gleichberechtigung garantiert, bei der Gestaltung des täglichen Lebens und in der Gerichtsbarkeit wird sie jedoch sehr häufig noch nicht umgesetzt. Erreicht wurde aber unter anderem, dass sich Frauen scheiden lassen können. In Ausnahmesituationen besteht sogar das Recht auf legale Abtreibung.

Ca. 20 % Frauen sitzen als Abgeordnete im Parlament. Vier einflussreiche Frauenverbände mit vielen Untergruppen kämpfen aber weiterhin um die Lösung dringender Probleme. So liegt z. B. die Alphabetisierungsquote der Frauen nur bei 62 %. Schwierig ist es für marokkanische Frauen auch, wenn sie uneheliche Kinder haben. Denn dann werden sie manchmal von ihren Familien verstoßen, gesellschaftlich geächtet und die Kinder oft nicht im Geburtsregister aufgenommen. Häusliche Gewalt wird häufig nicht sanktioniert und das Problem der Hochzeit minderjähriger Mädchen besteht weiterhin. Besonders schwierig ist die Situation für Frauen, die auf dem Land leben. In den Städten sind die Bildungsmöglichkeiten viel besser und die Frauen deshalb selbstbewusster. Immerhin studieren schon fast genauso viele Frauen wie Männer an marokkanischen Universitäten.

SOZIALE SITUATION

Die soziale Lage ist alles andere als rosig: Bei einer Arbeitslosigkeit von offiziell 10 % ist die Jugendarbeitslosigkeit mindestens doppelt so hoch. Der gesetzliche Mindestlohn liegt bei knapp 235 Euro im Monat. Viele werden trotzdem schlechter bezahlt. Manche Menschen

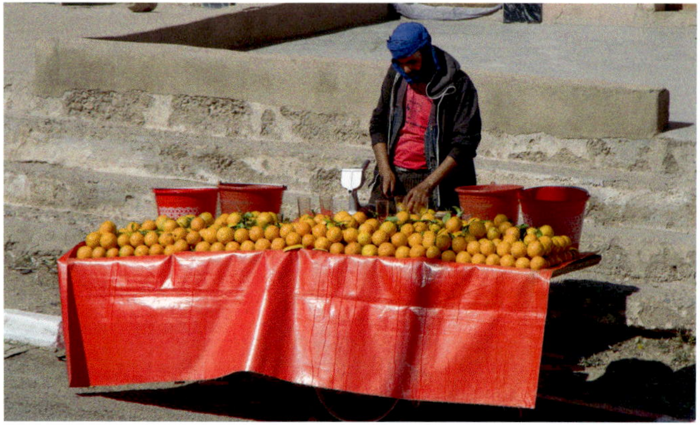

Auch mit einem improvisierten Saftladen kann man Geld verdienen.
135 mm · ISO 200 · Blende 9 · 1/400 s

halten sich mit prekären Jobs über Wasser: Sie verdingen sich als Schlepper für die Gastronomie, bieten als Schuhputzer ihre Dienst an, verkaufen Taschentücher oder andere Waren per Bauchladen, arbeiten als nichtlizensierte Fremdenführer, aber auch als Musiker oder Gaukler. All diese Überlebensstrategien sind nötig, denn es gibt keine staatliche Unterstützung. Daher sollte auch diesen Menschen mit Respekt begegnet werden!

Die meisten Menschen haben gerade genug Geld zum Überleben, aber Zahnarztbehandlungen, Krankenhausaufenthalte oder teure Medikamente können nicht bezahlt werden, da die staatliche Krankenversicherung nur wenige Leistungen übernimmt. Erschreckend aus unserer Sicht ist auch, dass nur staatlich Angestellte, Militärs und Mitarbeiter großer Unternehmen rentenversichert sind. Deshalb begegnet man oft auf der Straße Menschen, die um milde Gaben bitten müssen, um zu überleben. Die Ärmsten der Armen sind ältere und kranke Menschen sowie alleinerziehende Frauen mit ihren kleinen Kindern.

ALMOSEN

Da es eine der fünf Regeln im Islam ist, den Armen zu spenden, werden diese Personen zwar irgendwie überleben, aber eben auf eine miserable Weise. Deshalb möchten wir Sie ausdrücklich ermuntern, auch immer wieder mal etwas Kleingeld zu geben (2–5 MAD). Kinder sollten jedoch kein Geld bekommen, da die Gefahr besteht, soziale Strukturen zu zerstören und es zu fördern, dass die Kinder lieber Betteln gehen als die Schule zu besuchen.

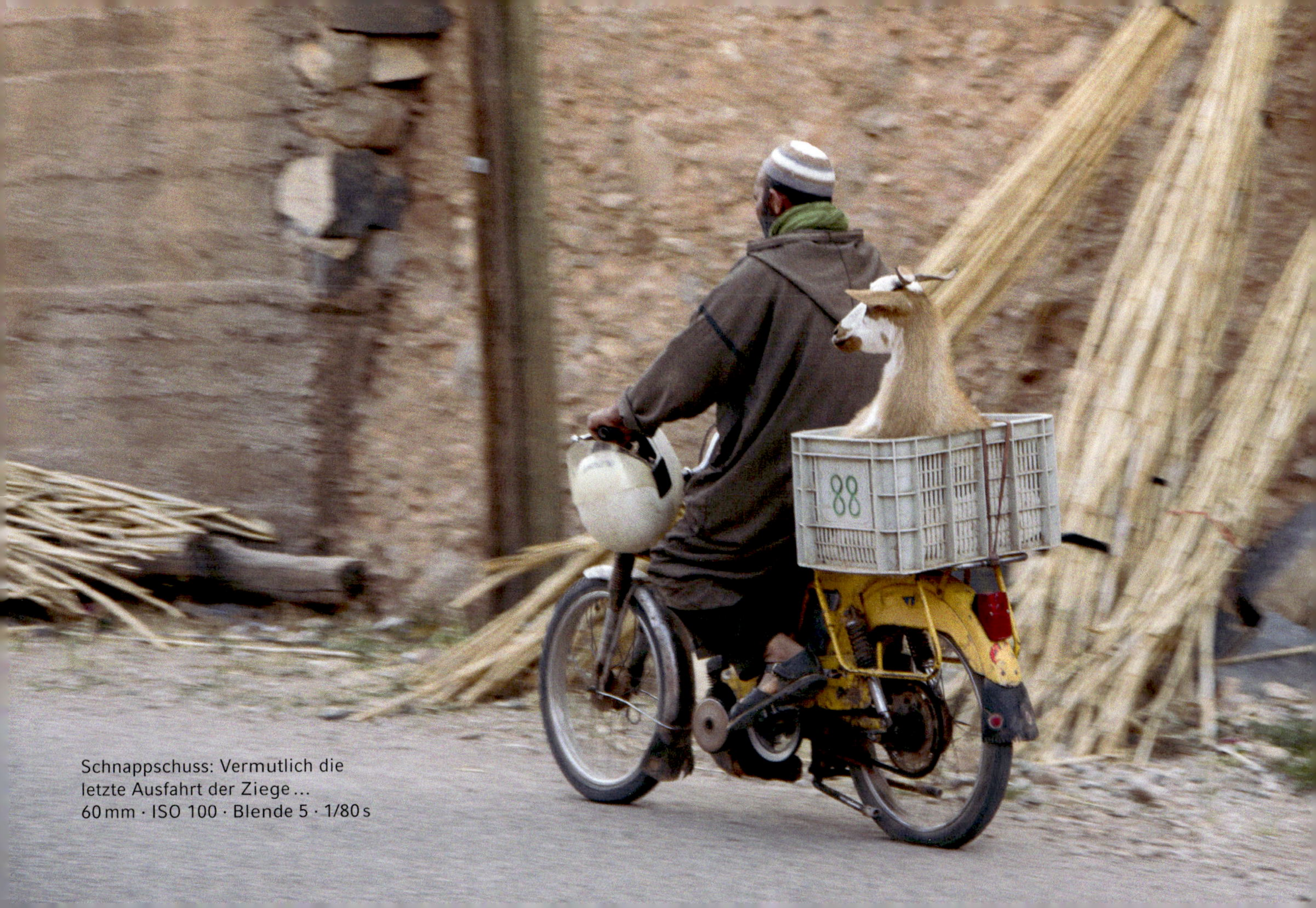

Schnappschuss: Vermutlich die
letzte Ausfahrt der Ziege …
60 mm · ISO 100 · Blende 5 · 1/80 s

INFO

- Landesgröße: 446.550 km², Westsahara 266.000 km²
- Einwohner: 36,2 Mio.
- Kindersterblichkeit: 35/1000 (10 mal so hoch wie in Deutschland)
- Bevölkerungswachstum: 0,96 %, Deutschland 0,4 %
- Lebenserwartung: 75,3 Jahre (Frauen: 77,3 Männer: 74,3 Jahre)
- Alphabetisierung (ab 15 Jahren): Bevölkerung insgesamt 73,8 %, Männer: 83,3 %, Frauen: 64,6 %
- Religion: Muslime 99 % davon über 90 % Sunniten, unter 1 % Christen, 3.000–5.000 Juden
- Wohnsitz: Land 35 %, Stadt 65 % (davon über 50 % im Großraum Casablanca, Rabat-Sale, Fes, Marrakesch, Tanger, Oujda – somit leben 65 % der Bevölkerung auf 10 % der Landesfläche)
- Sprache: 90 % sprechen Arabisch, es gibt drei Berbersprachen mit eigenem Alphabet. Französisch ist die Handels-, Bildungs- und häufig die Arbeitssprache, im Norden und in der Westsahara wird neben Arabisch eher Spanisch gesprochen.
- Bildung: 9 Jahre Schulpflicht, davon 6 Jahre Grundschule
- Bevölkerung unter der Armutsgrenze: 15 %
- Arbeitskraft: Landwirtschaft 39 %, Industrie 20 %, Dienstleistungen 40 %, 12 Mio. Menschen insg.
- Anteil am BIP: Dienstleistungen 46 %, Industrie 30 %, Landwirtschaft 13 %, Tourismus 10 %
- Wichtigste Industrien: Kraftfahrzeugbau und Luftfahrtindustrie, Kunststoff- und Metallverarbeitung, Montage von Elektrogeräten, chemische Industrie, Zement- und Ölindustrie, Bauwesen, Phosphatgewinnung, Lebensmittel- und Textilindustrie, Fischerei und Pulindustrie (Garnelen), traditionelles Handwerk, Tourismus
- Landwirtschaftliche Produkte: Getreide, Hülsenfrüchte, Zuckerrüben, Datteln, Sonnenblumen, Erdnüsse, Oliven, Orangen, Baumwolle, Wein, Mandeln, Aprikosen, Erdbeeren, Kartoffeln, Spargel, Artischocken, Tabak, Viehzucht, Kork, Cannabis
- Tourismus: 2019 gab es 13 Mio. Touristen.

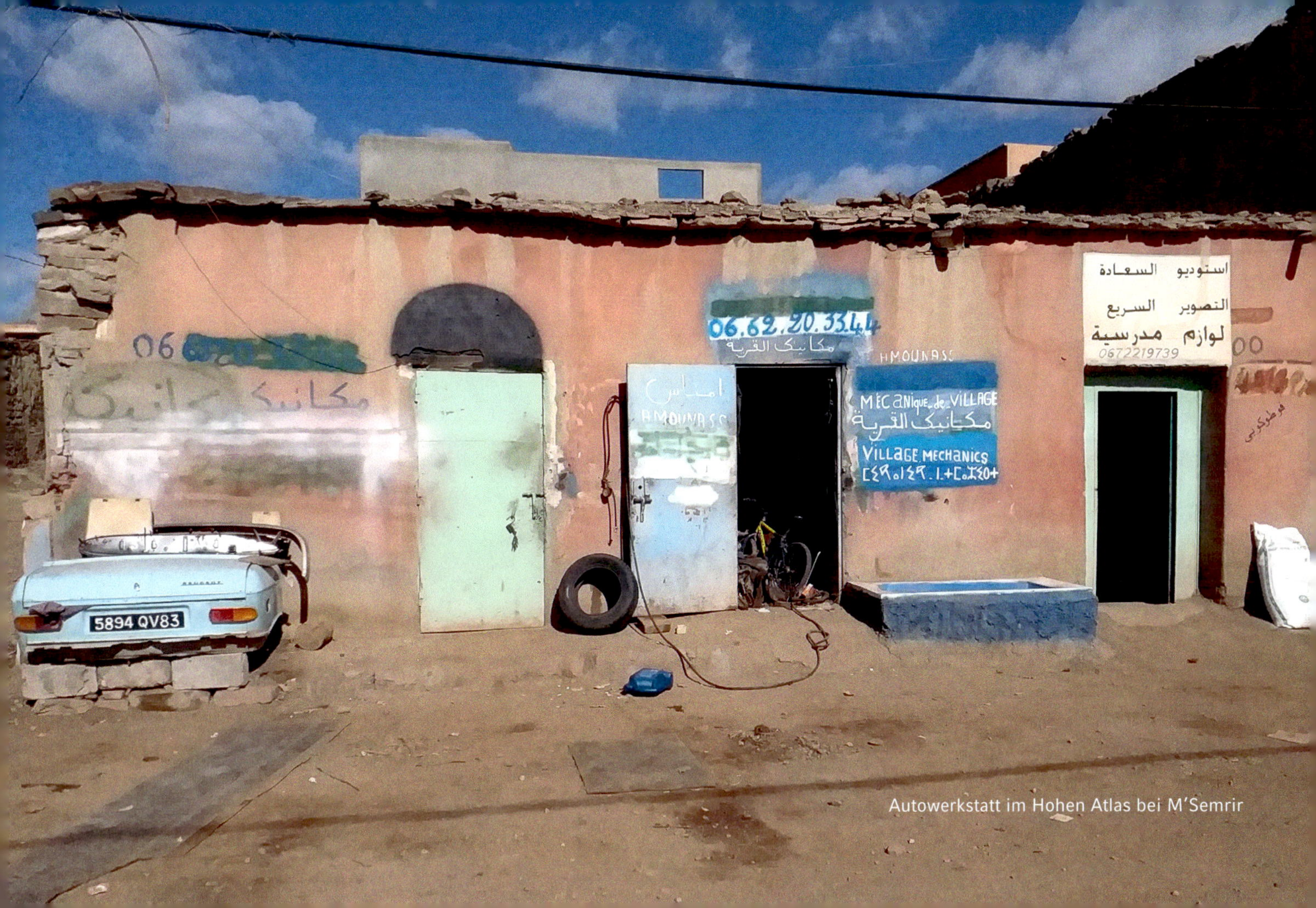

Autowerkstatt im Hohen Atlas bei M'Semrir

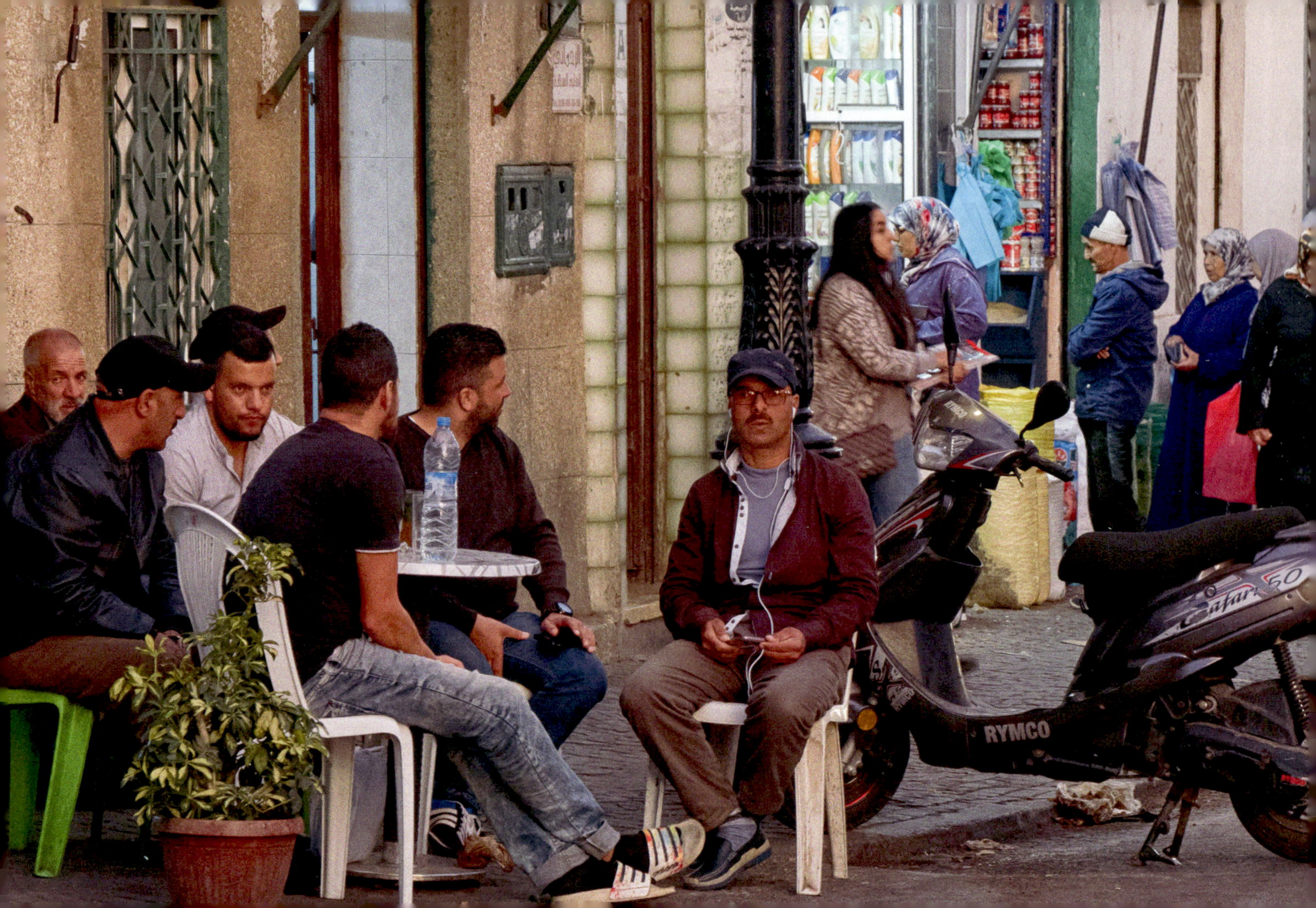
RYMCO

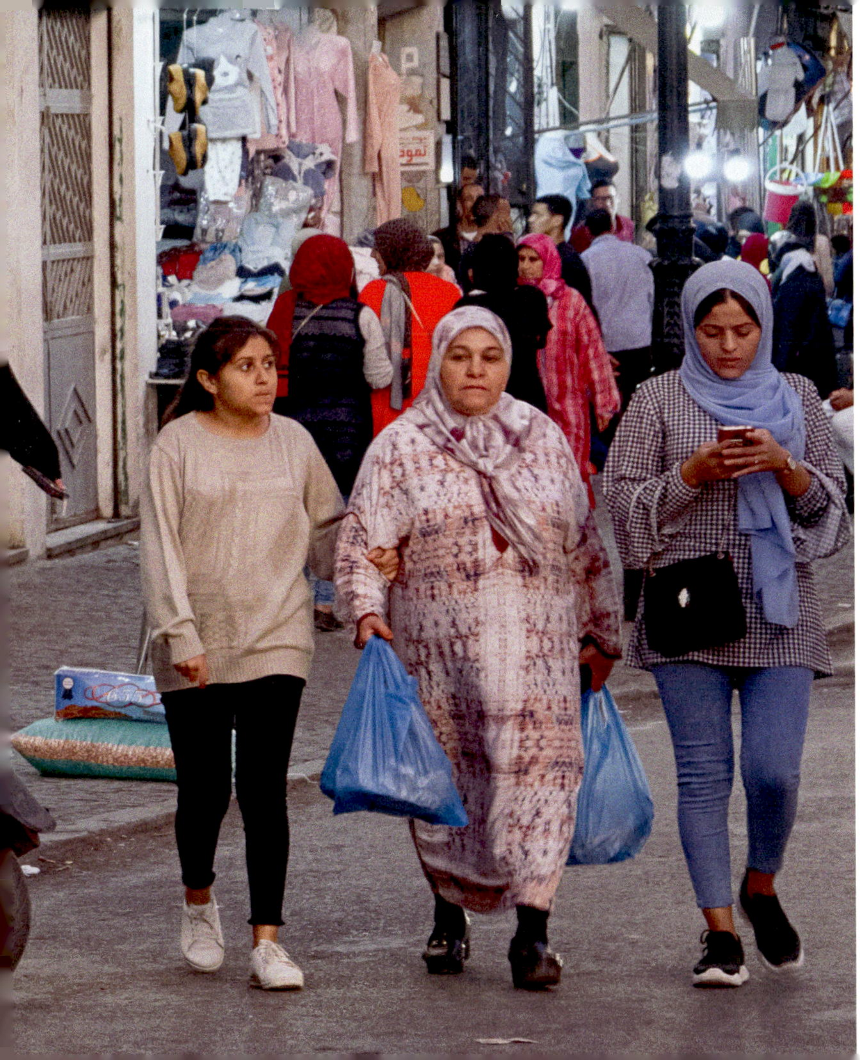

DER NORDEN

Der Norden Marokkos besticht durch seine vielen Sehenswürdigkeiten. Die arabische Kultur ist prägend. Berberische Einflüsse finden sich nur in wenigen Gebieten wie im Rif-Gebirge. Sechs der neun Weltkulturerbe-Stätten und drei der vier Königsstädte Marokkos finden die Besucher hier. Der Landesteil

Am Rande von Tetouans Altstadt.
Um die abendliche Alltagsstimmung einzufangen, musste ich eine hohe ISO-Zahl einstellen.
60 mm · ISO 3200 · Blende 6,3 · 1/50 s

ist klimatisch mediterran geprägt, grün, fruchtbar, von Flüssen durchzogen und ist die Kornkammer des Landes. Die Landschaft ist größtenteils flach mit Ausnahme des Rif-Gebirges, des Mittleren Atlas und weiterer kleinerer Gebiete.

Das Leben wirkt mediterraner und urbaner als im Süden. Die Straßencafés in den großen Städten erinnern an ebensolche in Marseille oder Paris. Alkohol ist leichter zugänglich, er wird in einigen Restaurants und Kneipen ausgeschenkt oder kann in Supermärkten gekauft werden. Ungefähr in der Mitte des nördlichen Landesteils leben die meisten Menschen. Hier liegen vier Millionenstädte und die wichtigsten Industriegebiete. Das Leben ist in den größeren Städten hektischer und der Verkehr dicht und laut. Insgesamt finden Sie im Norden mehr architektonische Motive und weniger Landschaftssujets als im Süden des Landes.

Unsere Highlights im Norden sind:

- die wunderschöne Küstenstadt Asilah
- das blau-weiße Chefchaouen und seine gebirgige Umgebung
- Tetouan, die alte Hauptstadt des spanischen Protektorats und ihre sehr ursprüngliche Altstadt
- die Doppelstadt Rabat-Sale mit dem Königspalast und der Medersa Abou El Hassan
- die labyrinthartige vom Handwerk geprägte mittelalterliche Medina von Fes
- die imposanten Stadtmauern und Tore von Meknes
- die antike Römerstadt Volubilis

Am besten gelangt man per Flugzeug von Deutschland aus in den Norden Marokkos: nach Casablanca mit der Lufthansa oder Royal Air Maroc, nach Rabat mit Ryanair, nach Nador mit Eurowings und Ryanair, nach Tanger mit Eurowings und nach Fes mit Ryanair. Im Norden Marokkos können Sie sich gut mit öffentlichen Verkehrsmitteln fortbewegen.

An der Hassan-II-Moschee in Casablanca. Die beiden Frauen lassen die Größenverhältnisse erahnen.
135 mm · ISO 200 · Blende 9 · 1/100 s

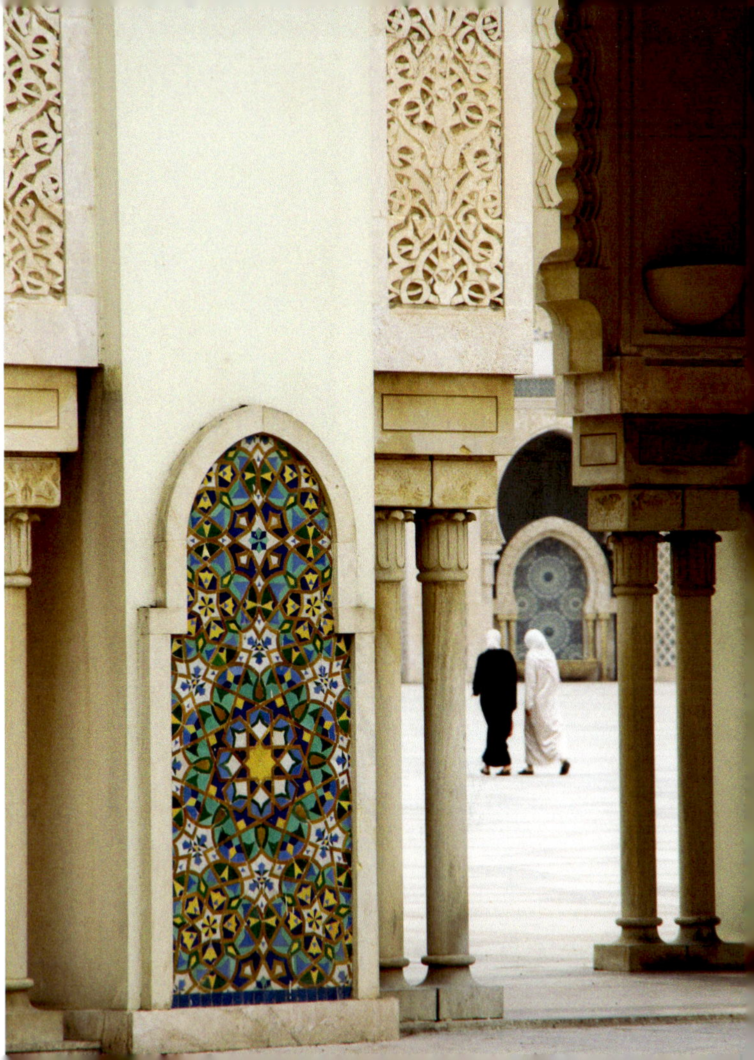

DER NORDEN

1 CASABLANCA

2 RABAT UND SALE

3 ASILAH

4 TETOUAN

5 RIF-GEBIRGE

6 CHEFCHAOUEN

7 FES

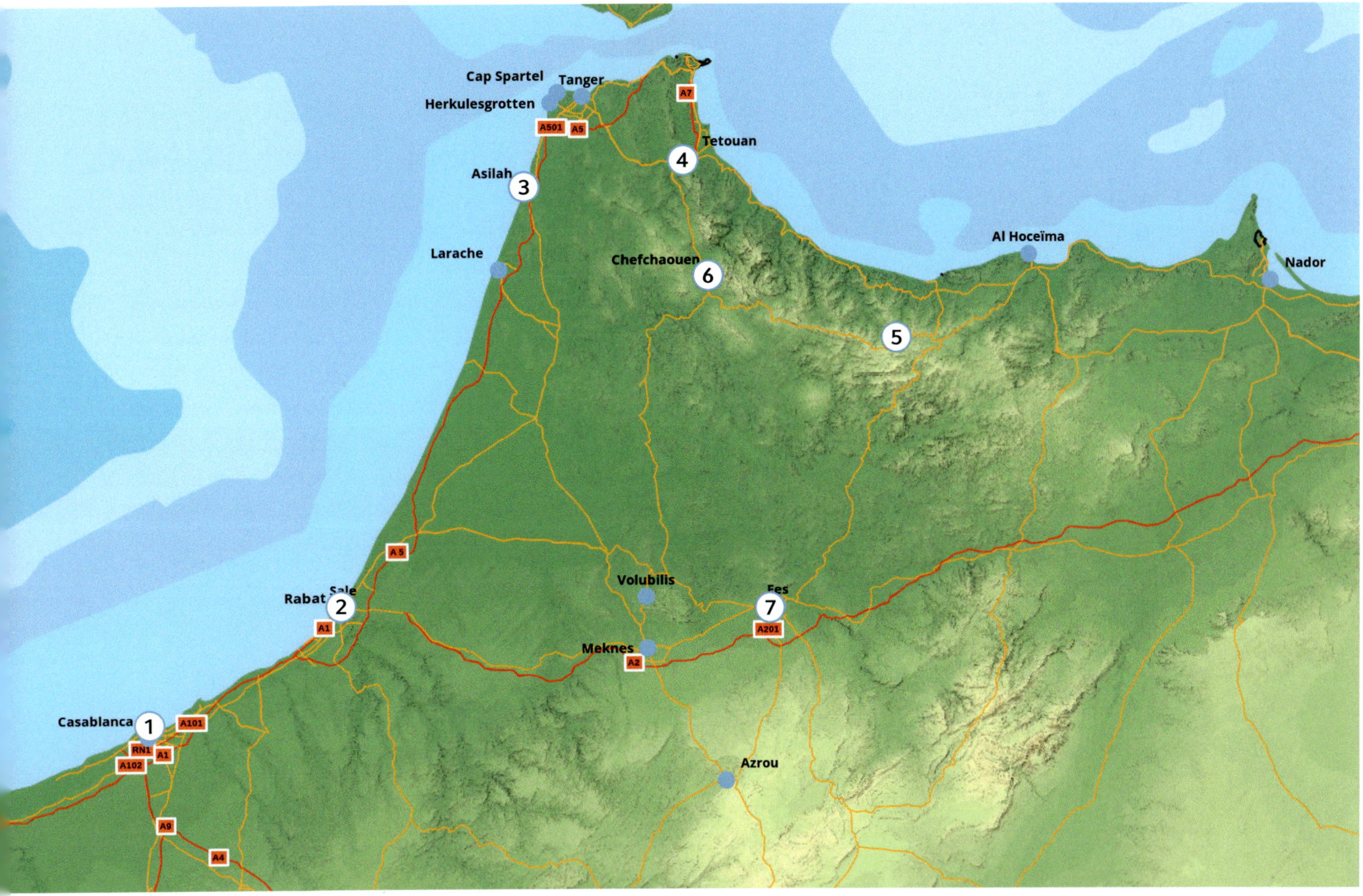
Cap Spartel
Tanger
Herkulesgrotten
A501
A5
A7
Tetouan
4
Asilah
3
Larache
Chefchaouen
6
Al Hoceïma
Nador
5
A 5
Volubilis
Sale
Rabat
2
A1
Fes
7
A201
Meknes
A2
Casablanca
1
A101
RN1
A1
A102
Azrou
A9
A4

33.609019,
–7.629250

1 CASABLANCA

Casablanca ist wirtschaftlich gesehen die wichtigste Stadt Marokkos und befindet sich zurzeit in einer Transition zu einer modernen Großstadt. Hier pulsiert das Leben, hier befindet sich der größte Hafen von Nordafrika, von hier starten moderne TGV-Züge nach Tanger. Der erste Eindruck ist eher negativ, da der Verkehr sehr chaotisch ist, es viele Baustellen gibt und häufig Müll auf den Straßen zu sehen ist. Die Stadt mit dem mythischen Namen hat offiziell 3,6 Millionen Einwohner, wahrscheinlich sind es aber eher sechs Millionen. Touristisch hat die Stadt wenig zu bieten, es gibt im Zentrum (Nähe Place des Nations Unies, Boulevard Mohammed V., Place Mohammed V.) einige Gebäude aus der französischen Protektoratszeit im Art dèco-Stil und eine kleine Altstadt (Medina). Natürlich gibt es auch einige Fußgängerzonen mit schicken Geschäften und Hochhäusern wie dem Twin Center im Stadtteil Maarif oder dem CFC Tower in Anfa. Ein netter Spaziergang im Zentrum schließt den Bahnhof »Casa Port«, die Avenue des Fars, den Marche Central, die alte Hauptpost, den Platz Mohammed V. mit den Kolonialgebäuden und dem Gericht, die Kathedrale von Sacre Coeur und die Medina ein. Um der Stadt ein echtes Wahrzeichen zu geben, beschloss König Hassan II. in der Stadt eines der größten Gotteshäuser der Welt zu bauen: die Hassan-II-Moschee.

Die große Moschee lässt sich nur mit starkem Weitwinkel oder aus einem größeren Abstand heraus vollständig abbilden. Hier wurde morgens mit dem Handy fotografiert.

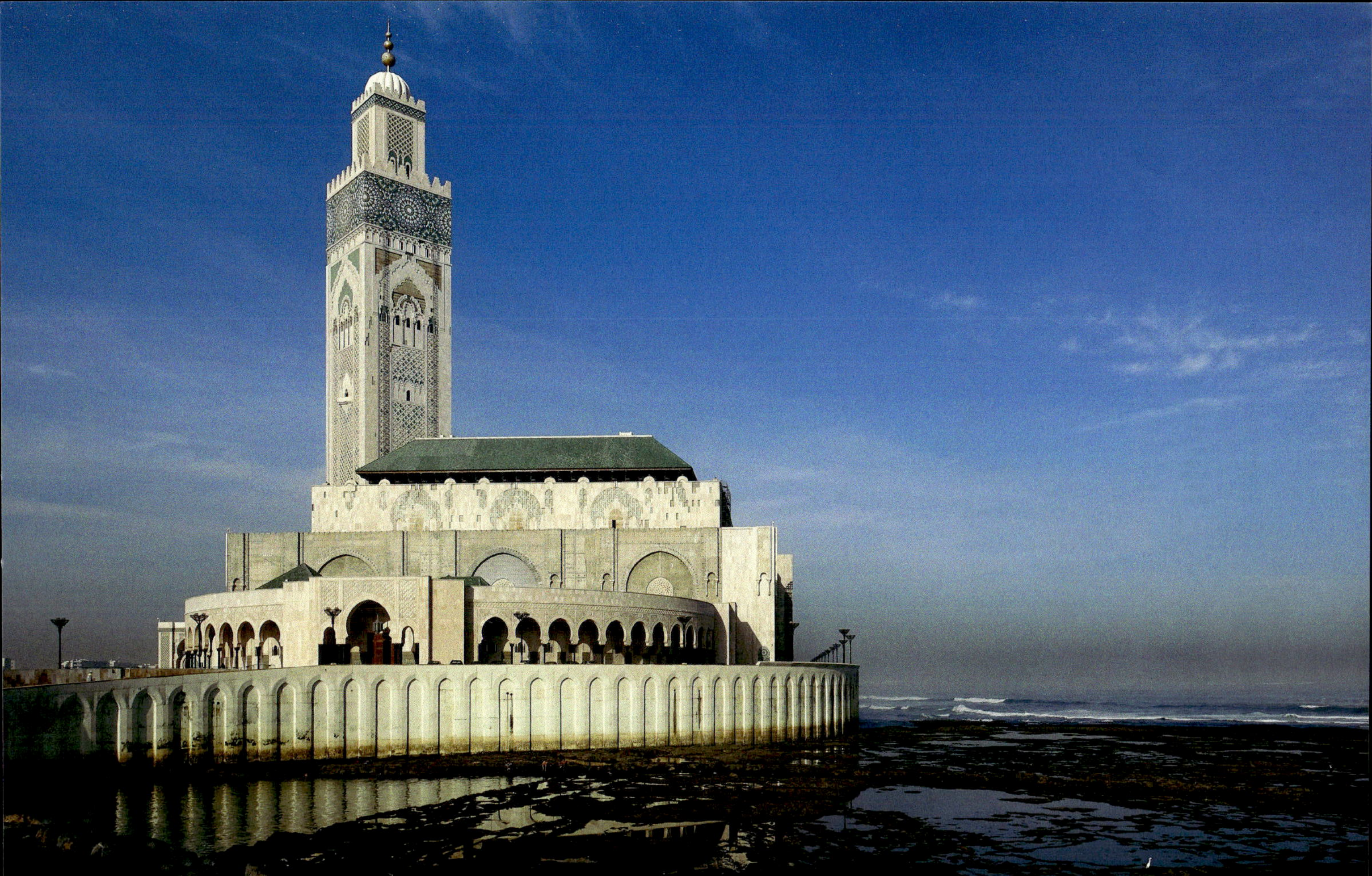

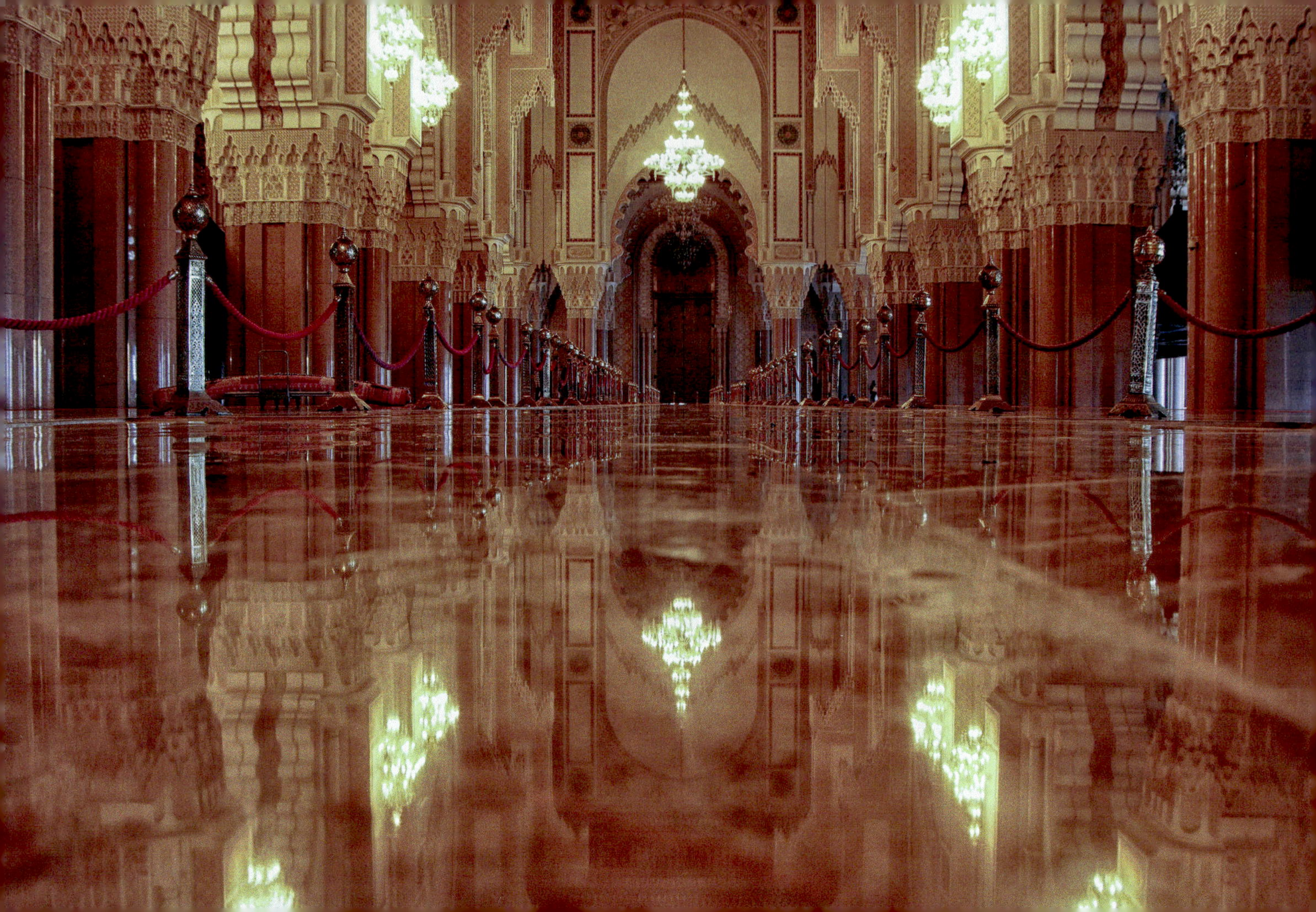

Die Spiegelungen im Inneren der Moschee sind aus der Froschperspektive besonders beeindruckend. Meine Kamera lag auf dem Boden, deshalb war kein Stativ nötig.
18 mm · ISO 400 · Blende 8 · 0,6 s

Befinden sich Menschen im Bild, sind die Dimensionen des Sakralbaus besonders gut erkennbar.
21 mm · ISO 200 · Blende 5,6 · 1/160 s

Die Hassan-II-Moschee ist eine der größten Moscheen der Welt, ihr Minarett ist 210 Meter hoch. Sie wurde nach siebenjähriger Bauzeit im August 1993 eingeweiht. Es heißt, dass 2.500 Arbeiter und 10.000 der besten Handwerker des Landes hier gearbeitet haben. Das Geld dafür wurde von der Bevölkerung durch Spenden aufgebracht. Diese Moschee ist die einzige, die Nichtmuslime zu bestimmten Uhrzeiten gegen Eintrittsgeld besuchen dürfen, allerdings nur im Rahmen einer Führung. Auch innerhalb der Moschee darf fotografiert werden. Im Untergeschoss befinden sich weitläufige Räumlichkeiten für die rituelle Waschung, die interessant für Architekturfotografen sind.

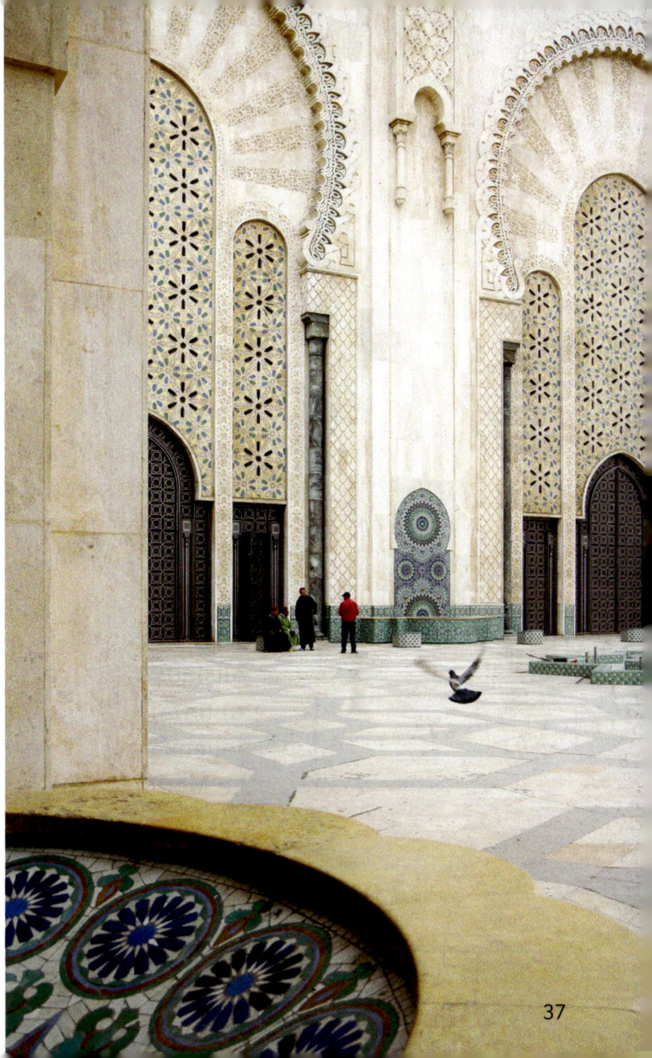

34.039164,
–6.829456

2 RABAT UND SALE

Die Doppelstadt Rabat-Sale hat eine sehr lange und wechselvolle Geschichte. Beide Städte gehen unmittelbar ineinander über, werden jedoch durch den Fluss Bou Regreg getrennt. Addiert man die Einwohner beider Städte, kommt man auf 1,8 Millionen. Die Hauptstadt Rabat ist eine der vier Königsstädte Marokkos, eine moderne und saubere Beamten- und Diplomatenstadt. Sale mit seiner langen Geschichte gilt heutzutage nur noch als Vorstadt Rabats. Wie fast alle marokkanischen Städte bestehen beide aus je einer Neustadt und einer Altstadt (Medina). Beide Medinas wiederum unterteilen sich in mehrere Ortsteile und ein (ehemaliges) Judenviertel, Mellah genannt. Die Medinas sind von gewaltigen Stadtmauern umgeben, man betritt sie durch verschiedene Tore, die »Bab« genannt werden. In Rabat findet sich in der Medina noch die Kasbah des Oudaias. Diese Festung aus dem 12. Jahrhundert liegt am Rand der Altstadt und ist durch eigene Mauern und Tore von der restlichen Medina abgetrennt. Der fotogene andalusische Garten innerhalb der Mauern stammt aus dem 20. Jahrhundert. Als eines der schönsten Stadttore des Landes gilt übrigens das zur Kasbah gehörende Bab Oudaia. Von hier aus eroberten islamische Kämpfer Gebiete in Spanien und Piraten terrorisierten im 17. Jahrhundert die internationale Schifffahrt.

Das Foto wurde von den oberen Mauern des muslimischen Friedhofs von Sidi Benachir in Sale aufgenommen und zeigt die Kasbah des Oudaias sowie Teile der Stadtbefestigung. Wer nicht gegen das Licht fotografieren möchte, sollte morgens vor 9.00 Uhr hierher kommen.
31 mm · ISO 200 · Blende 5,6 · 1/125 s

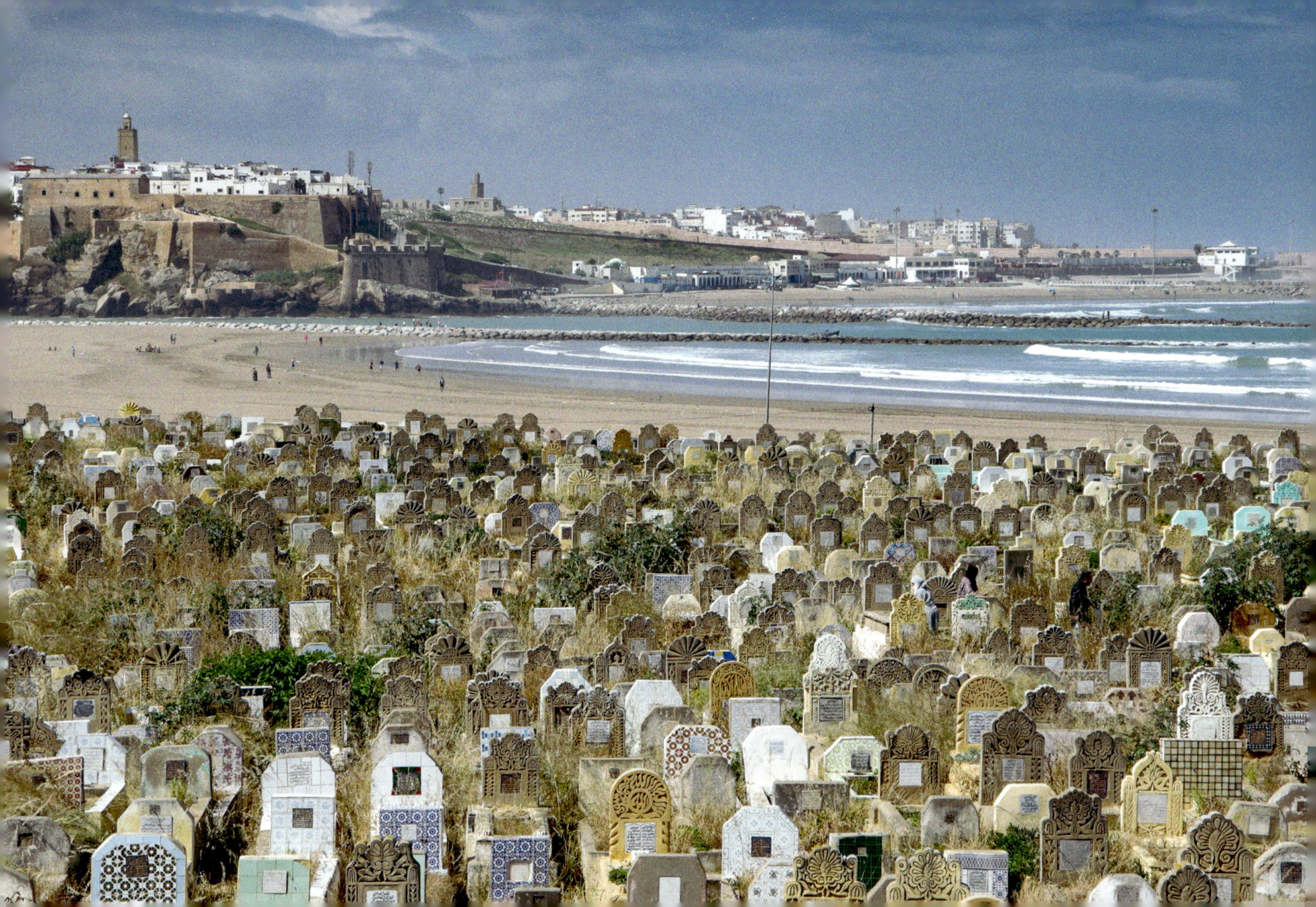

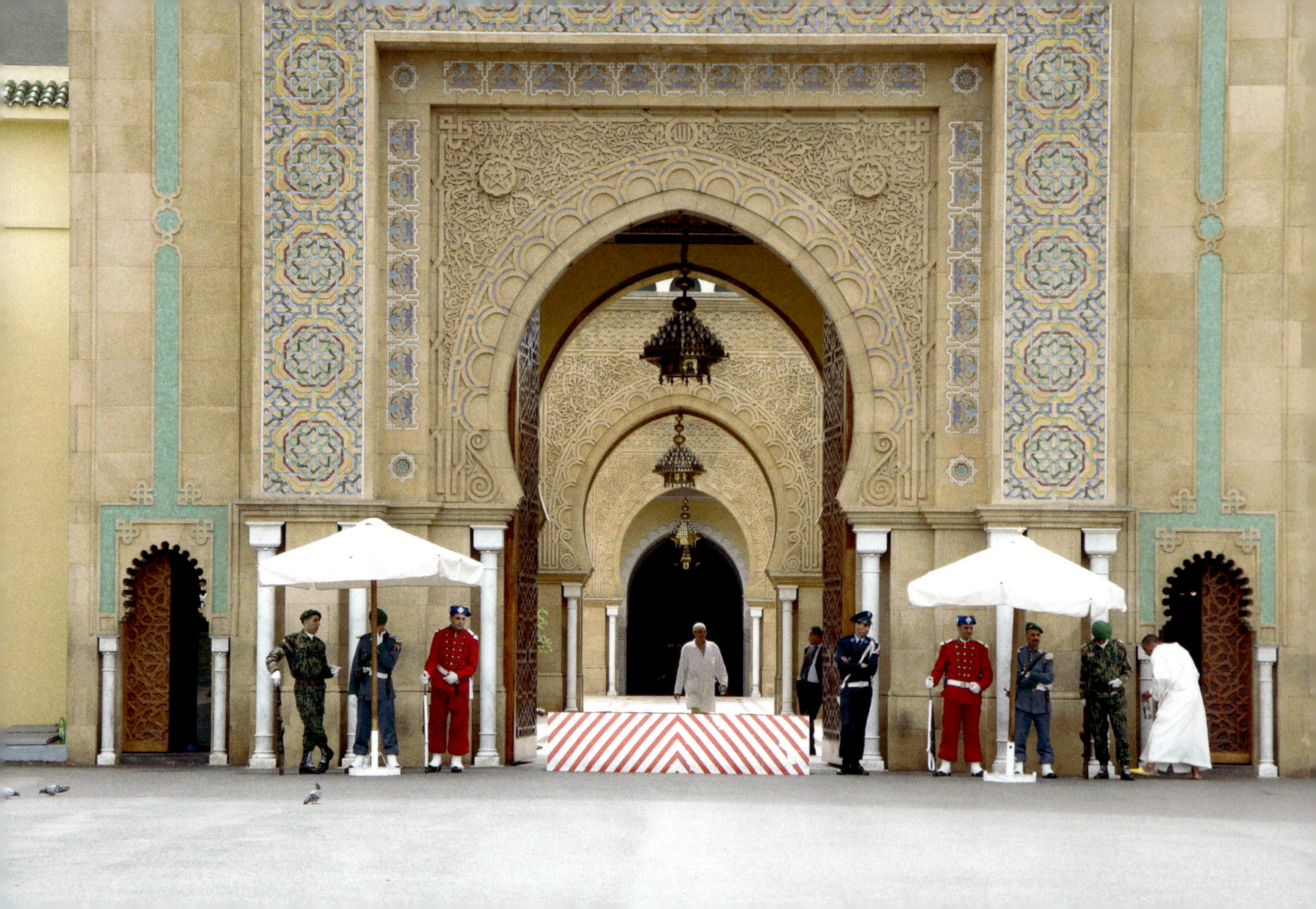

Sale wurde früher Sala Colonia genannt, später wurde der Name zu Chellah. Dort lebten drei Zivilisationen: zunächst die Phönizier, die Spuren aus dem dritten Jahrhundert vor unserer Zeit hinterließen, dann die Römer, die in der Nekropole eine heute noch sichtbare Hauptstraße bauten, und die Berber-Dynastie der Meriniden, die ab dem Ende des 13. Jahrhunderts eine Begräbnisstätte mit Moschee und Koranschule errichteten. Allgemein bekannt ist, dass die Araber den Maghreb ab dem siebten Jahrhundert eroberten. Bis zur heutigen Zeit gab es im Land sieben Dynastien, vier davon waren berberischen Ursprungs. Seit 1664 regiert die Herrscherdynastie der Alaouiten, die ursprünglich aus dem heutigen Saudi-Arabien kamen. Ihr jetziger Herrscher, König Mohammed VI., stammt vom Enkel des Propheten ab und ist damit ein »Scherif«. Bedingt durch diese besondere Abstammung wird sein Herrschertum als von Gott gewollt gesehen, seine Dynastie gilt somit als unantastbar. Der König hat seinen repräsentativen Hauptpalast in Rabat, der in einem abgeschirmten Stadtviertel in Nachbarschaft zu verschiedenen Ministerien und den Wohnhäusern seiner Angestellten liegt. Die Gebäude sind umgeben von sehr gepflegten Gärten und Alleen. Hier bietet sich auch die einzige legale Möglichkeit, Uniformierte der verschiedenen Waffengattungen und Palastdiener zu fotografieren. Seinen richtigen Wohnsitz hat der König übrigens in der Nähe des internationalen Flughafens der Stadt. Angeblich besitzt er über das ganze Land verteilt zwölf Paläste, in denen er ab und an verweilt. Seine Rolle im Staat ist sehr wichtig, da alle schwerwiegenden Entscheidungen im Lande, trotz Parlament, von ihm bestätigt werden müssen.

Nur in den frühen Sommermonaten und nur früh morgens und am Abend scheint die Sonne auf den Eingang des Palastes. Zu anderen Zeiten muss man mit Gegenlicht rechnen. Günstig zum Fotografieren ist dann ein leicht bewölkter Himmel.
53 mm · ISO 200 · Blende 9 · 1/125 s

34.002142,
–6.841336

34.023448,
–6.822298

Ein für die marokkanische Geschichte wichtiges Gebäude ist der Hassan-Turm. Der Bau wurde Ende des 12. Jahrhunderts unter dem Almohaden Kalif Yacoub al Mansour begonnen. Da er Großmachtspläne vor allem hinsichtlich Spanien hatte, erschien ihm die Lage seiner Hauptstadt Marrakesch als ungünstig und er plante eine neue Stadt von riesigem Ausmaß. Unter anderem sollte die Hassan-II-Moschee mit einem über 80 Meter hohen Minarett entstehen. Dies wäre in der damaligen Zeit eine der größten Moscheen überhaupt gewesen. Sie war außerdem für 50.000 Gläubige konzipiert. Da er aber vor der Fertigstellung unerwartet verstarb, wurden die Arbeiten abgebrochen. Das heutige Minarett misst aber immerhin noch 44 Meter. Die noch sichtbaren Säulenstümpfe, von denen es ursprünglich einmal über 300 gab, sollten das Dach der Moschee tragen.

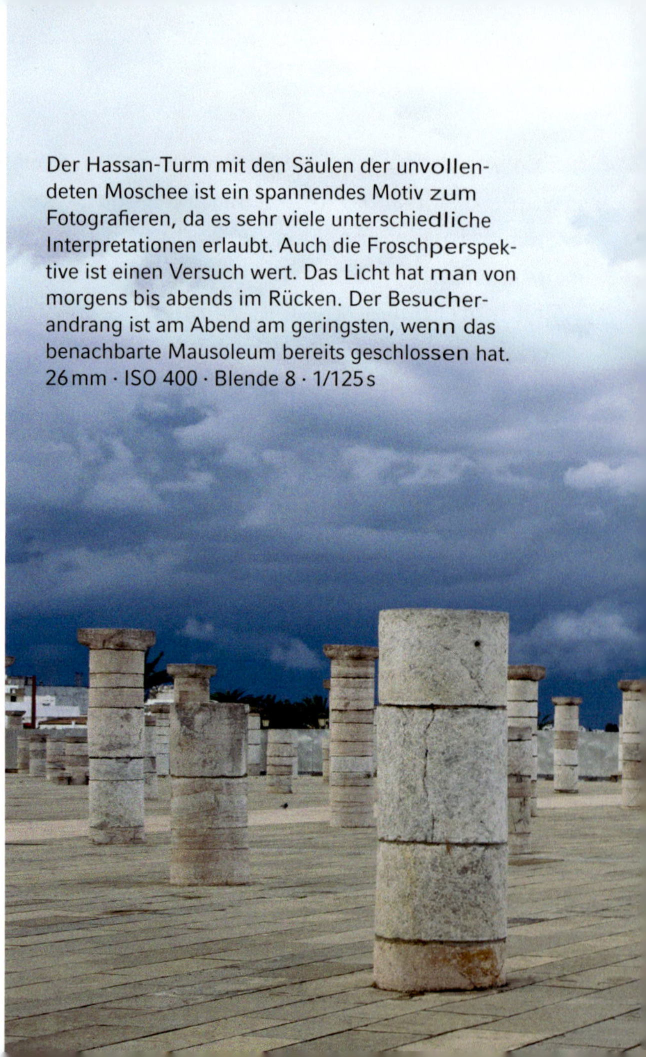

Der Hassan-Turm mit den Säulen der unvollendeten Moschee ist ein spannendes Motiv zum Fotografieren, da es sehr viele unterschiedliche Interpretationen erlaubt. Auch die Froschperspektive ist einen Versuch wert. Das Licht hat man von morgens bis abends im Rücken. Der Besucherandrang ist am Abend am geringsten, wenn das benachbarte Mausoleum bereits geschlossen hat.
26 mm · ISO 400 · Blende 8 · 1/125 s

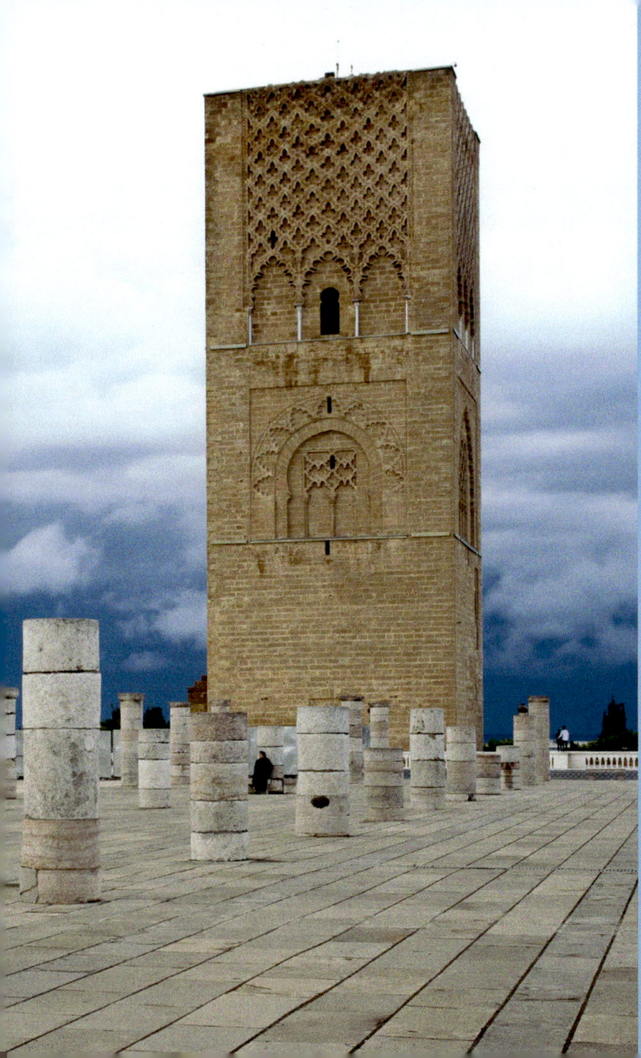

WEITERE SEHENSWÜRDIGKEITEN

In Rabat und in Sale bieten sich sehr viele weitere Fotomotive: In der Kasbah des Oudaias lohnen die Gassen mit blauweißen Häusern, die Aussichtsterrasse mit Blick auf Sale und das maurische Café neben dem andalusischen Garten.

Im Stadtzentrum Rabats an der Avenue Mohammed V. lohnt das Parlament und in der Nähe die Kathedrale und die Es Sunna-Moschee. An der Avenue Moulay Hassan ist das Bab Er Rouah interessant. Auch einen Besuch wert sind die Chellah mit ihren Außenmauern und dem Tor, die Römerstraße, die ehemalige Moschee, die Sultansgräber, die Koranschule von Abou el Hassan, die heilige Quelle mit den Marabout-Gräbern und der andalusische Garten. Die Altstadt von Sale sollten Sie unbedingt besuchen wegen des »untouristischen« Marktes in der Altstadt auf der Rue Bab Sebta und der Koranschule (Medersa) Abou el Hassan (s. Seite 128) und des Bab Mrissa.

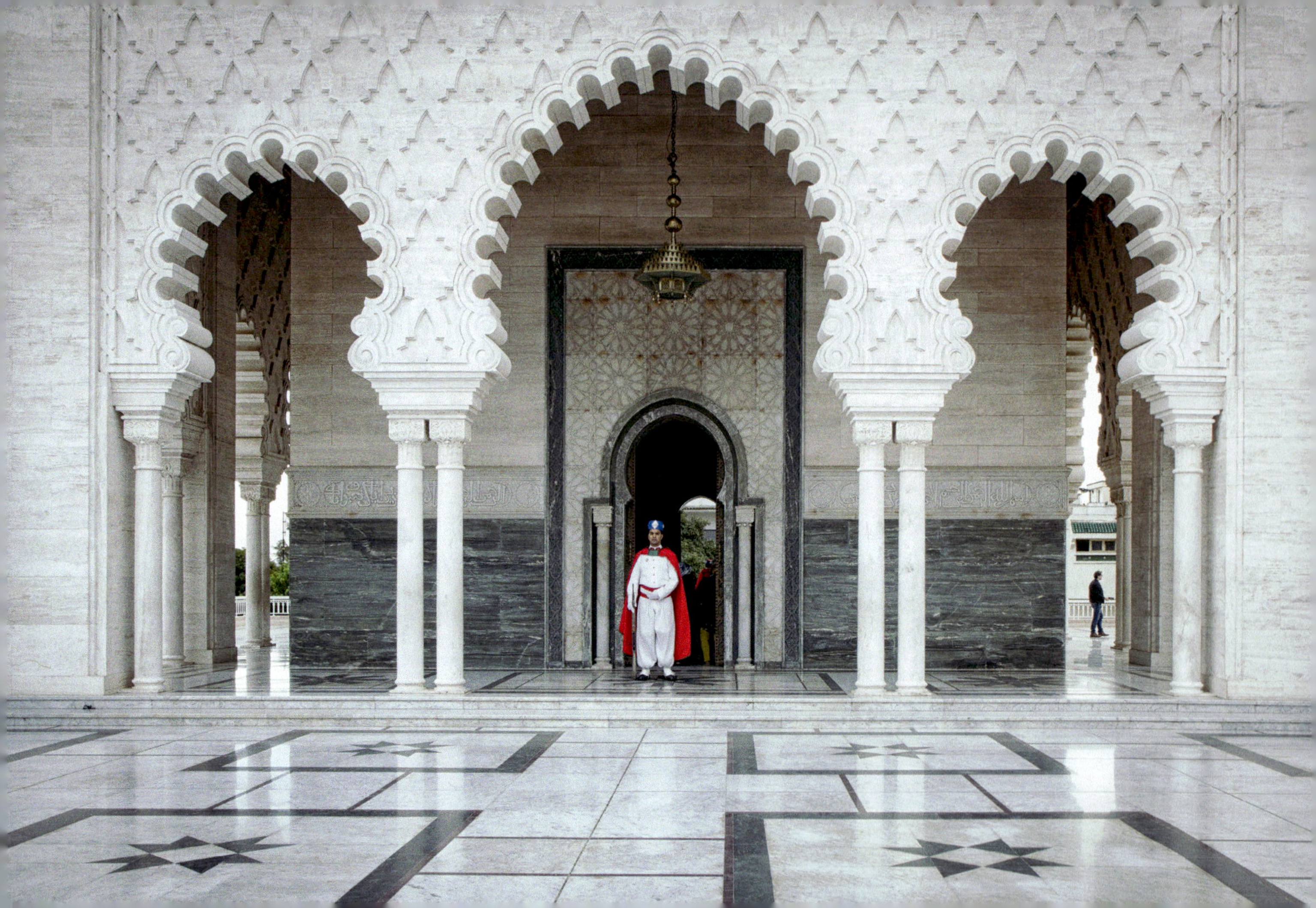

Auf dem Gelände des Hassan-Turms befinden sich neben der unvollendeten Moschee eine neue Moschee ohne Minarett und ein Mausoleum, welches mittlerweile die Gräber von zwei Königen beherbergt: König Mohammed V., der das Land in die Unabhängigkeit führte, und König Hassan II., der von 1961 bis 1999 regierte. Das Mausoleum wurde von einem vietnamesischen Architekten konzipiert und ist von den besten Handwerkern des Landes im Stil traditioneller Grabbauten erbaut. An den Eingangstoren des Mausoleums stehen Wachen, die sich, genau wie die zu Pferde sitzenden Wachen am Eingang zum Gelände, fotografieren lassen. Es darf auch im Inneren des Mausoleums fotografiert werden.

Die Wachen am Mausoleum tragen propere Uniformen und geben ein tolles Foto ab. Sie dürfen fotografiert werden und rühren sich dabei nicht. Ein Zeichen des Dankes, z.B. ein freundliches Nicken, ist aber willkommen!
21 mm · ISO 400 · Blende 8 · 1/125 s (links)
85 mm · ISO 400 · Blende 6,3 · 1/200 s (rechts)

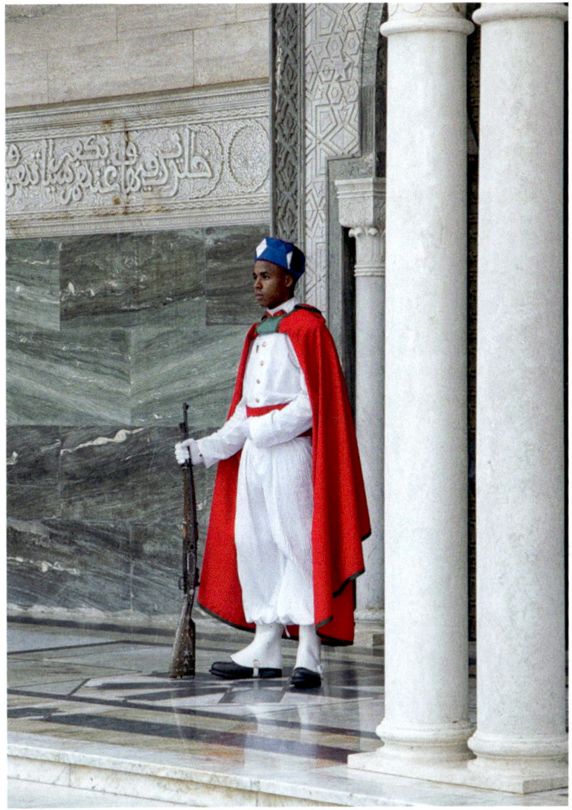

34.022881,
–6.821605

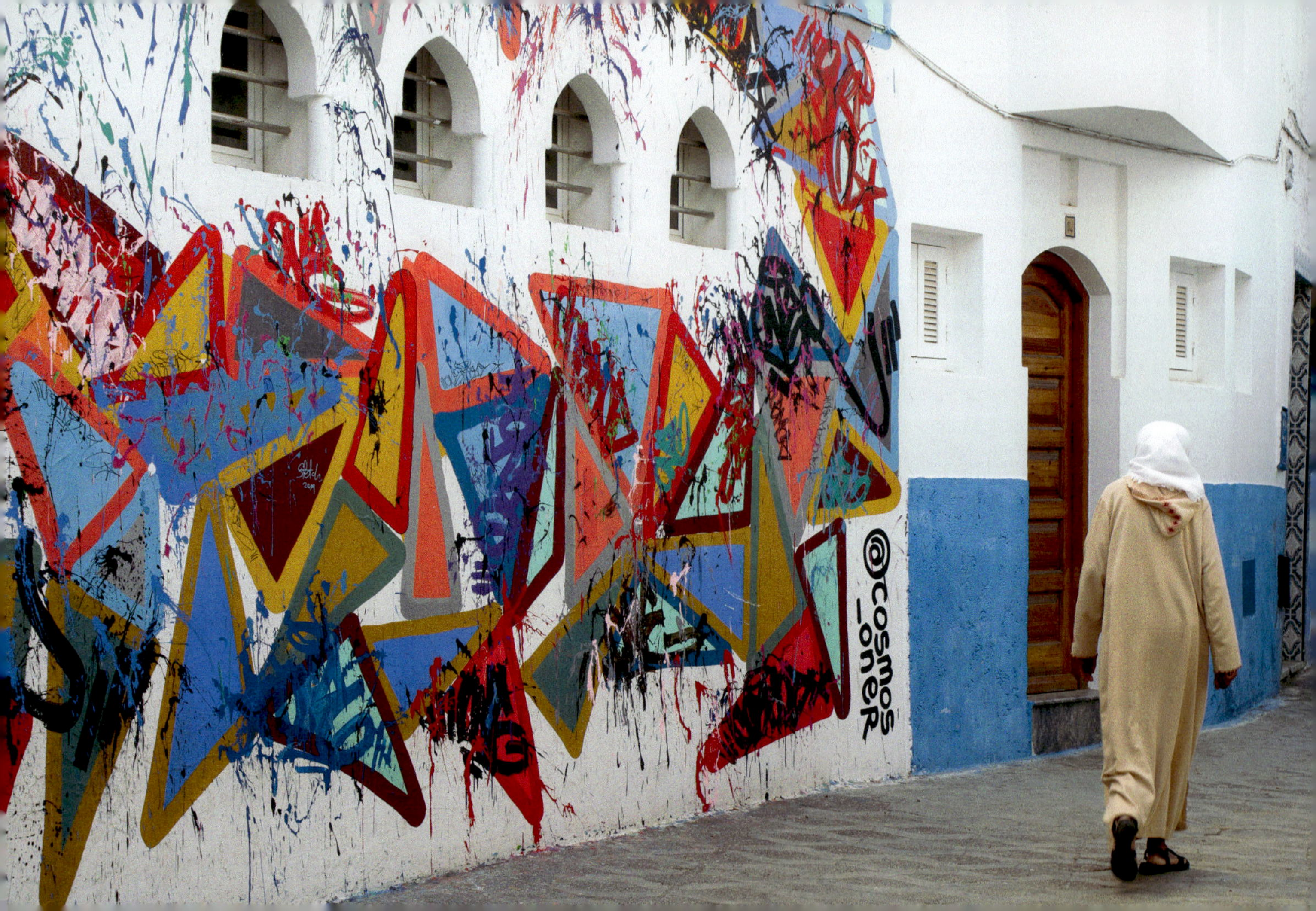
@cosmos
_oneR

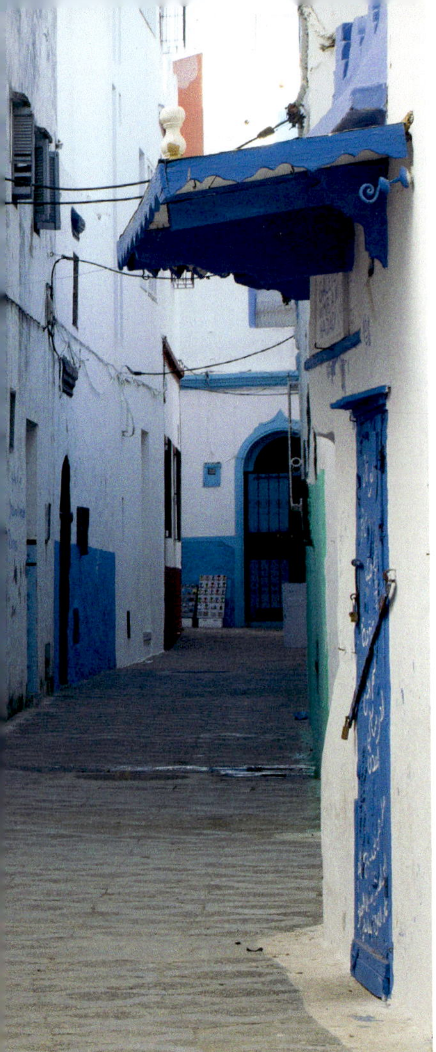

3 ASILAH

Das nur 35 Kilometer von Tanger entfernte Asilah erreicht man am leichtesten mit einem Leihwagen über die Autobahn oder per Eisenbahn. Die sehr sehenswerte Altstadt wird von einer wuchtigen Stadtmauer mit sechs Türmen umgeben. Das mediterrane Flair und die beschauliche Atmosphäre machen sie zu einer der schönsten Städte des Landes. Da Asilah ursprünglich von den Portugiesen befestigt und später von den Spaniern besetzt wurde, wirkt die Medina südeuropäisch. Die Stadt ist nicht überlaufen, man kann sehr gut durch die Gassen flanieren und in Ruhe fotografieren.

Typisch für die hübsche und saubere Altstadt sind die vielen legalen Graffitis, die überwiegend von marokkanischen Künstlern angebracht worden sind.

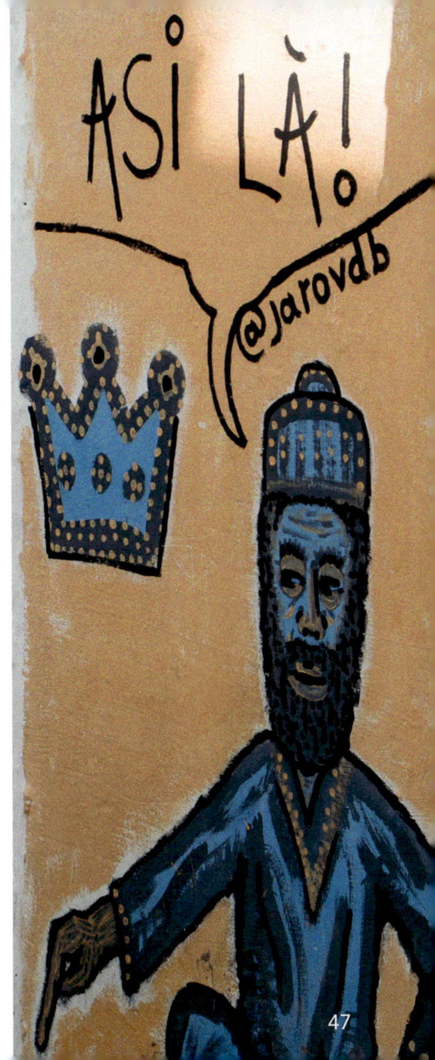

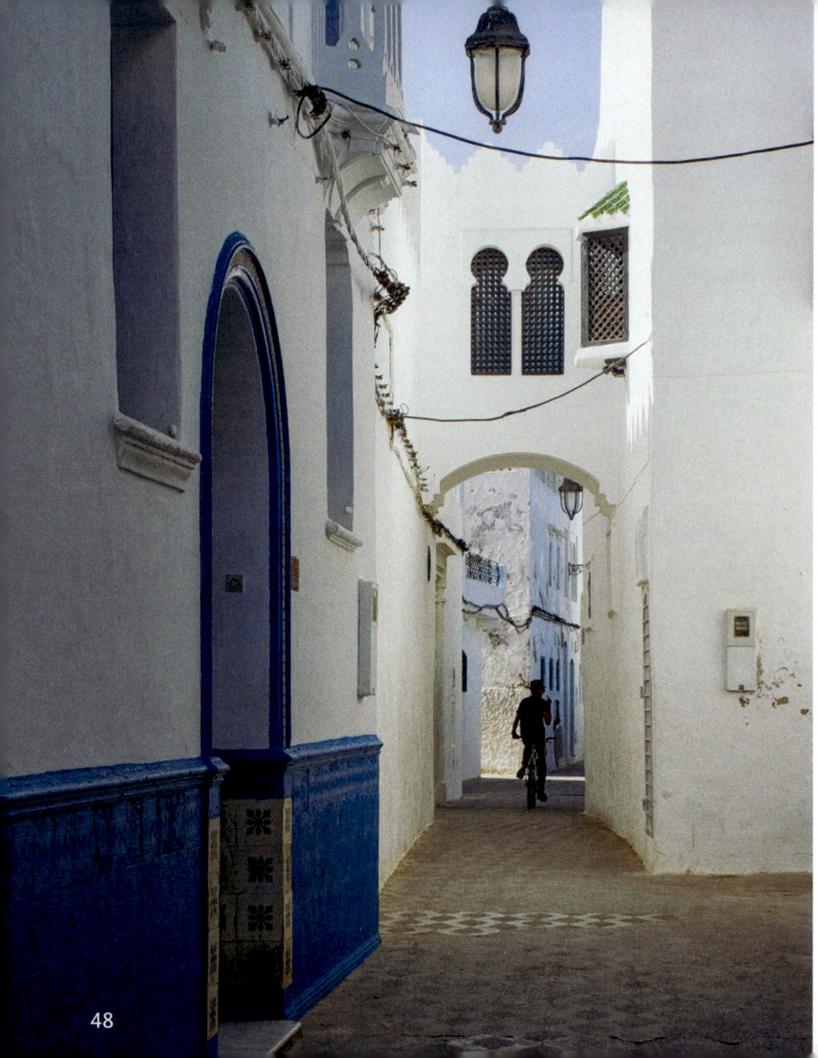

Viele Gebäude haben maurische und neomaurische Elemente: Türen und Tore, Fenster und Balkone sowie Dachkanten. Es gibt viele Details zu entdecken. In der ruhigen Altstadt kann man auch gut das Alltagsleben der Bewohnerinnen und Bewohner einfangen.

Mehrere tolle Fotospots auf die Stadt und das Meer bieten sich von der Mole, von der Promenade oberhalb der Stadtmauern und vom Festungsturm Borj Krikia im Südwesten aus.

Sowohl nördlich als auch südlich der Stadt finden sich Strände, die zum Verweilen einladen. Außerdem liegt in 11 Kilometern Entfernung ein jungsteinzeitlicher Steinkreis, der sogenannte Cromlech de Msoura, der aus 167 säulenartig zugehauenen und polierten Steinen besteht.

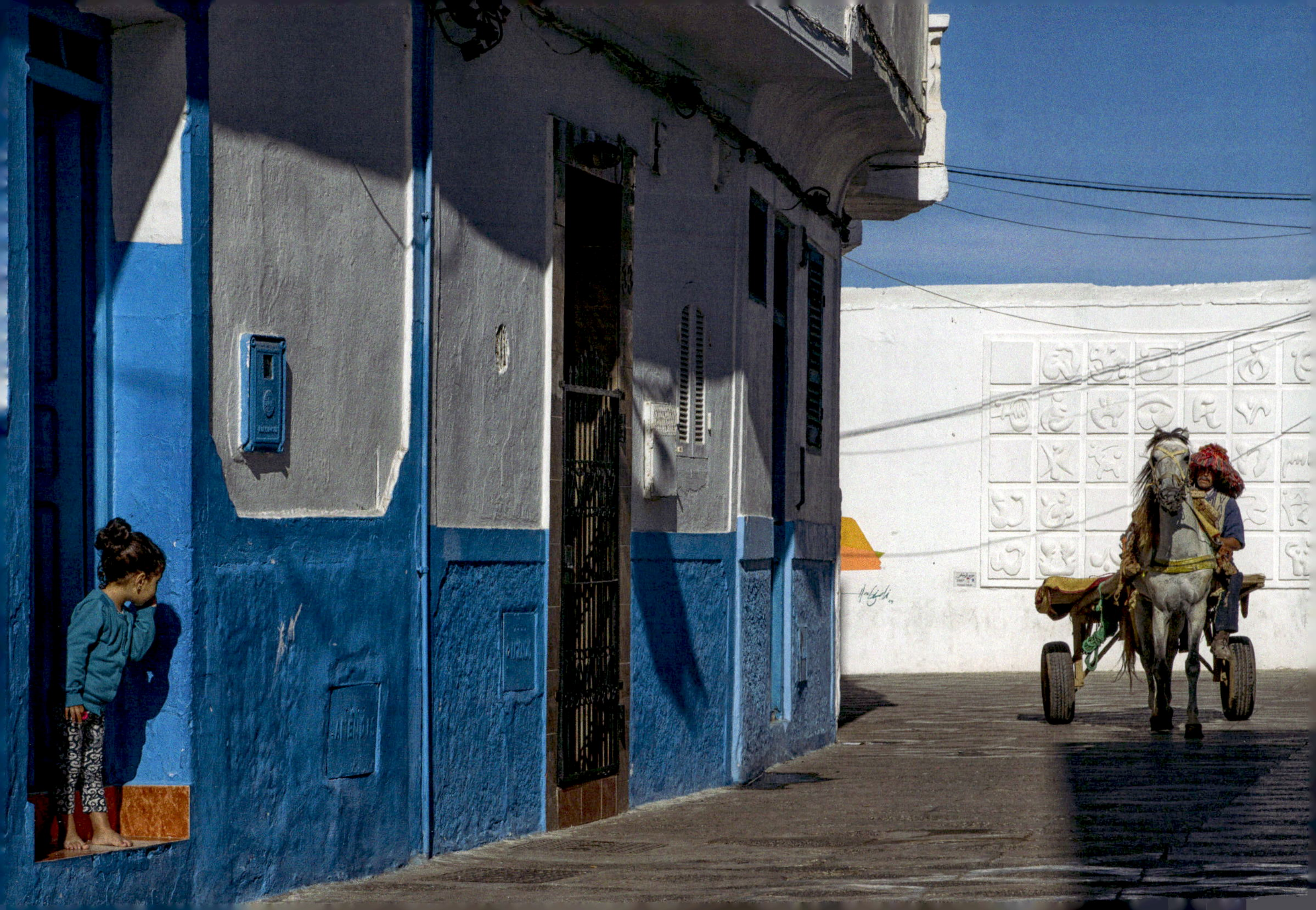

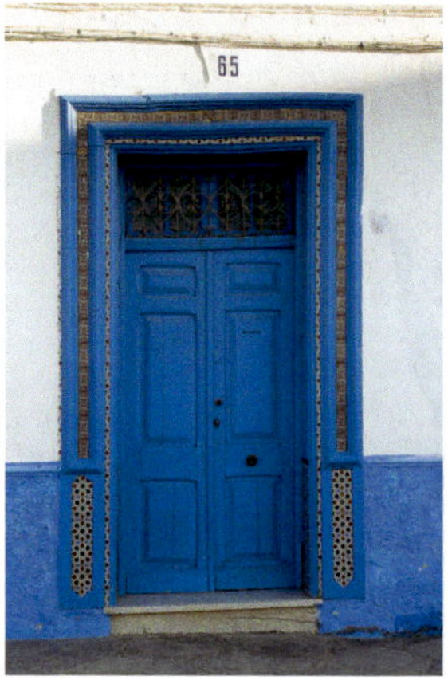

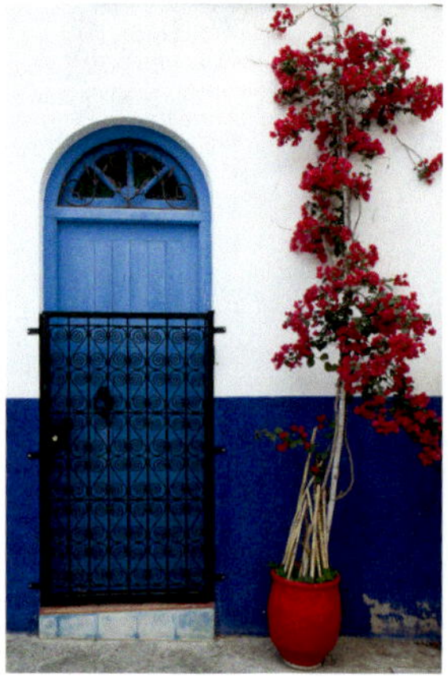

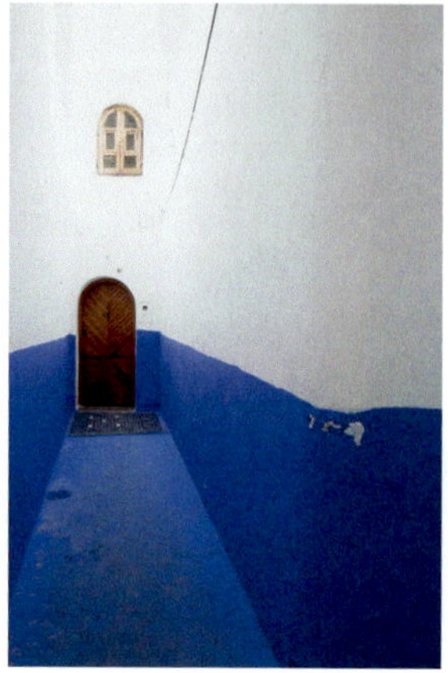

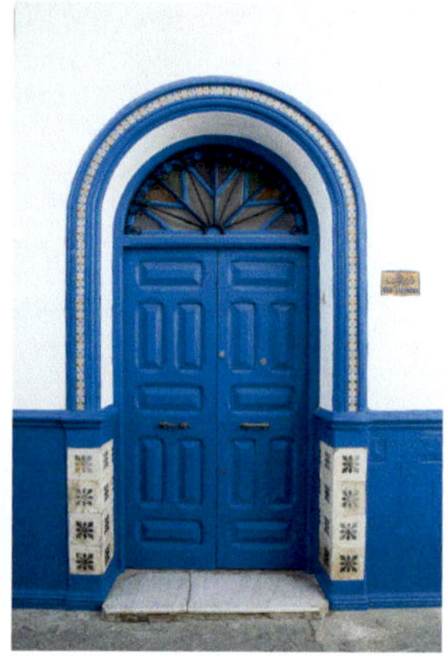

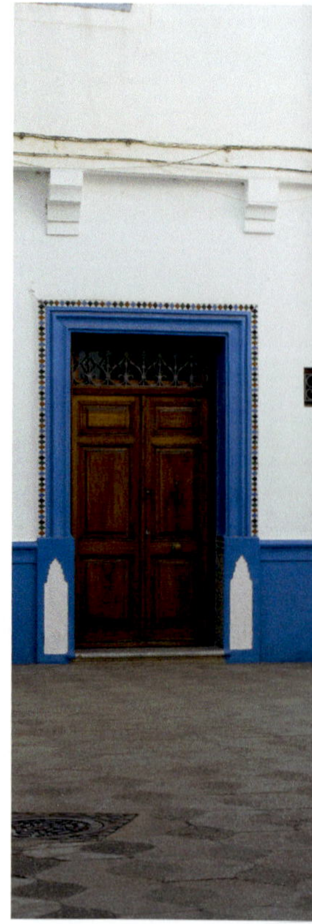

Wie auch in anderen Städten im Norden Marokkos spielen die Farben Blau und Weiß in Asilah eine große Rolle. Im Unterschied zum unweit gelegenen Larache ist die Medina sehr sauber und in einem gut erhaltenen Zustand. In der gesamten Altstadt finden sich blau gestrichene Türen, Fensterrahmen und teilweise sind auch die Sockel der Häuser entsprechend angestrichen.

Auch die vielen Wandmalereien greifen die Farbe oft auf, sodass sich immer wieder neue tolle Fotomotive ergeben. Am besten lassen sich die weiß-blauen Gassen fotografieren, wenn der Himmel bedeckt ist und es keine sonnenbeschienenen Wände neben harten Schatten gibt.

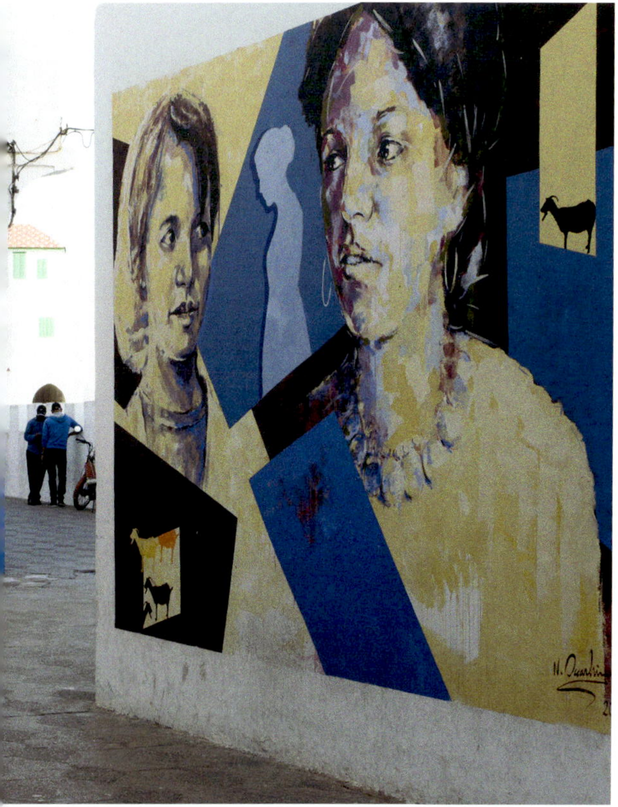

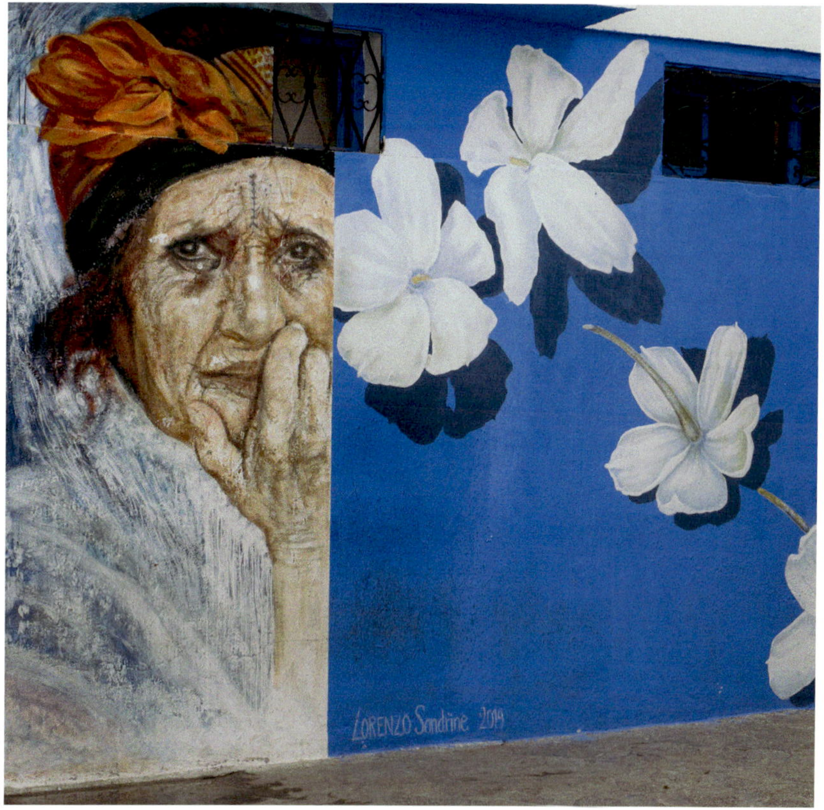
LORENZO Sandrine 2019

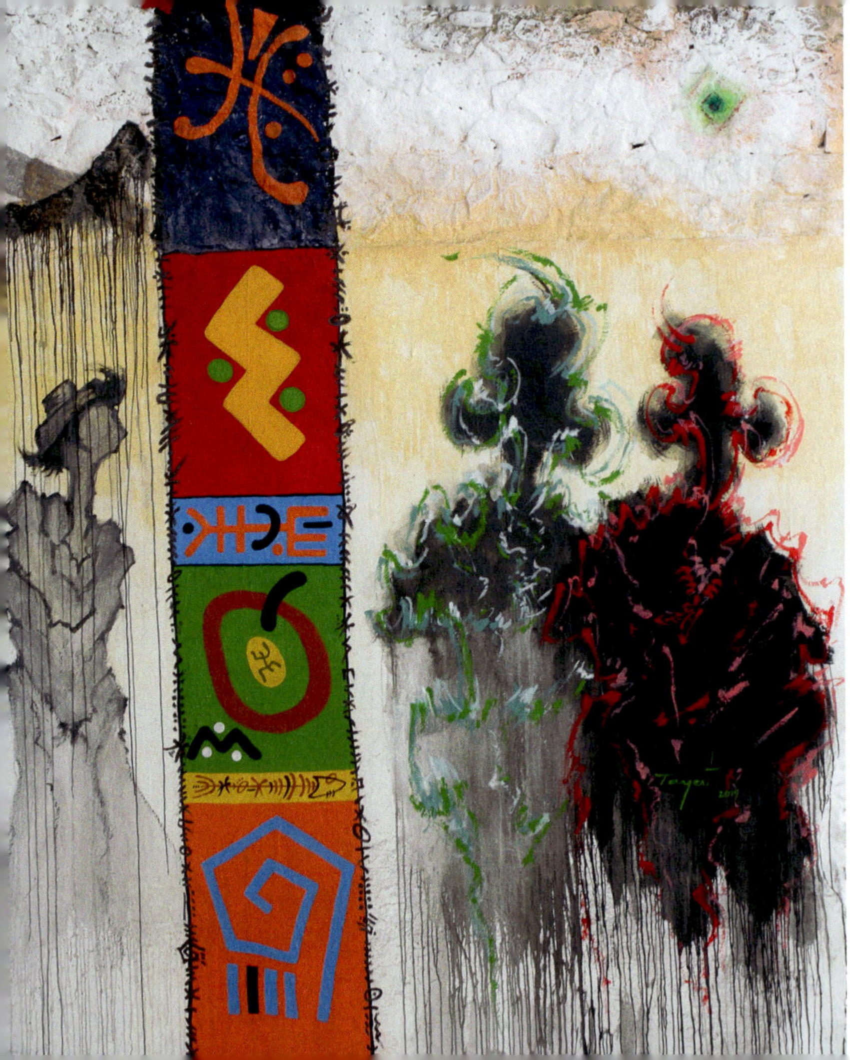

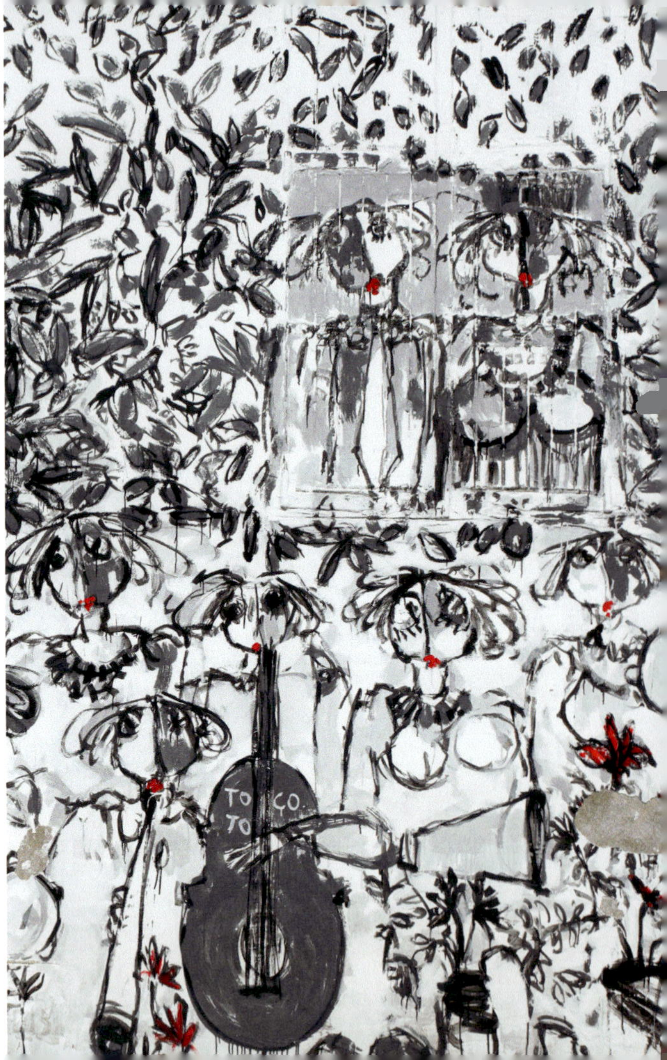

Im Rahmen des internationalen Kulturfestivals »Moussem Culturel d'Asilah«, das alljährlich im August stattfindet, werden etliche Hausfassaden mit Bildern bemalt, die dann ein oder zwei Jahre zu sehen sind. Es gibt also immer wieder Neues zu entdecken. Teilweise sind auch glasierte Keramikelemente in die Wände eingearbeitet.

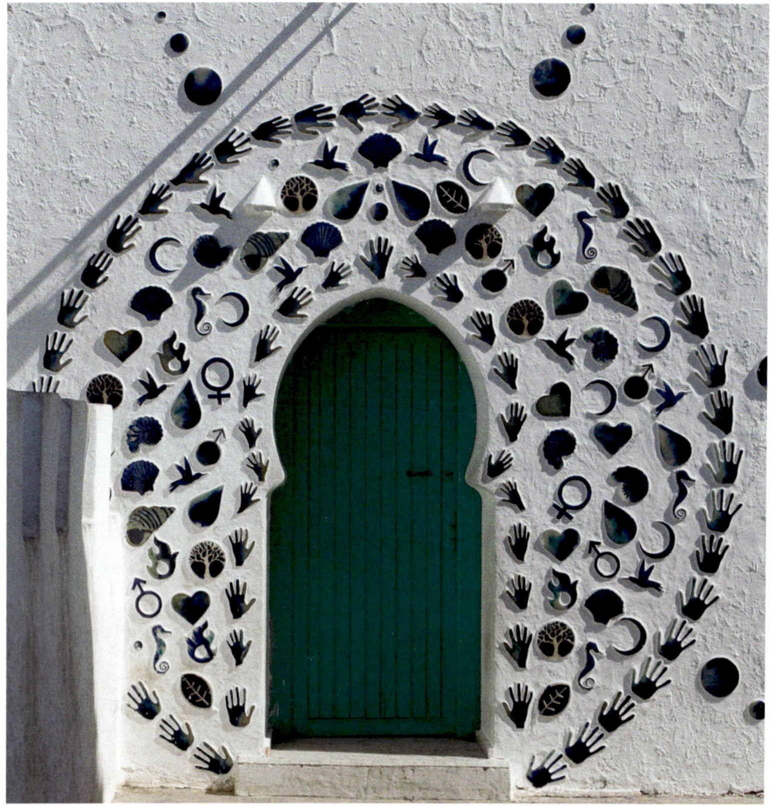

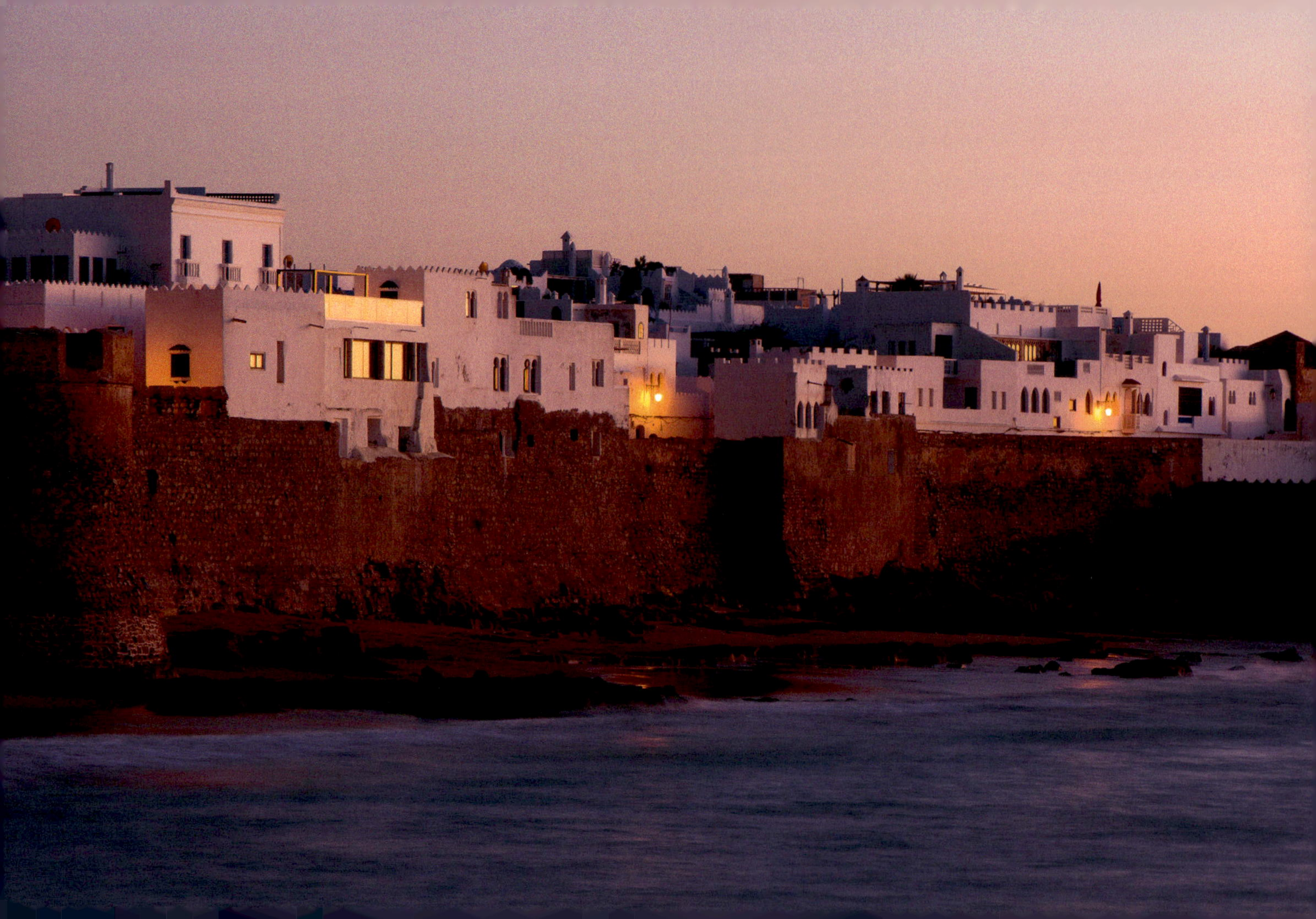

Von der Hafenmole aus hat man einen guten Blick auf die festungsartige Stadtmauer von Asilah. Erst am Nachmittag steht die Sonne so weit im Westen, dass man nicht mehr gegen das Licht fotografieren muss. Besonders zauberhaft ist der Blick bei Sonnenuntergang, wenn die weißen Mauern rosarot leuchten. 68 mm · ISO 100 · Blende 11 · 2,5 s

Entlang der Stadtmauer führt ein Weg unter mehreren fotogenen Torbögen hindurch. Die beste Zeit zum Fotografieren ist während der Blauen Stunde. Stativ · 23 mm · ISO 100 · Blende 8 · 4 s

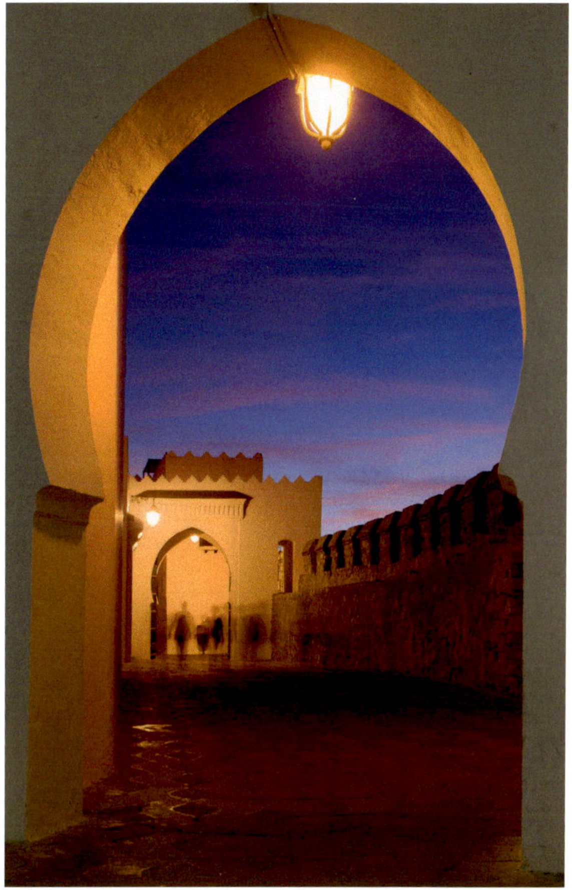

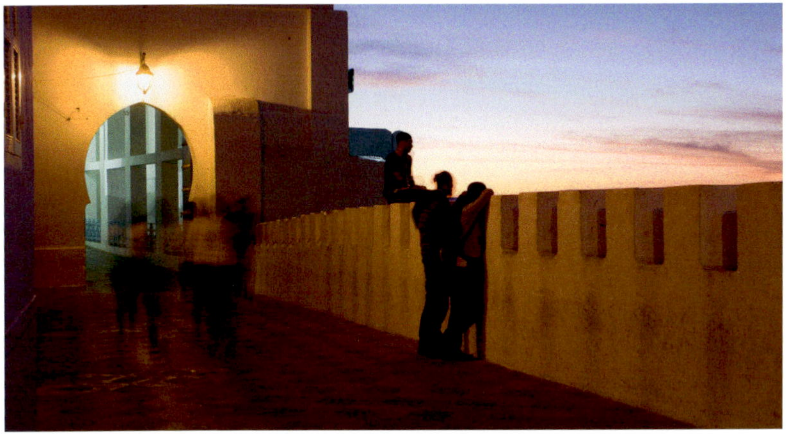

Am Abend genießen die Menschen den Blick aufs Meer. Stativ · 35 mm · ISO 100 · Blende 8 · 3 s

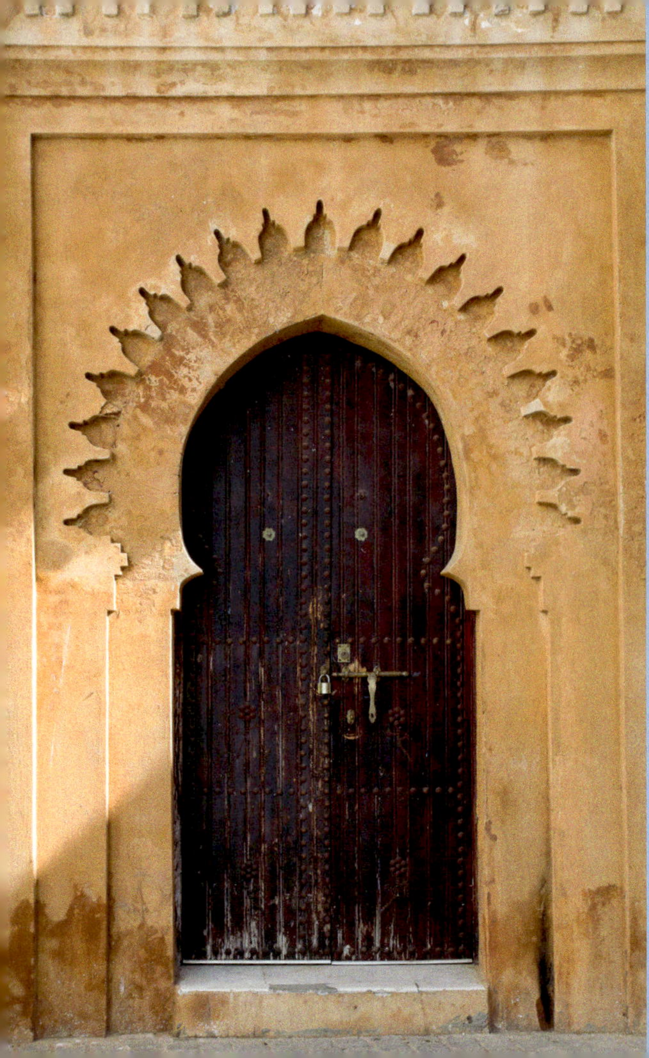

35.197078,
–6.152464

AUSFLUG IN DIE UMGEBUNG NACH LARACHE

Larache, die Hafenstadt mit ihren ca. 130.000 Einwohnern, liegt 50 Kilometer südlich von Asilah. Hier ergießt sich der ganzjährig wasserführende Fluss Loukos in den Atlantik. Oberhalb der Mündung thront die Ruine einer portugiesischen Festung. Die Bauwerke aus der Protektoratszeit (1912–1956) sorgen für spanisches Flair: der zentrale Place de la Liberation (die ehemalige Plaza Espana) mit Café-Arkaden und dem wuchtigen im Mudejar-Stil gebauten Khemis-Tor sowie dem dahinterliegenden lebendigen Marktbereich »Socco Chico«.

Für diese Perspektive auf die Place de la Liberation sollte man am Nachmittag vor Ort sein, damit man nicht gegen die Sonne fotografieren muss.
16 mm · ISO 100 · Blende 8 · 1/500 s

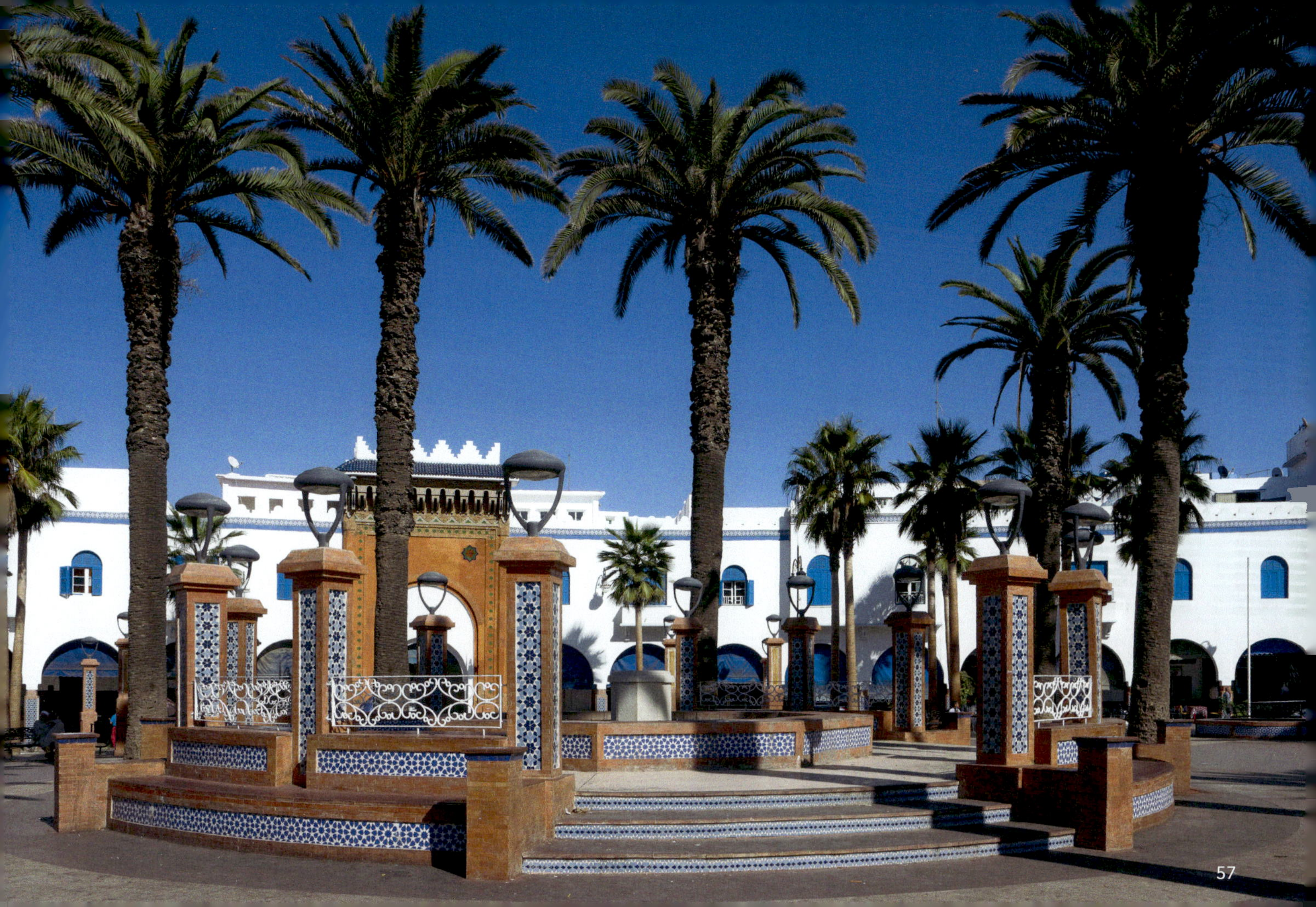

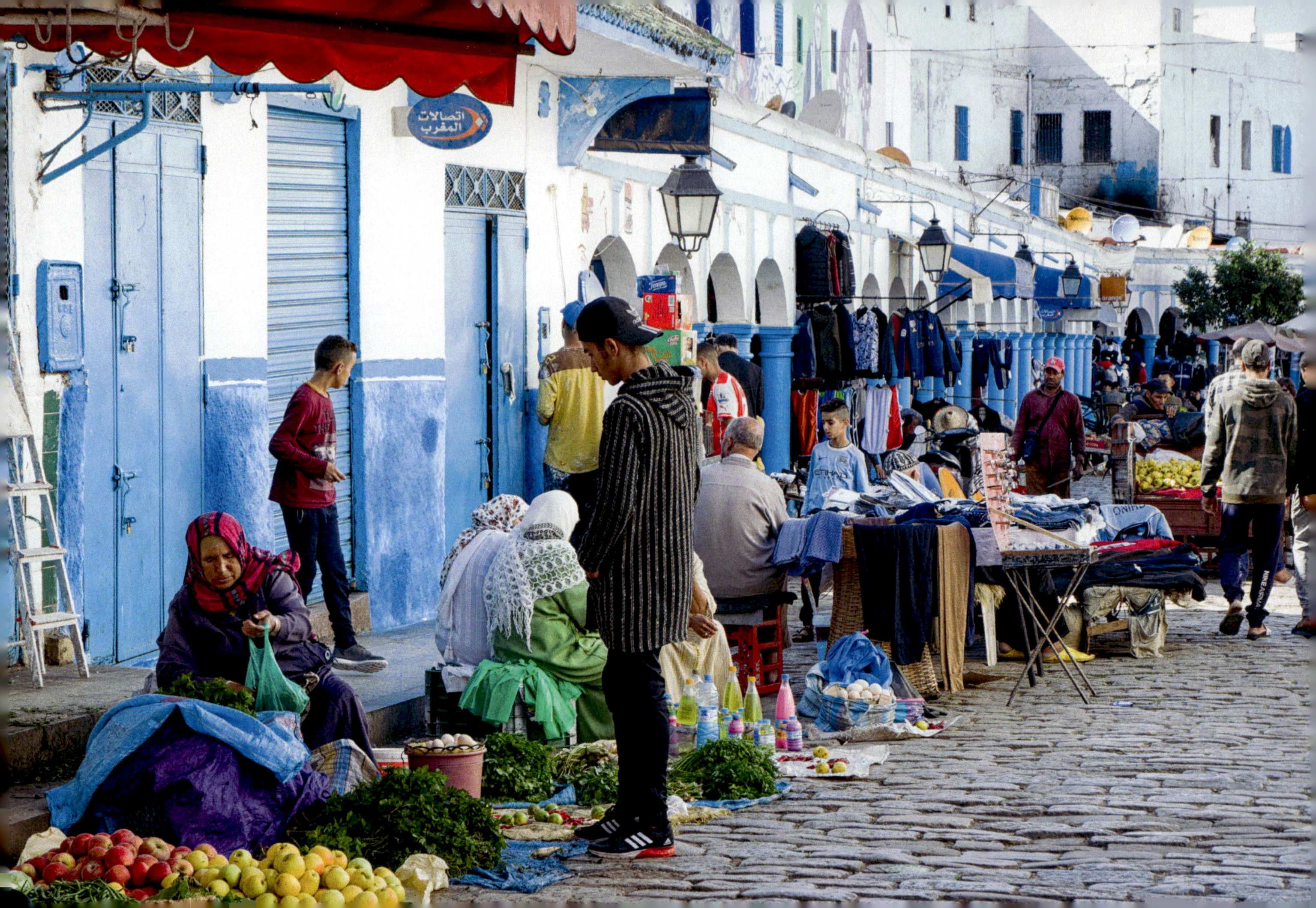
اتصالات
المغرب

35.196993,
–6.150991

Auf dem kleinen Markt an der Rue du Petit Souk trifft man ebenso wie in der angrenzenden Medina auf authentisches Alltagsleben.
48 mm · ISO 200 · Blende 8 · 1/125 s

Auf dem bunten Markt sind nur wenige Touristen zu sehen. Man kann hier neben allerlei Krimskrams auch frische Lebensmittel und Dinge des täglichen Bedarfs kaufen. Der kleine Rundgang führt uns weiter durch kaum von Touristen besuchte überdachte Gassen Richtung Osten und wir gelangen zu dem sehr schönen Makhzen-Platz, der die ehemalige spanische Kommandantur in neomaurischem Stil beherbergt. Azulejos (Keramikfliesen) an Brunnen und Wänden, blau-weiße Häuser und gepflegte Topfpflanzen verstärken immer wieder den Eindruck, irgendwo in Südeuropa zu sein. Am Ende des Spaziergangs finden wir noch die Reste der spanischen Festung Castillo de las Ciguenas, von wo man dann bergab laufend den Hafen erreicht.

Etwa zwei Stunden reichen für die wesentlichen Sehenswürdigkeiten von Larache aus.

Wenn man möchte, kann man noch die vier Kilometer entfernte Ausgrabungsstätte der bereits in prähistorischer Zeit besiedelten späteren Römerstadt Lixus besuchen.

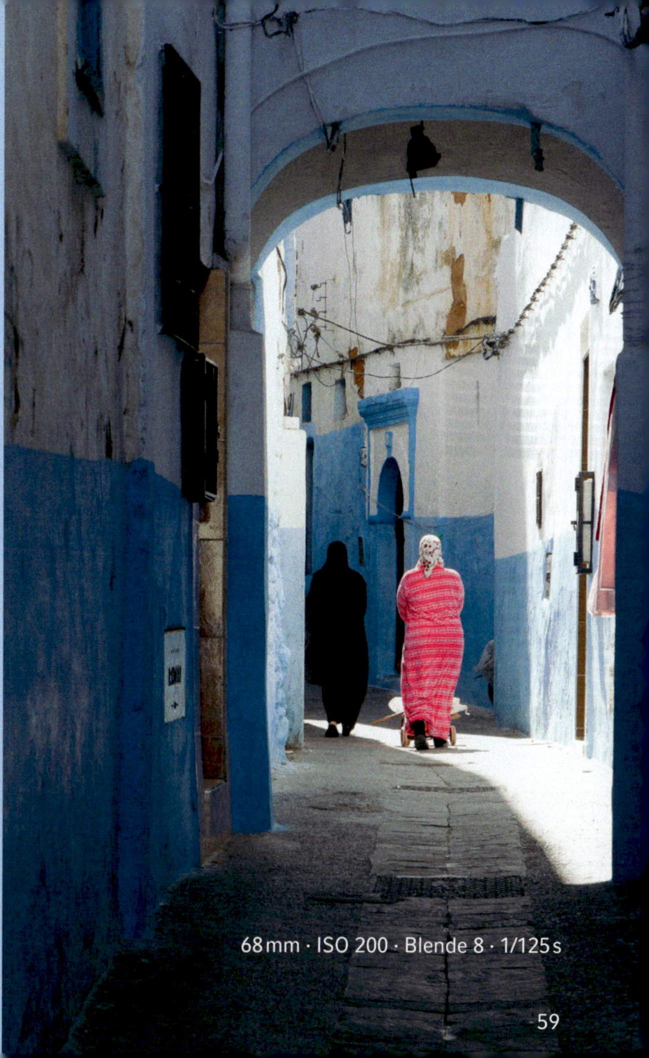

68 mm · ISO 200 · Blende 8 · 1/125 s

FAHRT ZUM CAP SPARTEL

35.794596, –5.909075

Cap Spartel markiert den nordwestlichsten Punkt Afrikas und liegt 13 Kilometer westlich von Tanger. Von hier aus hat man einen beeindruckenden Blick über die Straße von Gibraltar und die Küste Spaniens. Ein Leuchtturm, der hier seit 1864 auf 325 Höhenmetern steht, gibt alle 20 Sekunden ein weißes Aufblitzen als Kennung. Diese reicht 30 Seemeilen weit. Weitere fotogene Leuchttürme am Atlantik befinden sich bei El Jadida, Safi (beim Kap Beddouz) und Sidi Ifni.

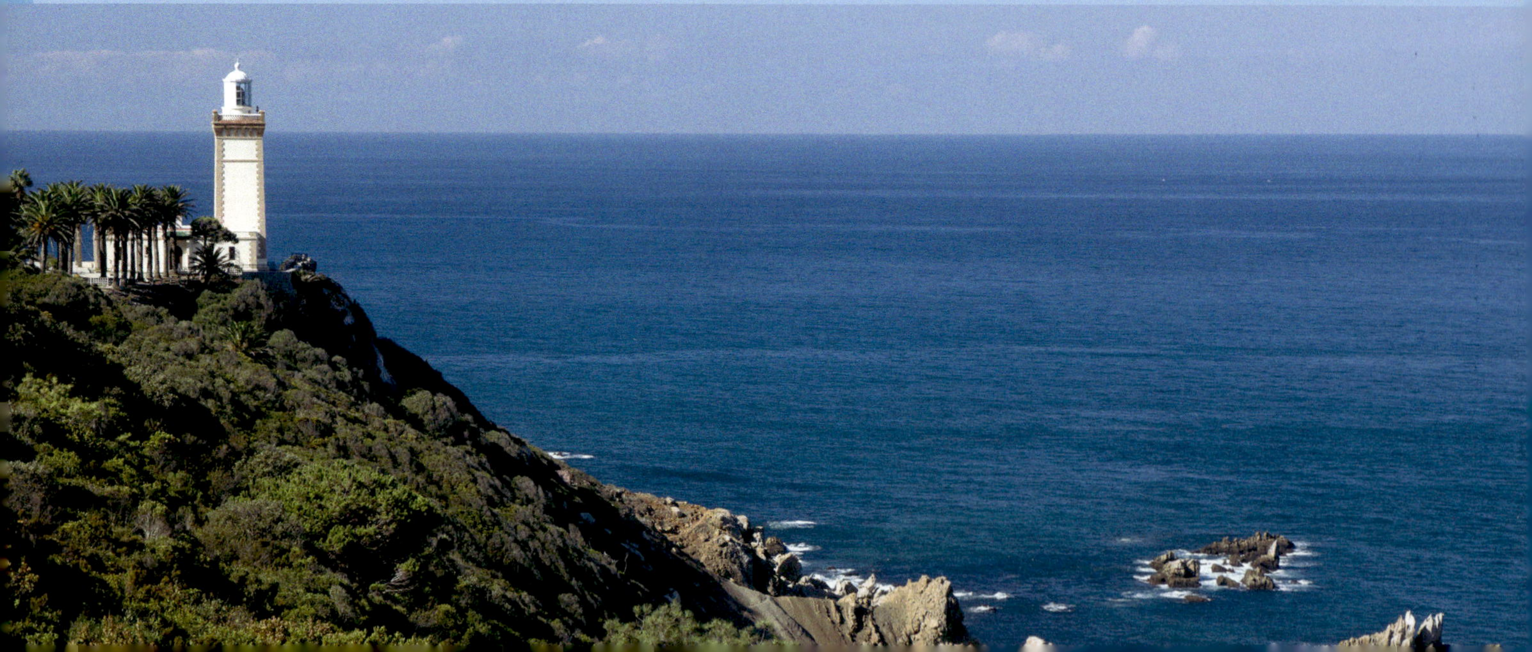

35.760058,
–5.938563

HERKULESGROTTEN

Nur elf Kilometer von Tanger entfernt liegen die von Wind und Wetter geformten Herkulesgrotten. Der Sage nach spaltete Herkules hier nach der Gründung Tangers die Erde, schuf die Meerenge von Gibraltar mit den Säulen des Herkules (die Berge Gibraltar und Monte Hacho bzw. Musa in Marokko), brachte am Ausgang des Mittelmeers die Inschrift »nicht mehr weiter« an und markierte so das Ende der Welt. Westlich davon soll Atlantis gelegen haben. Die Kalksteinhöhlen wurden wahrscheinlich in vorgeschichtlicher Zeit bewohnt. Während eines Rundganges in den Höhlen sieht man viele tellerförmige Aushöhlungen als Resultat des Kalksteinabbaus. Das interessanteste Fotomotiv ist jedoch das Meeresfenster, das an die Form Afrikas erinnert.

Für dieses Motiv empfehlen wir, morgens vor Ort zu sein, da der Kontrastumfang nachmittags durch die Gegenlichtsituation stärker ist.

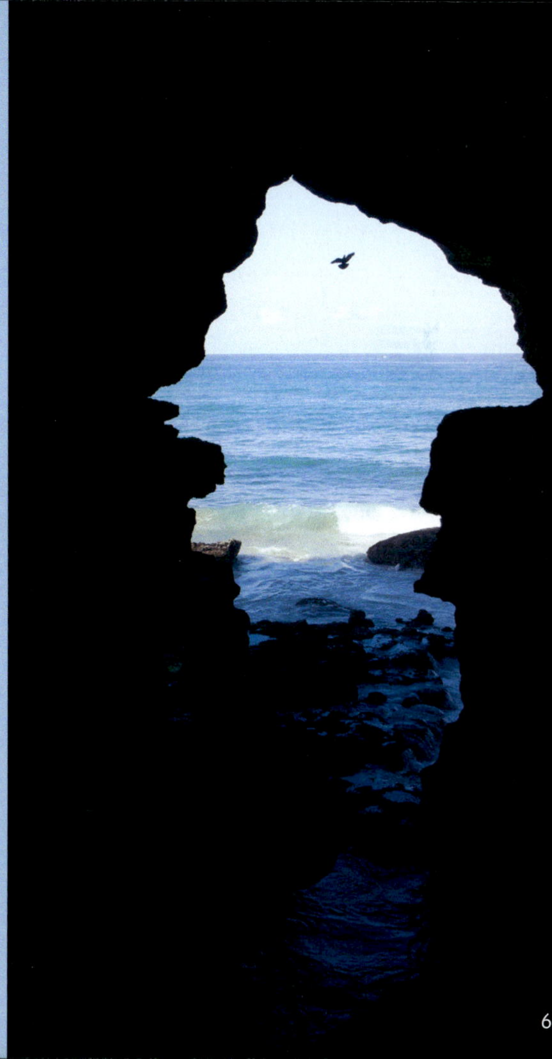

35.571998,
–5.373017

4 TETOUAN

Tetouan mit seinen weiß gestrichenen Häusern und der sandfarbenen Altstadtbefestigung bezaubert durch seinen andalusischen Flair. Dies ist zurückzuführen auf die Ansiedlung von maurischen Flüchtlingen, die wie in Chefchaouen nach dem Fall Granadas 1492 und erneut 1609 vertrieben wurden. Viele waren reiche Kaufleute und Gebildete, sie lösten einen wirtschaftlichen Aufschwung aus. Im 17. Jahrhundert kam reger Handel mit Europa in Gang. Vor allem die Spanier interessierten sich für Nordafrika und Tetouan. 1859 besetzten sie die Stadt für kurze Zeit. 1913 kehrten sie als Protektoratsmacht in den Norden Marokkos zurück und machten Tetouan bis zur Unabhängigkeit des Landes 1956 zu ihrer Hauptstadt. Tetouan verlor daraufhin zunächst seine Wichtigkeit, wurde dann aber Provinzhauptstadt mit Flughafen und zugleich die größte Stadt des Rif-Gebirges.

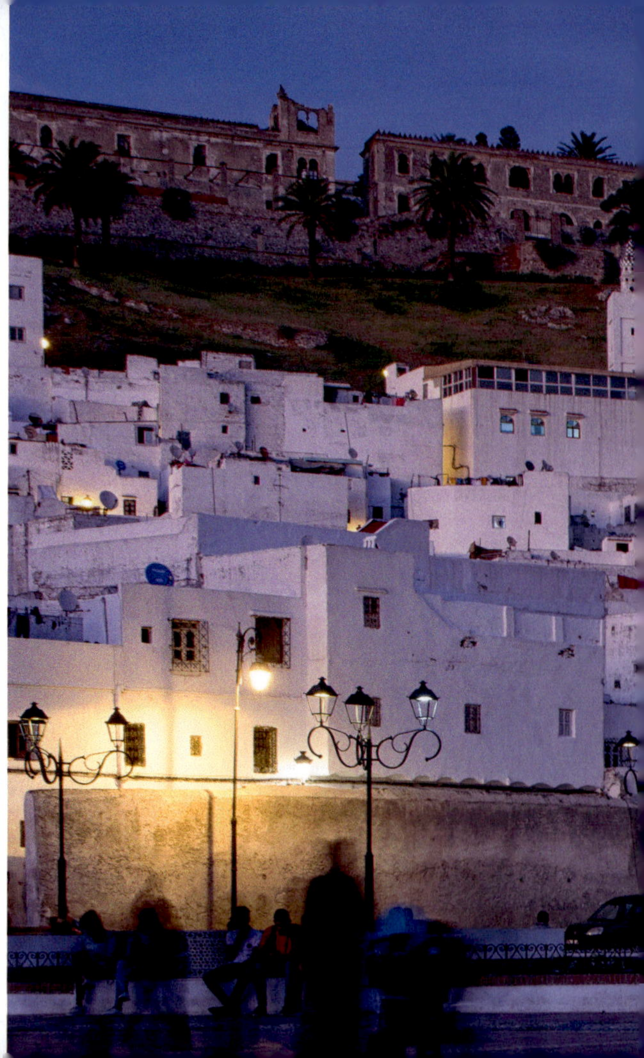

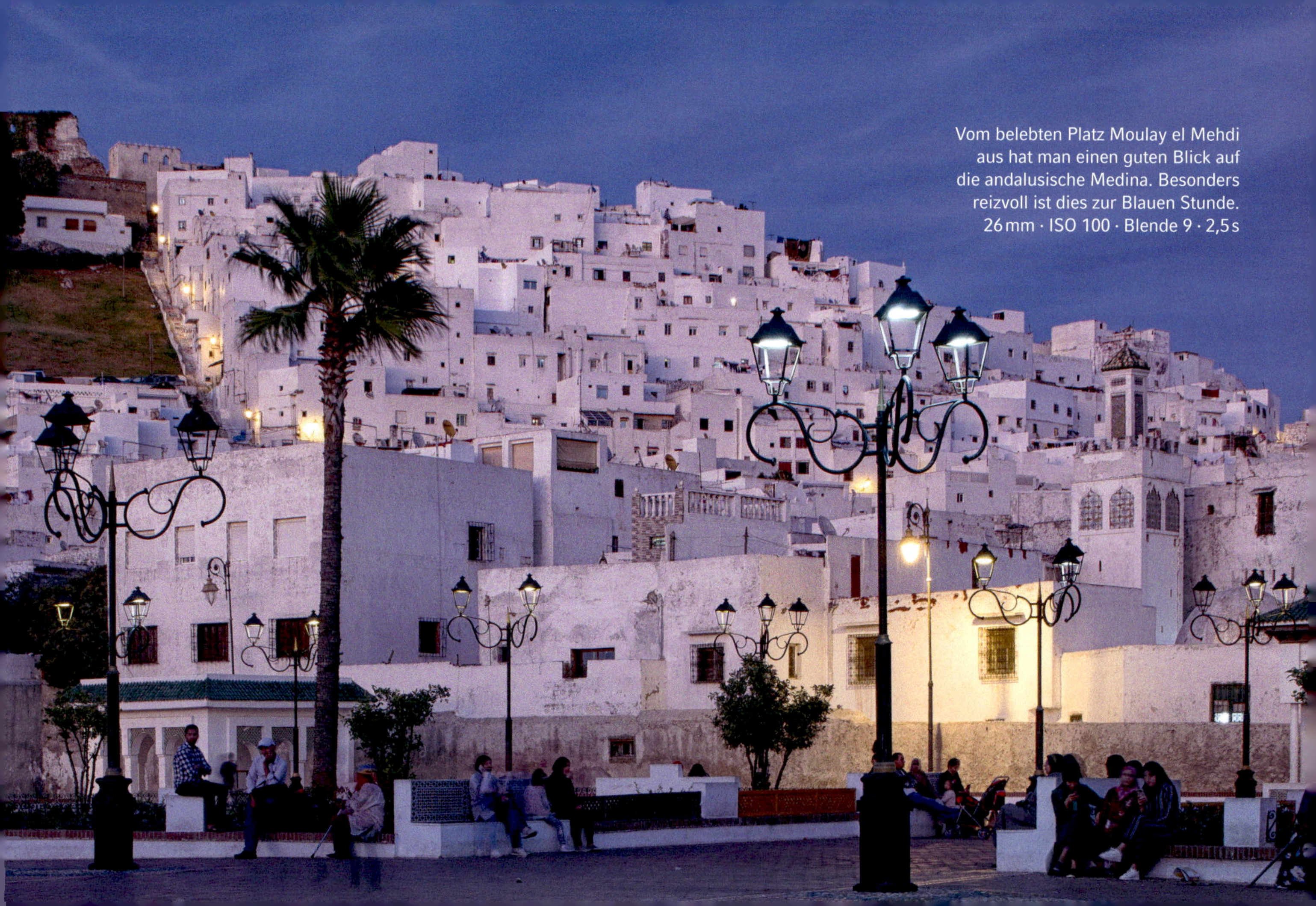

Vom belebten Platz Moulay el Mehdi aus hat man einen guten Blick auf die andalusische Medina. Besonders reizvoll ist dies zur Blauen Stunde.
26 mm · ISO 100 · Blende 9 · 2,5 s

35.571494,
–5.367560

Die große Medina von Tetouan mit ihren geschäftigen Souks gilt wegen ihres ursprünglichen Stadtbildes zu Recht als eine der schönsten und authentischsten Medinas Marokkos. Deshalb ist sie auch seit 1997 UNESCO-Weltkulturerbe. Die Händler bieten tatsächlich fast nur Waren des täglichen Bedarfes an und nur wenige Touristen verirren sich hierhin. Hier laufen die Uhren etwas langsamer als anderswo und bei einem Kaffee oder Tee kann man gemütlich sitzen und dem Treiben zusehen. Eine gute Zeit dafür ist der späte Nachmittag. Anders als in den stärker touristisch geprägten Orten kann man hier gut auch Situationen aus dem Alltagsleben fotografieren.

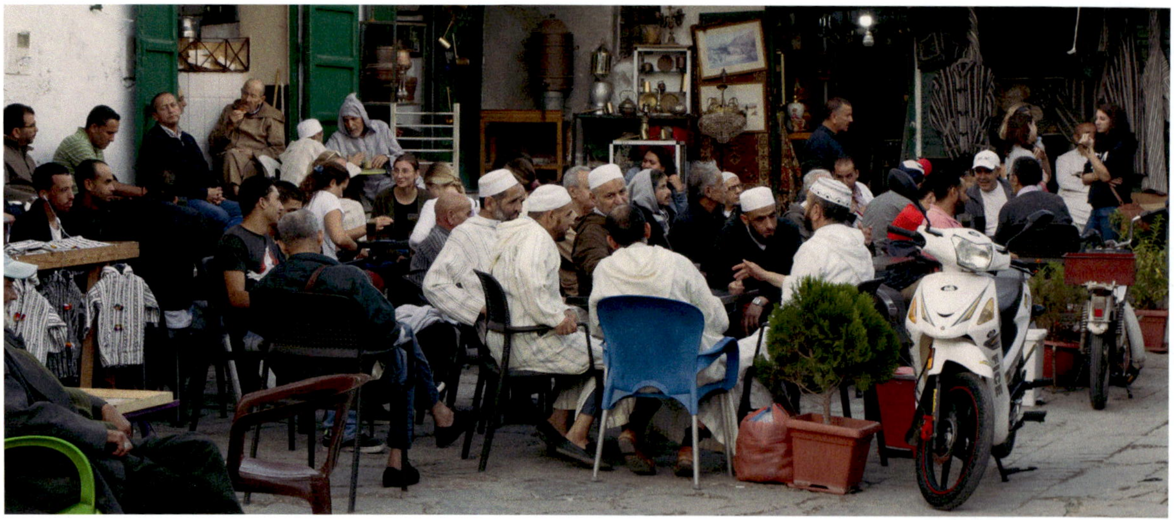

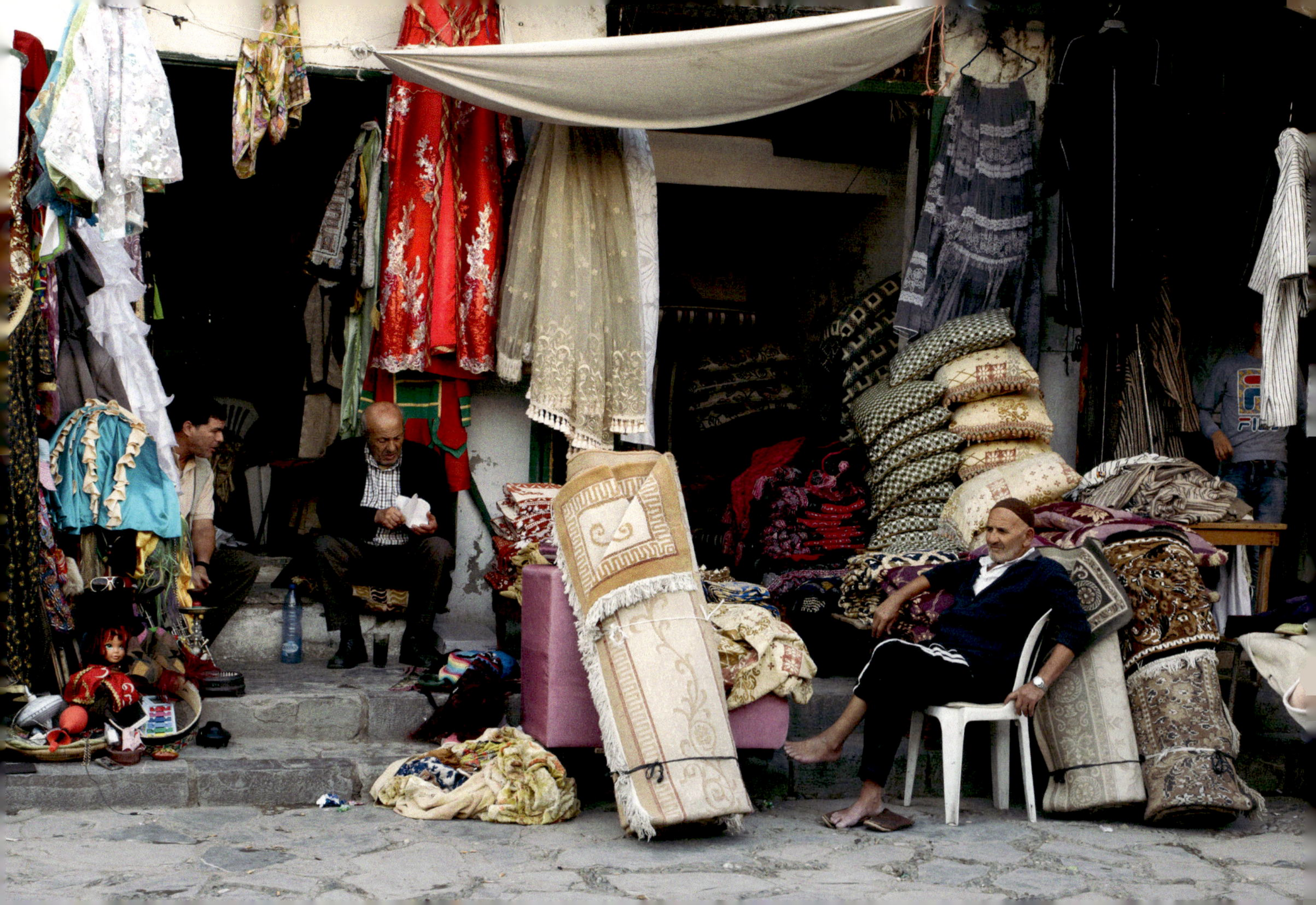

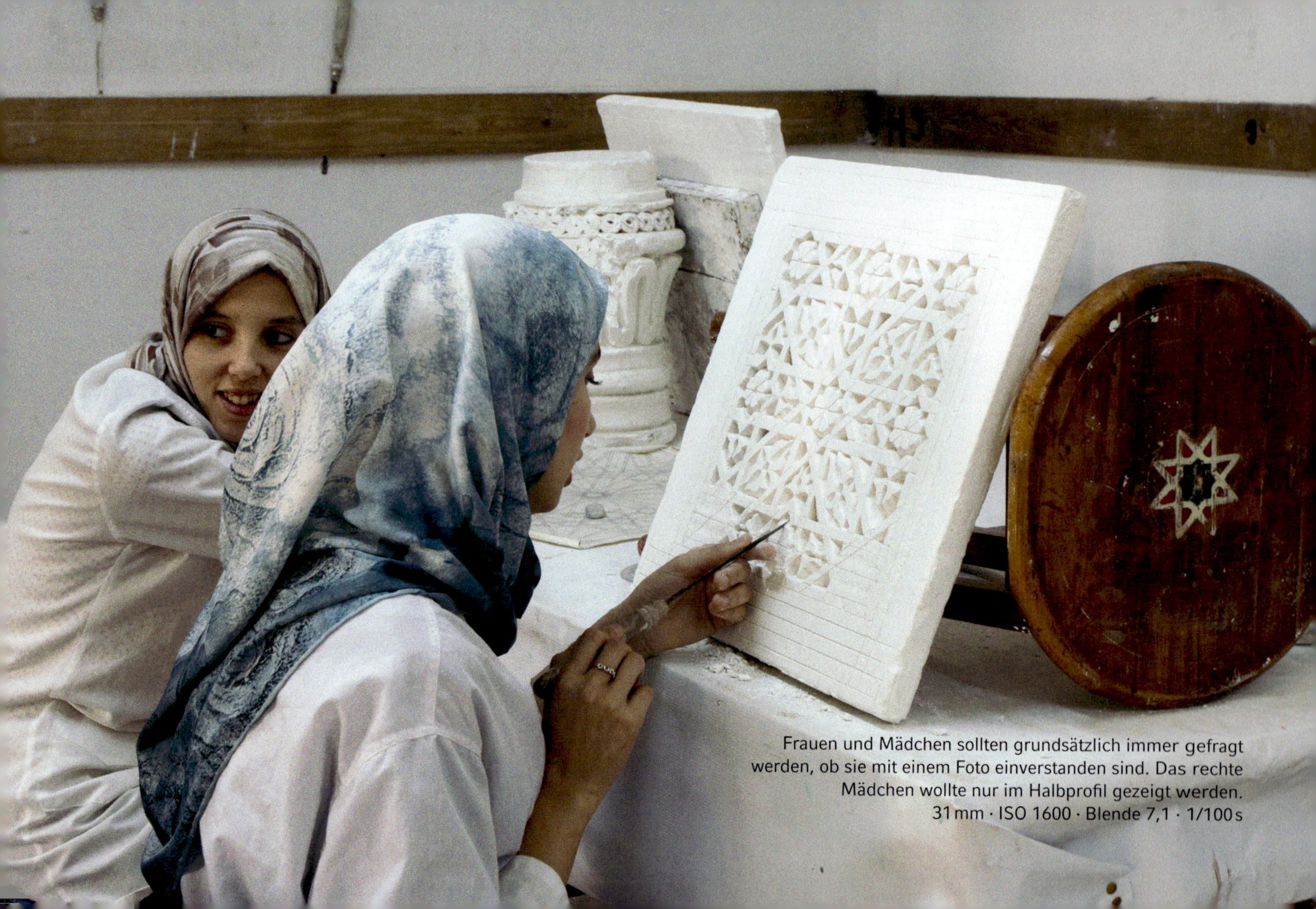

Frauen und Mädchen sollten grundsätzlich immer gefragt werden, ob sie mit einem Foto einverstanden sind. Das rechte Mädchen wollte nur im Halbprofil gezeigt werden. 31 mm · ISO 1600 · Blende 7,1 · 1/100 s

KUNSTGEWERBESCHULE

Die sehenswerte Handwerksschule liegt am östlichen Rand der Medina. Hier lernen Kinder und Jugendliche aus schwierigen familiären Verhältnissen landestypisches Kunsthandwerk: Holzbearbeitung, Metallverarbeitung, Keramikherstellung, Stuckarbeiten und andere Techniken. Der Besuch kostet Eintritt, lohnt aber auf jeden Fall, da die Chance besteht, die Jugendlichen bei ihrer Arbeit zu fotografieren, wenn man freundlich danach fragt.

35.570458,
–5.363260

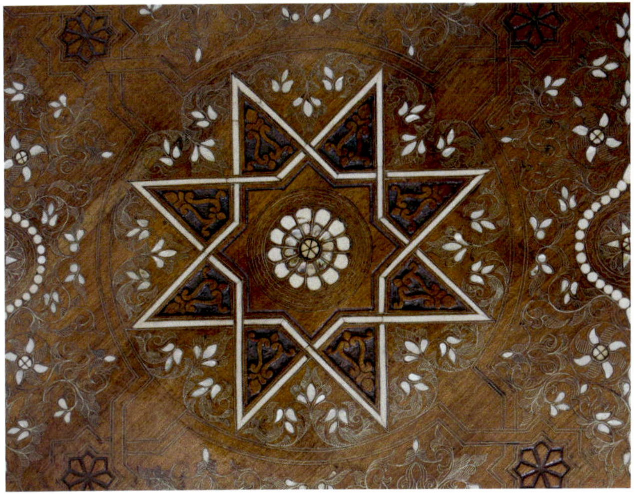

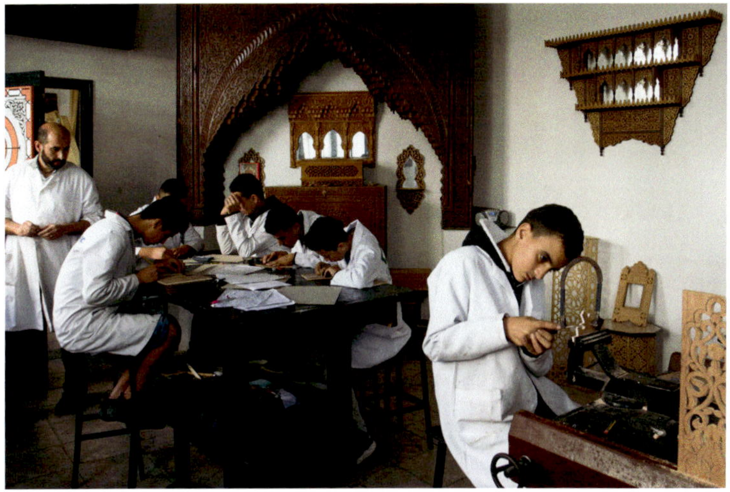

35.574600,
–5.373509
(Aussichts-
punkt)

Die knapp 400.000 Einwohner zählende Stadt liegt auf einem Plateau am Rande des Rif-Gebirges. Eingebettet in Gärten und Olivenhaine im fruchtbaren Tal des Oued Martil breitet Tetouan sich unmittelbar vor den Bergen aus. Die nahe gelegene Mittelmeerküste ist nur 11 Kilometer entfernt. Wie alle marokkanischen Städte gliedert sich auch Tetouan in Alt- und Neustadt mit Vororten. Das Zentrum der Altstadt ist der Platz Hassan II. mit dem daran angefügten weitläufig abgesperrten Königspalast. Möchte man einen Rundgang durch das Gewirr der Altstadt machen, so geht man unterhalb des Palastes durch das Er Rouah-Tor. Besonders sehenswert sind: Die Synagoge im ehemaligen Judenviertel Mellah, der Guerssa el Kebira-Platz, der Souk el Houts, der Handwerker-Souk el Fouki sowie die überdachten Soukviertel »Kissaria« nördlich des Königspalastes in der Medouri Straße.

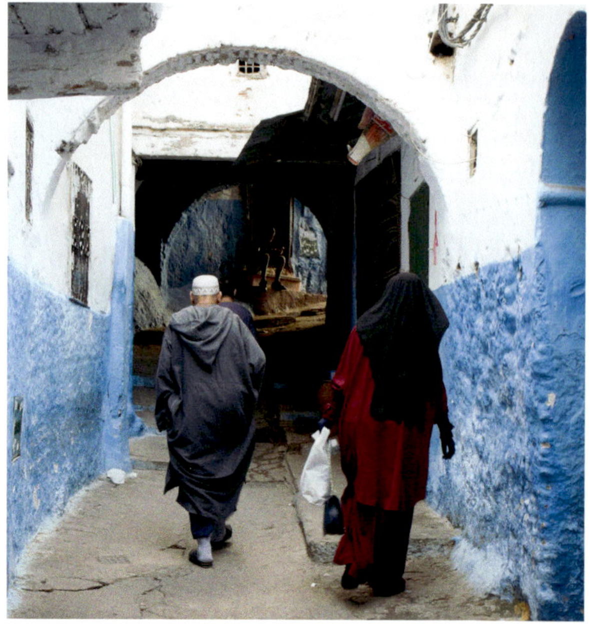

Wie in anderen Orten Nordmarokkos findet man auch hier blau gestrichene Hauswände. Halten Sie die Kamera griffbereit, um kleine Alltagsszenen einfangen zu können.
28 mm · ISO 1600 · Blende 8 · 1/60 s

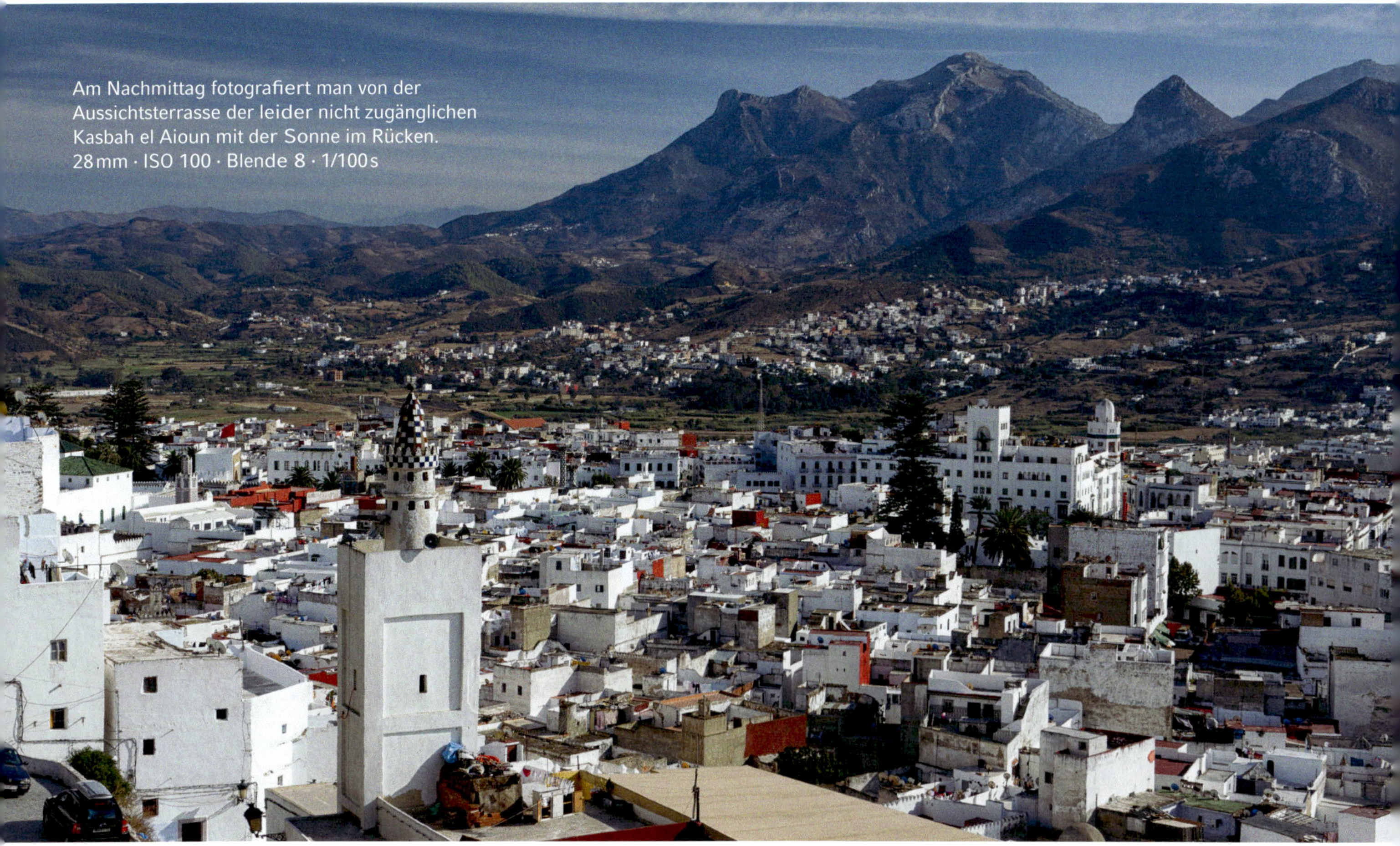

Am Nachmittag fotografiert man von der Aussichtsterrasse der leider nicht zugänglichen Kasbah el Aioun mit der Sonne im Rücken.
28 mm · ISO 100 · Blende 8 · 1/100 s

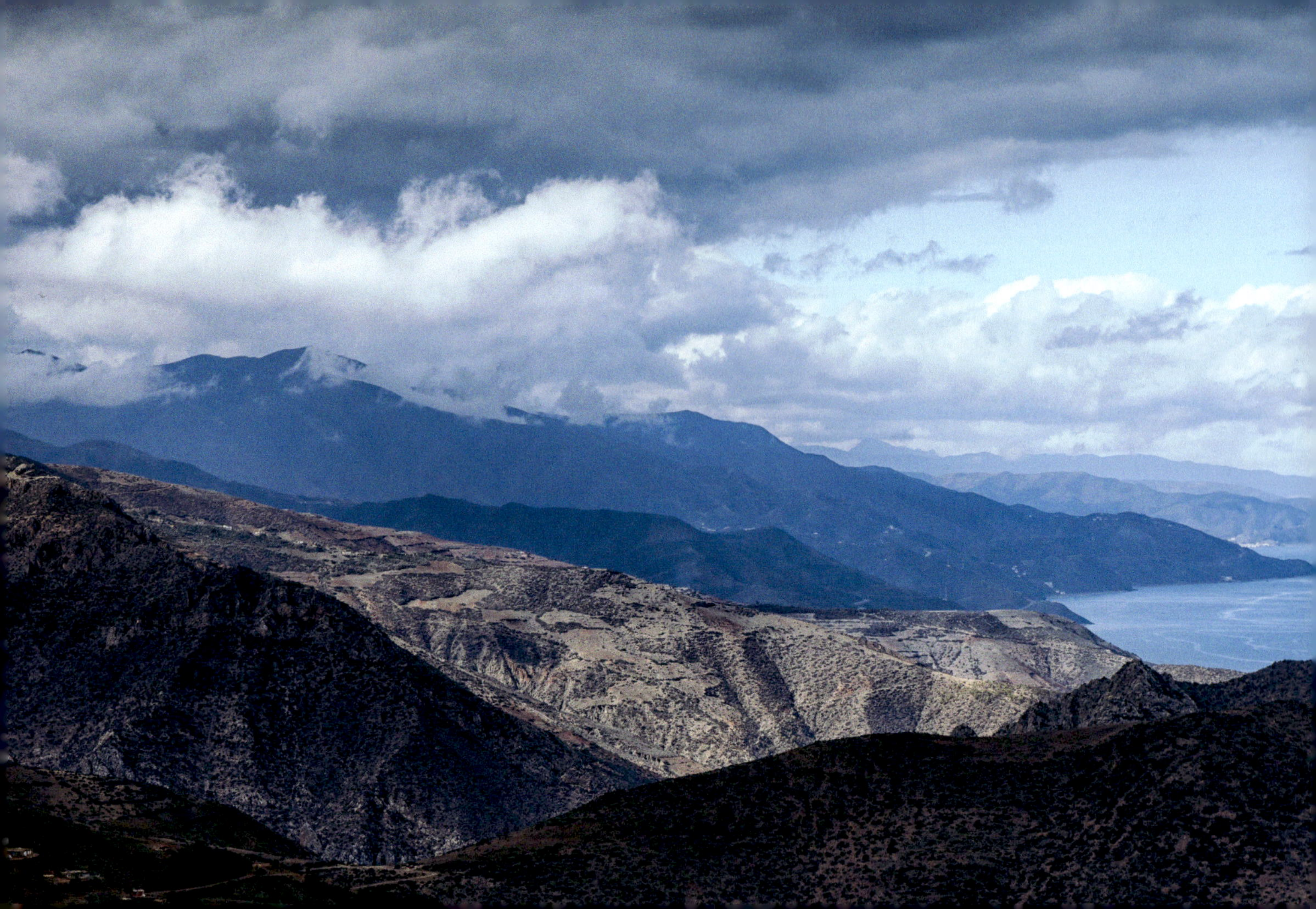

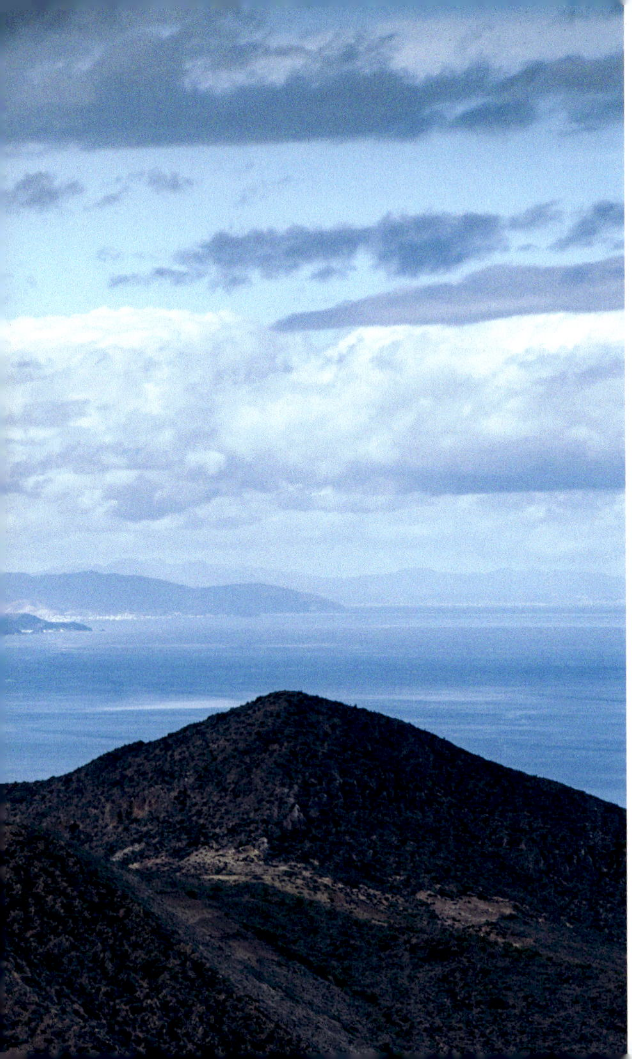

5 RIF-GEBIRGE

Das Rif-Gebirge erstreckt sich vom Mittelmeer an der Straße von Gibraltar bis zu den Gebirgsketten des Mittleren Atlas in Zentralmarokko auf einer Länge von 350 Kilometern und erreicht an der höchsten Stelle etwa 2.450 Höhenmeter. Entlang der Küstenlinie zwischen Ceuta und Martil reiht sich ein Touristenghetto ans andere. Weiter in Richtung Oued Laou wird es einsamer. Von dort führt eine gut befahrbare Straße durchs Gebirge bis nach Chefchaouen.

35.170000,
–4.640000

Dramatische Wolken sorgen im Herbst und Winter für interessantes Licht.
53 mm · ISO 100 · Blende 9 · 1/125 s · B+W-Polfilter

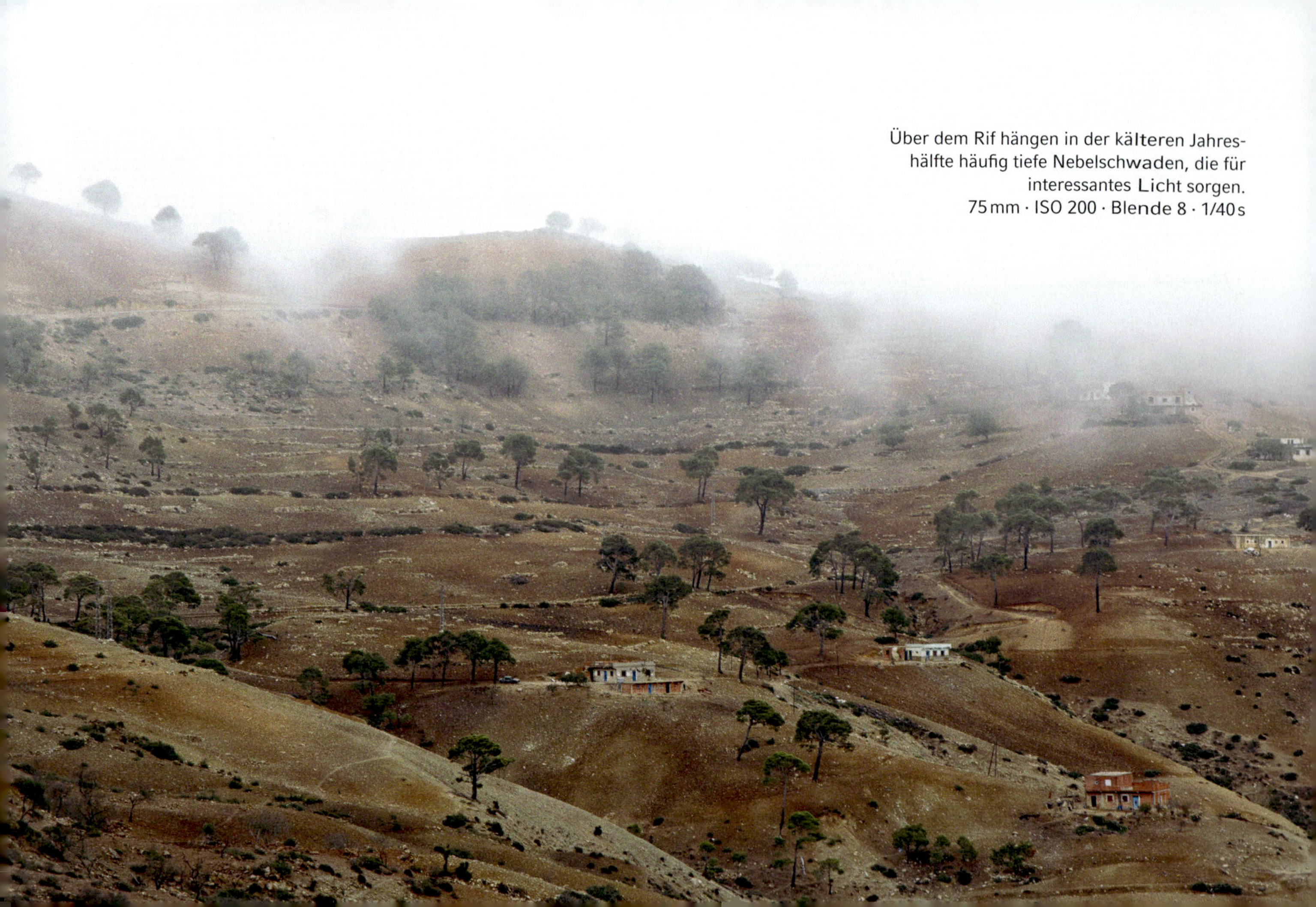

Über dem Rif hängen in der kälteren Jahreshälfte häufig tiefe Nebelschwaden, die für interessantes Licht sorgen.
75 mm · ISO 200 · Blende 8 · 1/40 s

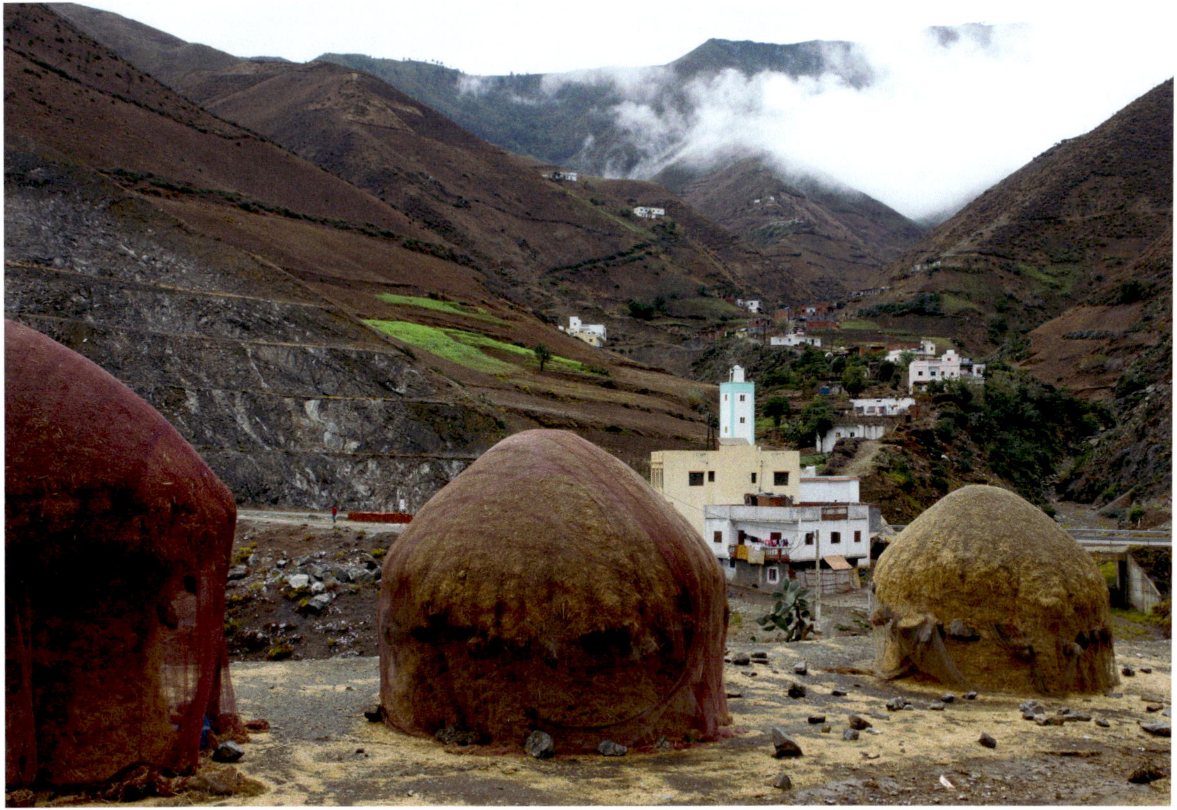

35.127222,
–4.596111

35.268055,
–4.840827

Strohmieten am Rand einer kleinen Ortschaft.
39 mm · ISO 200 · Blende 9 · 1/125 s

35.166811,
–5.257495

Am Rand des Rif befinden sich mehrere Großstädte: Tanger (620.000 Einwohner), Tetouan (385.000 Einwohner), Chefchaouen (45.000 Einwohner), Al Hoceima (60.000 Einwohner) und Nador (165.000 Einwohner). Die ländliche Region jedoch ist dünn besiedelt und sichtlich arm, architektonische Sehenswürdigkeiten gibt es dort nicht. Die Bevölkerung besteht aus Rif-Kabylen, die neben anderen Sprachen die Berbersprache Tarifit sprechen. Die wenigen Menschen, die hier leben, betreiben Subsistenzwirtschaft oder produzieren Getreide und Gemüse zum Verkauf auf Landmärkten. Verbreitet ist der Anbau von Haschisch, in Marokko »Kif« genannt, insbesondere in der Umgebung von Chefchaouen. Marokko ist der weltgrößte Exporteur von Haschisch (35.000 Tonnen im Jahr 2017). Wenn Touristen beim Erwerb oder Besitz der Droge erwischt werden, müssen sie mit schweren Strafen bis hin zum Gefängnisaufenthalt rechnen.

Eine Wanderung in der Umgebung der »blauen Stadt« Chefchaouen lohnt unbedingt. Startet man am Wasserfall Ras El Ma, hat man immer wieder einen tollen Blick auf die Stadt. Im Frühjahr sind weite Flächen mit rotblühendem Mohn bedeckt.
20 mm · ISO 100 · Blende 8 · 1/125 s

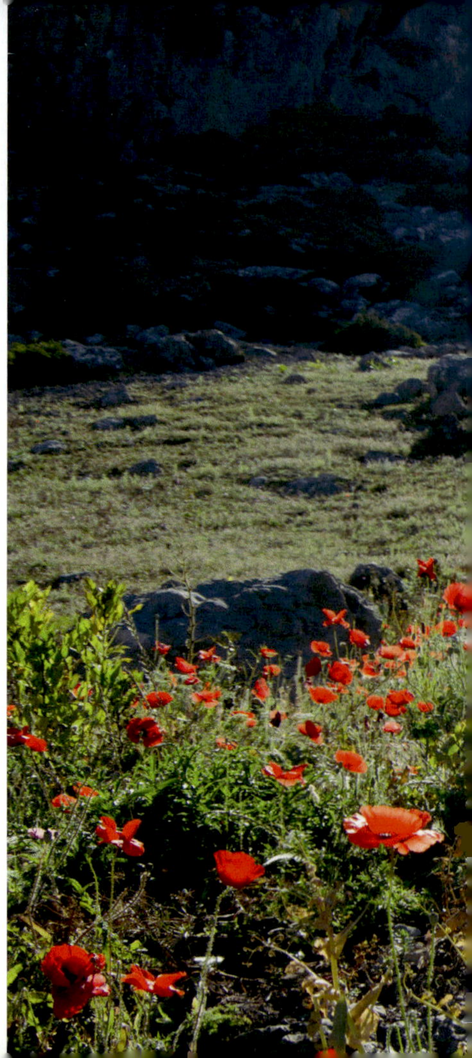

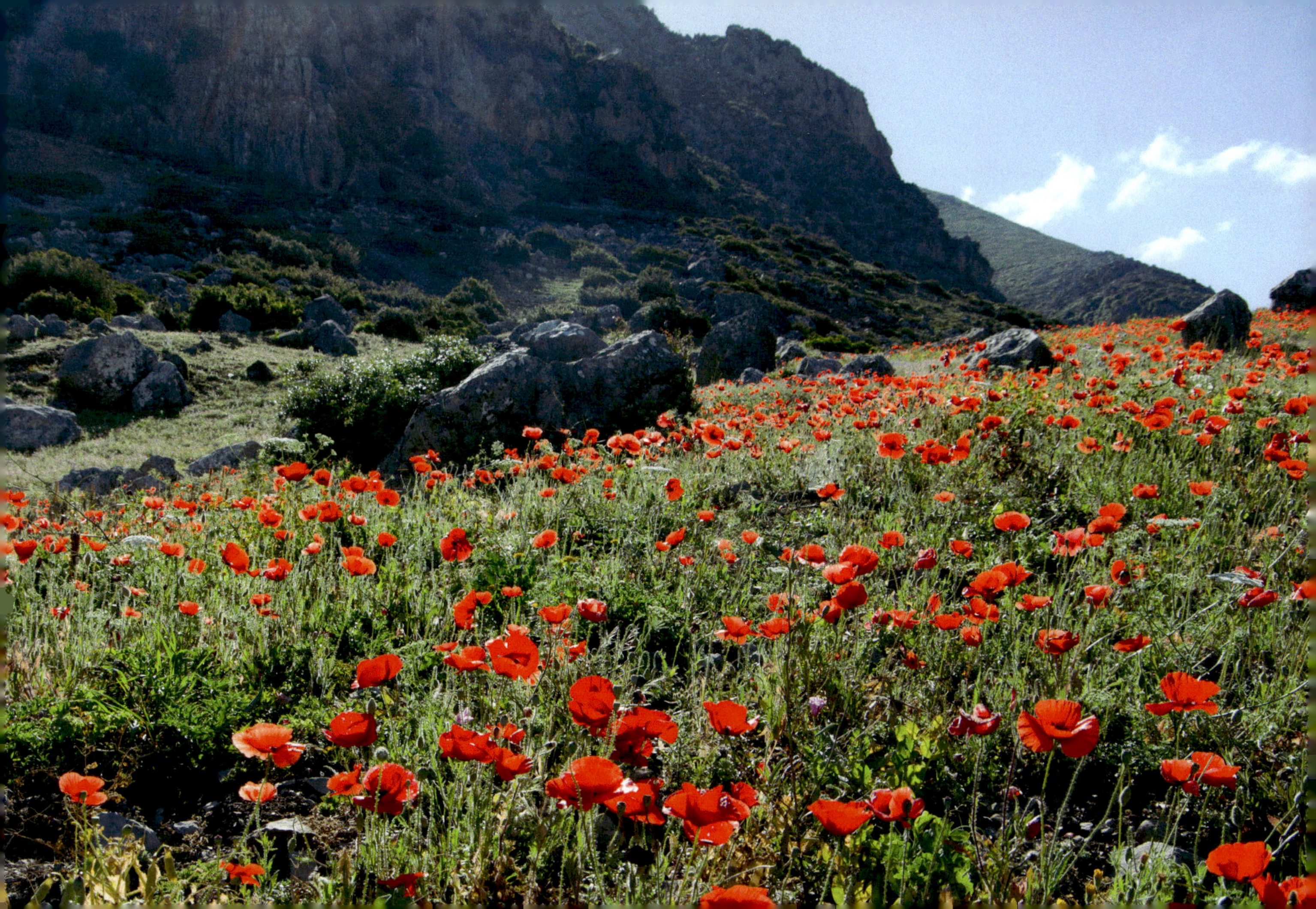

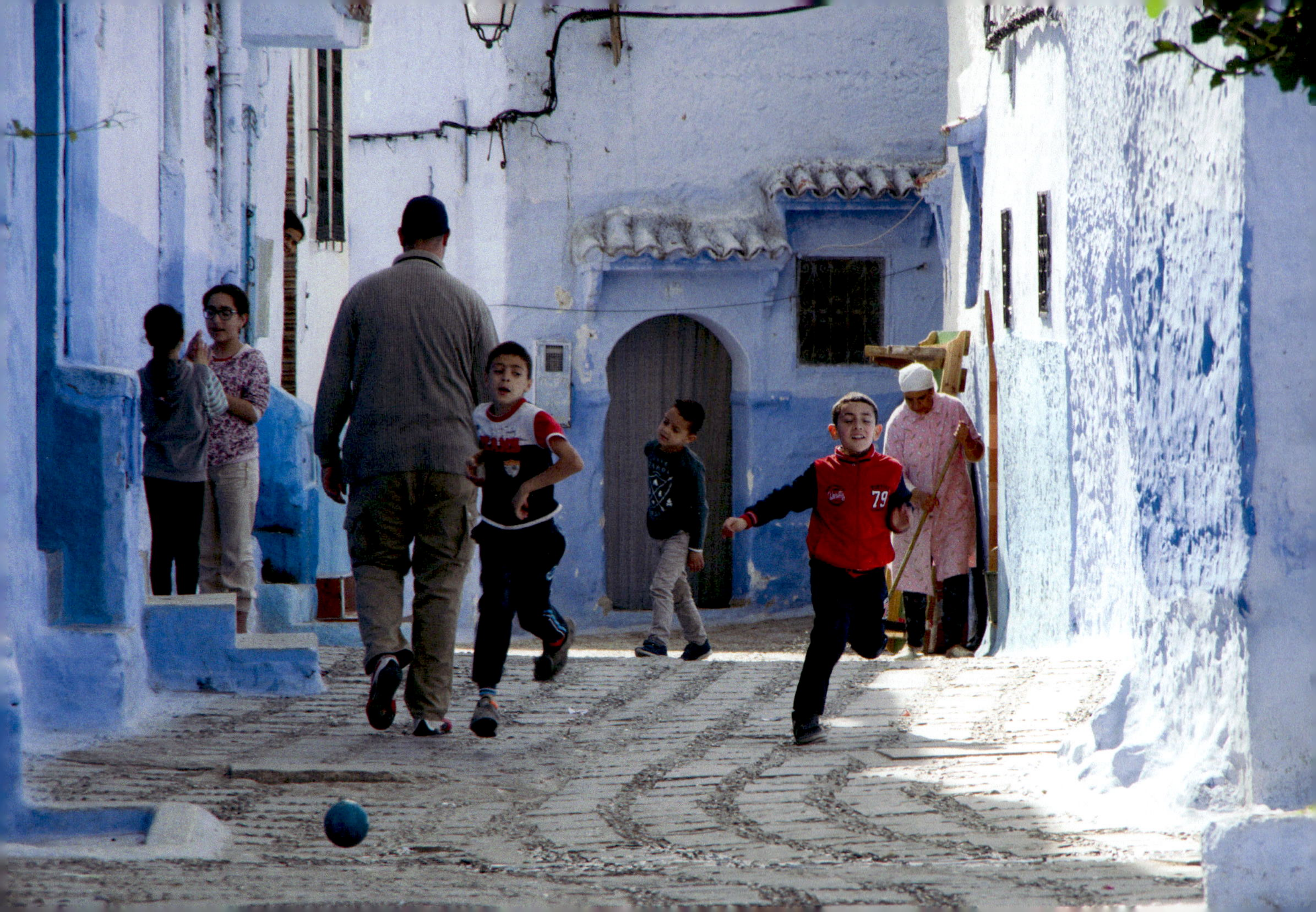
79

6 CHEFCHAOUEN

Chefchaouen, die berühmte blaue Stadt im Rif-Gebirge, hat 45.000 Einwohner und liegt auf 620–700 Höhenmetern. Die Stadt schmiegt sich sanft an zwei Berge: den Jebel Meggou (1.616 Meter) und den Jebel Tisouka (2.050 Meter). Der Name Chefchaouen kann mit »schaue die Hörner« übersetzt werden, gemeint sind damit die zwei Berge oberhalb der Ortschaft. Chefchaouen ist ein wichtiges Markt- und Handwerkszentrum des Rif-Gebirges. Handwerker wie Tischler, Weber, Schuhmacher und Teppichknüpfer bieten hier ihre Arbeiten an. Der Ort wird gerne von den Bewohnern der Umgebung aufgesucht, die teilweise noch Tracht mit bunter Kleidung und großen Strohhüten mit Bommeln tragen. Die wilde Bergwelt, die blauen Häuser aber auch das Haschisch ziehen seit langem Heerscharen von Touristen aus aller Welt an.

Chefchaouen besteht aus einer Neu- und einer Altstadt, in denen das Leben in ruhigen und

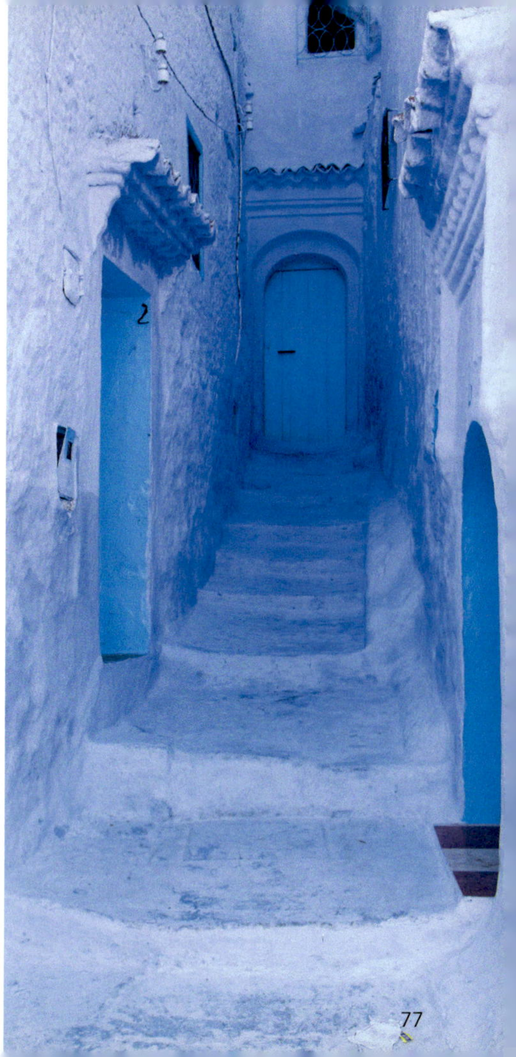

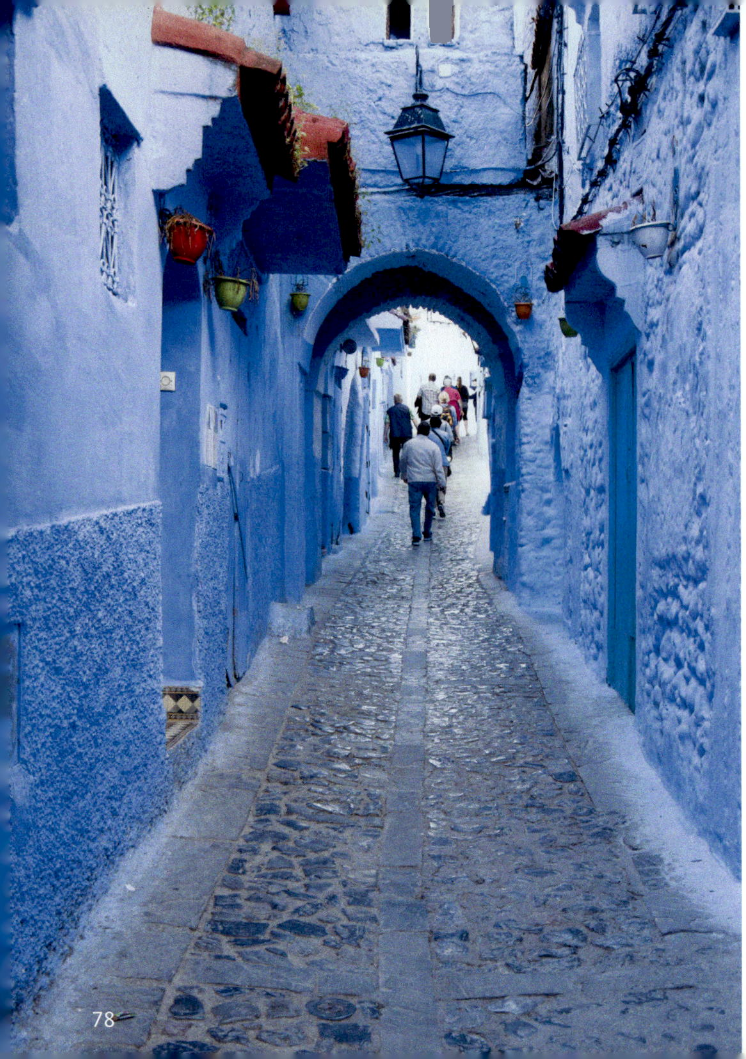

gemütlichen Bahnen verläuft. Für die Fotografin sind die blauen Gassen in der Medina ein Eldorado. Nach einem Rundgang lässt sich bei einem Minztee in einem Straßencafé das Treiben beobachten. Empfehlenswert sind auf jeden Fall auch Wanderungen in die Bergwelt, wobei es für eine längere Tour sinnvoll ist, sich einen Führer anzuheuern.

Das besondere Blau Chefchaouens wird drei Mal pro Jahr von den Frauen mit einer einfachen Bürste auf Häuser und oft auch auf die Gehwege aufgetragen. Angeblich bemalten die Juden in den 30er Jahren ihr Viertel damit als Reminiszenz an die Farbe des Himmels und des Paradieses. Andere Stimmen sagen, das Blau erinnere an das Wasser der Berge und des Meeres. Eine sehr häufige Erklärung ist, dass Blau die Mücken vertreibe. Die der Farbe Lapislazuli ähnelnden Farbpigmente kann man in vielen Lädchen aus großen Säcken abfüllen lassen und kaufen. Die oft synthetischen, manchmal auch pflanzlichen Pigmente müssen vor dem Auftragen nur noch mit Wasser gemischt werden. Auch andere Farben werden gerne verwendet.

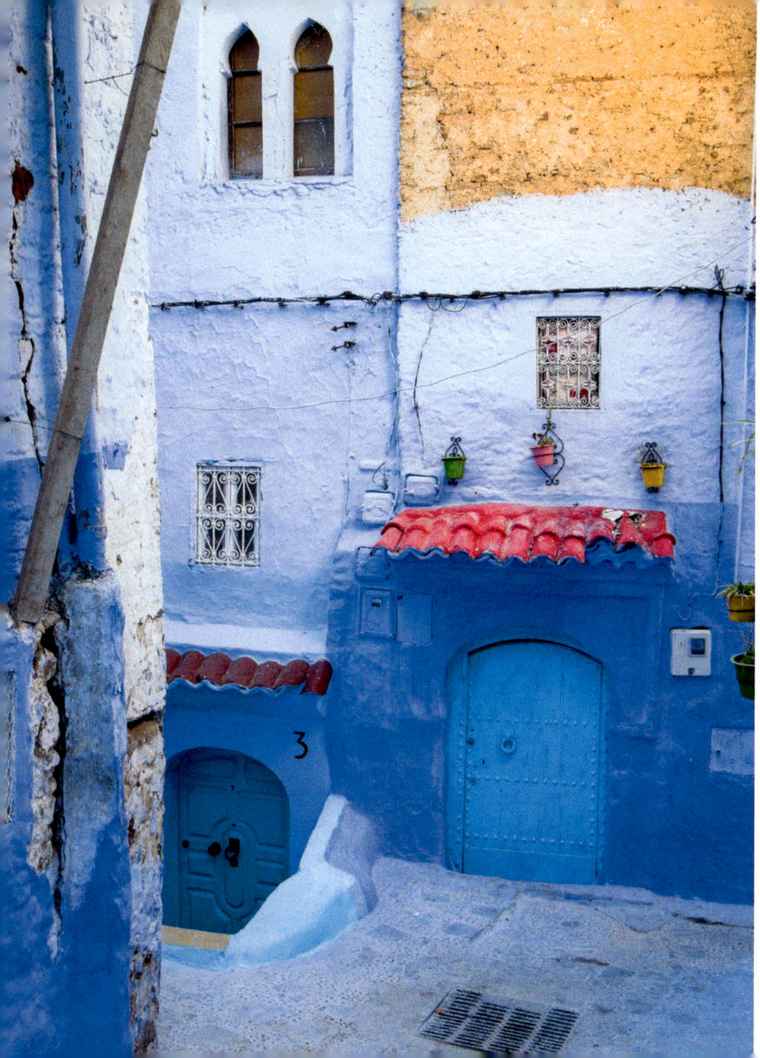

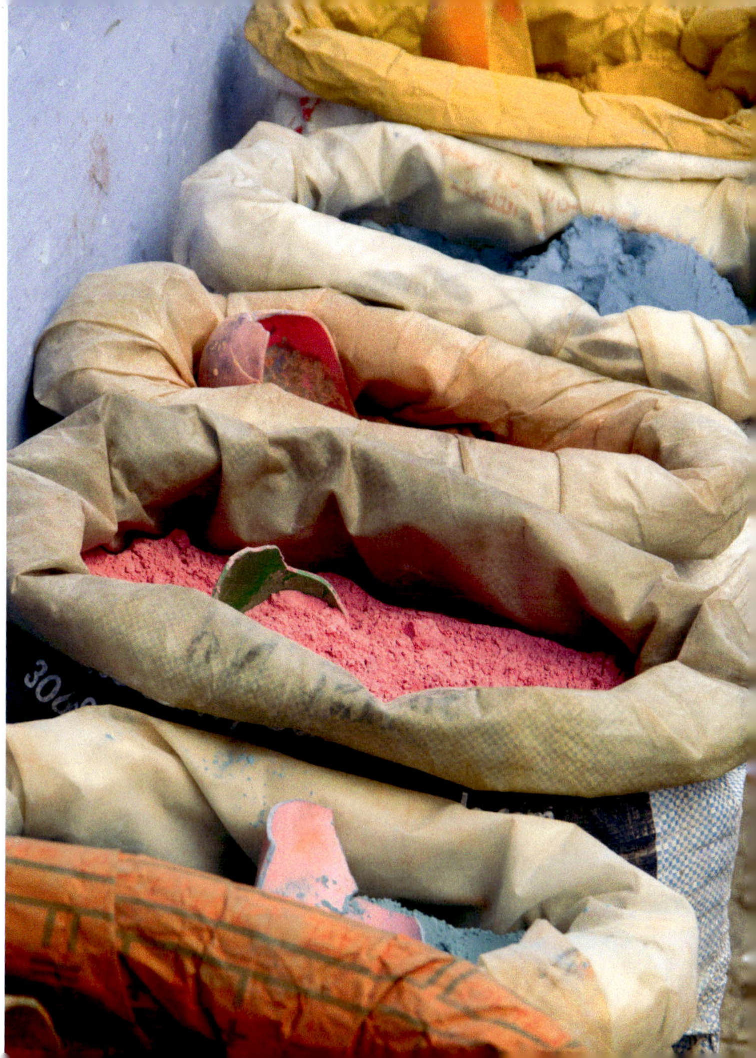

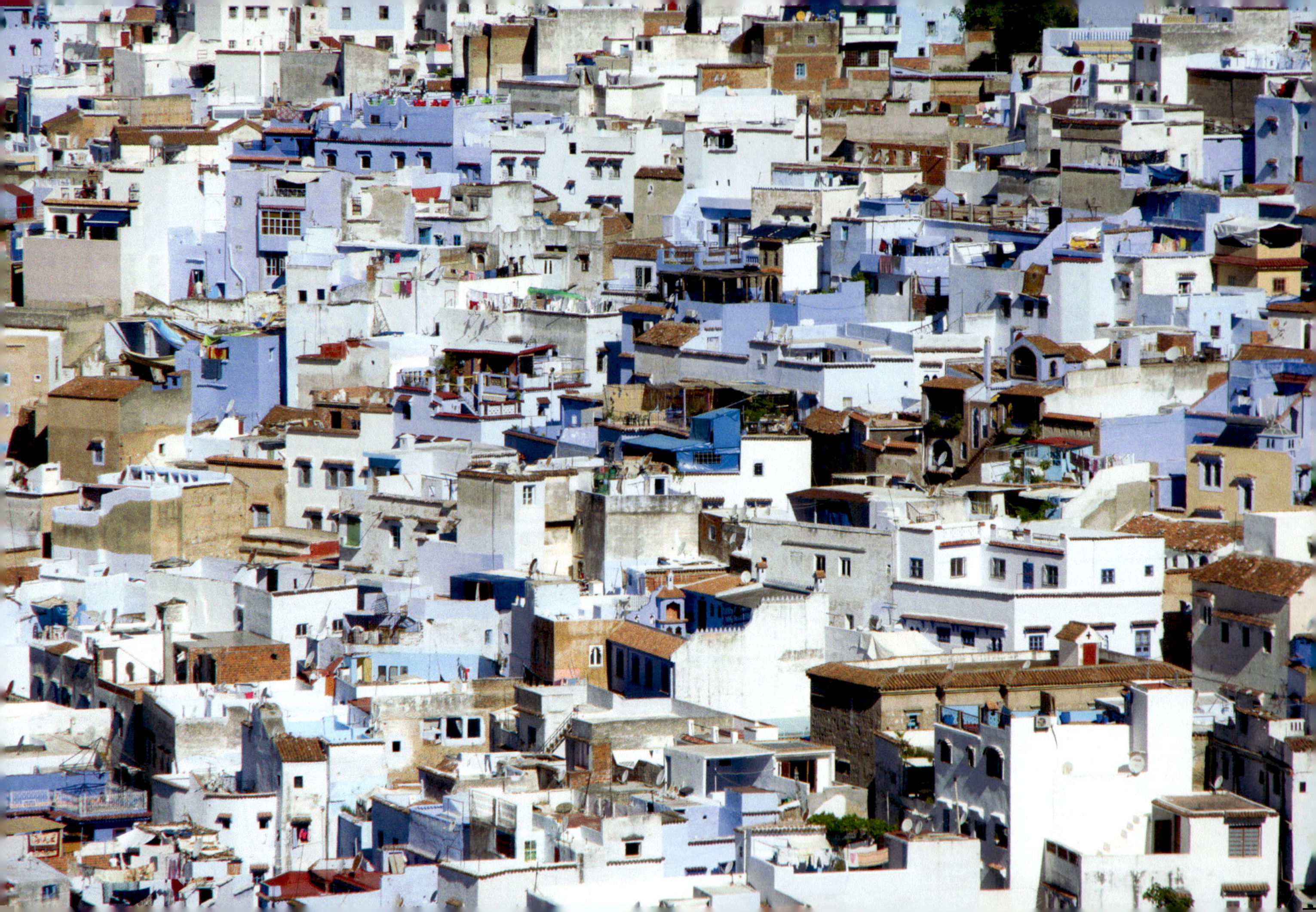

35.167296,
–5.258307
(Fotospot links)

Bis 1956 blieben Chefchaouen und das Rif-Gebirge in spanischer Hand. Die im Zentrum des Ortes gelegene Kasbah, in der Abd El Krim gefangen war, kann man heute noch besuchen. Im Inneren befinden sich ein kleines Museum und ein Garten in mäßigem Zustand, von dem Turm der Kasbah aus hat man aber einen tollen Blick (Eintritt). Am nahe gelegenen Place Outa el Hammam finden sich die meisten Restaurants des Ortes. Sehenswert sind außerdem noch: der Place el Haouta (Fischmarktplatz) in der Nähe des Bab Souk und die am Bach Fouara gelegene Stelle Ras el Ma am Bab Onsar. Von hier aus gelangt man auch zum Aussichtspunkt der Bouzaafer-Moschee, die hoch über dem Ort thront.

Bei einer kurzen Wanderung die östlich der Altstadt gelegenen Avenue Ras el Ma hinauf bieten sich viele Möglichkeiten, die bunten würfelförmigen Häuser zu fotografieren. Am frühen Vormittag steht das Licht dafür am besten.
100 mm · ISO 100 · Blende 8 · 1/400 s

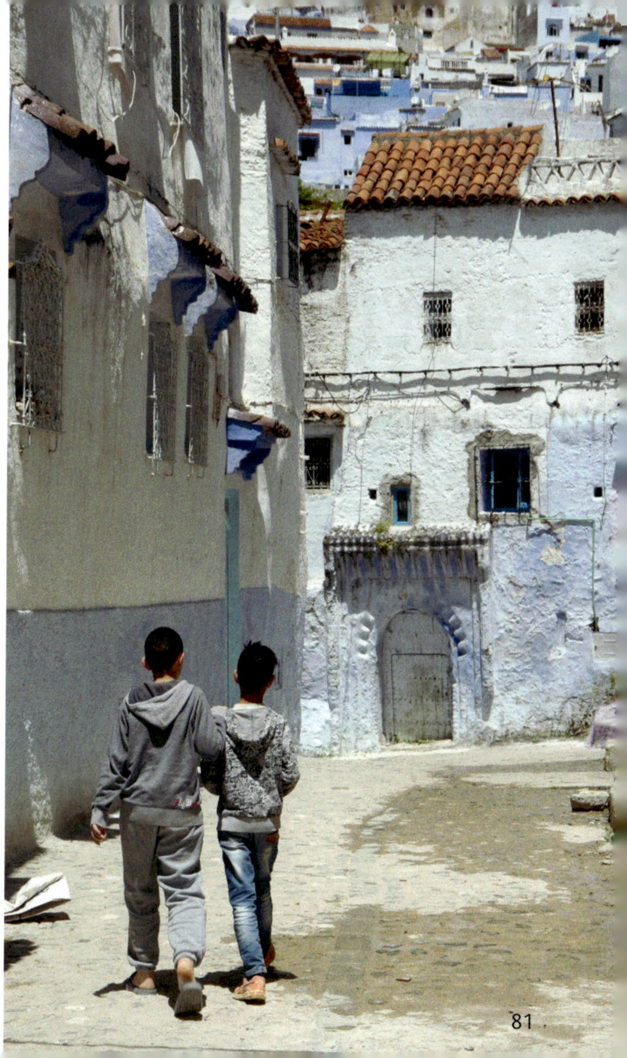

Befreundete Jungen und auch Männer scheuen keinen Körperkontakt.
48 mm · ISO 100 · Blende 9 · 1/160 s

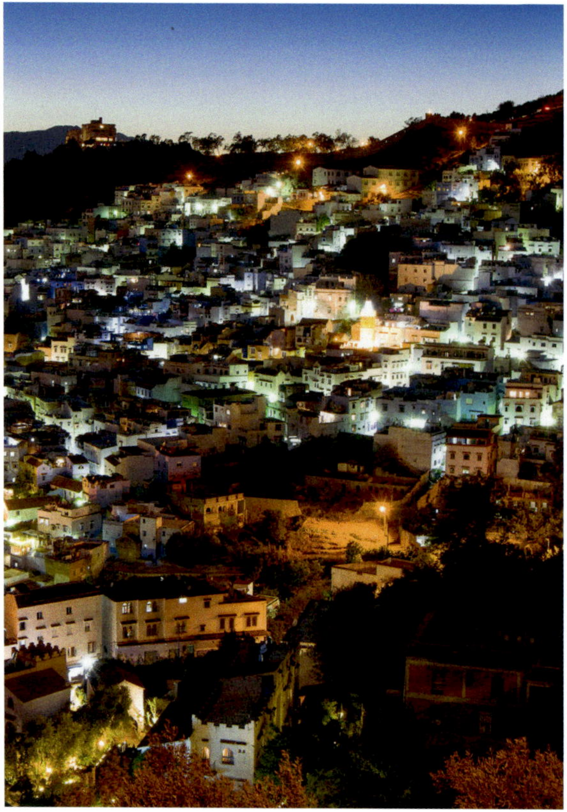

35.169091,
–5.261882
(Dachterrasse)

Von der Dachterrasse des Restaurants Aladin hat man einen aufregenden Blick auf den abendlich erleuchteten Place Outa el Hammam und die Kasbah. Man kann dort auch gut und günstig essen. Ideal für ein Foto ist die Zeit der Blauen Stunde, bevor die Berge im Hintergrund vollständig in der nächtlichen Dunkelheit verschwunden sind.

BLAUE STUNDE IN MAROKKO
Die Zeit kurz vor dem Sonnenaufgang oder kurz nach dem Untergang, in der alles in ein blaues Licht getaucht wird, ist im Norden Marokkos kürzer als in Mitteleuropa. Deshalb sollte man sich auf ein Motiv konzentrieren, das man am besten auch schon vorher ausgekundschaftet hat. Lassen Sie sich von jemandem begleiten, wenn Sie bei Dunkelheit mit Stativ und teurem Equipment fotografieren möchten.

28 mm · ISO 200 · Blende 9 · 20 s

18 mm · ISO 100 · Blende 8 · 5 s

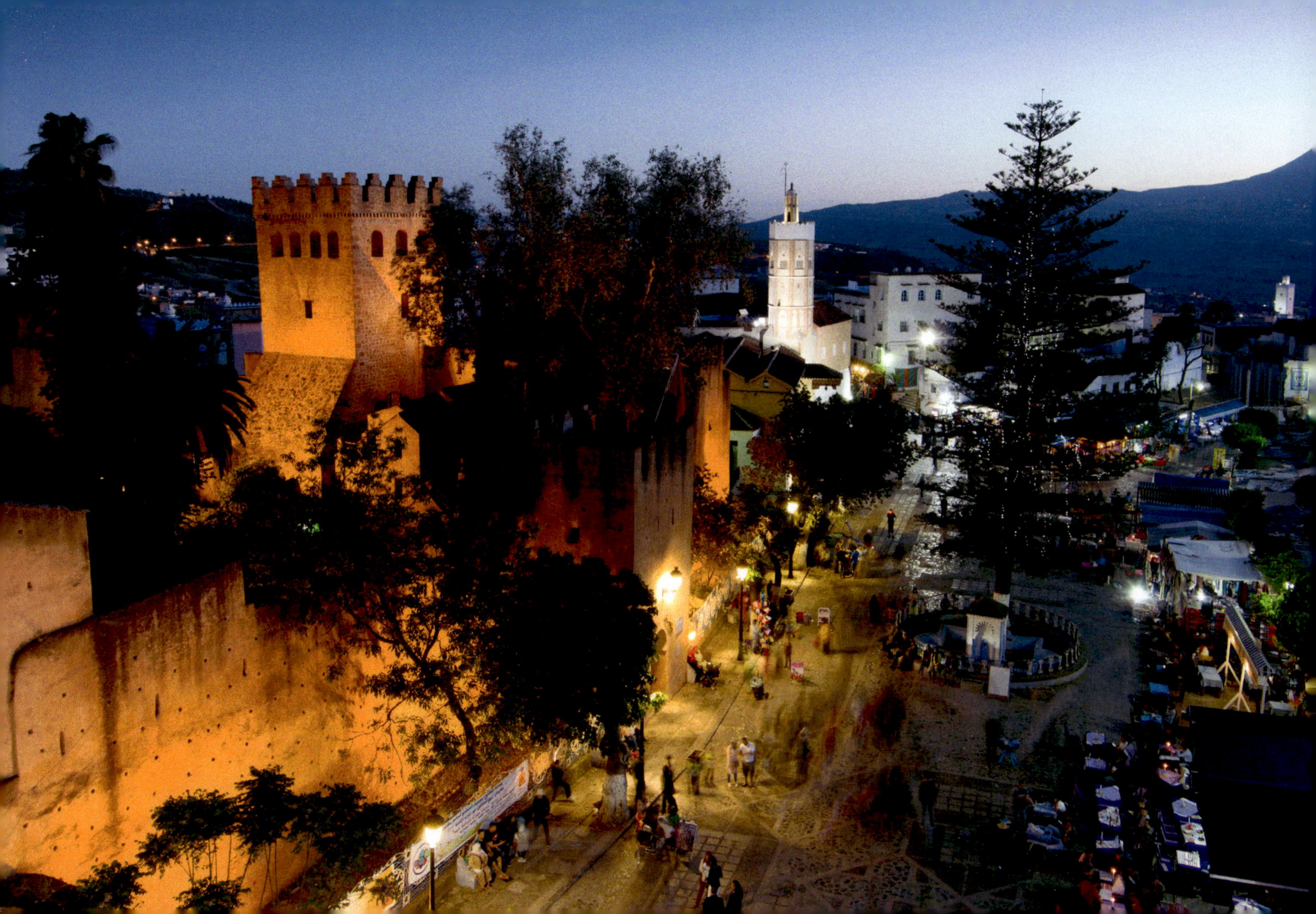

34.054107,
–4.970305

7 FES

Nach Fes zu reisen heißt, sich mit allen Sinnen in die Vergangenheit zu begeben! Die älteste Königsstadt Marokkos ist bis heute die Stadt der Bildung, der Wissenschaft und Religion, des Handwerks und des Handels. Schon im 9. Jahrhundert wurde hier eine Koranschule gegründet, die nun zu den ältesten Universitäten der Welt zählt. Seit 1981 gehört Fes zum UNESCO-Weltkulturerbe.

Die Stadt zählt 1,15 Millionen Einwohner, die sich auf drei Stadtbereiche verteilen. Der älteste Stadtbereich ist das von einer Stadtmauer umzogene Viertel Fes El Bali aus dem 9. Jahrhundert. In der engen verwinkelten Medina leben 300.000 Menschen – das macht sie zur größten mittelalterlichen Stadt Nordafrikas! Sie werden von Sinneseindrücken aller Art überflutet, wenn Sie durch das Gassengewirr schlendern. Alles gibt es hier im Übermaß: Geräusche, Gerüche und bunte Farben. Nehmen Sie sich Zeit, um die Stadt zu erleben und zu bestaunen!

Für den späten Nachmittag empfehlen wir Ihnen, sich unbedingt zu den Meriniden-Gräbern hoch über der Altstadt zu begeben. Von dort können Sie einen atemberaubenden Blick auf Fes im Licht der warmen Abendsonne genießen. Passt dies nicht, kann Fes El Bali auch am nächsten Morgen von der gegenüberliegenden Seite vom Borj Sud aus sehr gut abgelichtet werden.

Am Vormittag bietet sich der Aussichtspunkt Borj Sud für einen faszinierenden Blick auf die Altstadt an.
135 mm · ISO 200 · Blende 6,3 · 1/200 s

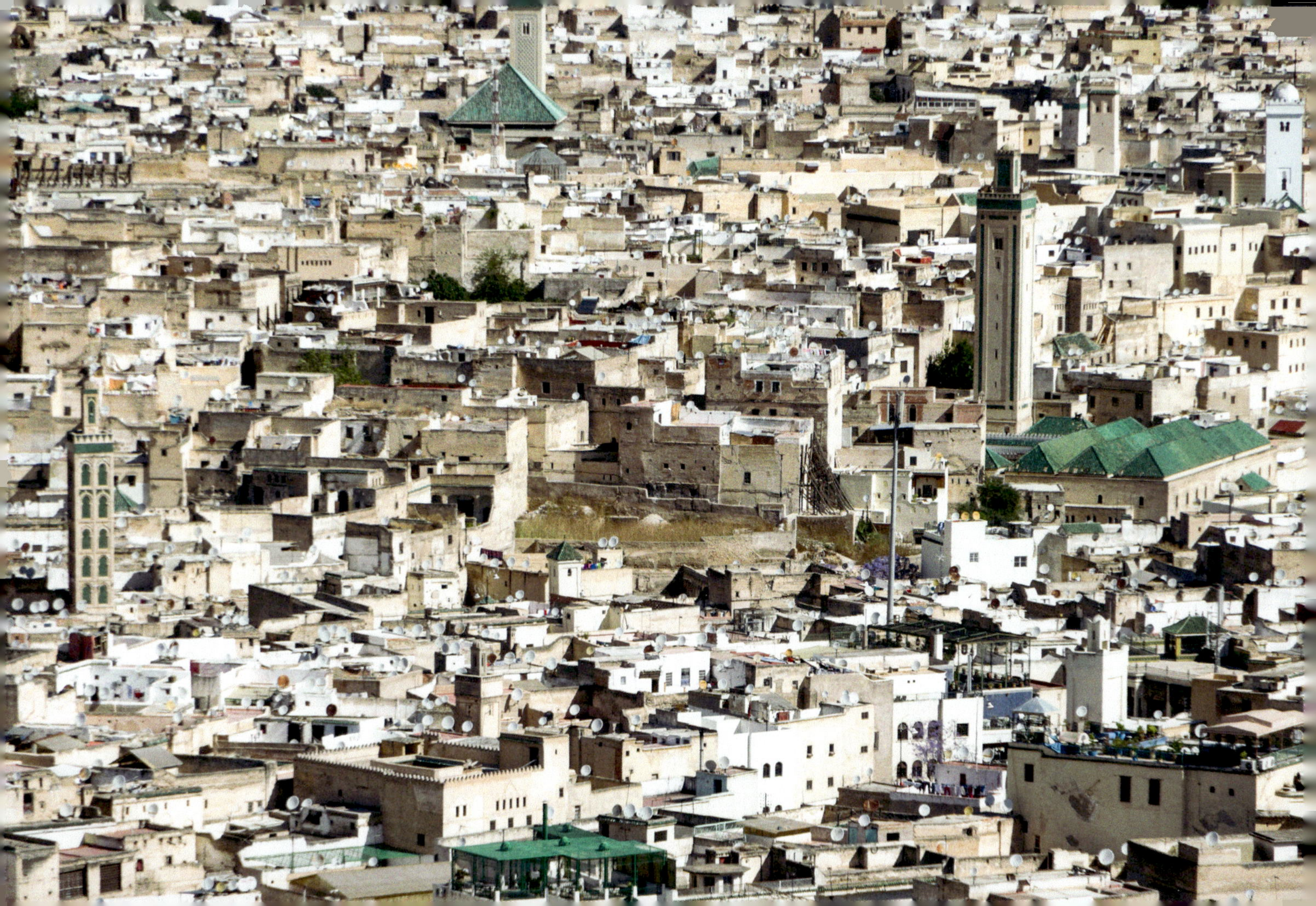

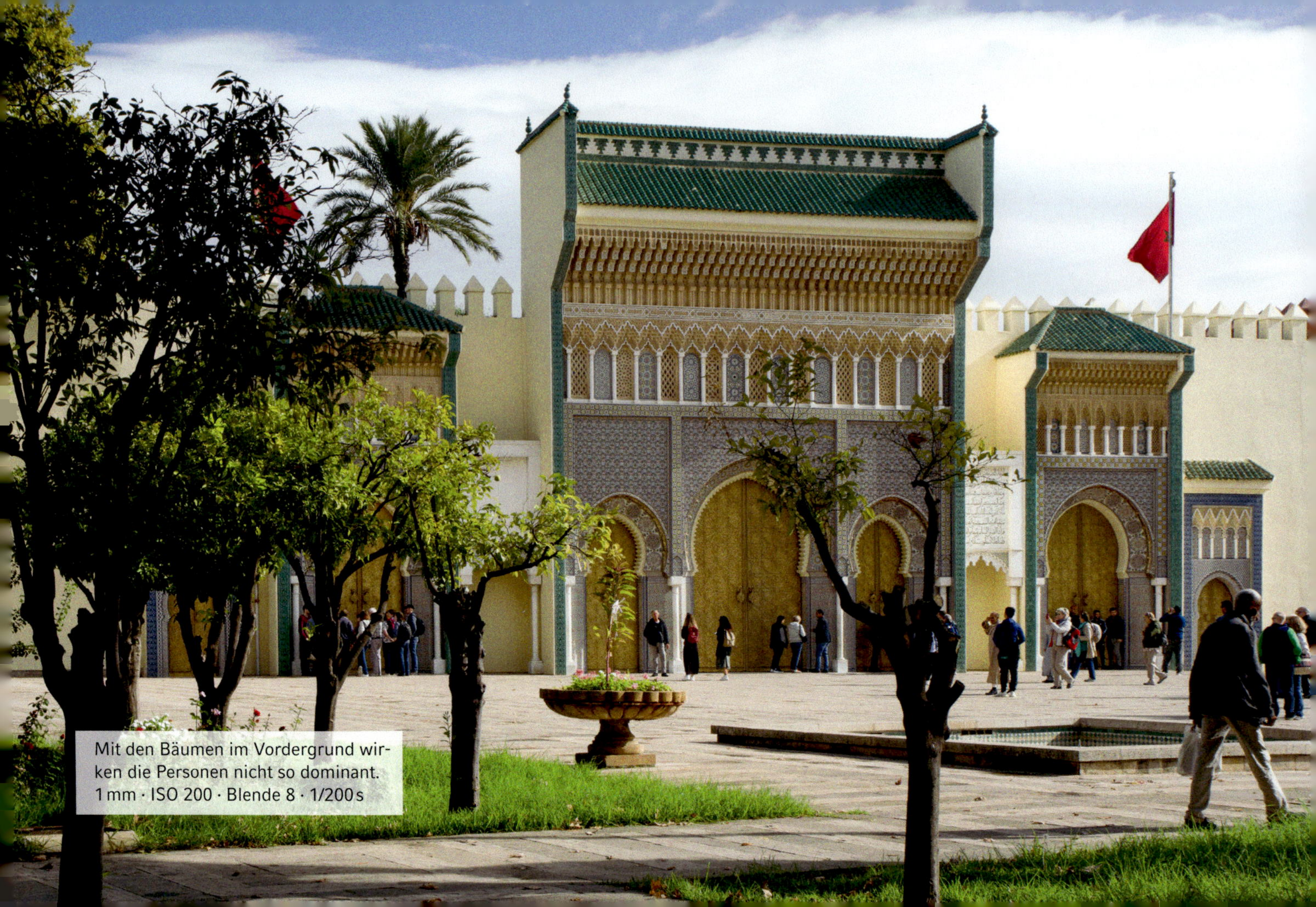

Mit den Bäumen im Vordergrund wirken die Personen nicht so dominant.
1 mm · ISO 200 · Blende 8 · 1/200 s

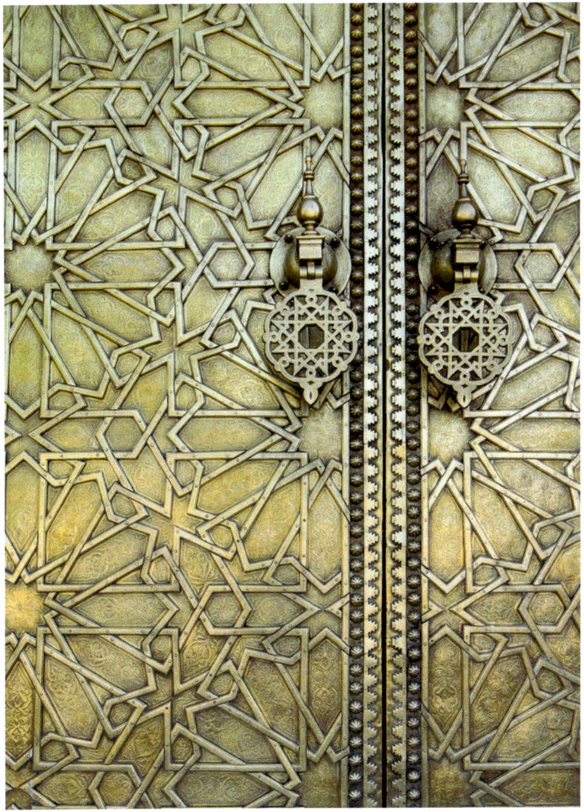

DER KÖNIGSPALAST

Der Königspalast liegt im Stadtteil Fes El Djedid, was übersetzt »das neue Fes« bedeutet. Dieses im 13. Jahrhundert gebaute Palast-Areal besteht aus Pavillons, Innenhöfen mit Gärten und Brunnen sowie einer eigenen Moschee und Koranschule. Interessant für den Fotografen sind der große Vorplatz der Alaouiten und die Palastanlage mit den Bronzetoren, die als Dekor das sogenannte Spinnengewebe Gottes tragen. Allerdings ist es hier schwierig, zu fotografieren. Frühmorgens, wenn der Andrang noch nicht groß ist, liegt der Eingangsbereich im Gegenlicht. Später werden Sie immer auch andere Fotografierende mit auf dem Bild haben. Bringen Sie also Geduld mit!

34.052742,
–4.993942

Eine Alternative kann auch sein, Details zu fotografieren wie diese Bronzetür.
21 mm · ISO 200 · Blende 6,2 · 1/200 s

34.066318, –4.973352 (Mausoleum Zaoui Sidi Ahmed Al Tijani)

34.064778, –4.974910 (Moschee und Mausoleum von Moulay Idriss)

DIE ALTE MEDINA FES EL BALI

Die Altstadt Fes El Bali ist klar aufgeteilt in Wohn- und Geschäftsbereiche. In den Wohnbereichen werden Sie als Tourist nicht gerne gesehen, aber hier finden sich sowieso kaum interessante Sujets. Faszinierend sind die engen Geschäftsstraßen der Medina. Unaufhörlich schieben sich die Menschen durch den Souk. »Transportunternehmer« mit Handkarren oder Lastenesel rufen »Balek, balek«, was so viel wie »Achtung« bedeutet, und drängen vorbei. Hier bieten sich Fotomotive ohne Ende!

Die Geschäftsviertel sind nach Gewerbe geordnet. Manch ein Bereich besteht aus nur einigen nebeneinander gelegenen winzigen Läden oder Werkstätten der Schneider, Stoff- und Schmuckhändler, Lederhandwerker, Schreiner, Färber und Gerber, Metzger, Kesselflicker oder Scherenschleifer. Außerdem finden sich in jedem Viertel eine Backstube, ein Brunnen, eine Koranschule, eine Moschee und ein Hammam.

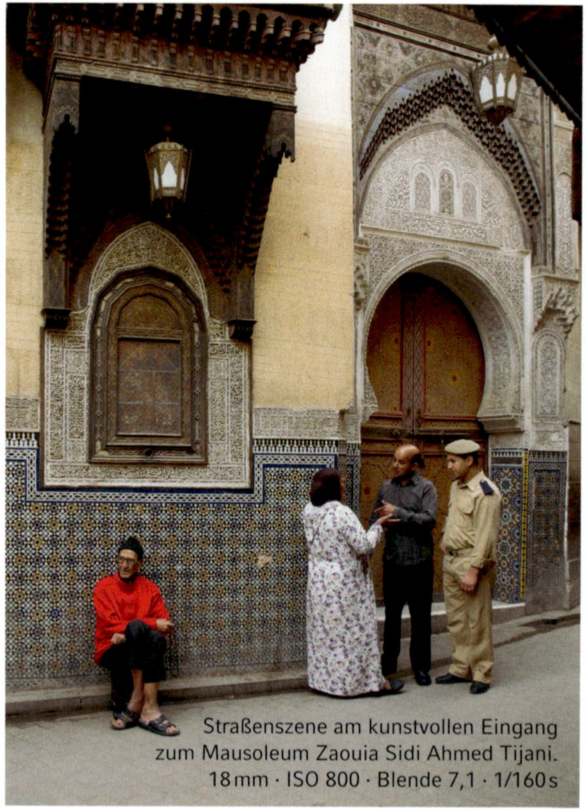

Straßenszene am kunstvollen Eingang zum Mausoleum Zaouia Sidi Ahmed Tijani.
18 mm · ISO 800 · Blende 7,1 · 1/160 s

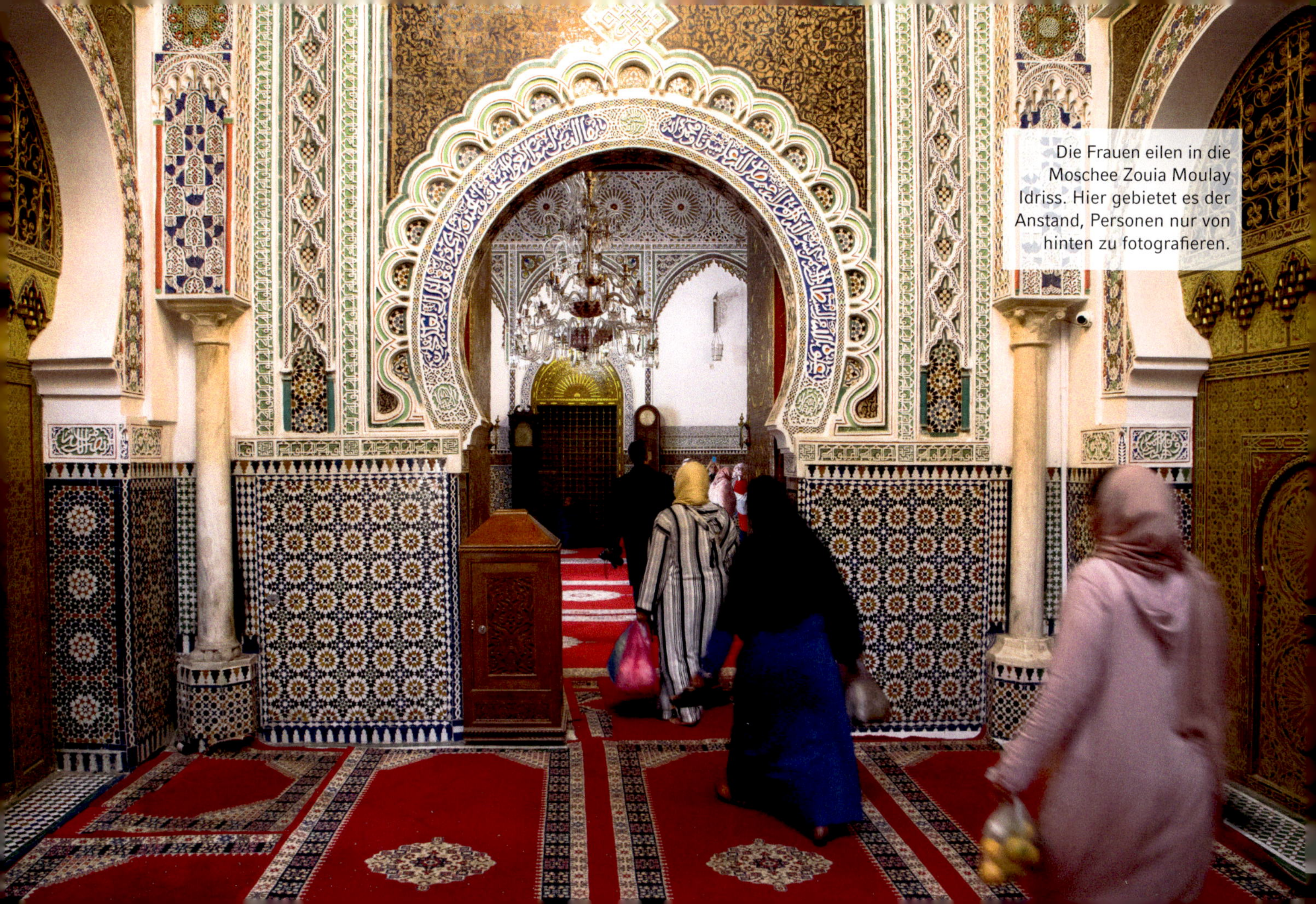

Die Frauen eilen in die Moschee Zouia Moulay Idriss. Hier gebietet es der Anstand, Personen nur von hinten zu fotografieren.

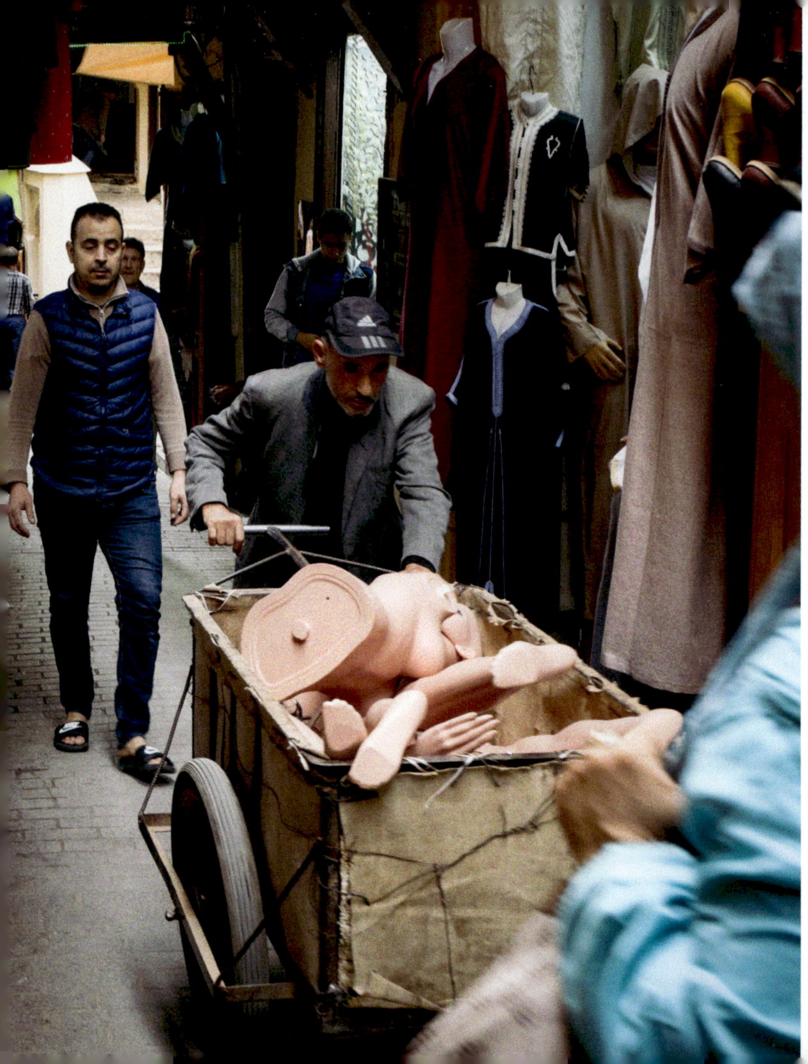

Beim Rundgang durch die Altstadt bewegen Sie sich am besten entlang der Straße Talaa Kebira, wo sich einige der Hauptsehenswürdigkeiten befinden, sowie rund um die Kairouine Moschee. Als Fotomotive bieten sich neben den Händlern, Handwerkern und ihren Waren die Karawansereien, Koranschulen, das Mausoleum von Moulay Idriss II., einige schöne Brunnen und besonders die Gerbereien an. Mit etwas Glück stehen auch die Tore der Kairouine-Moschee offen und man kann einen Blick hinein erhaschen oder sogar ein Foto machen.

Die Lichtsituation in der Altstadt ist schwierig. Steht die Sonne hoch und scheint teilweise in die engen Gassen, ist der Kontrastumfang

Den Handkarren mit den nackten Fragmenten einer Schaufensterpuppe fand ich so witzig, dass ich dem Mann vorauseilte, um ihn von vorne fotografieren zu können.
31 mm · ISO 1600 · Blende 7,1 · 1/60 s

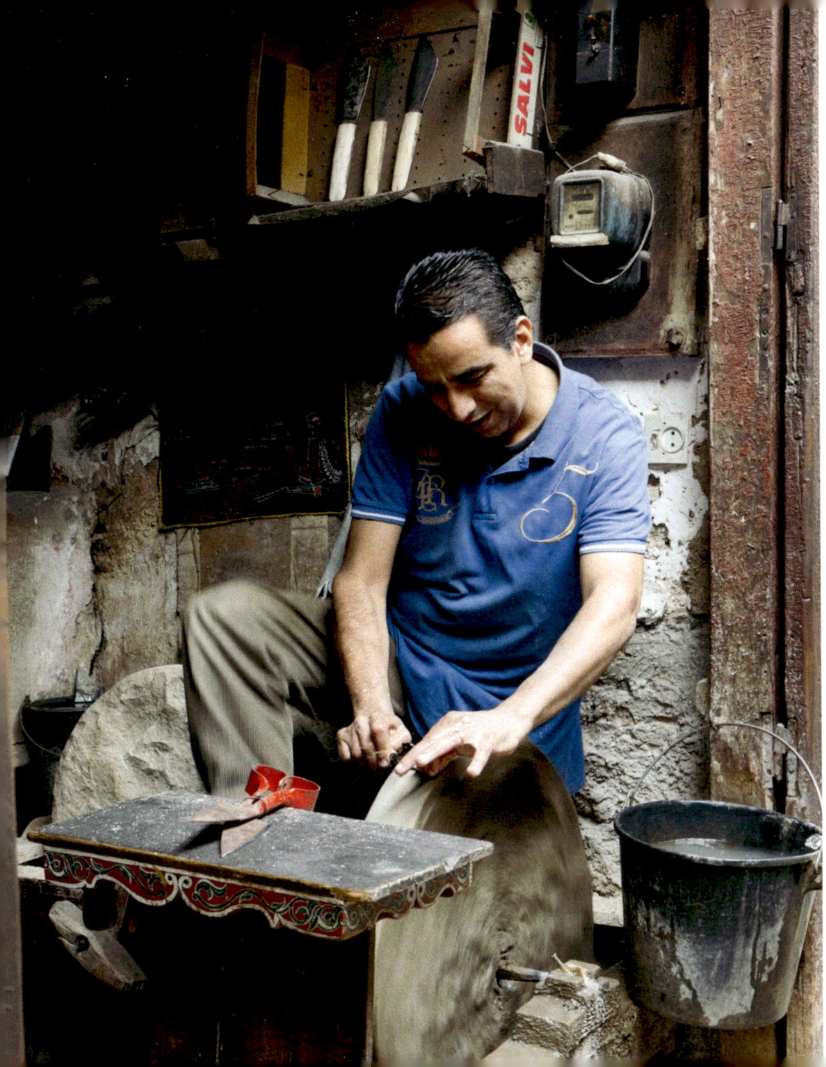

enorm. Einige Bereiche sind teilweise überdacht und recht dunkel. Am günstigsten ist die Situation bei bedecktem Himmel oder am späten Nachmittag.

In der Enge der Altstadt kann es sinnvoll sein, anstatt mit der großen Spiegelreflexkamera mit einem guten Smartphone zu fotografieren, was weitaus weniger Aufmerksamkeit erregt.

Zu den fotogenen Sehenswürdigkeiten in Fes gehören außerdem: Die Koranschulen (s. Seite 126), das Bab Boujeloud und der Palais El Glaoui (s. Seite 138).

Die Scherenschleifergasse befindet sich am Ende der Rue Ras Cherratine in einer Nebengasse. Hier habe ich den Handwerker gefragt, ob ich ihn bei seiner Arbeit fotografieren darf und er hat freundlich eingewilligt.
31 mm · ISO 1600 · Blende 7 · 1/60 s

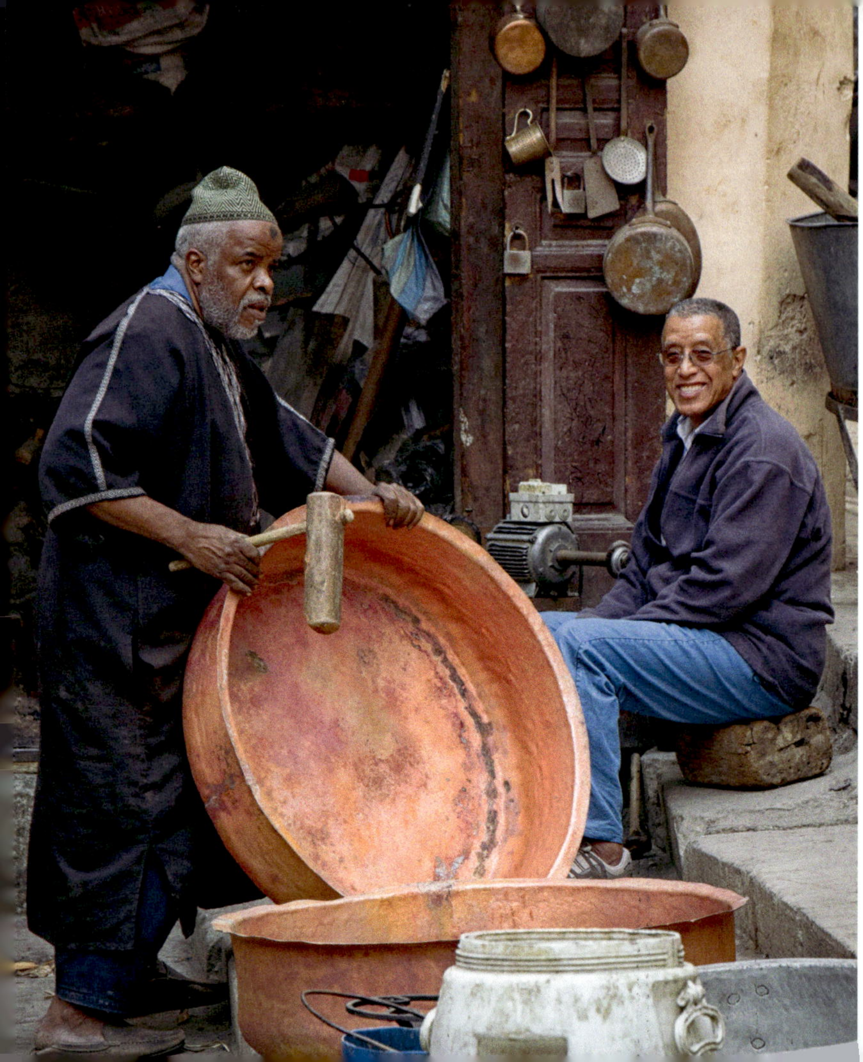

PLATZ DER KESSELFLICKER

Das metallverarbeitende Handwerk hat in Marokko eine lange Tradition. In Fes kann man am Place Seffarine den Kesselflickern zusehen, wie sie alte Gefäße reparieren. Gleich daneben hört man die monotonen Schläge der Kupferschmiede, die neue Töpfe und Schalen herstellen. Dazwischen klingt das leise Hämmern der Ziselierer, die feine Muster in Teller, Platten oder in die sehr gefragten bronzenen Lampenschirme prägen. Dieses Kunsthandwerk ist in der arabisch-islamischen Welt sehr verbreitet. Vor allem wenn Sie bereit sind, den Handwerkern eines ihrer Produkte abzukaufen, haben Sie gute Chancen, Fotos von der Herstellung machen zu dürfen.

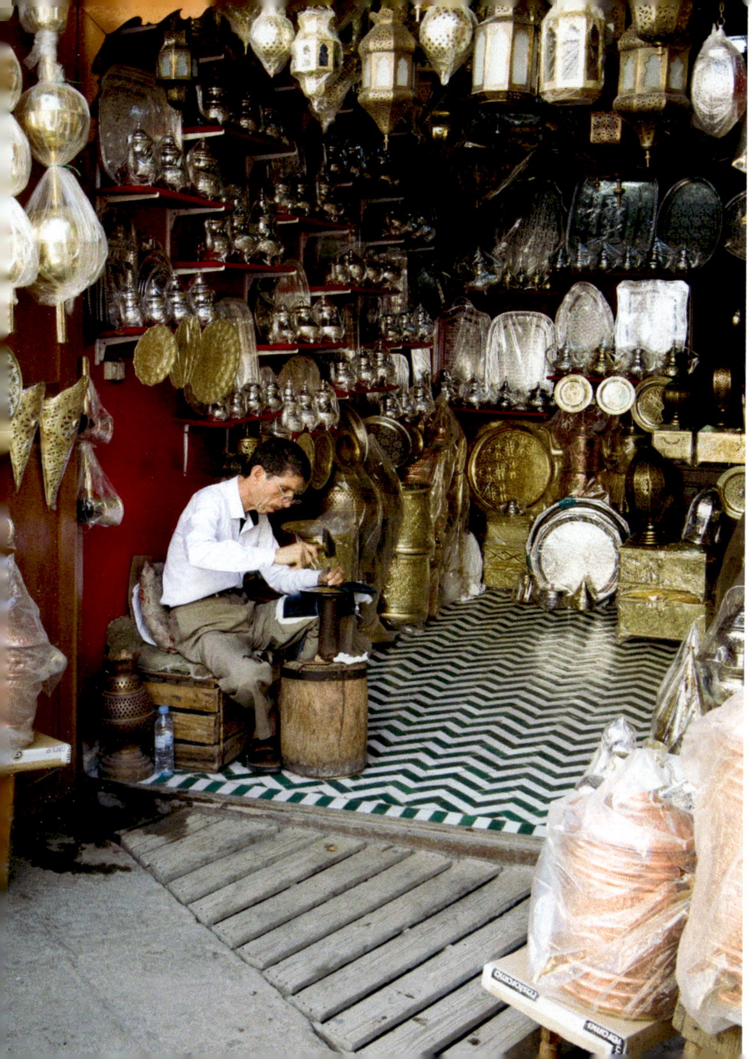

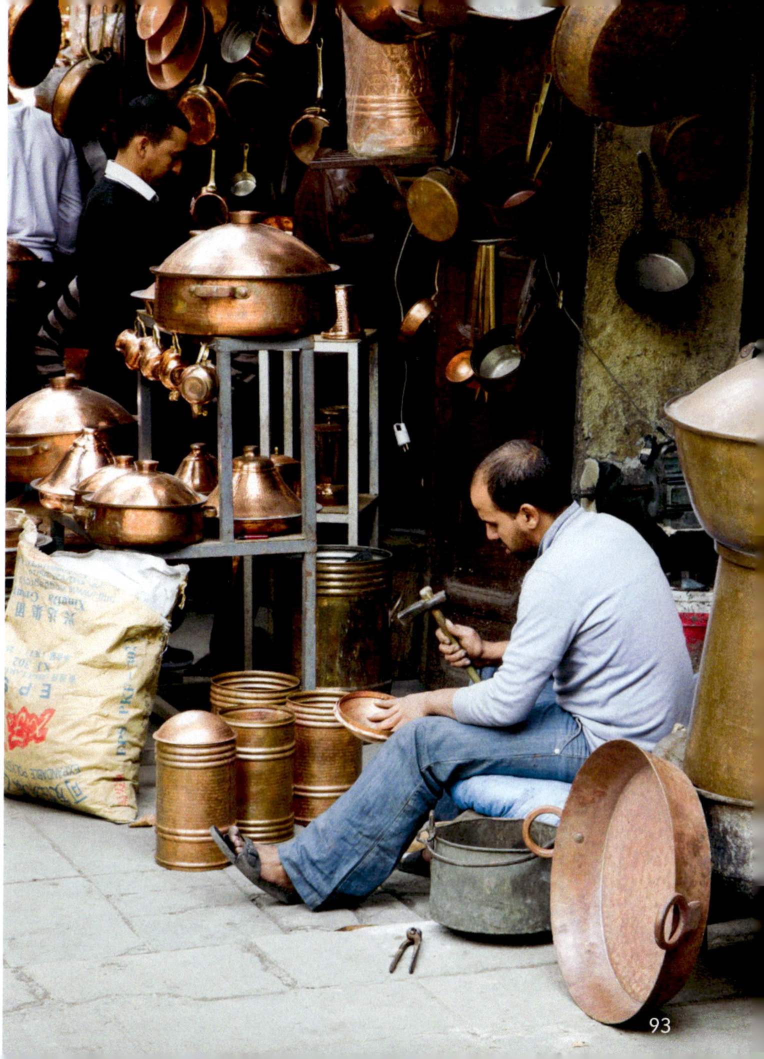

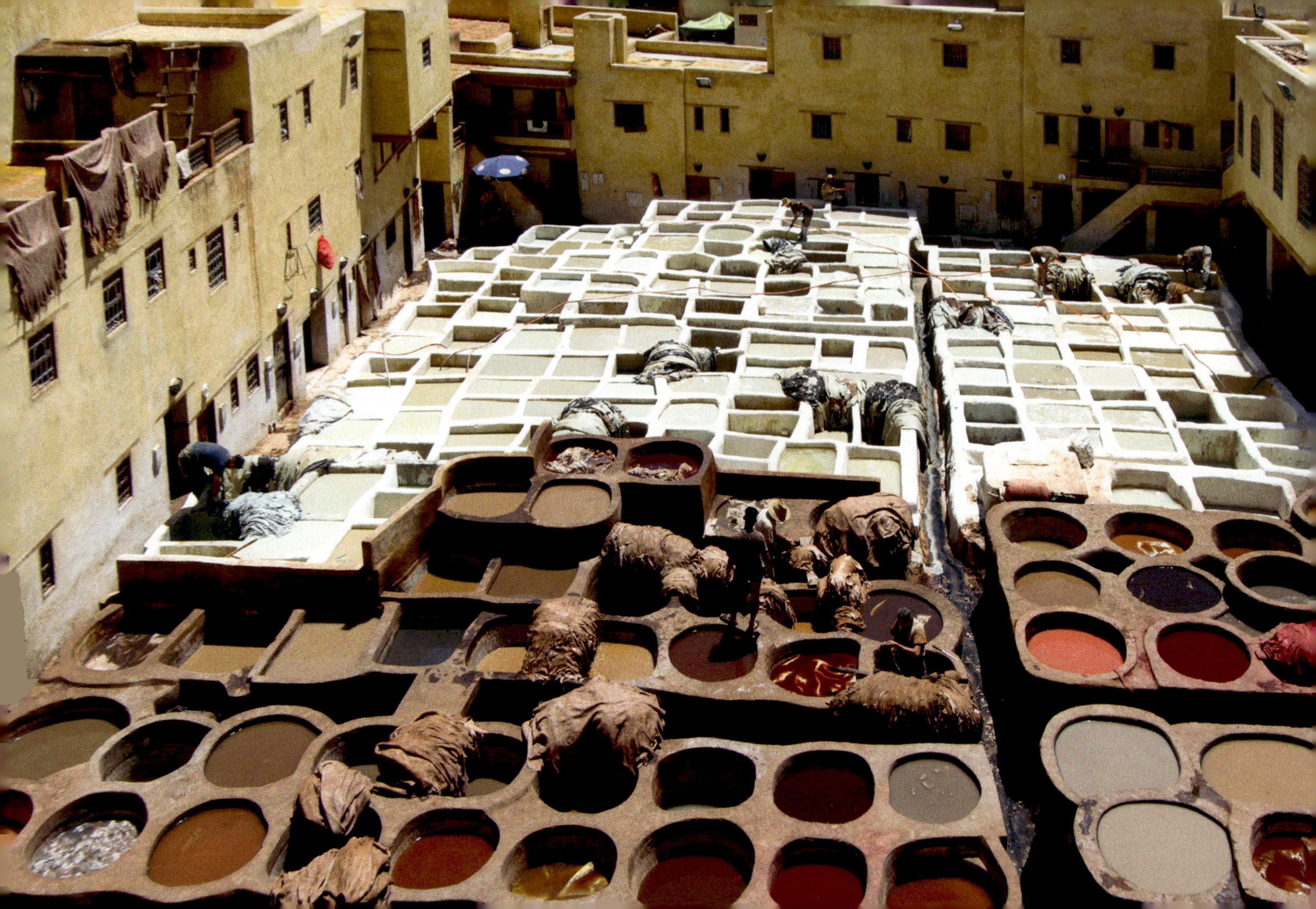

DIE GERBEREIEN

34.066308,
–4.971016

Die Gerbereien in Fes sind ein altehrwürdiges Handwerk und beliebtes Fotomotiv. Trotz großer Konkurrenz aus China und der Türkei werden hier noch immer Tierhäute von Rind, Kamel, Schaf und Ziege auf traditionelle Weise in acht Phasen gegerbt, damit eine Tasche, eine Jacke, ein Gürtel oder die bunten Babouches (Pantoffel) daraus entstehen können. Von der Terrasse eines Ledergeschäfts aus kann der Fotograf sehr gut auf unzählige mit Farben und Gerbstoffen gefüllte Becken und Bottiche blicken und den Gerbern dabei zusehen, wie sie mit ihren Händen und Füßen in die Farbe eintauchen und das Leder bearbeiten.

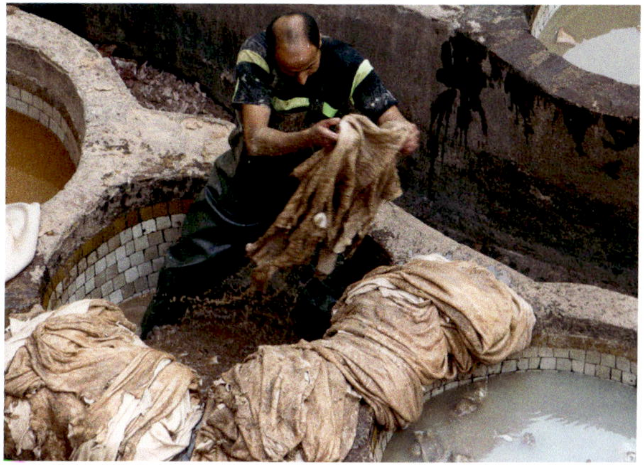

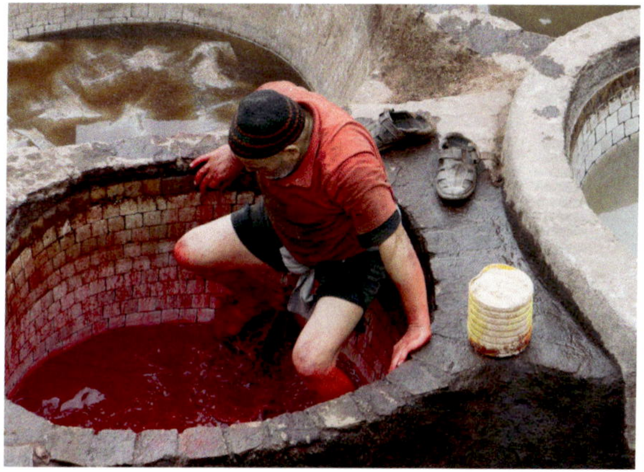

Die Gerbereien lassen sich sehr gut von der Terrasse des Ledergeschäfts in der Rue Chouara 6 und 10 aus fotografieren. 18 mm · ISO 100 · Blende 8 · 1,320 s

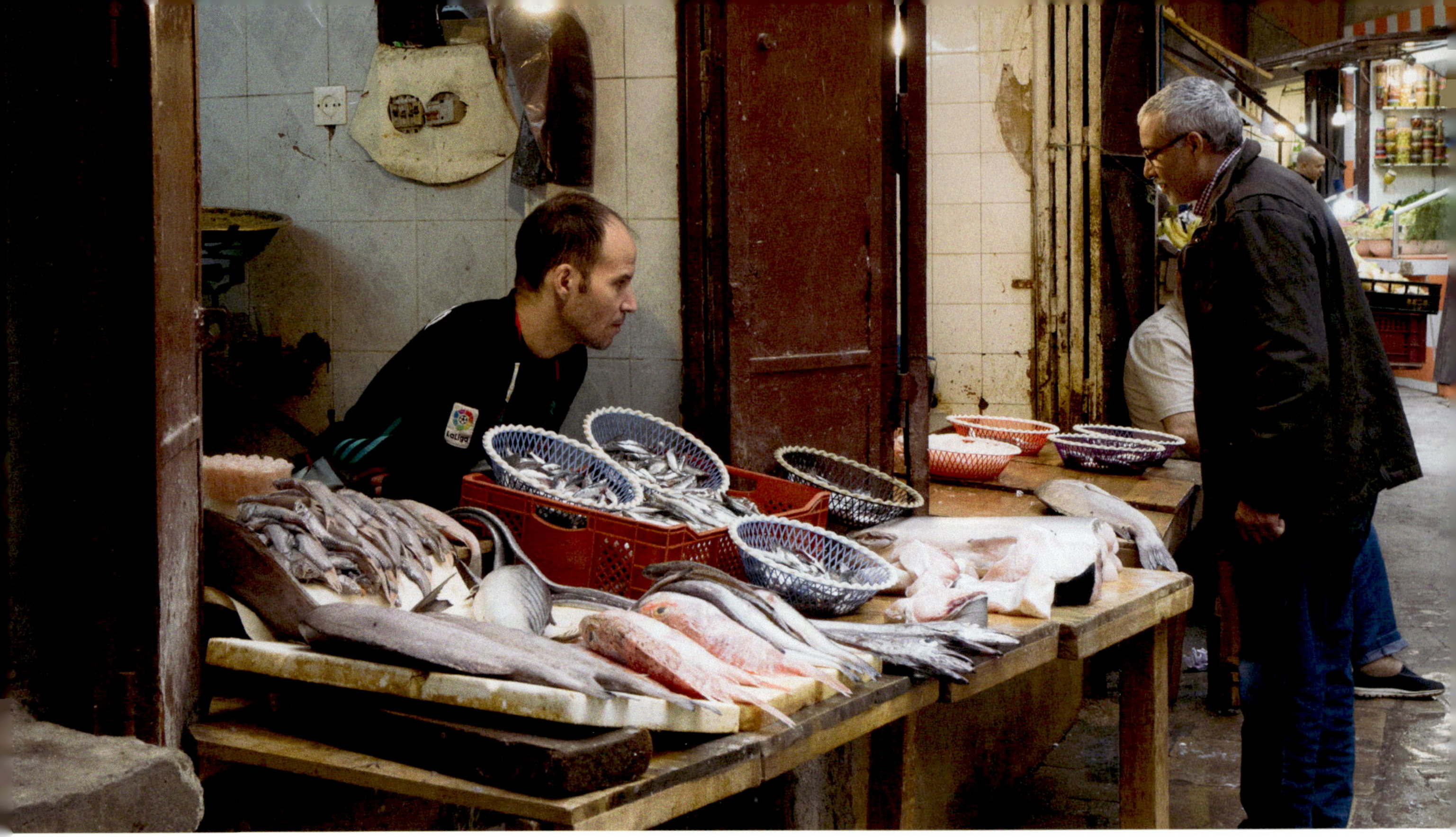

In der Medina von Fes werden auch Lebensmittel aller Art angeboten. Hier wird z. B. die Auslage eines Fischhändlers begutachtet. 31 mm · ISO 1600 · Blende 7,1 · 1/60 s

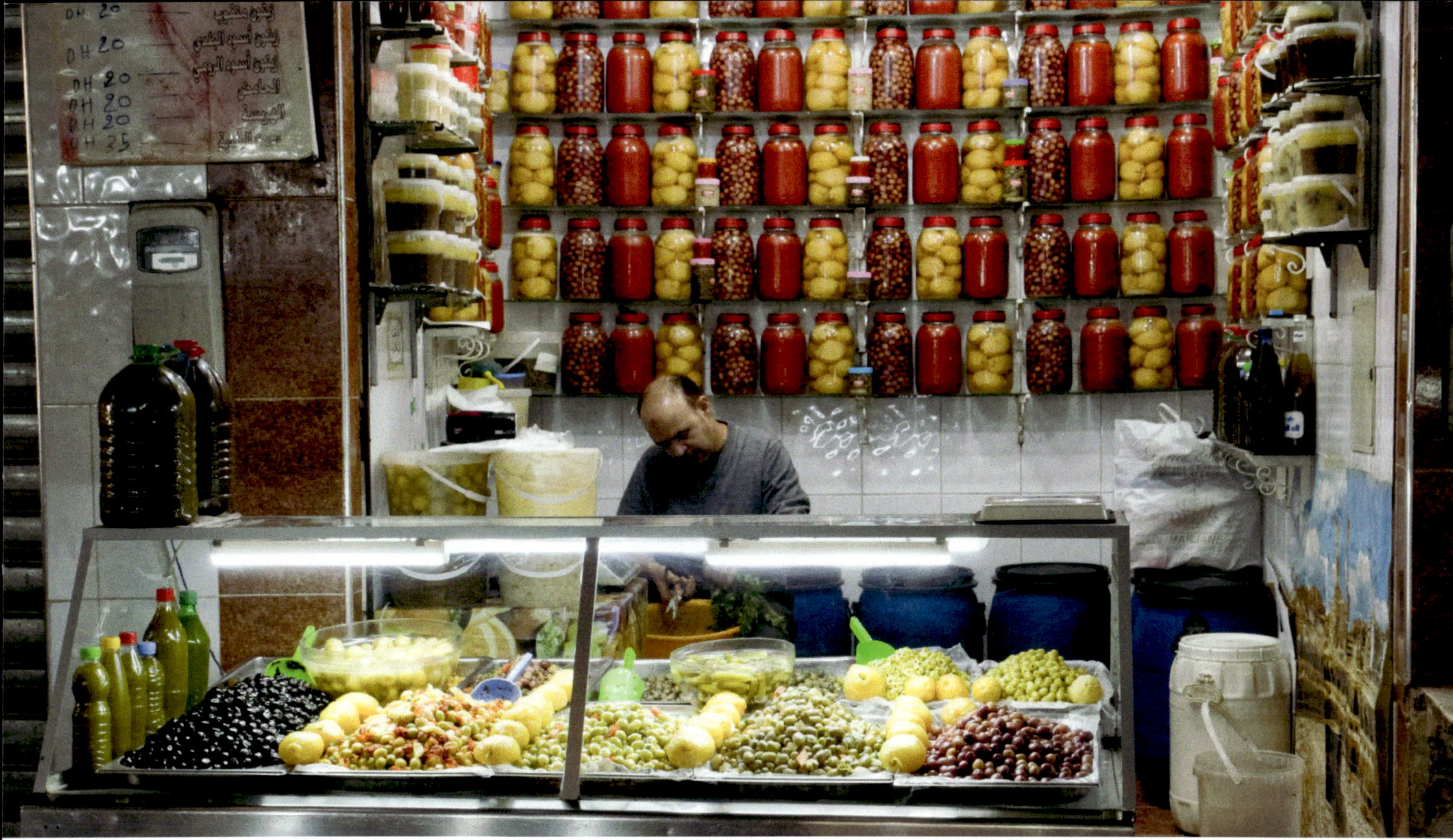

Die Marokkaner arrangieren ihre Waren gerne symmetrisch – insofern gibt die Auslage dieses Olivenhändlers ein typisches Bild ab. 28 mm · ISO 3200 · Blende 9 · 1/60 s

SEHENSWÜRDIGKEITEN IN FES

1.

2.

3.

4.

5.

6.

7.

8.

9.

10.

11.

12.

13.

14.

15.

16.

17.

18.

19.

1. Medersa Bou Inania
34.062209, –4.982740

2. Attarine
34.065091, –4.973766

3. Cherratine (größte von Fes)
34.063595, –4.976121

4. Nejarine-Platz, Brunnen und Museum (restaurierter Funduk mit Holzmuseum und schöner Terrasse)
34.064831, –4.975871

5. Hochzeitssänftengasse (kleine Gasse neben Nejarine-Brunnen)
34.064817, –4.975664

6. Kairouine-Moschee:
Blick durch geöffnetes Tor
34.064640, –4.973779

7. Königspalast und Platz davor (Uniformierte nicht fotografieren)
34.052384, –4.994287

8. Bab Boujeloud
34.0617000, –4.9840483

9. Bab Semmarin
34.054375, –4.990038

10. Seffarine-Platz (Kesselflicker)
34.064205, –4.972769

11. Färbergasse
34.064017, –4.972984

12. Gerberviertel
34.066332, –4.970997

13. Mellah mit den Holz Balkons im andalusischen Stil
34.053931, –4.991315

14. Borj Nord (Fotospot)
34.067414, –4.984964

15. Borj Sud (Fotospot)
34.054188, –4.969947

16. Hotel les Merinides (Fotospot)
34.069819, –4.981605

17. Dar Batha-Kunsthandwerksmuseum, Palast mit vielen Innenhöfen
34.060320, –4.982831

18. Palais El Glaoui
34.059086, –4.977092

19. Souk el Henna
34.065219, –4.975219

34.071033,
–5.552690

AUSFLUG NACH VOLUBILIS

70 Kilometer von Fes entfernt liegen die Ruinen von Volubilis. Der Ort wurde von 45–285 n. Chr. von den Römern besiedelt und hatte seine Blüte im 2. und 3. Jahrhundert. In dieser am weitesten von Rom entfernten Kolonie lebten ungefähr 15.000 Menschen, die in der fruchtbaren Ebene Olivenöl, Getreide und Weizen produzierten sowie wilde Tiere für den Zirkus einfingen und nach Rom lieferten. Als schöne Fotomotive bieten sich die sehr gut erhaltenen farbigen Mosaike, der Triumphbogen, die Basilika und das Tanger-Tor an. Im Frühjahr kann man brütende Störche sehen. Die schönste römische Stadt Marokkos gehört seit 1997 zum UNESCO-Weltkulturerbe. Auch der in der Nähe gelegene heilige Ort Moulay Idriss lohnt einen Besuch.

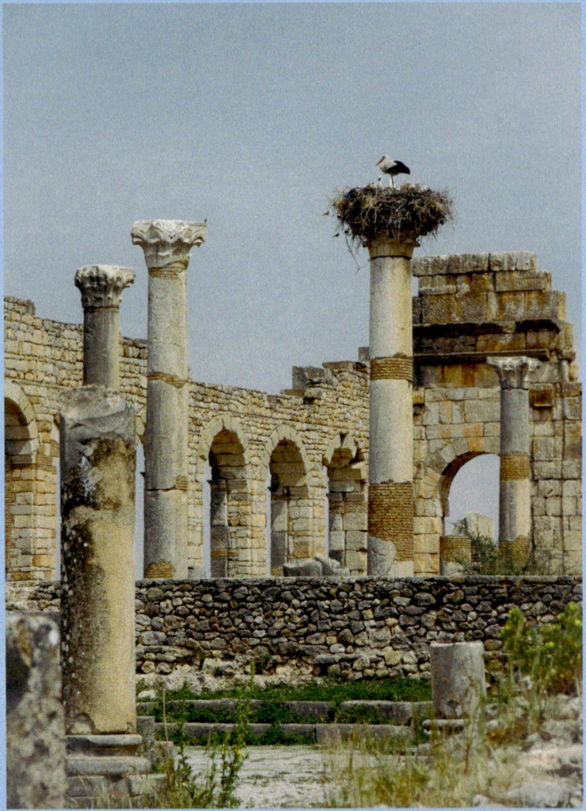

88 mm · ISO 100 · Blende 9 · 1/160 s

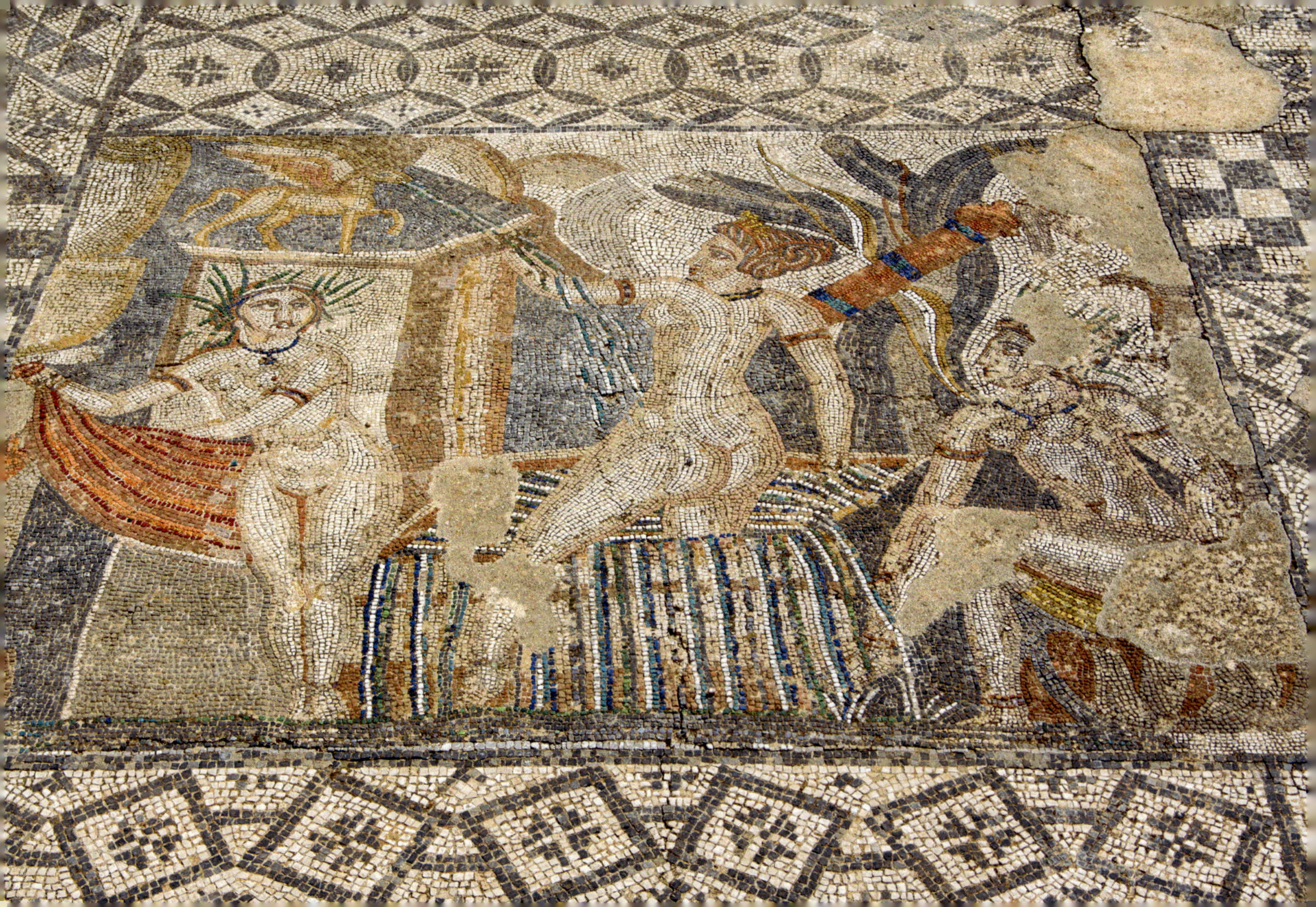

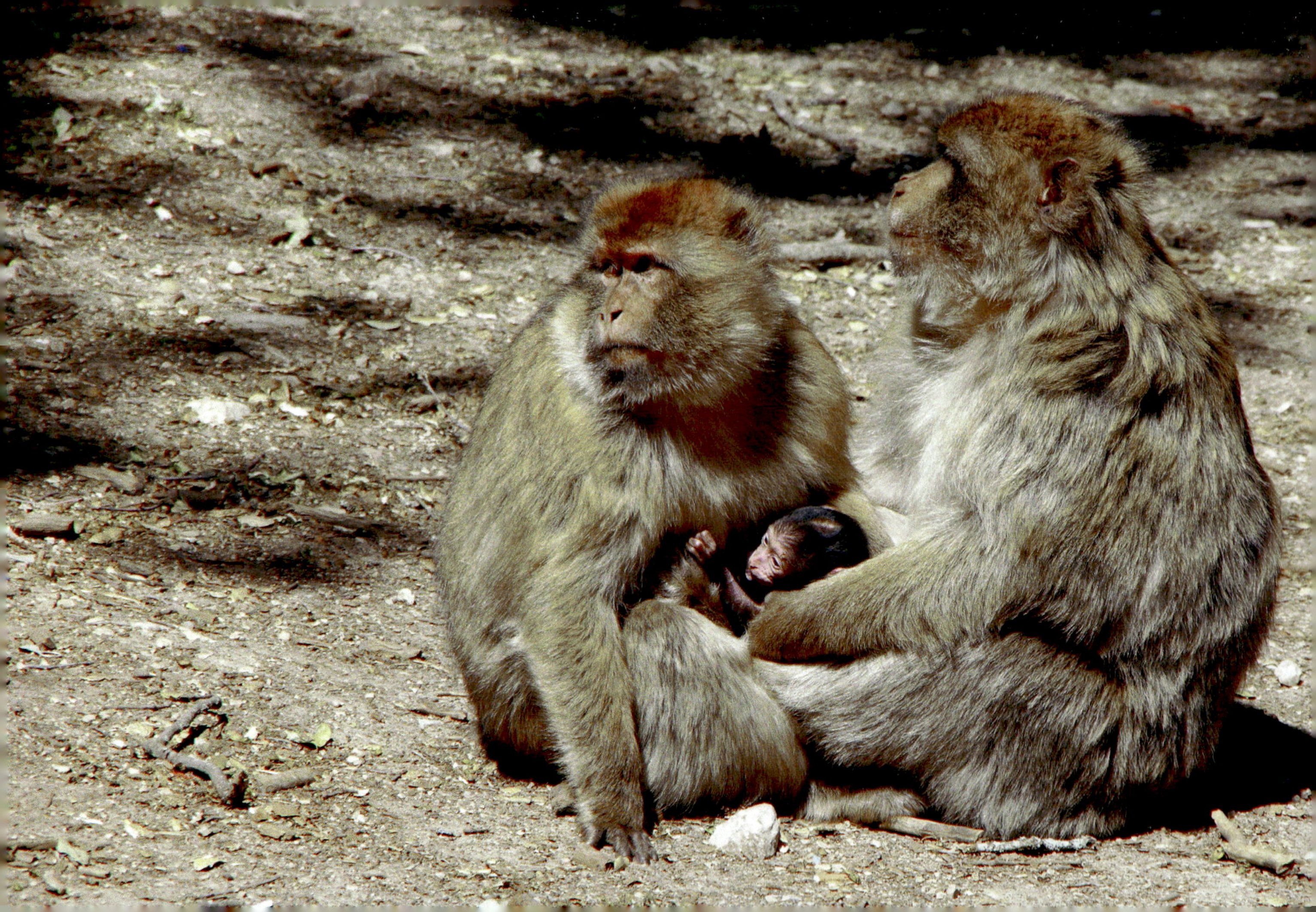

AUSFLUG NACH AZROU

Auf dem Weg nach Midelt durchquert man den Mittleren Atlas. In der regenreichsten Region des Landes erfreut das viele Grün der Lorbeerbäume und der Steineichen das Auge. Knapp 90 Kilometer hinter Fes erreicht man 1.500 Höhenmeter. Hier erstrecken sich ausgedehnte Zedernwälder, die den Berberaffen als Heimat dienen. Ein Schild mit der Aufschrift »Cedre Gouraud« weist den Weg in den Wald, wo bei einer abgestorbenen, aber immer noch majestätischen Zeder die Äffchen gut aus der Nähe fotografiert werden können. Die Tiere leben hier in Gruppen zusammen und ernähren sich von Früchten, Samen, Wurzeln und Baumrinde. Wir empfehlen zum Anlocken der Affen, Bananen, Datteln, Rosinen und Nüsse mitzubringen.

33.426070,
–5.155071

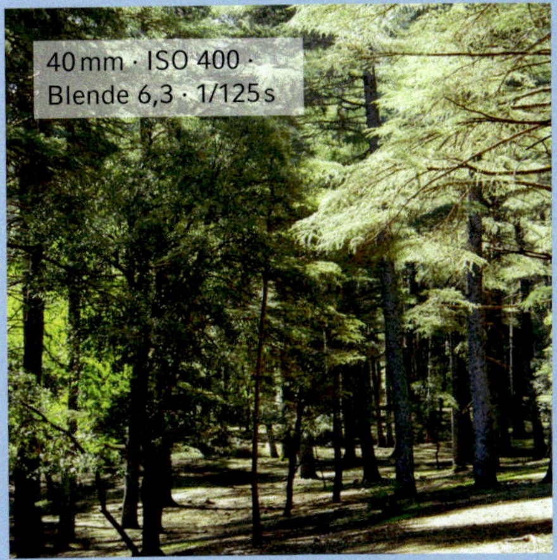

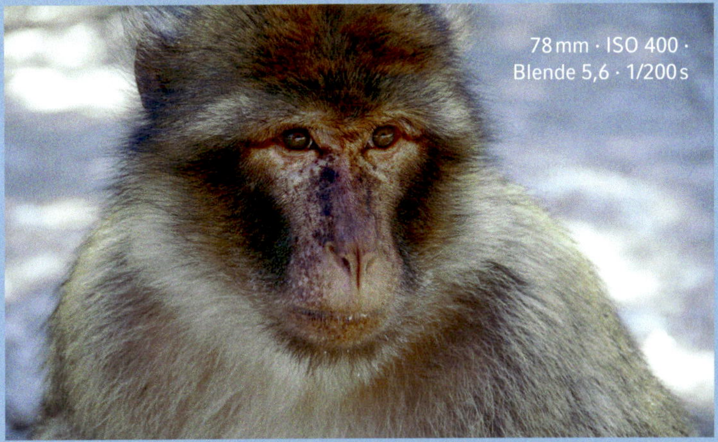

Handwerk und Kunsthandwerk

Marokko ist ein Eldorado für Liebhaberinnen des Kunsthandwerkes. Bewundern kann man die teilweise bereits seit Jahrhunderten praktizierten Techniken als Teil der arabischen Architektur in Koranschulen, Palästen (s. Seite 288), gut sanierten Stadthäusern und natürlich in Museen. Auch in den städtischen Souks und Geschäftsstraßen kann sich der europäische Besucher an der ganzen Fülle, Pracht und Farbigkeit des marokkanischen Kunsthandwerkes berauschen. Meknes, Fes, Essaouira und Marrakesch sind die wichtigsten Kunsthandwerk produzierenden Städte des Landes.

Wenn Sie dort durch die Medinas bummeln, werden Sie nicht nur Ladengeschäfte finden, sondern auch die Handwerker dabei beobachten können, wie sie ihre Produkte herstellen. Einen solchen Prozess fotografisch zu begleiten, ist eine schöne und spannende Herausforderung. Es kann gelingen, wenn Sie ehrliches Interesse an dem Handwerk haben und mit dem Produzenten ins Gespräch kommen, bevor Sie Ihre Kamera zücken. Die Kunst ist, den rechten Moment zu spüren und auch mit Ablehnung positiv umgehen zu können, wobei ein freundliches Wort (vorher und nachher) auf Arabisch oder Französisch und ein Lächeln äußerst hilfreich sein können. In einigen Städten finden sich auch Kunsthandwerksschulen (s. Seite 66), bei denen man den Handwerkern bei der Arbeit über die

Schulter schauen und dabei fotografieren kann. Eine weitere Gelegenheit, Aufnahmen vom Arbeitsprozess zu machen, finden Sie beim Besuch von Kooperativen. In fast allen Städten gibt es auch staatliche Geschäfte mit Festpreisen, die hier »Ensemble Artisanal« heißen. Dort können Sie kaufen, wenn Sie nicht handeln mögen oder wenn Sie sich vorab einen Eindruck von angemessenen Preisen verschaffen möchten.

Wenn Sie sich etwas Schönes ausgesucht haben, vergleichen Sie die Preise, nehmen Sie sich Zeit, trinken Sie einen Tee, fassen Sie die Ware an und kommunizieren Sie mit dem Händler – das ist die wahre Kunst des Einkaufens im Orient.

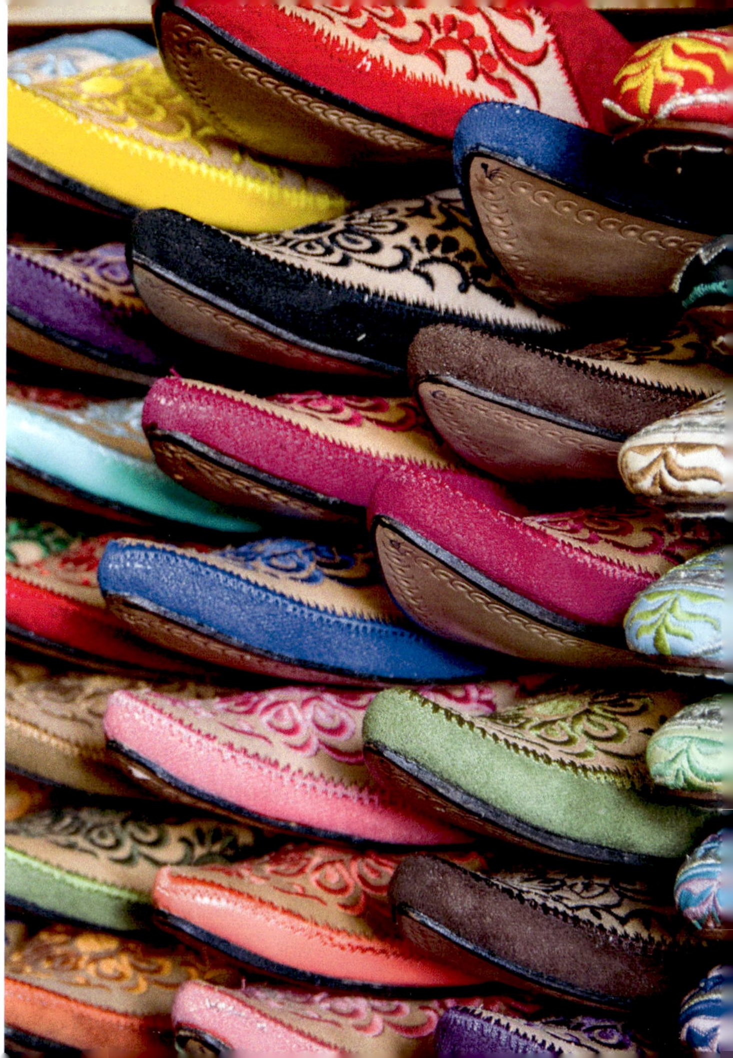

DIE WICHTIGSTEN KUNSTHANDWERKSZWEIGE

Leder: Für das Lederhandwerk ist Fes die wichtigste Adresse. Dort kann man die Arbeit in den Gerbereien eindrucksvoll miterleben und gut fotografieren (s. Seite 94). In mehreren Schritten entstehen aus Schaf-, Kuh- und Ziegenhaut die bunten Babouches (Lederpantoffeln), Taschen, Gürtel, Lederpoufs und Sandalen. Obwohl Lederwaren heutzutage in China und Indien billiger produziert werden können, hält man hier immer noch am traditionellen Handwerk fest.

Metall: Auch hier spielt Fes eine große Rolle. Gute Aufnahmen gelingen am Kesselflicker Platz (s. Seite 92). Wahre Meisterwerke der Ziselierarbeit können im Geschäft L'Art du Bronze 35, Rue Talaa Seghira betrachtet werden. Der berühmte Vater des jetzigen Besitzers schuf die eindrucksvollen Tore des hiesigen Königspalastes und viele berühmte Persönlichkeiten waren schon seine Gäste. Viele Beispiele für Metallverarbeitung finden Sie außerdem in Marrakesch. Wie auch in Fes werden hier Lampen, Tabletts, Teller, Becher und Teekannen aus Kupfer und Messing in Geschäften und Hinterhöfen hergestellt. Wenn Sie bei Ihrem Rundgang Klopfen und Hämmern hören, gehen Sie ruhig einmal in einen Hinterhof hinein. Oft entpuppt sich dieser als alte Karawanserei, die dem Fotografen einen attraktiven Rahmen für die Handwerksfotografie geben kann.

Keramik: Fes ist auch für seine Töpfereien bekannt, die sich am Stadtrand im Quartier Ain Noqbi befinden (siehe nachfolgende Seiten). Darüber hinaus finden sich in Marokko an den Landstraßen oft Stände mit Gebrauchskeramik (z. B. Tajine-Geschirr).

Blau ist die Farbe von Fes, wie man am berühmten Bab Boujeloud eindrucksvoll sehen kann. In dieser Farbe werden in verschiedenen Töpfereien Vasen, Teller, Kacheln und allerlei anderes Geschirr gebrannt. Beeindruckend ist aber auch die archaische Art und Weise, wie die berühmten grünen Keramiken aus Tamegroute (s. Seite 244) hergestellt werden.

Schmuck: Goldschmuck findet der Besucher in den Tiefen der Medinas der Großstädte, da dieser von den dort ansässigen Frauen bevorzugt wird. Nach unserem Geschmack wirkt er eher protzig. Echter Berberschmuck hingegen ist immer aus Silber (s. Seite 107 und 241) und wurde früher von den Frauen auf dem Land bevorzugt, die ihn auch als Geldanlage betrachteten. Das Edelmetall wird zu Fibeln, Ketten, Arm- und Fußreifen verarbeitet und mit Korallen und Bernstein verziert. Für Männer werden Dolche und Gewehre mit Silber beschlagen. Leider gibt es heute kaum noch echten Berberschmuck, da dieser den Frauen auf dem Land schon vor langer Zeit von fahrenden Händlern abgekauft wurde und sich mittlerweile größtenteils im Besitz von Sammlern befindet.

Teppichkunst: In Marokko werden die Teppiche entweder gewebt oder geknüpft. Die gewebten Kelims werden nur von den Berbern produziert, Knüpfteppiche aber sowohl von Berbern als auch von Arabern. Die Kunstwerke werden aus Schafwolle, Ziegen- und Kamelhaar an einem Rahmen produziert. Berberteppiche haben häufig eine Grundfarbe in Braun- oder Gelbtönen und sind mit abstrakten Darstellungen von

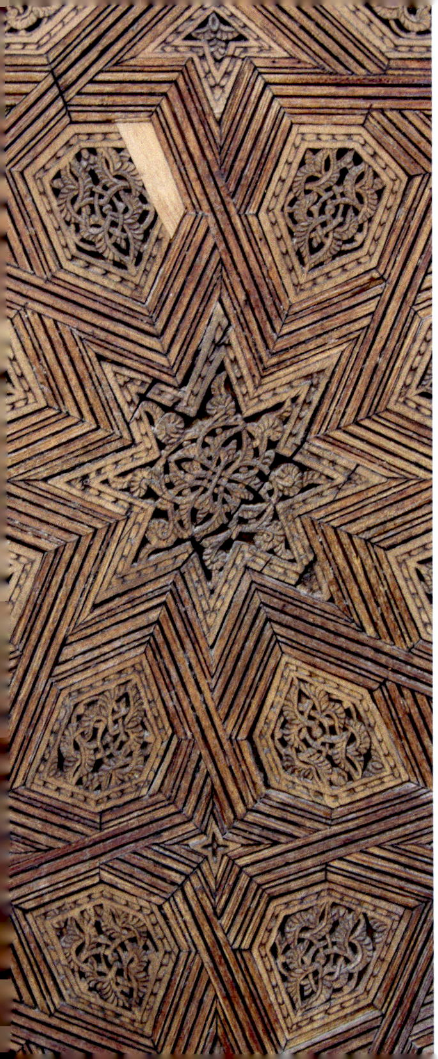

Mensch und Tier verziert. Arabische Teppiche erinnern stark an ihre türkischen Vorbilder und sind mit komplizierten stern- oder rautenförmigen Mustern und Pflanzenmotiven durchsetzt. Da die Teppiche fast immer von Frauen in ihren Privathäusern hergestellt werden, ist es für die Fotografin fast unmöglich, Fotos von der Herstellung zu machen. Beim Teppichhändler kann man Frauen zwar des Öfteren in Showrooms arbeiten sehen, jedoch können sie auch dann nur von hinten fotografiert werden. Im Ensemble Artisanal in Marrakesch kann man Weberinnen antreffen.

Holz: Die blauweiße Küstenstadt Essaouira ist nicht nur für ihre schöne Lage am Atlantik bekannt, sondern auch für das angenehm riechende dunkelbraune Holz der Thujabäume, die rund um die Stadt wachsen. Aus ihren Stämmen und Ästen schnitzen geschickte Hände kleine Kästchen, Bilderrahmen, Zigarettendosen und Figuren und verzieren diese mit Einlegearbeiten. Perlmutt, Knochen und Silber lassen dann diese kleinen Kunstwerke richtig wertvoll aussehen, obwohl sie für unsere Verhältnisse spottbillig sind. Sehr schöne Zedernholzarbeiten findet die Fotografin auch in Medersen und Palästen. Türen und Decken wurden früher immer aus diesem wertvollen Holz verarbeitet.

Schneiderei: Auch dem ehrenhaften Beruf des Schneiders wird man überall begegnen. Diese sitzen häufig in der Nähe der Hauptmoscheen in allerkleinsten Kämmerlein und nähen Jacken und Kleider oder reparieren diese. Schöne bunte Jacken, die man als Europäer auch locker tragen kann, findet man in der Altstadt von Chefchaouen. Haben Sie Kleidungsstücke, die repariert werden müssen, lohnt es sich, diese nach Marokko mitzunehmen. Hier können Sie diese Arbeiten günstig ausführen lassen.

Korbflechterei: Körbe, Schalen und Dosen sowie Hüte aus buntem Stroh sind Dinge, die in fast allen Dörfern hergestellt werden. Die Produkte finden Sie auch auf Landmärkten.

Weberei: In Marokko sieht man in kleinen Geschäften oft Männer hinter Webrahmen. Wenn Sie ein Weber-Geschäft besuchen, haben Sie unter Umständen die Chance, Männer bei diesem Handwerk zu fotografieren. Einige kleine Geschäfte finden Sie zum Beispiel in Chefchaouen und in Fes.

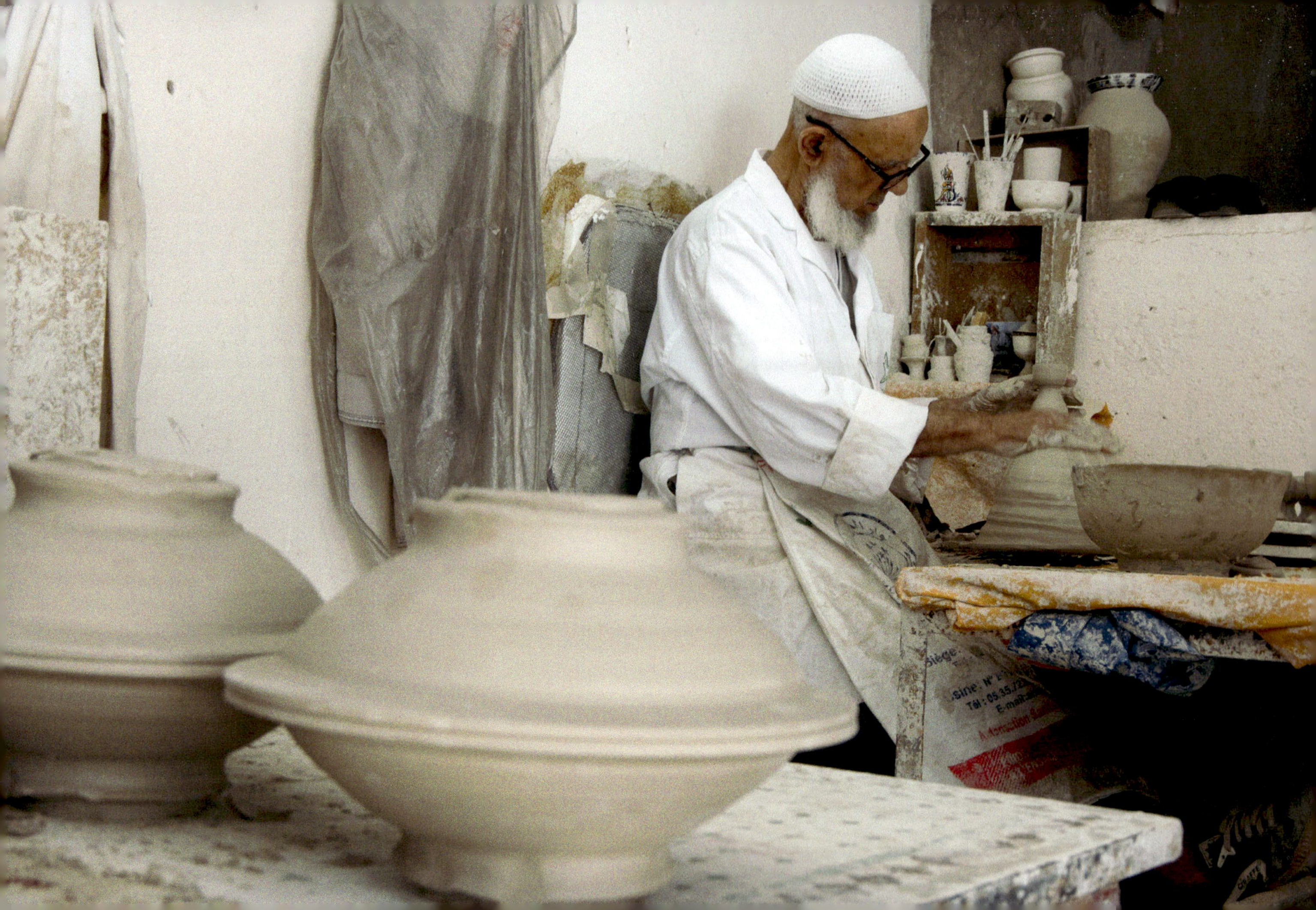

KERAMIK-PRODUKTION

34.063332,
–4.950038

Im Osten von Fes liegen einige Töpfereien. In der Keramikfabrik Serghini können Sie die Produktionsschritte von Töpferwaren und Keramik-Mosaiken im Detail beobachten und haben auch Gelegenheit, zu fotografieren. Bitte holen Sie sich vorher das Einverständnis der Handwerker ein, indem Sie grüßen und Ihre Kamera zeigen. Erhalten Sie dann ein zustimmendes Lächeln, ist es okay. Etwas Trinkgeld für die Kaffeekasse ist willkommen.

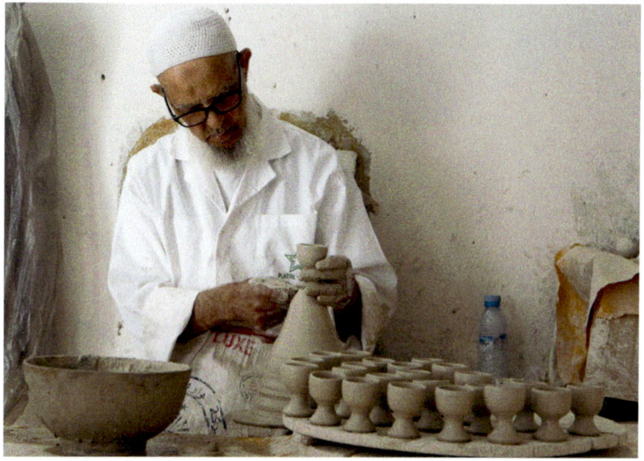

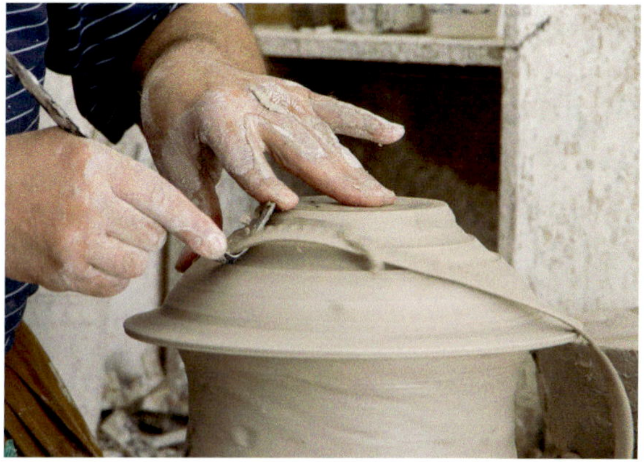

Mit flinken Händen arbeitet der alte Herr an der Töpferscheibe, was durch die Bewegungsunschärfe betont wird.
31 mm · ISO 800 · Blende 7,1 · 1/100 s

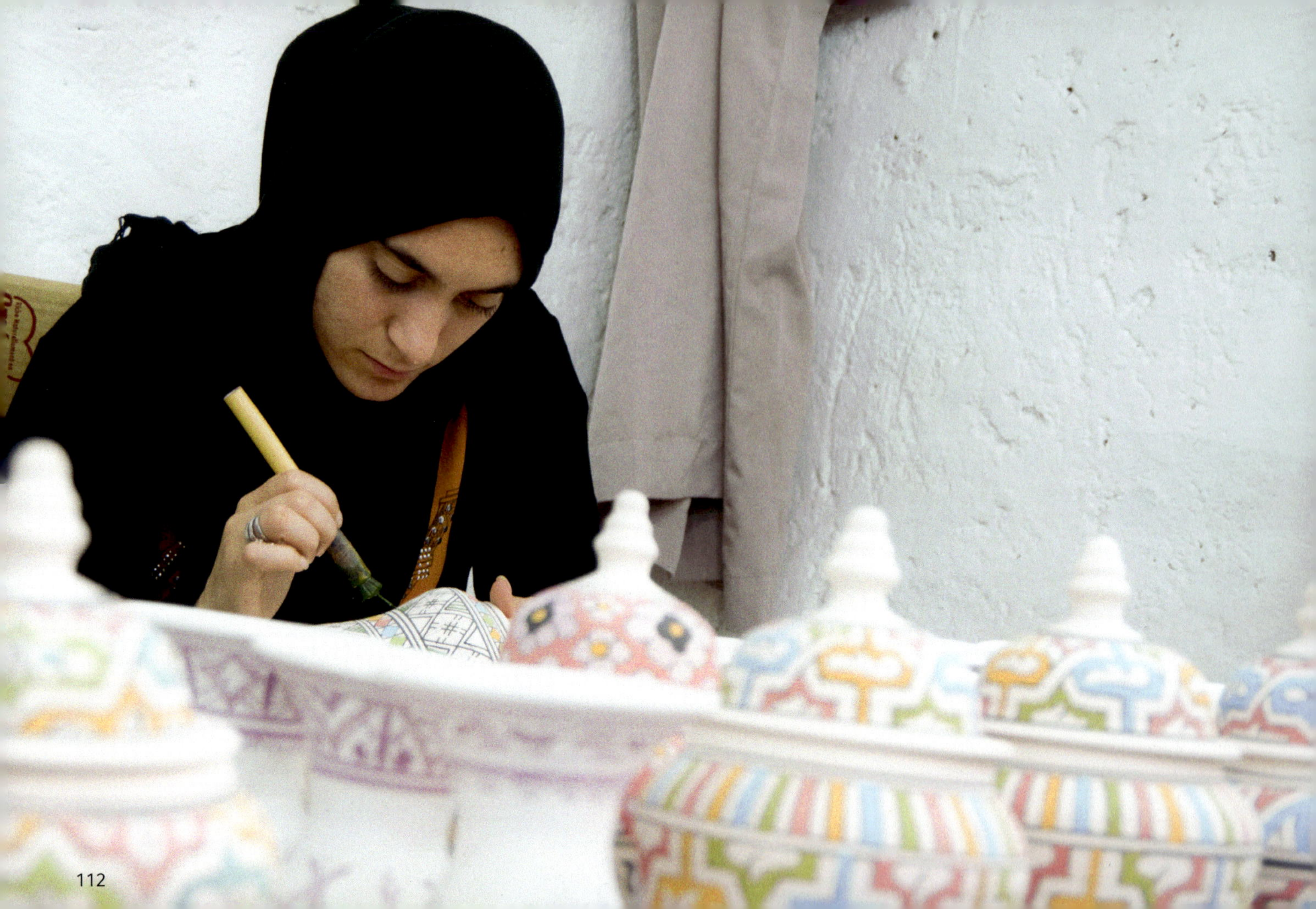

Die zunächst stumpf wirkenden Farben der Glasuren beginnen nach dem Brand zu leuchten.
36 mm · ISO 1600 · Blende 5 · 1/60 s

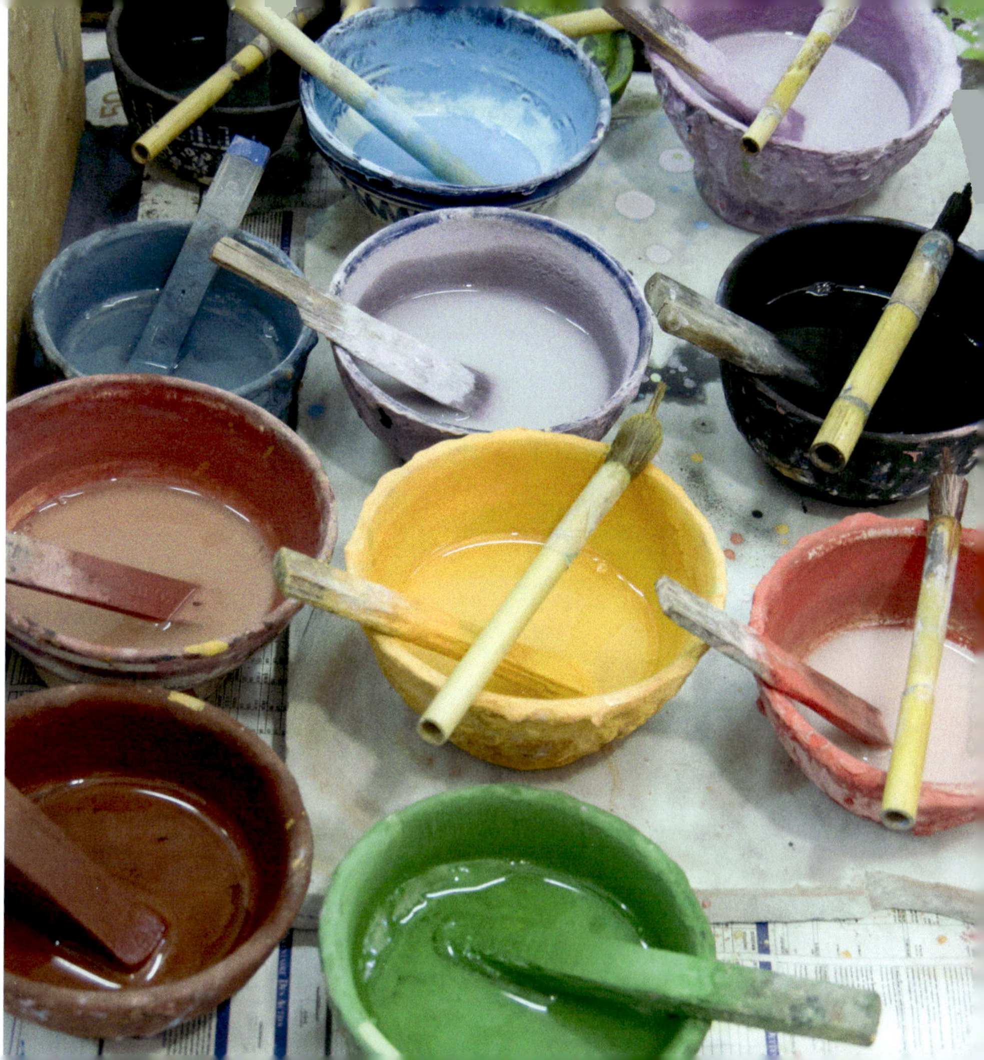

Das Bemalen der Vasen erfordert sehr viel Sorgfalt und Geduld.
40 mm · ISO 1600 · Blende 5 · 1/40 s

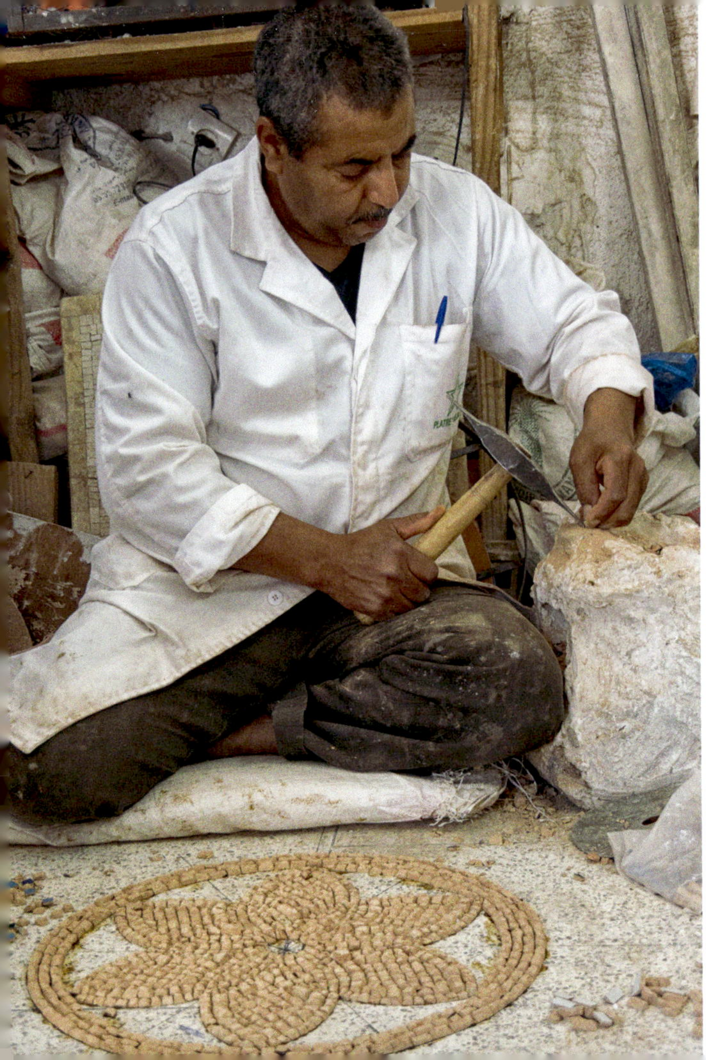
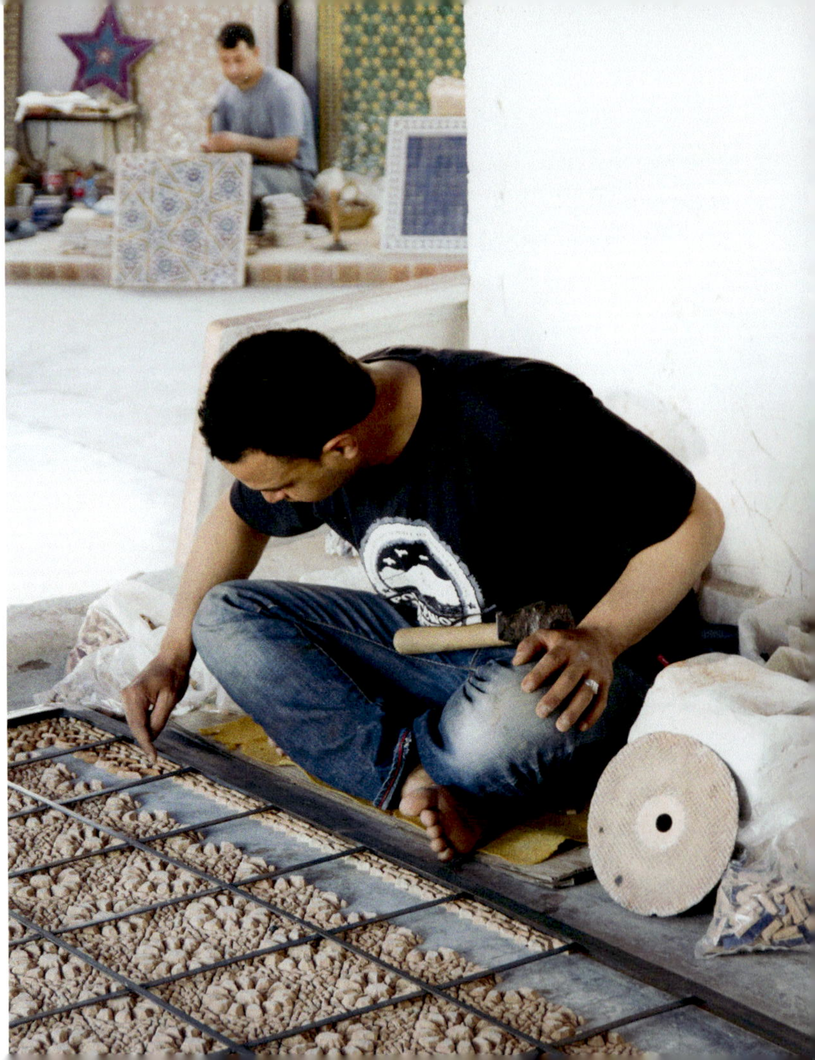

Die Mosaikteile, die später eine Tischplatte oder einen Brunnen schmücken, werden von Hand in Form geschlagen und kopfüber ausgelegt, bevor eine Zementmasse darüber gegossen wird. Die Handwerker müssen die komplexen Muster also im Kopf haben.

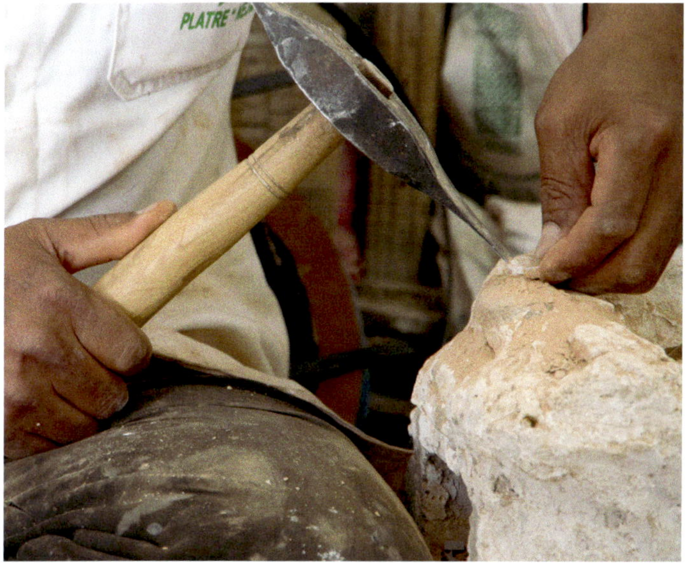

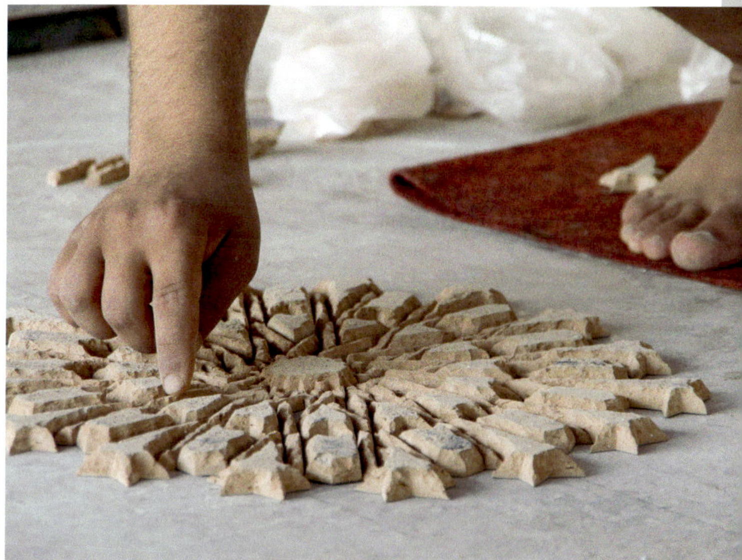

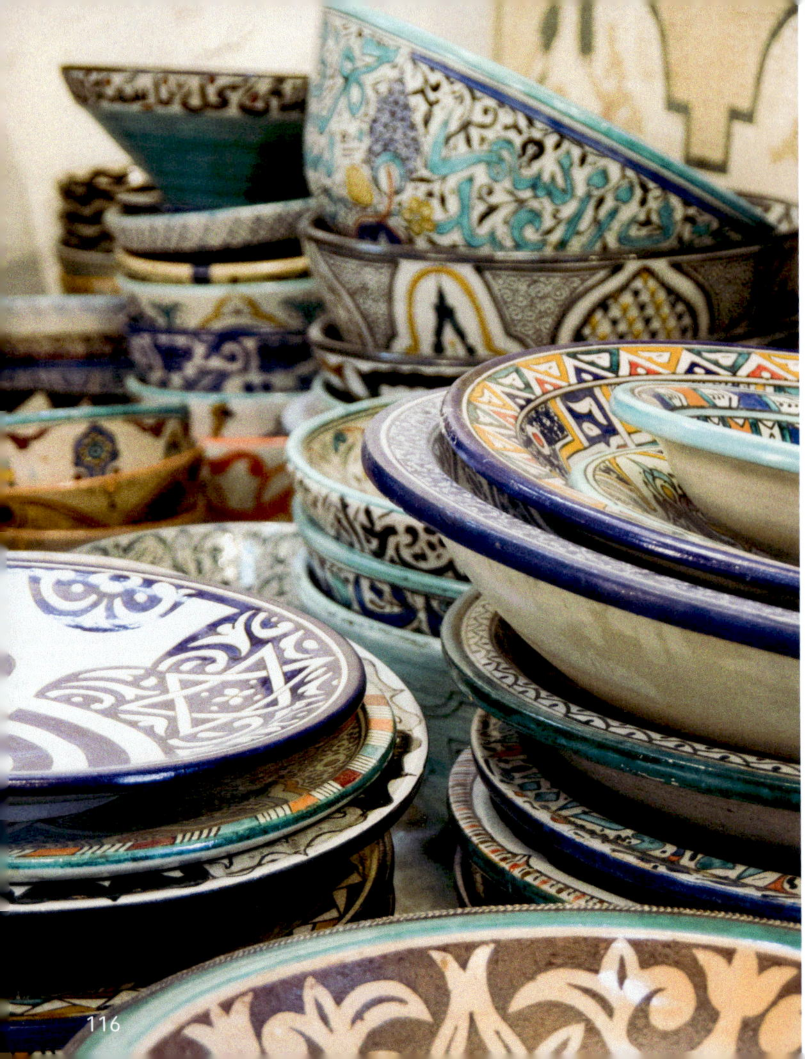

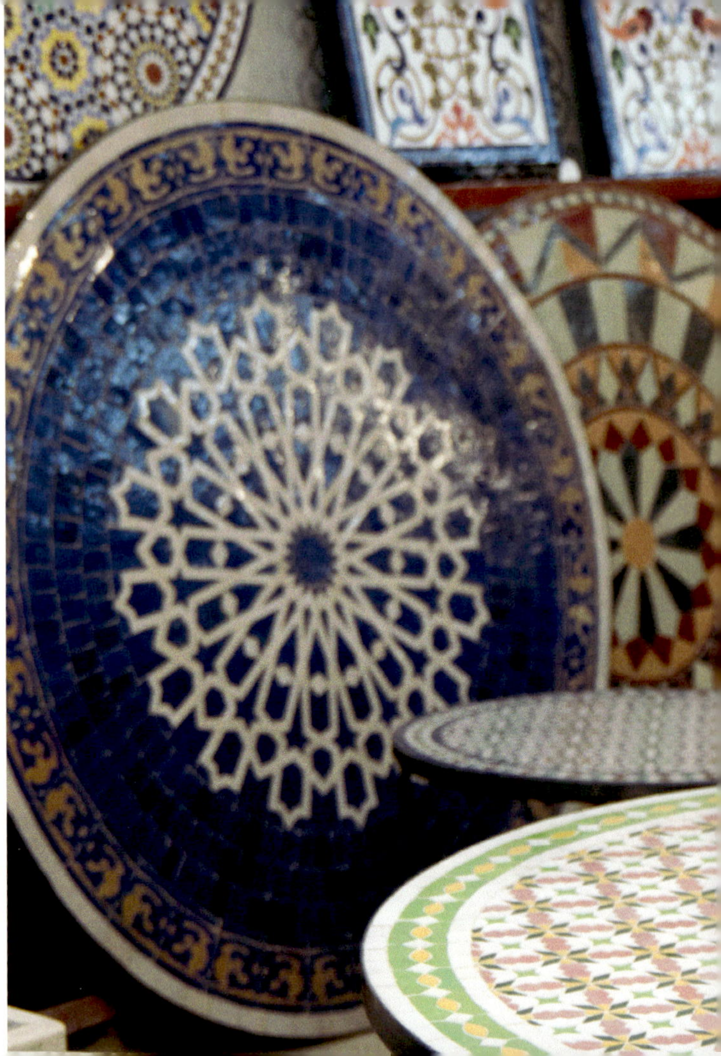

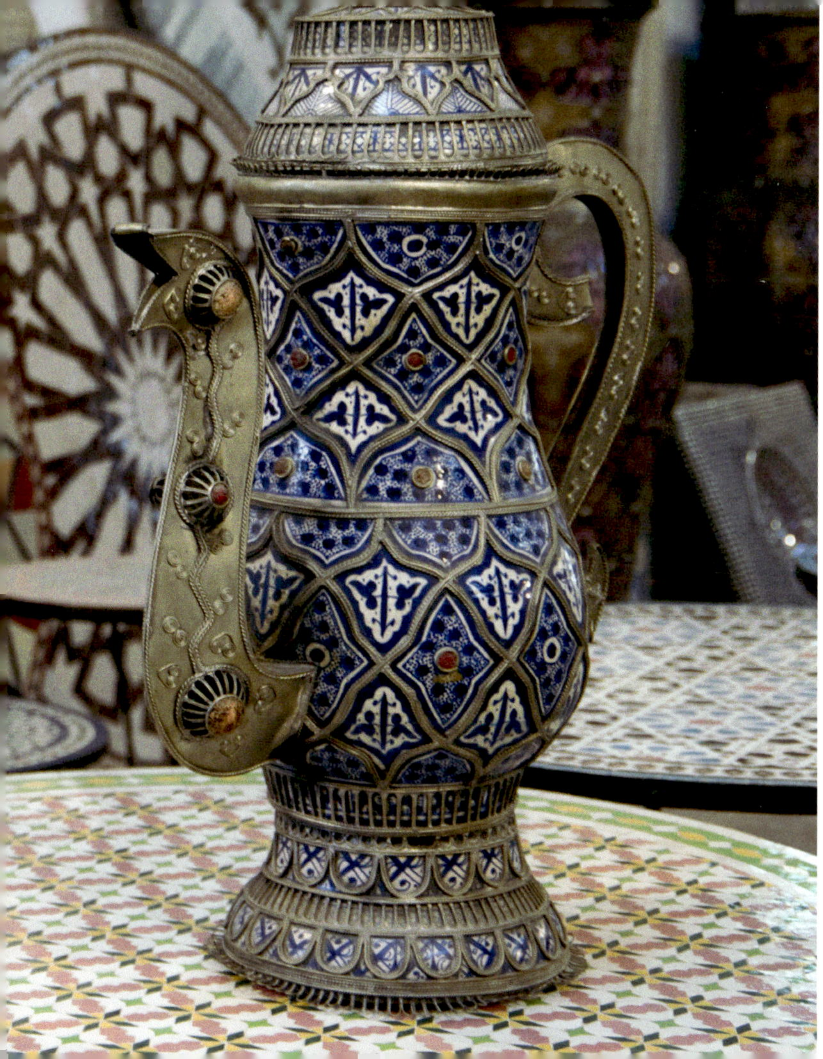
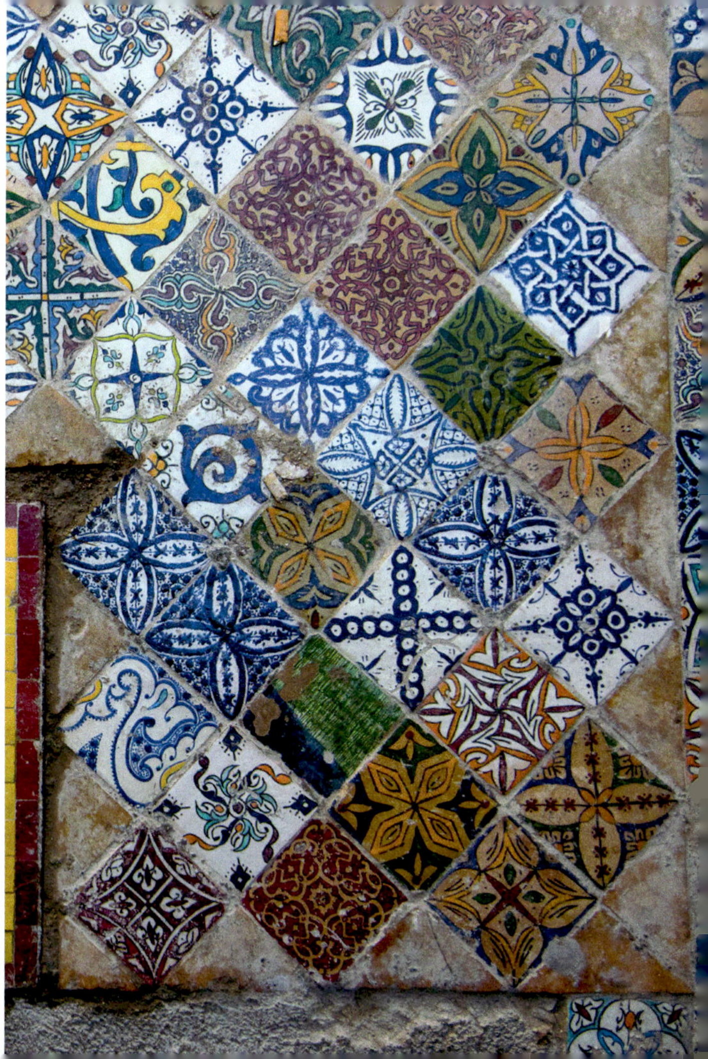

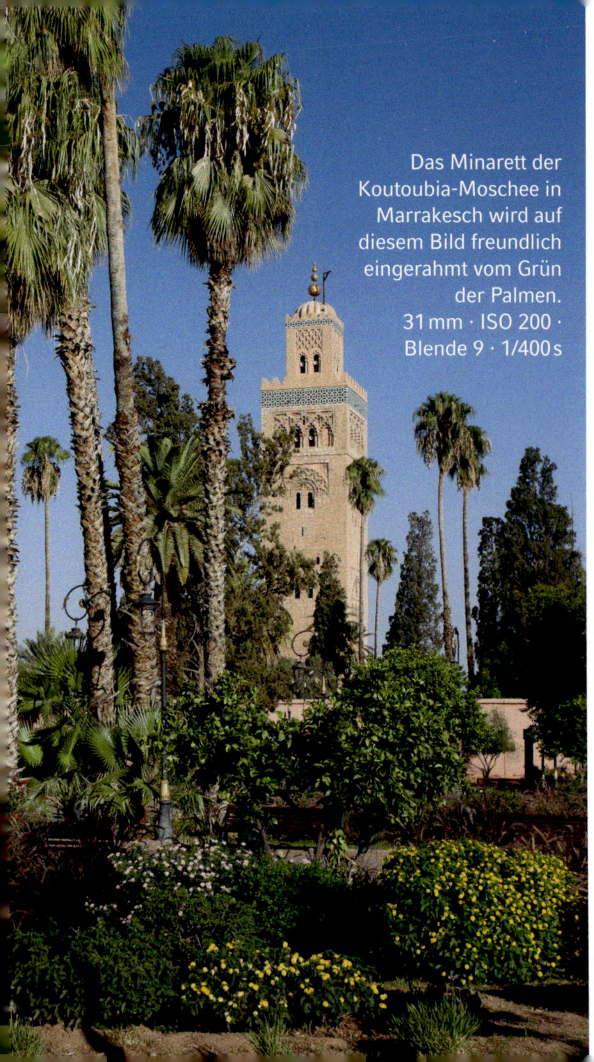

Das Minarett der Koutoubia-Moschee in Marrakesch wird auf diesem Bild freundlich eingerahmt vom Grün der Palmen.
31 mm · ISO 200 · Blende 9 · 1/400 s

Arabische Architektur

Die arabische Baukunst fasziniert den ausländischen Besucher zunächst einmal aufgrund ihrer Andersartigkeit. Diese kommt in besonderen architektonischen Formen, üppiger Ornamentik und in meisterhaften Kalligrafien zum Ausdruck. Abbildungen von Mensch und Tier sind nicht gestattet, da im Islam seit dem achten Jahrhundert ein Bilderverbot herrscht. Somit müssen sich die arabischen Künstler beim Dekor ihrer Gebäude auf abstrakte Muster oder geometrische Figuren konzentrieren.

Stilistisch orientierte man sich ursprünglich an griechischen und persischen Bauwerken, an altchristlichen Kirchen und an der syrischen Bauauffassung. Daraus entstand zunächst in Andalusien und danach in ganz Marokko der maurische Stil. Zu den Charakteristika der maurischen Baukunst zählen: Verzicht auf Fassadenschmuck; Verwendung von ursprünglich westgotischen

Hufeisenbögen für Tore, Türen und Fenster; eine reiche Ausschmückung mit farbigen Mosaiken, Fayencen und Marmorfliesen; Stuckverzierungen; geschnitzte Fenstergitter und Zierschnitzereien. Die besonders dekorative Ornamentik zeigt sich hauptsächlich im Eingangsbereich und im Inneren von Gebäuden. Ihre Hauptelemente sind Arabesken (Ranken aus sich gabelnden Blättern), Stalaktitengewölbe und geometrische, oft farbige Muster sowie die Kalligrafie. Bei der Kalligrafie werden häufig Korantexte in zwei verschiedenen Schriftarten mit Rankenmotiven ausgeschmückt.

RELIGIÖSE BAUKUNST

Am besten lässt sich diese Pracht in einigen wenigen Gebäuden mit religiösem Charakter fotografieren, in denen Nichtmuslimen der Zugang gestattet ist:

- Hassan-II-Moschee in Casablanca (s. Seite 34)
- Medersen bzw. Koranschulen in Sale, Fes, Meknes und Marrakesch (s. Seite 126)
- Grabbauten in Meknes, Rabat und Marrakesch

Es lohnt sich manchmal, bei Sehenswürdigkeiten mit Aufsichtspersonen das Gespräch zu suchen, da diese oft gute Hinweise für Motive geben können, die auf den ersten Blick nicht erkennbar sind.

Die meisten Moscheen in Marokko werden nach dem Vorbild der Omajaden-Moschee von Damaskus im maurischen Stil errichtet. Die Koutoubia-Moschee in Marrakesch gilt als schönstes Beispiel maurischer Kunst. Die Gotteshäuser dürfen, wie schon erwähnt, von Nichtmuslimen nicht betreten werden. Eine Möglichkeit für Aufnahmen besteht also nur von außen, wenn die großen Tore vor oder nach dem Gebet offen stehen und den Blick frei geben. Der Anstand gebietet es, sich beim Fotografieren sensibel zu verhalten, besonders wenn die Gläubigen die Moschee betreten oder verlassen.

Derzeit (Stand Anfang 2021) dürfen zwei Grabbauten von Nichtmuslimen besucht werden: die berühmten Saaditen-Gräber in Marrakesch und das Mausoleum von Mohammed V. und Hassan II. in Rabat. In ihnen herrscht eine kontemplative Atmosphäre und es darf fotografiert werden. Das Mausoleum von Moulay Ismail in Meknes wird zurzeit leider renoviert.

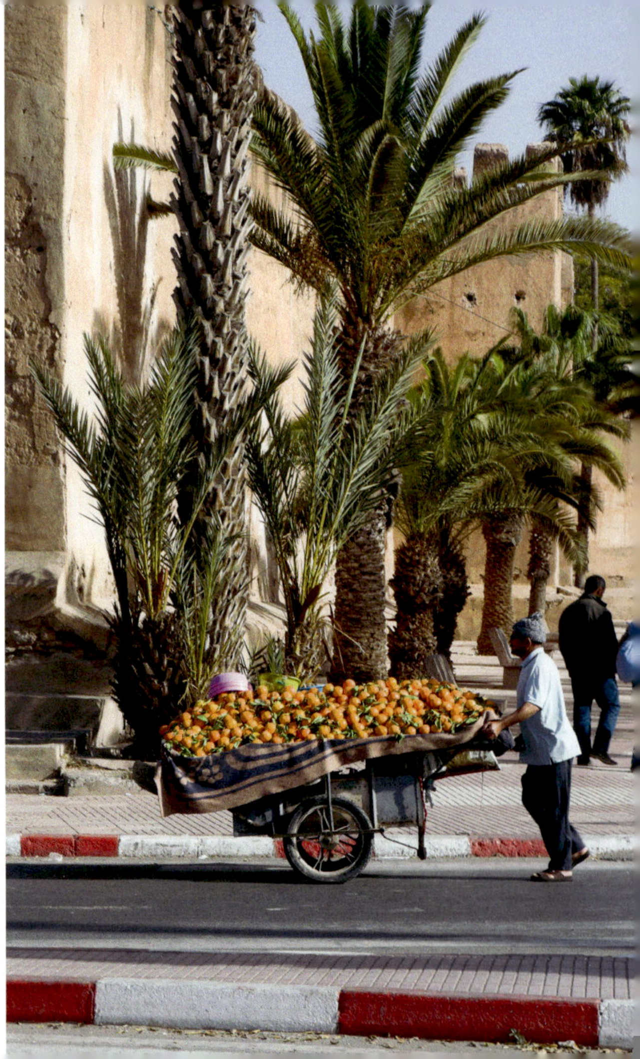

Taroudannt wird von einer neun Kilometer langen gut erhaltenen Mauer umschlossen – hier lässt sich gut das Alltagsleben fotografieren. 53 mm · ISI 100 · Blende 9 · 1/100 s

SÄKULARE BAUKUNST

Natürlich sind auch die nichtreligiösen Bereiche vom maurisch-arabischen Stil geprägt. Typische Beispiele dafür sind:

- die Stadtmauern und Stadttore (s. Seite 121)
- die Gartenkunst (s. Seite 290)
- Festungsbauten, wie z. B. die Kasbah des Oudayas in Rabat
- Paläste (s. Seite 132, 288)
- Funduks/Karawansereien (heute befinden sich darin oft Werkstätten und Geschäfte)
- Stadthäuser bzw. Riads (oft als Hotels oder Restaurants genutzt, besonders beeindruckende Beispiele dafür finden sich in Marrakesch, s. Seite 288)

STADTTORE

Gewaltige und repräsentative Festungsbauten mit Stadtmauern und imposanten Toren, besonders aus der Zeit der Almoraviden (11./12. Jh.), der Almohaden (12./13. Jh.) und der Meriniden (13. bis 16. Jh.), finden Fotografinnen in den ehemaligen Königsstädten wie Rabat, Fes, Marrakesch und Meknes. Die enormen Stadtmauern hatten Längen von 8 bis 40 Kilometern und waren ein Zeichen der Macht. Zu diesen gesellten sich fast immer noch Paläste und ihre Mauern, Tore, Festungen, Gärten, Wasserbassins und andere Gebäude. Oft wählten neue Herrscher eine neue Residenzstadt und ließen die Bauten der verhassten Vorgänger einreißen oder überbauten diese.

Eine Besonderheit ist die im Anti-Atlas gelegene kleine Stadt Taroudannt, die im 16. Jahrhundert ebenfalls kurz Hauptstadt (die fünfte Königsstadt) war und eine imposante Mauer aufweist. Für den Bau der Stadtmauern wurde vor Ort vorhandenes Material verwendet: Dazu wurde Stampflehm mit Stroh vermischt und in Schalbrettern getrocknet. Die Stadttore wurden im Gegensatz dazu aus behauenen Steinen erbaut und haben fast immer nur einen Durchgang. Neben vielen einfachen Stadttoren sind die reich mit Fayenceschmuck oder Steinreliefs verzierten Monumental-Tore Zeugen des großen Reichtums der jeweiligen Herrscher und ein Muss für jeden Fotografen.

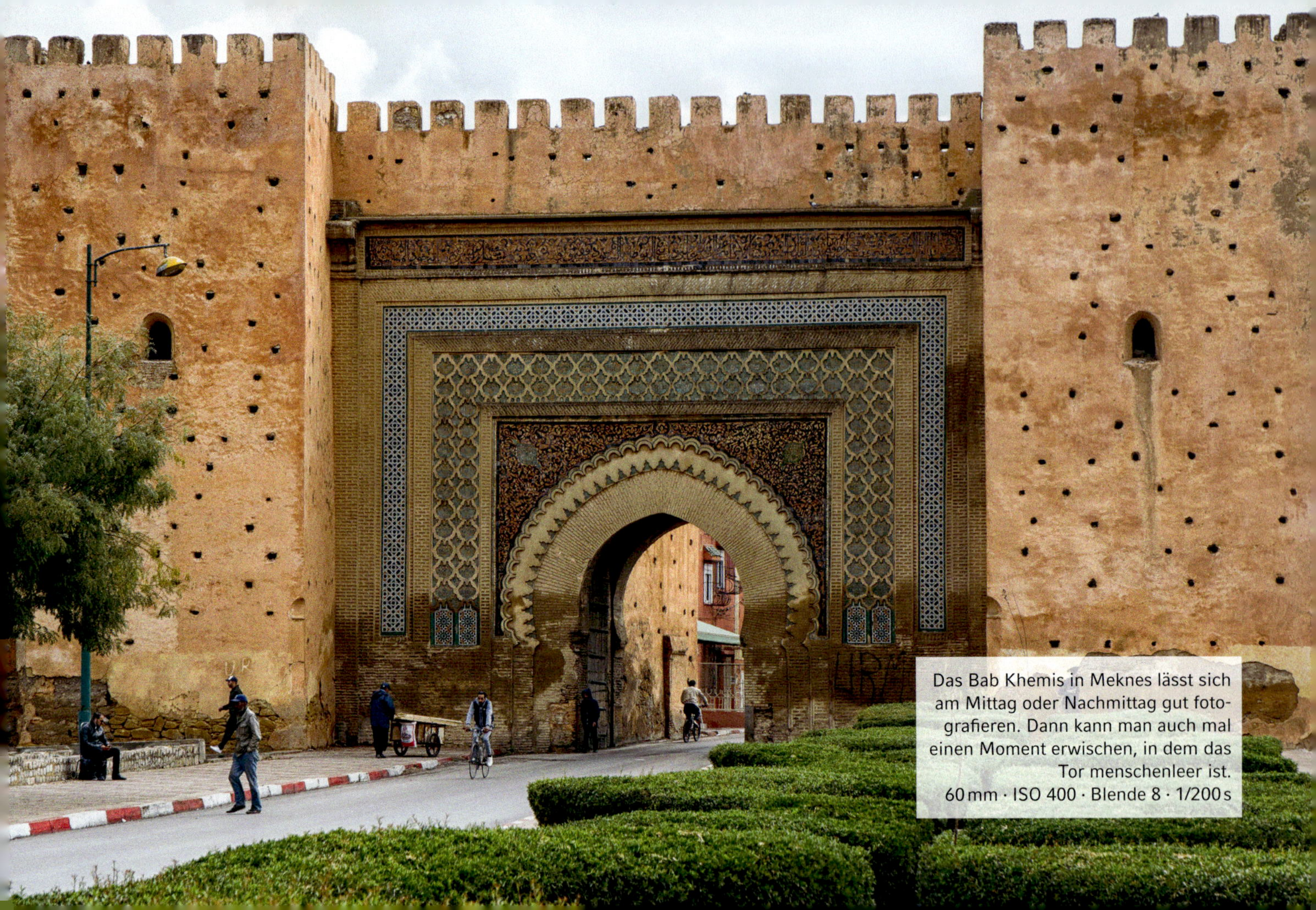

Das Bab Khemis in Meknes lässt sich am Mittag oder Nachmittag gut fotografieren. Dann kann man auch mal einen Moment erwischen, in dem das Tor menschenleer ist.
60 mm · ISO 400 · Blende 8 · 1/200 s

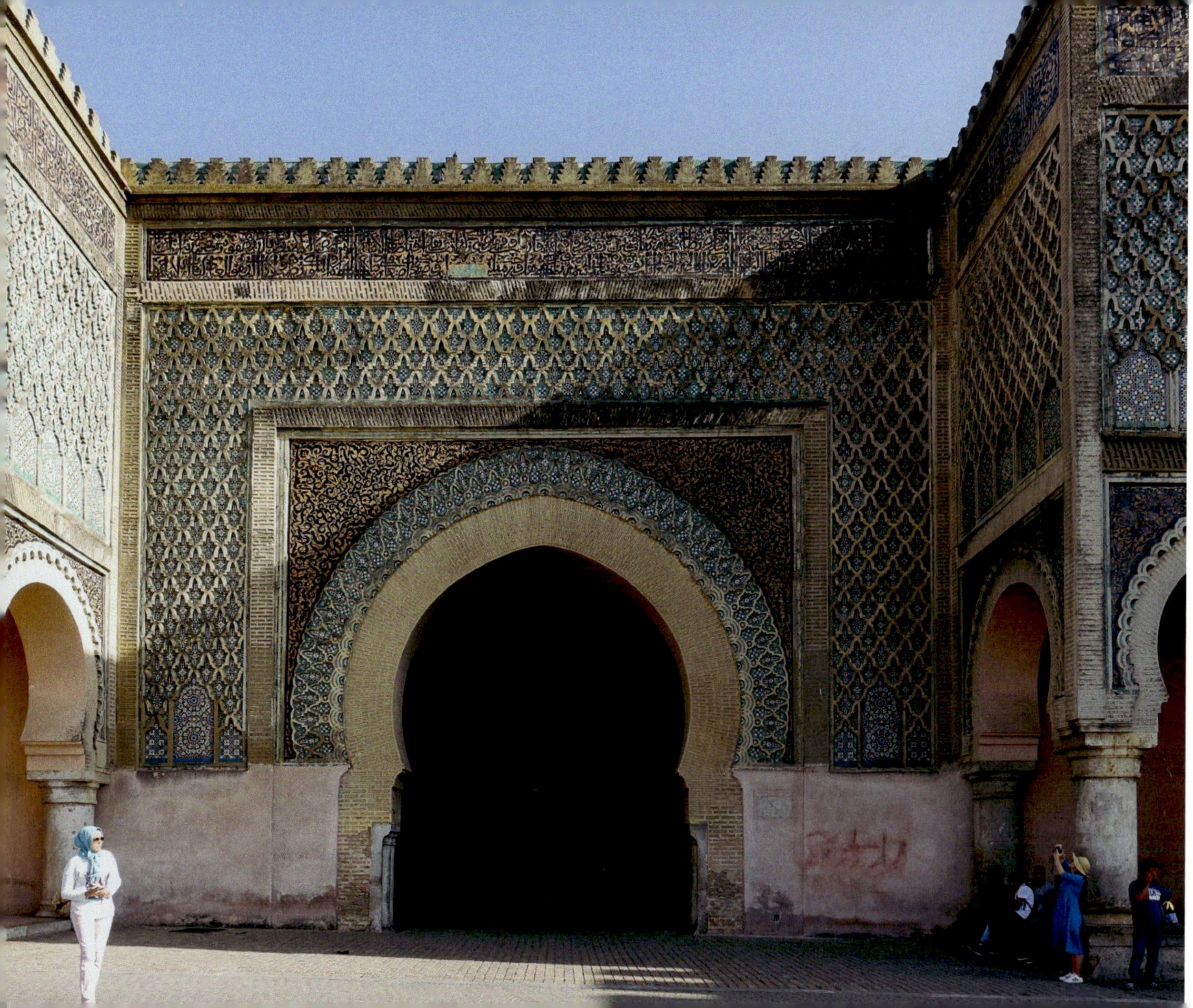

33.892836,
–5.564786

Das Bab Mansour in Meknes gilt als das prachtvollste Tor Marokkos – es lässt sich ohne Menschen oder Verkehr quasi nicht fotografieren. Eine Lösung kann sein, nur einen Teil aufs Bild zu bannen.

33.891498,
–5.573200
(Bild links)

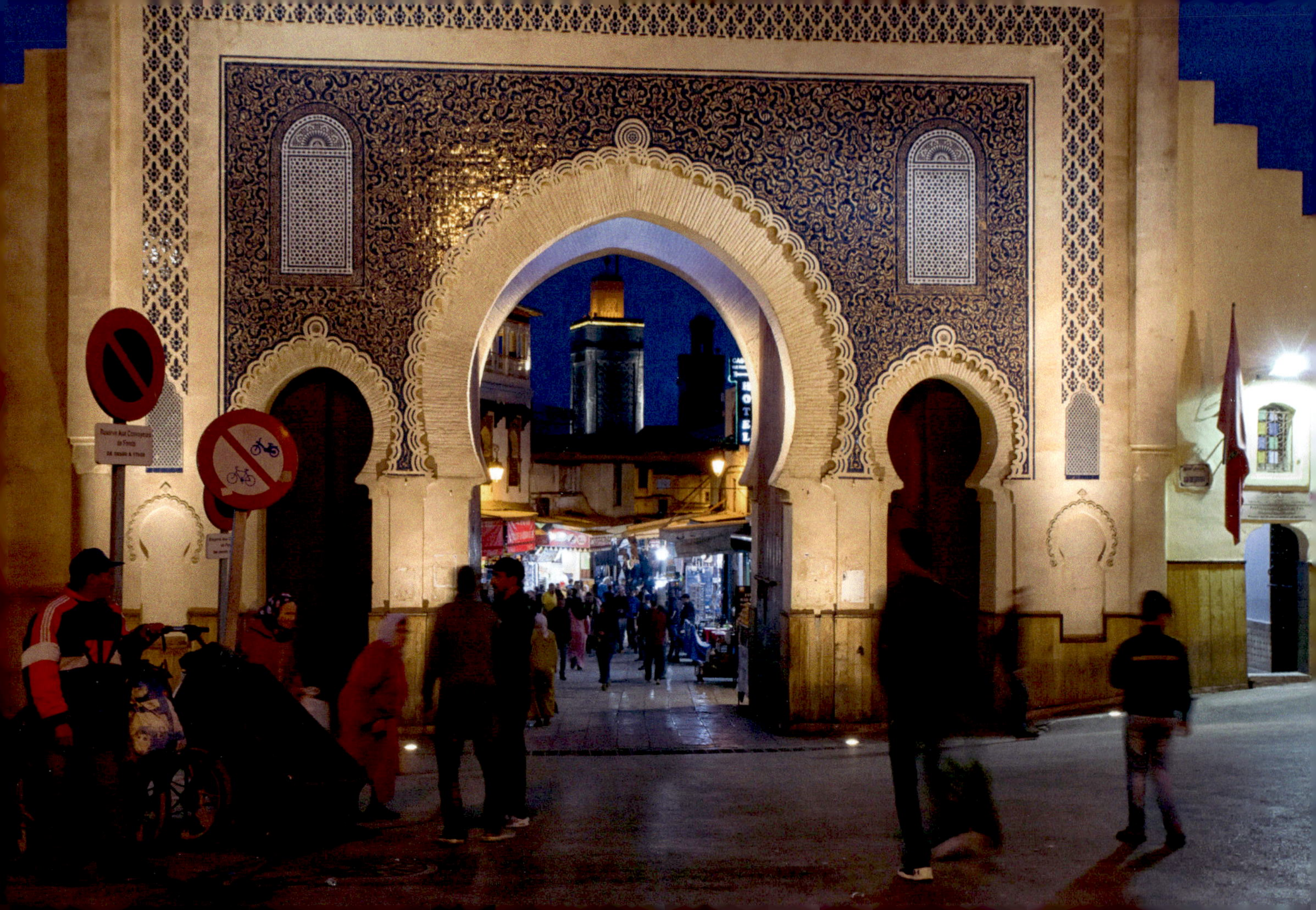

34.061693,
–4.984106
(Bab Boujeloud)

34.054251,
–4.990092
(Bab Semmarine)

Auch heute noch bilden die Stadttore die Zugänge zu den Medinas. Quasi ununterbrochen strömen Menschen, Tiere und Fahrzeuge hindurch, was es nicht leicht macht, die Tore optimal abzubilden. Hinzu kommt, dass sie auch ein Anziehungspunkt für Touristengruppen sind.

Zu den schönsten Toren des Landes zählen das Oudaya-Tor in Rabat, das Agnaou-Tor in Marrakesch, das Bab Mansour in Meknes und das Bab Boujeloud in Fes.

Durch das berühmte Stadttor Boujeloud in Fes hindurch sieht man zwei Minarette. Abends ist hier viel los. Für das Foto zur Blauen Stunde ist ein Stativ hilfreich – mit einer sehr langen Belichtungszeit kann man die Menschen verschwinden lassen.
26 mm · ISO 1600 · Blende 8 · 1/6 s

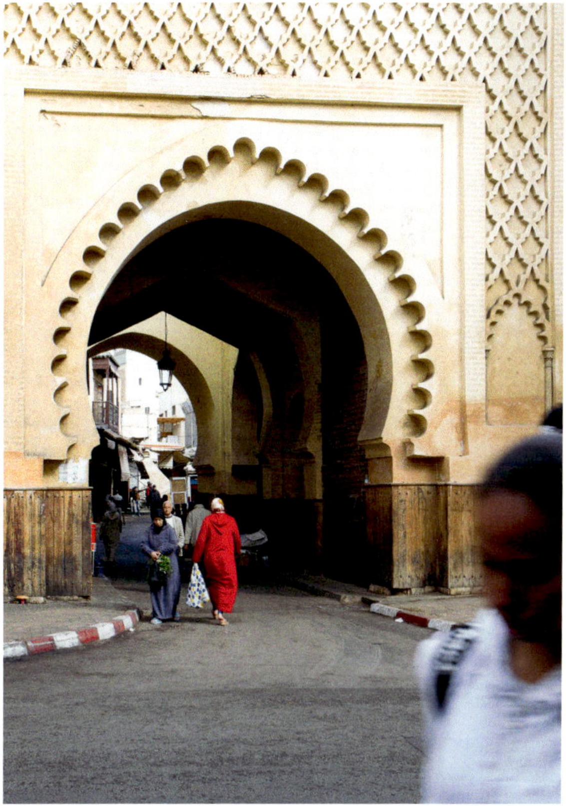

Das Bab Semmarine in Fes ist weniger spektakulär, jedoch ein wichtiger Zugang zur Medina und ständig sehr belebt. Hier lohnt es sich, eine Weile Geduld zu haben und auf schöne Alltagsszenen zu warten.
28 mm · ISO 200 · Blende 9 · 1/30 s

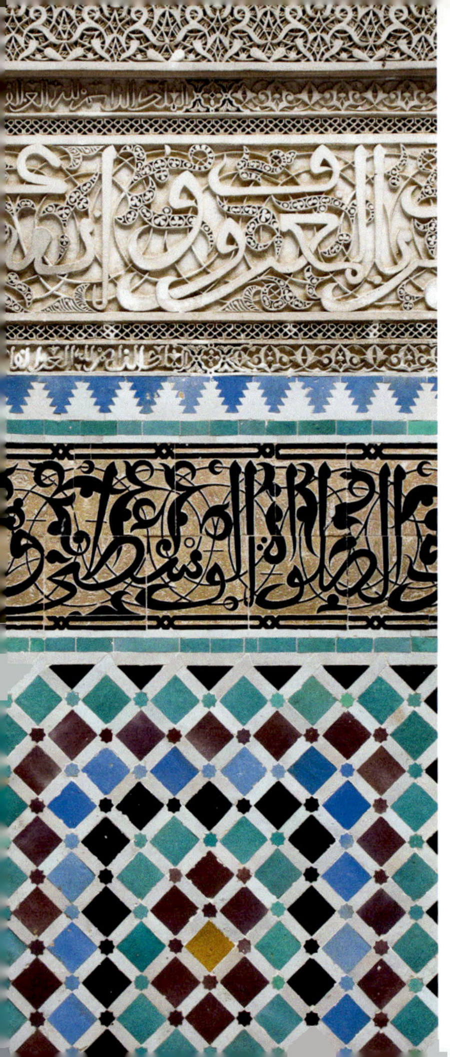

34.065090,
–4.973764

KORANSCHULEN

Eine Koranschule wird in Marokko Medersa genannt. Wörtlich übersetzt bedeutet das »Ort des Studiums«. Hier wurden seit dem 13. Jahrhundert Islamwissenschaften, aber auch Fächer wie Mathematik, Naturwissenschaften, Medizin und Astronomie unterrichtet. Die Lehrstätten wurden durch religiöse Stiftungen und den jeweiligen Herrscher finanziert. Man kann sie durchaus als Vorläufer der europäischen Universitäten sehen, denn häufig wurden hier auch Führungskräfte der staatlichen Verwaltung ausgebildet. Im 20. Jahrhundert wurden aufgrund von Staats- und Theologiekrisen die Koranschulen geschlossen.

Die Medersa Attarine in Fes gehört zum Weltkulturerbe. Sie ist fantastisch restauriert. Am besten fotografiert man hier aus einem der Fenster im oberen Geschoss.
16 mm · ISO 400 · Blende 9 · 1/200 s

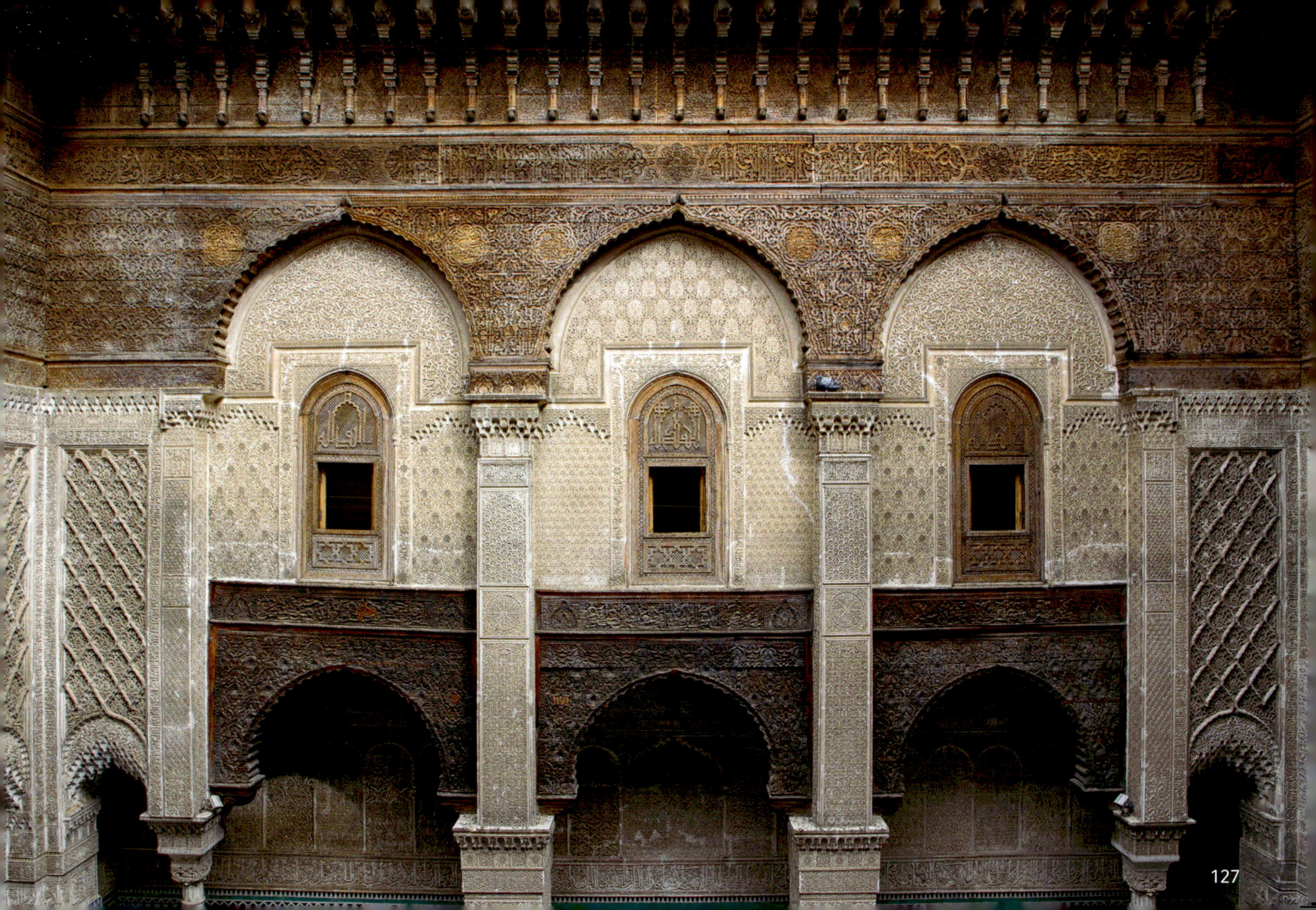

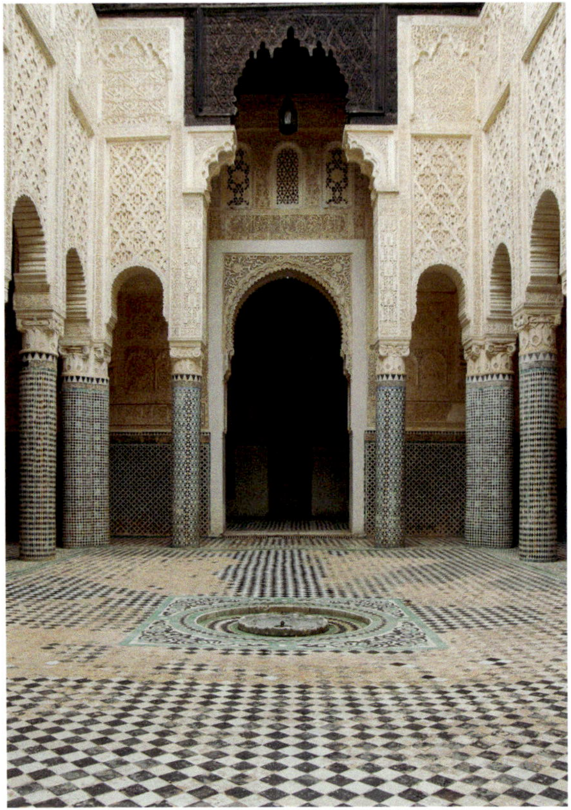

34.039893,
–6.827267

Seit dem 14. Jahrhundert ist die Architektur der Medersa durch städtische Bauweise geprägt: Die mehrgeschossige Bauweise auf engem Areal mit Holz als Baumaterial, ein von Arkaden gesäumter Innenhof mit einem zentralen Brunnen und ein Gebetsraum mit Gebetsnische wurden nun der Stil dieser Universitäten. Die Unterweisung der Studenten erfolgte im Innenhof, im Obergeschoss lagen die winzigen Zimmer der Studenten, die darin oft zu zweit oder zu mehreren Personen untergebracht waren.

Für die Fotografin besonders faszinierend ist die herausragende Handwerkskunst. Wände, Böden und Säulen sind mit Fayencekacheln in bunten Farben und geometrischen Mustern geschmückt. Es findet sich filigrane Ornamentik in den Stuckarbeiten bzw. Stalaktitengewölben, Korantexten und Holzschnitzereien.

Die Medersa Abou El Hassan in Sale ist wenig besucht – Fotografen können hier ganz in Ruhe arbeiten.
18 mm · ISO 400 · Blende 7,1 · 1/125 s

In der sehr stark besuchten Medersa Attarine lassen sich totale Ansichten nur schwer fotografieren, Details sind dagegen gut möglich.

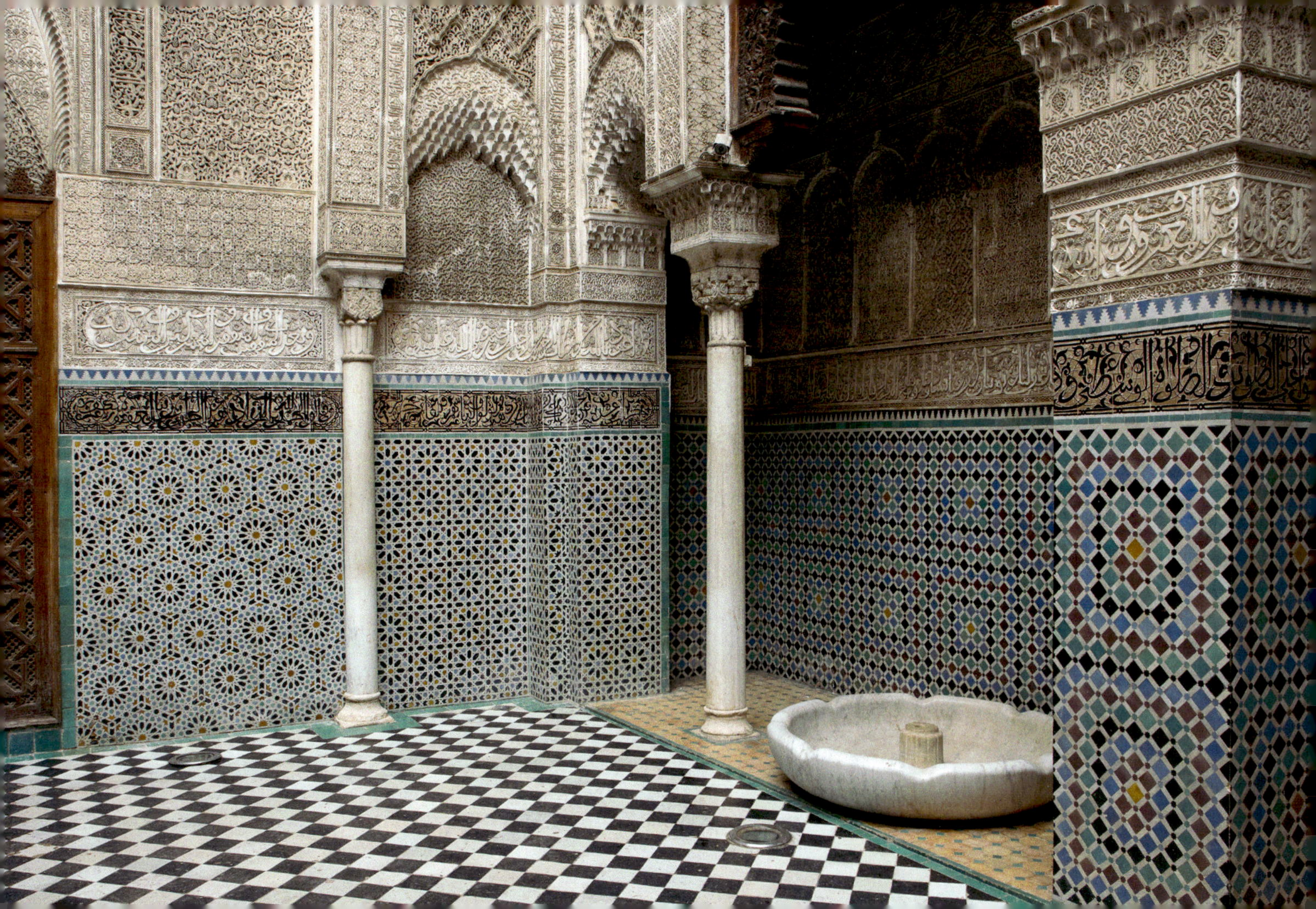

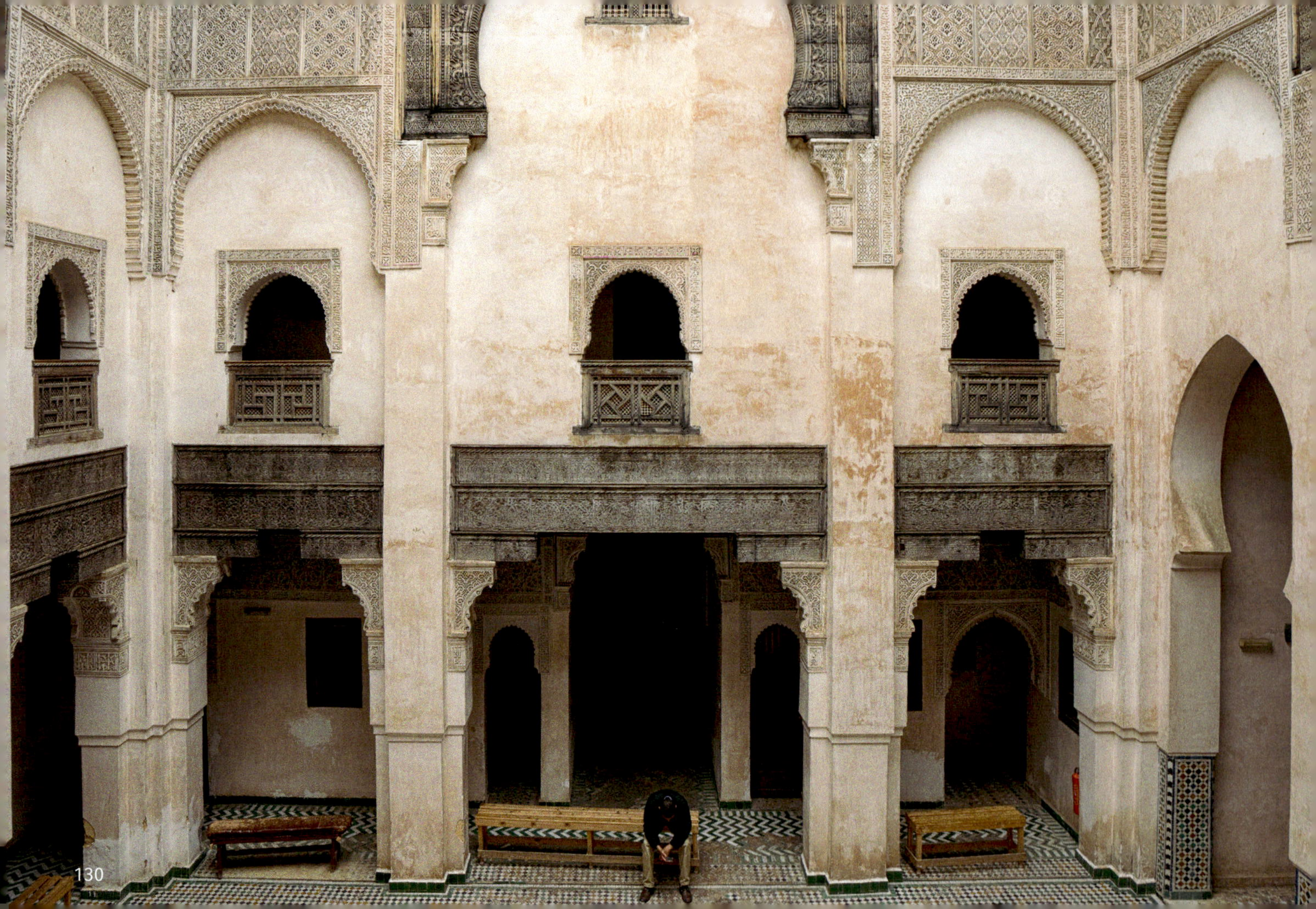

Sehenswerte Koranschulen finden sich in Sale (Medersa Abou El Hassan), in Meknes (Bou Inania), in Fes (Bou Inania, Attarine, Cherratine) und in Marrakesch (Ben Youssef). Die Medersen in Sale und Meknes sind wenig besucht, hier können Sie also in Ruhe fotografieren.

In Fes werden die top restaurierten Attarine und Bou Inania Medersen sehr stark von Gruppen frequentiert. Die beste Chance, allein zu sein, hat man gleich morgens um 8.00 Uhr. Eine gute Alternative ist die nur wenig besuchte große Cherratine Medersa – sie hat uns sehr gefallen.

Auch in der Ben Youssef Medersa in Marrakesch ist es leider ziemlich voll. Wenn man Gruppen vermeiden möchte, sollte man gegen Mittag dort sein.

In allen Koranschulen ist ein Eintritt zu bezahlen. Da es teilweise recht dunkel ist, empfehlen wir, ein Stativ mitzunehmen. Ein starkes Weitwinkel-Objektiv ist hilfreich. Blitzfotografie ist meist nicht erlaubt.

34.063621, –4.976136

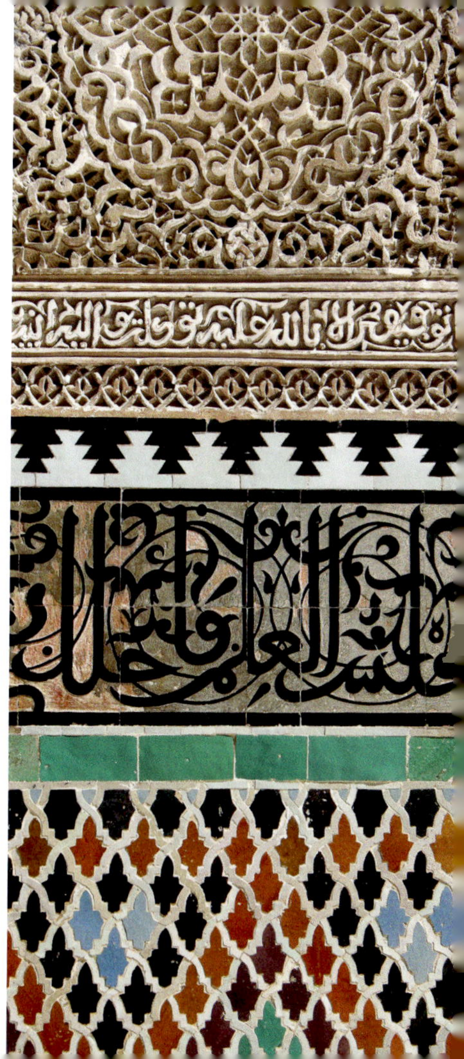

Die Medersa Cherratine in Fes lässt ausgedehntes Fotografieren zu, dort ist nicht viel los. Ein Geheimtipp für Anhänger eines leicht morbiden Charmes. 16 mm · ISO 800 · Blende 8 · 1/200 s

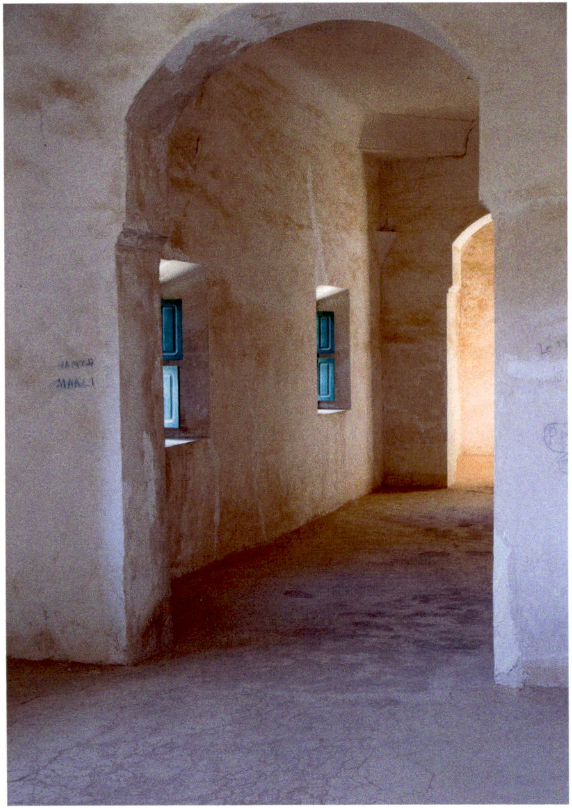

31.287103,
–7.236834

PALÄSTE UND KASBAHS DER GLAOUA-FAMILIE

Auf der Fahrt durch die atemberaubende Berg- und Tallandschaft des Hohen Atlas gelangt man in Telouet auf 1.850 Metern Höhe zu einer verfallenen Kasbah, deren Pracht man von außen kaum erahnt. Direkt an der bedeutenden ehemaligen Karawanenroute von der Sahara nach Marrakesch gelegen, war sie von immenser strategischer und wirtschaftlicher Bedeutung für ihre Besitzer, die Glaoua (s. Seite 138).

Viele Teile des Bauwerks sind aus den im marokkanischen Süden eher ungewöhnlichen Lehmziegeln errichtet, andere Teile bestehen dagegen aus dem weitaus gebräuchlicheren Stampflehm. Der gesamte Bau war mit Lehm verputzt und hatte in Teilen einen weißen Außenanstrich, der in den Berbergebieten Südmarokkos vollkommen unüblich war. Die Dächer sind mit grünen Ziegeln gedeckt.

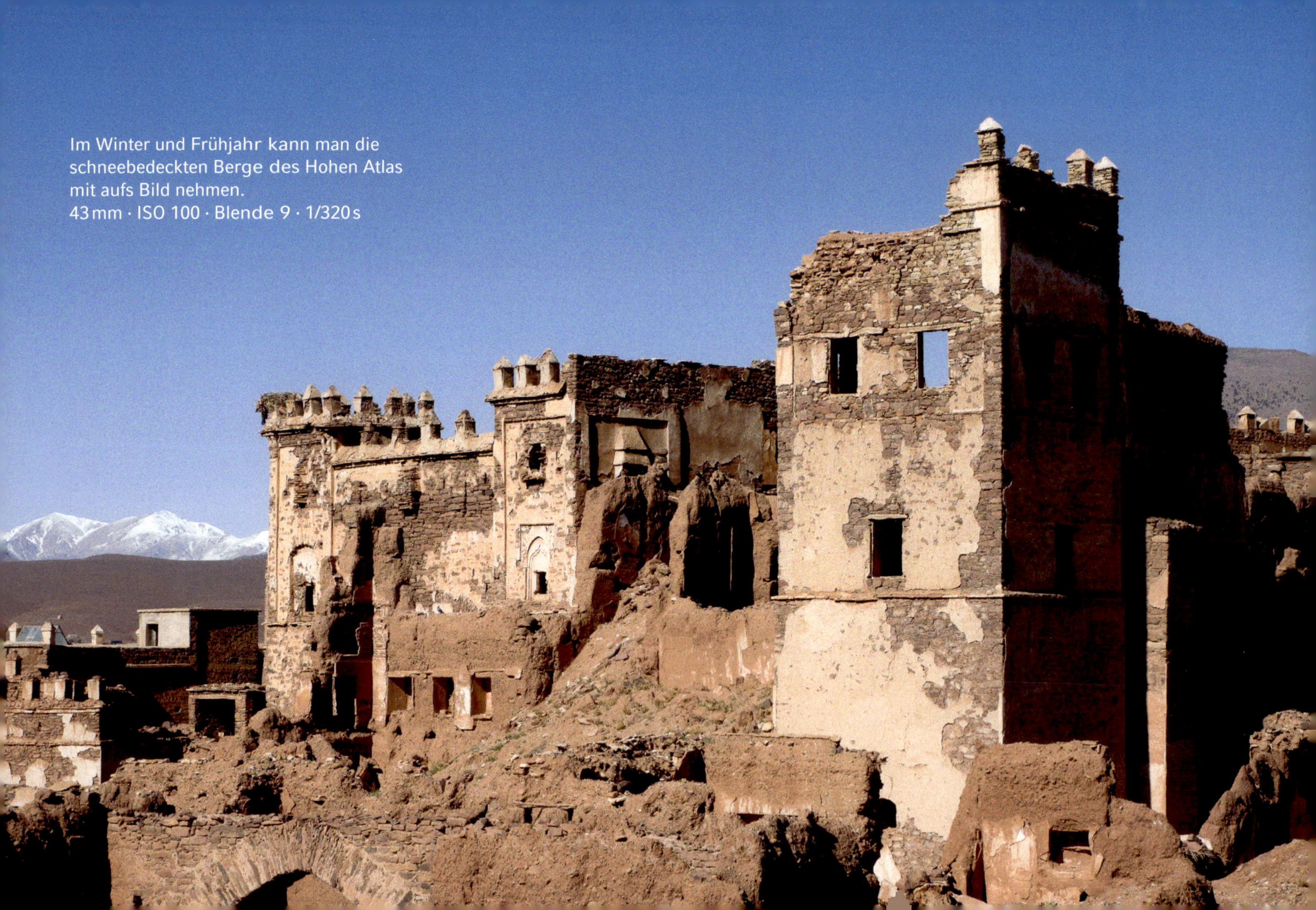

Im Winter und Frühjahr kann man die schneebedeckten Berge des Hohen Atlas mit aufs Bild nehmen.
43 mm · ISO 100 · Blende 9 · 1/320 s

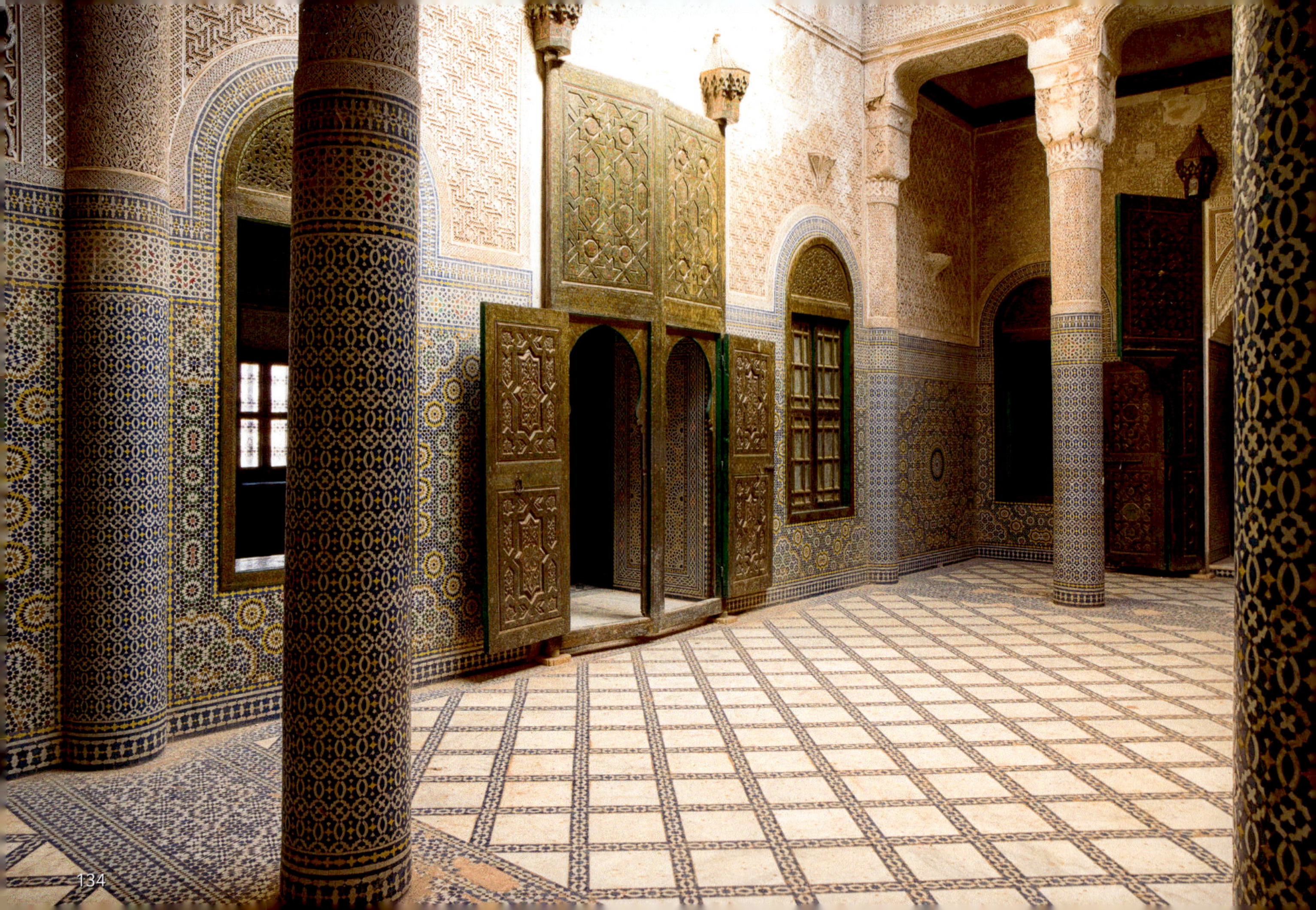

Seit dem Jahr der Unabhängigkeit Marokkos (1956) ist die Kasbah unbewohnt und verfällt immer mehr. In den Jahren 2010/11 wurden zwar einige Instandhaltungsmaßnahmen durchgeführt – durch diese kann der Verfall des Bauwerks aber nur um einige Jahre verzögert werden.

Die ganze Pracht der Kasbah aus dem Ende des 19. Jahrhunderts offenbart sich erst im Inneren: Hier faszinieren die aufwendigen Stuck- und Fliesen-Dekorationen an den Wänden und die herrlichen Deckenmalereien auf Zedernholz.

Telouet liegt ungefähr 25 Kilometer vom wichtigen Tizi n Tichka-Pass entfernt und kann am besten per Leihwagen erreicht werden. Gegen Eintritt und – wenn gewünscht – mit einem lokalen Führer, kann man hier ganz in Ruhe fotografieren und sich vorstellen, wie ein Pascha früher gelebt hat.

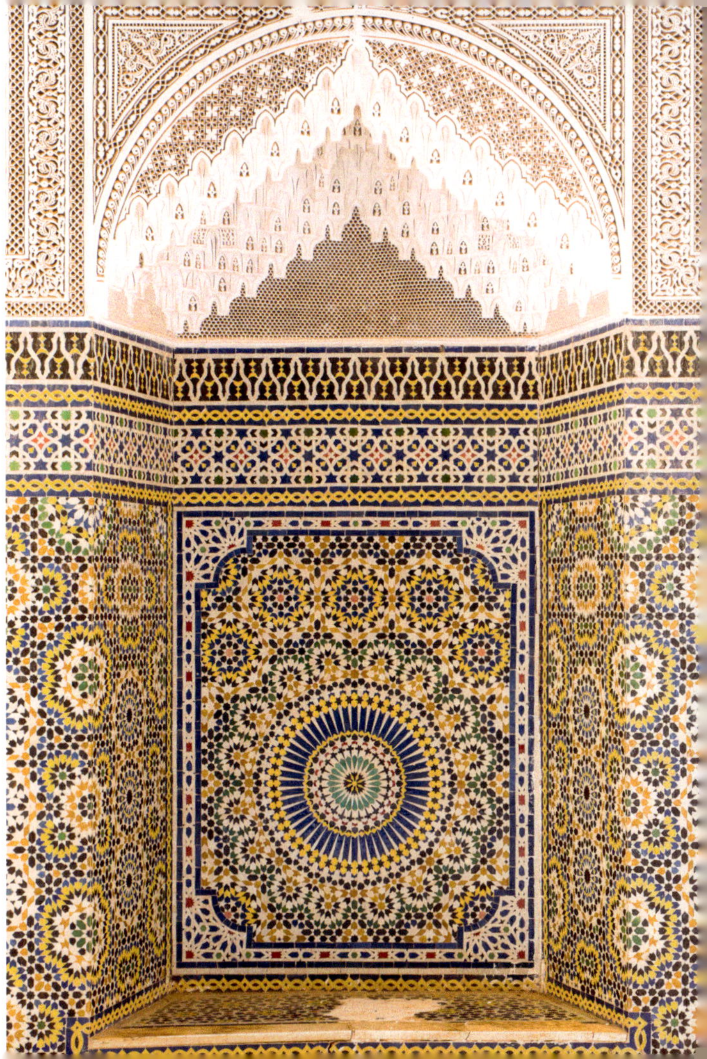

Prachtvolle Mosaike zieren den ehemaligen Brunnen. Hier sollte man mit Stativ fotografieren, da es sehr dunkel ist. Mit einem Blitz hingegen entstehen unerwünschte Reflexionen.
43 mm · ISO 100 · Blende 9 · 10 s

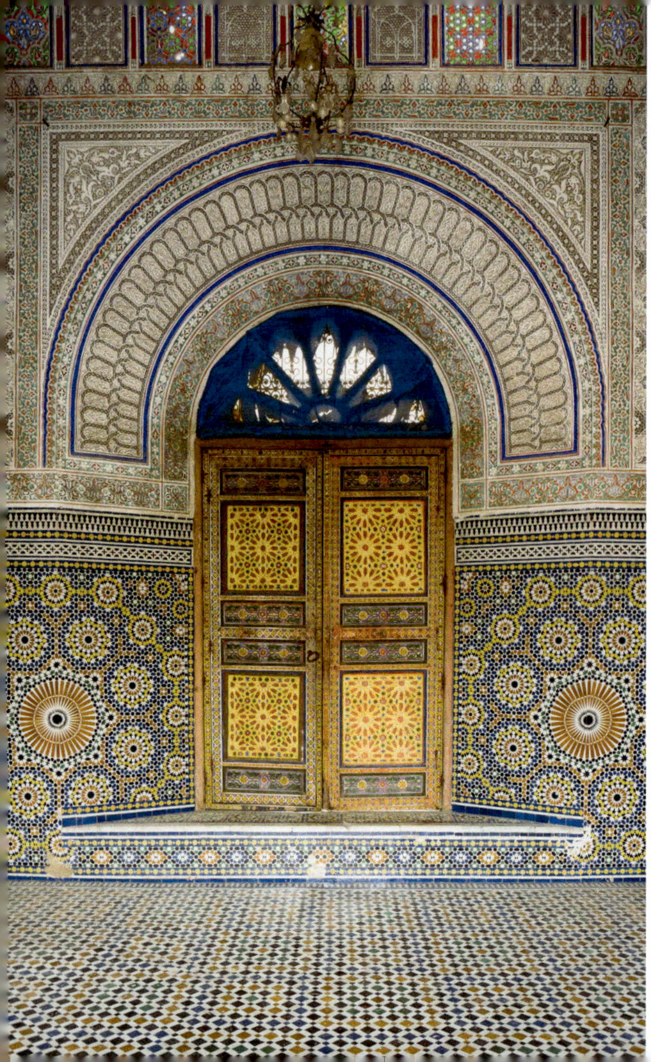

34.059086,
–4.977092
(Glaoua Palast
Fes)

Ausgesprochen sehenswert für Freunde der Lost-Places-Fotografie ist der Glaoua-Palast in Fes. Das Gebäude ist zwar hinsichtlich der äußeren Hülle besser erhalten als die Kasbah in Telouet, im Inneren aber dominieren die Spuren des Verfalls. Ein Angehöriger der Glaoua-Familie, der offenbar auch im Gebäude wohnt, öffnet dieses tagsüber für Besucher gegen Eintritt. Zu besichtigen sind ein halbes Dutzend große Räume sowie zwei große Innenhöfe. Auch hier sollte man zum Fotografieren ein Stativ dabei haben.

Nur wenige Bereiche im Glaoua-Palast in Fes sind in so gutem Zustand wie dieser Eingangsbereich.
16 mm · ISO 100 · Blende 9 · 1,3 s

Faszinierend sind die wunderschön ausgemalten Türen.
16 mm · ISO 100 · Blende 8 · 1/4 s

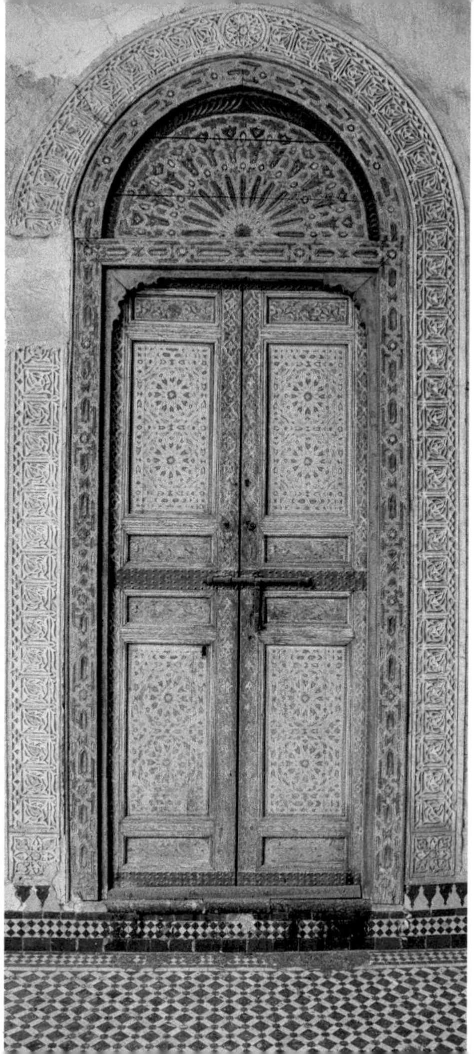

Spuren des Verfalls überall.
28 mm · ISO 100 · Blende 8 · 1/20 s

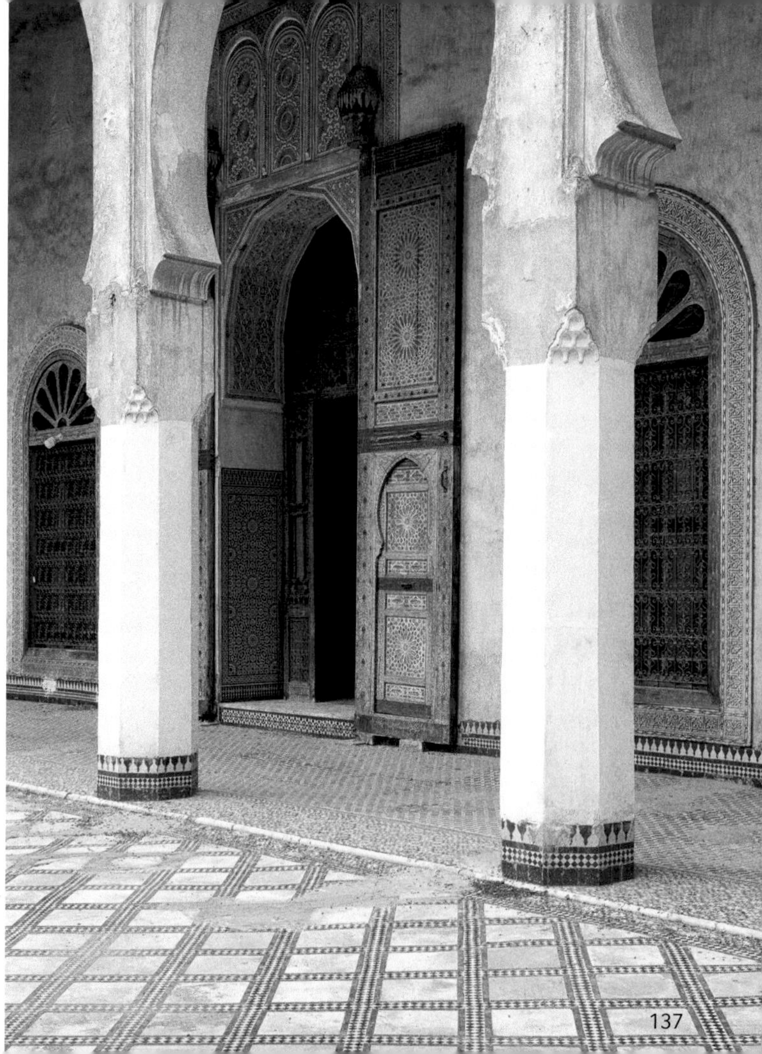

DIE GLAOUA

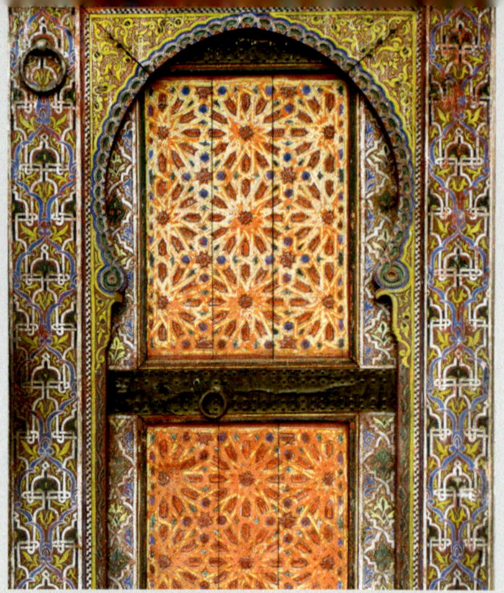

Prachtvoller Türschmuck im Glaoua-Palast Fes. 28 mm · ISO 100 · Blende 8 · 1/13 s

Die Glaoua waren der herrschende Berberstamm der Region, wenn nicht ganz Südmarokkos. Ihr Anführer, Thami el Glaoui, schlug sich während der französischen Protektoratszeit (1912–1956) auf die Seite der Franzosen und sollte in deren Auftrag den Süden kontrollieren. Er beherrschte bald fast 15 Prozent des Landes und hatte teilweise mehr Macht als der marokkanische König. Während seiner Herrschaft wurde er Pascha von Marrakesch und ließ an strategisch wichtigen Orten große Kasbahs bauen: in Telouet, Ouarzazate, Skoura, Tinerhir und Boumalne Dades. Auf dem Höhepunkt seiner Macht war er eine weltbekannte Persönlichkeit, die sogar zu den Thronfeierlichkeiten Queen Elizabeths eingeladen wurde. Als Pascha besaß er auch prächtige Paläste in Fes und Marrakesch, die ebenfalls dem Verfall preisgegeben oder verstaatlicht worden sind. Denn heute wird der Erhalt der kulturhistorisch wichtigen Gebäude in keiner Weise unterstützt, da El Glaoui als Gegner des Königshauses gilt. Nach dem Zweiten Weltkrieg wollte er den gegen die Franzosen eingestellten König Mohammed V. stürzen und konnte 1953 seine Absetzung erzwingen. Als aber Mohammed V. 1955 aus seinem Exil in Madagaskar zurückkam und die Unabhängigkeit des Landes 1956 durchsetzte, musste sich El Glaoui dem König unterwerfen. Er verstarb noch 1956, zeitgleich verlor sein Clan jegliche Macht.

Um 17.00 Uhr schließt der Wärter den Palast für Besucher. 75 mm · ISO 100 · Blende 8 · 1/15 s

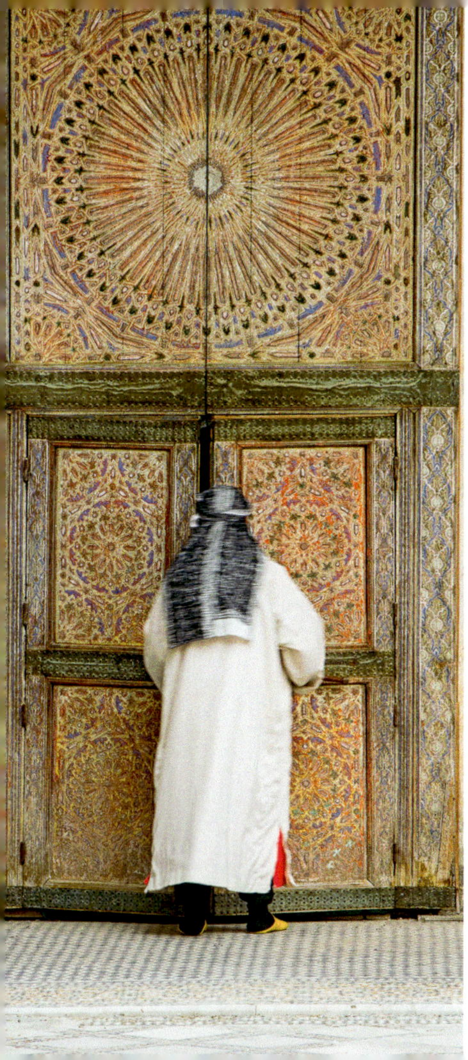

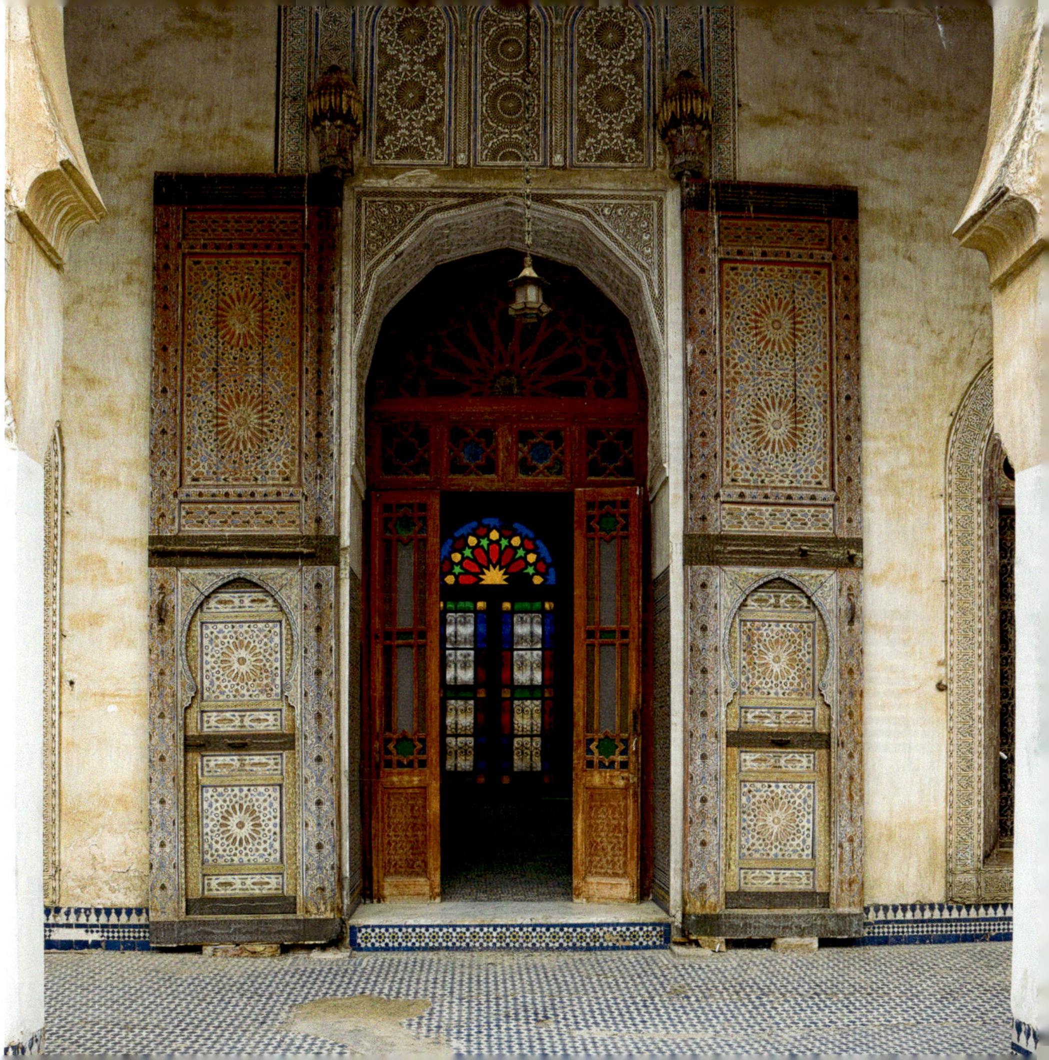

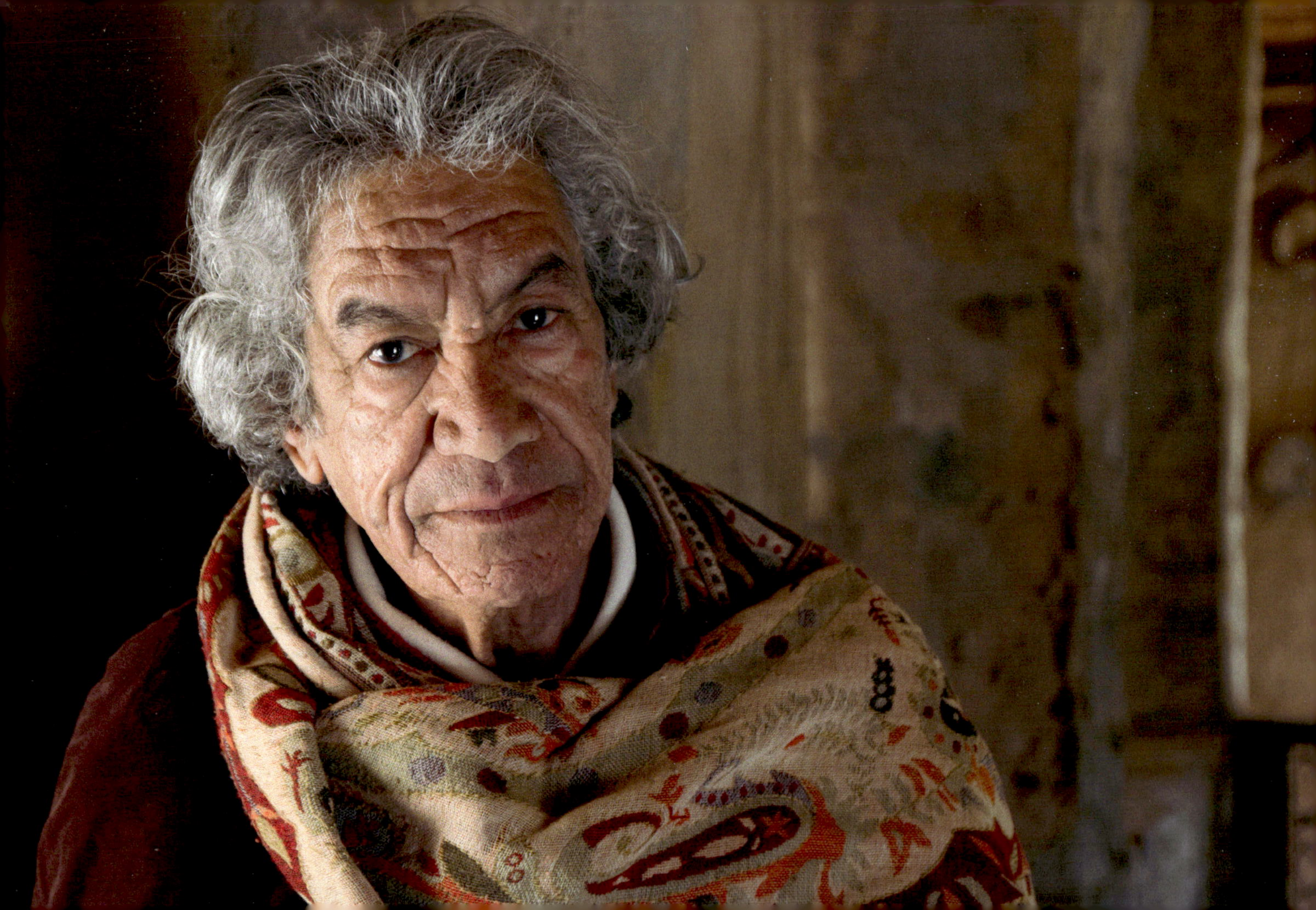

Menschen fotografieren – eine Frage des Anstands

Menschen in Marokko zu beobachten, ist unglaublich faszinierend. Das liegt daran, dass ihr Erscheinungsbild sehr viel heterogener ist, als wir es in Mitteleuropa gewohnt sind. Kaum jemand interessiert sich dafür, Fotos von einer Marokkoreise mitzubringen, die hellhäutige westlich gekleidete Menschen der dortigen Mittelschicht zeigen. Das entspricht nicht unseren inneren Bildern. Lieber würden wir Fotos von Männern und Frauen in traditioneller Kleidung, verschleiert oder mit Djellaba mit nach Hause nehmen. Bilder von Menschen, die einem alten Handwerk oder einer Tätigkeit nachgehen, die bei uns längst aus dem öffentlichen Raum verschwunden ist wie z. B. der Schuhputzer. Manch einer mag an Gesichter denken, die von Armut und Entbehrung gezeichnet sind. Da mag die Faszination des ursprünglichen, authentischen und einfachen Lebens durchscheinen, doch für die abgelichtete Person kann es auch beschämend sein, wegen ihrer offensichtlichen Armut oder einer morbiden Umgebung zum Motiv geworden zu sein. Die Betroffenen reagieren auf verschiedene Weise: Manche wenden sich resigniert ab oder halten die Hand vors Gesicht, wenn sie – möglicherweise schon das x-te Mal am Tag – wie ein Zootier mit der Kamera abgelichtet werden. Einige reagieren aggressiv.

Zaid Abbou betreibt ein Museum (s. Seite 234), in dem wir intensiv miteinander ins Gespräch kamen. So kam er meiner Bitte nach einem Foto gerne nach.
43 mm · ISO 800 · Blende 4,5 · 1/60 s

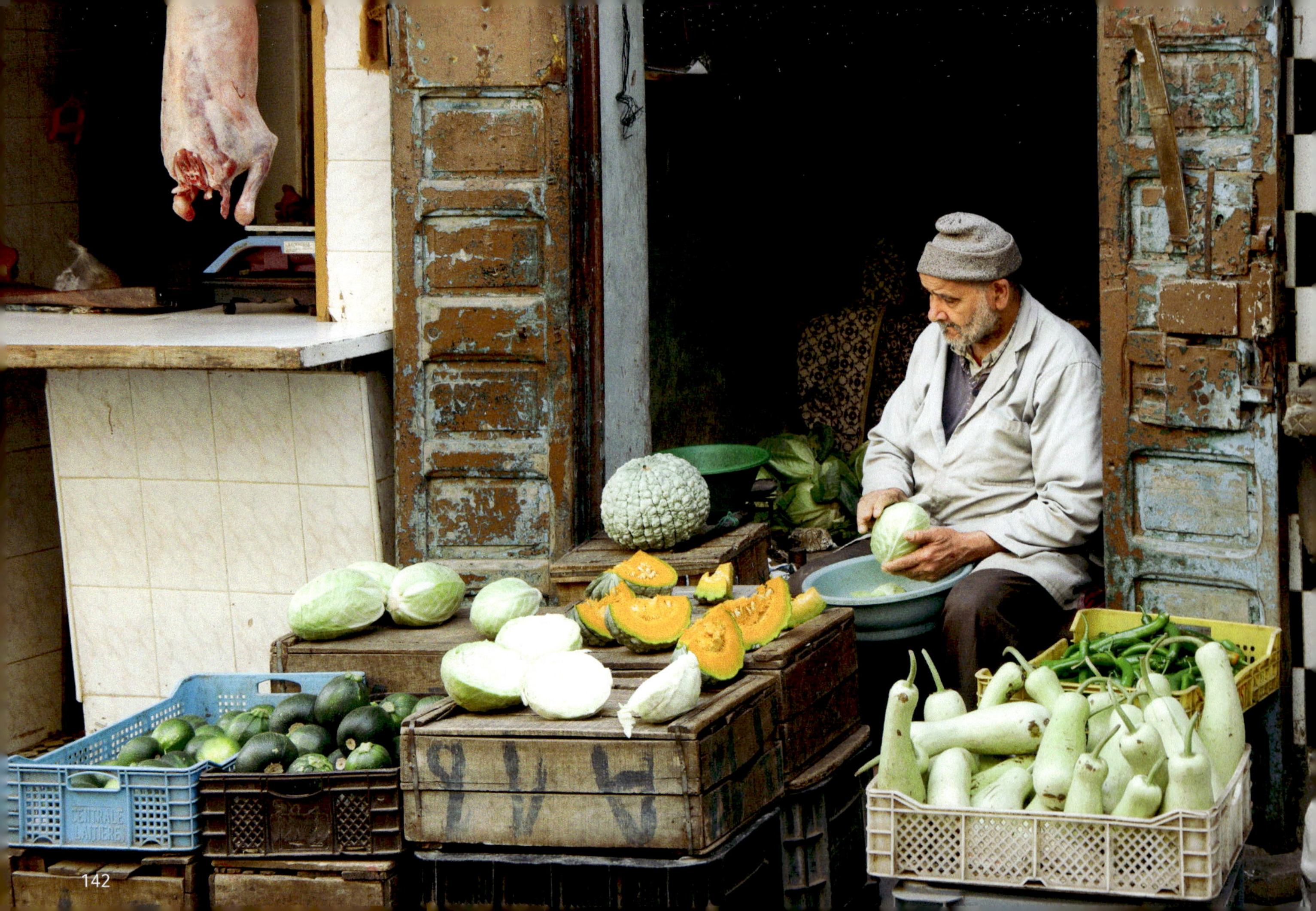
CENTRALE
LAITIERE

So mancher versucht ein Geschäft daraus zu machen und fordert ein paar Dirham als Gegenleistung dafür. An touristisch hoch frequentierten Orten wird ein regelrechtes Business daraus: Hier bieten sich Menschen für Inszenierungen nach den Wünschen des Fotografen an, z. B. mit Schlange um den Hals. Am Ende kommen Bilder dabei heraus, die pseudoethnografische Klischees und Stereotype bedienen und wenig mit der wirklichen Kultur und Lebensweise der Menschen zu tun haben.

Einige Fotografen verwenden lange Brennweiten, um weiter entfernte Menschen zu fotografieren. Es gibt fraglos auch Situationen, in denen das alternativlos ist – z. B. bei den Gerbern in der Medina von Fes (s. Seite 94). Es kann auch sein, dass ein Moment auf diese Weise eingefangen wird, der zerstört werden würde, gäbe es vorab eine Kontaktaufnahme. Manchen Fotos sieht man allerdings an, dass sie heimlich geschossen wurden.

Der Händler links war so in das Putzen seiner Ware vertieft, dass ich ihn nicht stören wollte.
40 mm · ISO 200 · Blende 8 · 1/100 s

Den Markthändler auf der rechten Seite haben wir nach einem kleinen Einkauf gefragt, ob wir ein Bild machen dürfen, und er stimmte zu.
40 mm · ISO 3200 · Blende 8 · 1/200 s

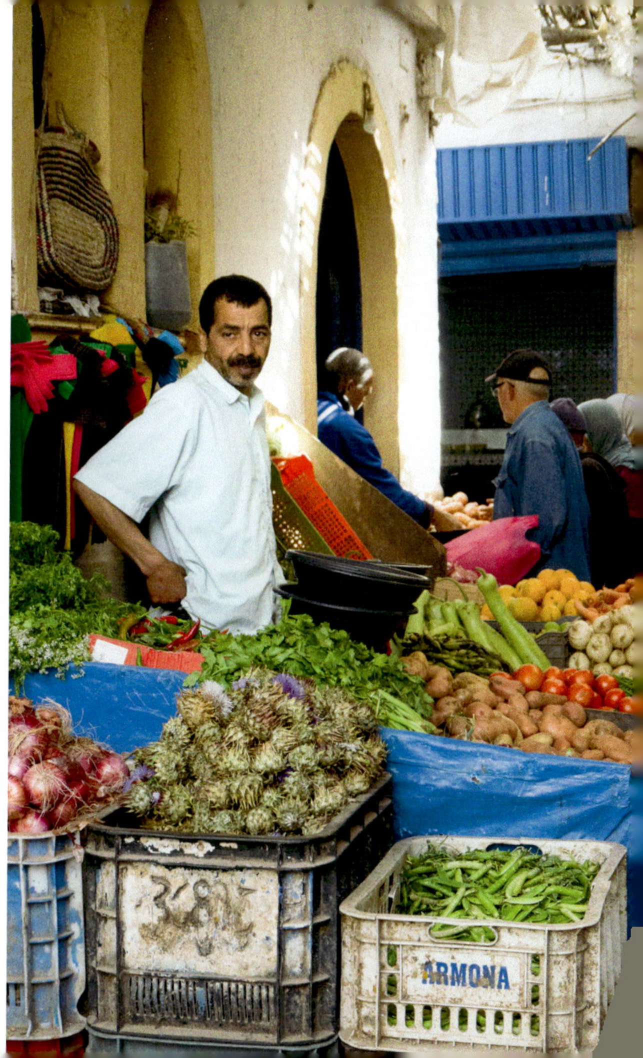

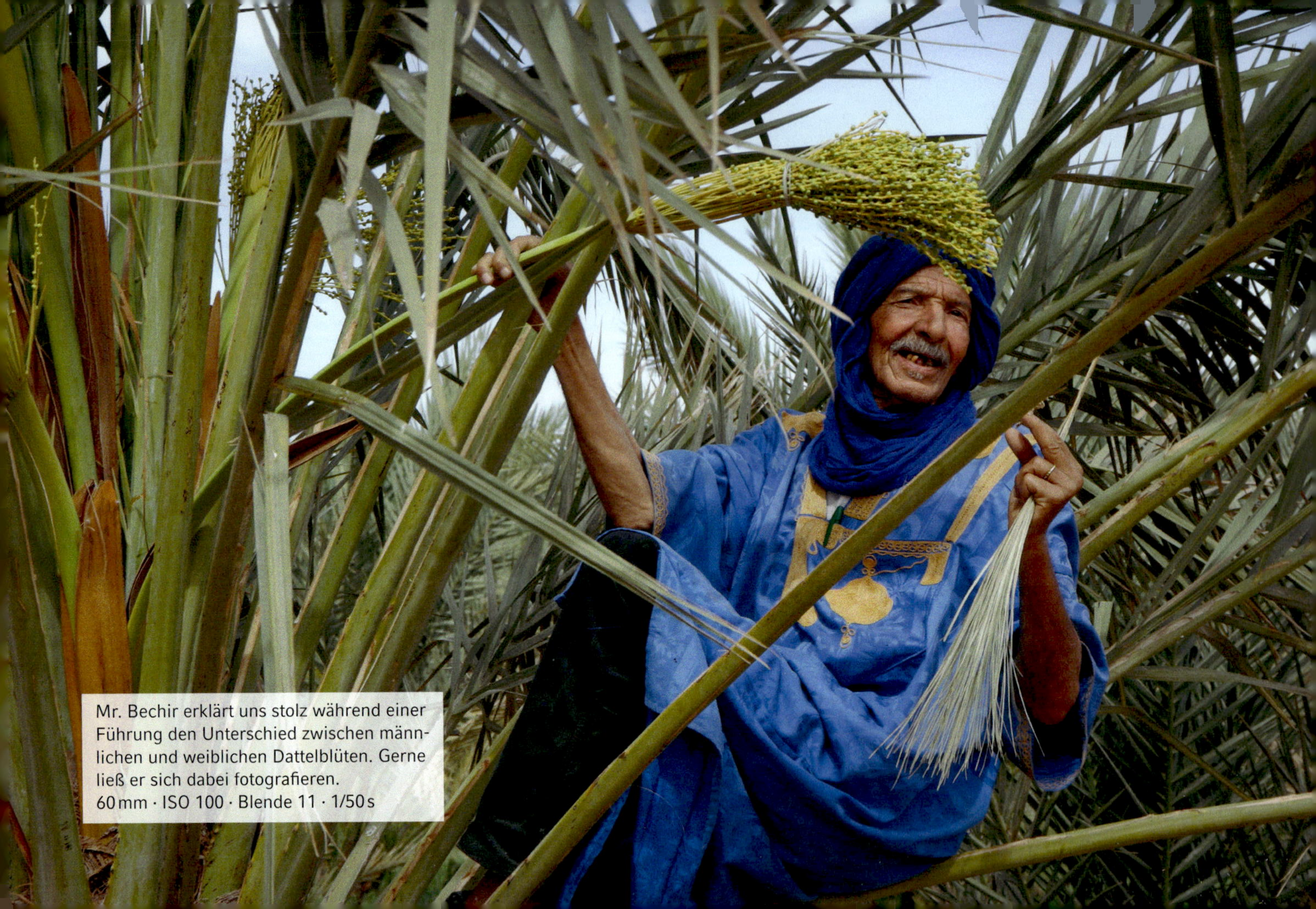

Mr. Bechir erklärt uns stolz während einer Führung den Unterschied zwischen männlichen und weiblichen Dattelblüten. Gerne ließ er sich dabei fotografieren.
60 mm · ISO 100 · Blende 11 · 1/50 s

Wir denken, dass Menschenfotografie »Augenhöhe« erfordert, wenn sie anständig sein soll. Fragen Sie sich, was einen Menschen für Sie zum »Motiv« werden lässt. Ist es die Exotik von Armut und Andersartigkeit, so sollte das kein Anlass sein, auf den Auslöser zu drücken.

Fasziniert Sie die kunstvolle Ausführung einer Tätigkeit, z. B. eines Handwerks (s. Seite 104)? Beeindruckt Sie ein appetitlich aufgebauter Obst- und Gemüsestand? Dann kann dies der Anlass sein, über den Sie in Kontakt kommen können mit Ihrem Gegenüber. Drücken Sie Wertschätzung aus. Interessieren Sie sich für die angebotene Ware. Kaufen Sie eventuell etwas. Wenn Sie nichts erwerben möchten, fragen Sie trotzdem – im Idealfall mit ein paar Worten auf Französisch oder sogar Arabisch oder zumindest, indem Sie die Kamera zeigen und lächelnd den Augenkontakt suchen. Akzeptieren Sie es auf jeden Fall, wenn Ihr Gegenüber ablehnend den Kopf schüttelt oder sich gar abwendet. Ein trotzdem geschossenes Bild wird sowieso nicht gut werden und ein solches Vorgehen ist absolut respektlos gegenüber der betroffenen Person.

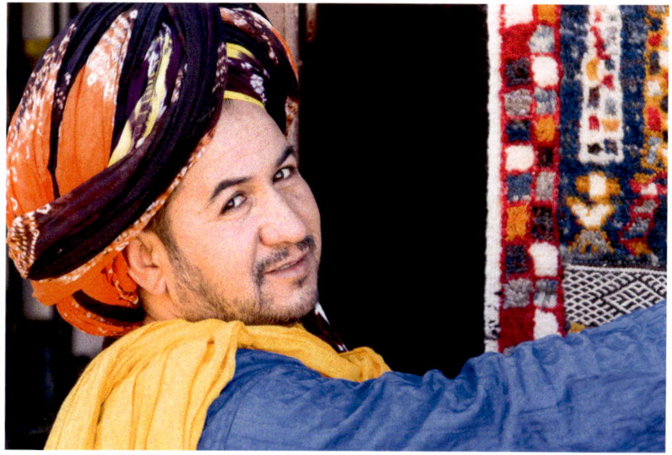

Mohamed war unser Guide in der Kasbah Telouet (s. Seite 132). Er verdient sein Geld außerdem mit dem Verkauf wunderbarer Teppiche, die er mir gerne zeigte. 60 mm · ISO 800 · Blende 4,5 · 1/200 s

Das gilt in Marokko insbesondere gegenüber Frauen, die es als würdelos empfinden, einfach so abgelichtet zu werden. Bedanken Sie sich mindestens mit einem Lächeln oder legen Sie die rechte Hand als Zeichen der Wertschätzung aufs Herz und nicken.

PRAXISTIPPS FÜR FOTOS MIT MENSCHEN

- Geht es nicht darum, einzelne Personen zu fotografieren, sondern Situationen und Szenerien, so ist es vorteilhaft, wenn Sie mit der Umgebung verschmelzen. Bleiben Sie länger an einem Ort stehen oder setzen Sie sich in ein Café und beobachten Sie, was geschieht.
- Gehen Sie an Orte, an denen Menschen stolz auf das sein können, was sie tun – z. B. können dies die Werkstätten von Handwerkern sein oder Kooperativen, in denen produziert und verkauft wird (s. Seite 66, 111, 194).
- Suchen Sie den Kontakt mit den Menschen, die Sie fotografieren möchten, und sprechen Sie sie gegebenenfalls direkt auf ein Foto an.
- Fragen Sie Menschen, mit denen Sie ohnehin zu tun haben, ob Sie ein Foto machen dürfen – z. B. dort, wo sie essen oder übernachten.
- Wenn Sie jemanden fotografiert haben, bei dem Sie nichts gekauft oder verzehrt haben, kann es unter Umständen auch angemessen sein, ein kleines Trinkgeld zu geben – lassen Sie sich von Ihrem Gefühl in der jeweiligen Situation leiten.
- Haben Sie die Möglichkeit, Ihrem »Model« später per E-Mail das Bild zukommen zu lassen, dann tun Sie das!

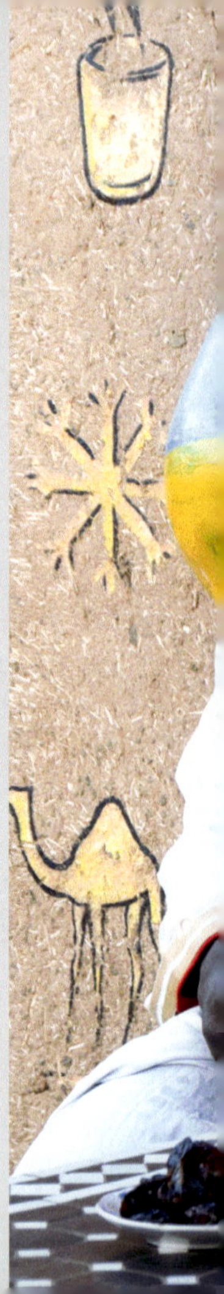

Gastfreundschaft wird in Marokko groß geschrieben. Wenn jemand für Sie einen Tee bereitet, ist das eine gute Gelegenheit für ein ansprechendes Bild. Hussein war unser Vermieter und die beiden Männer rechts und links sind seine Mitarbeiter.
43 mm · ISO 800 · Blende 7,1 · 1/100 s

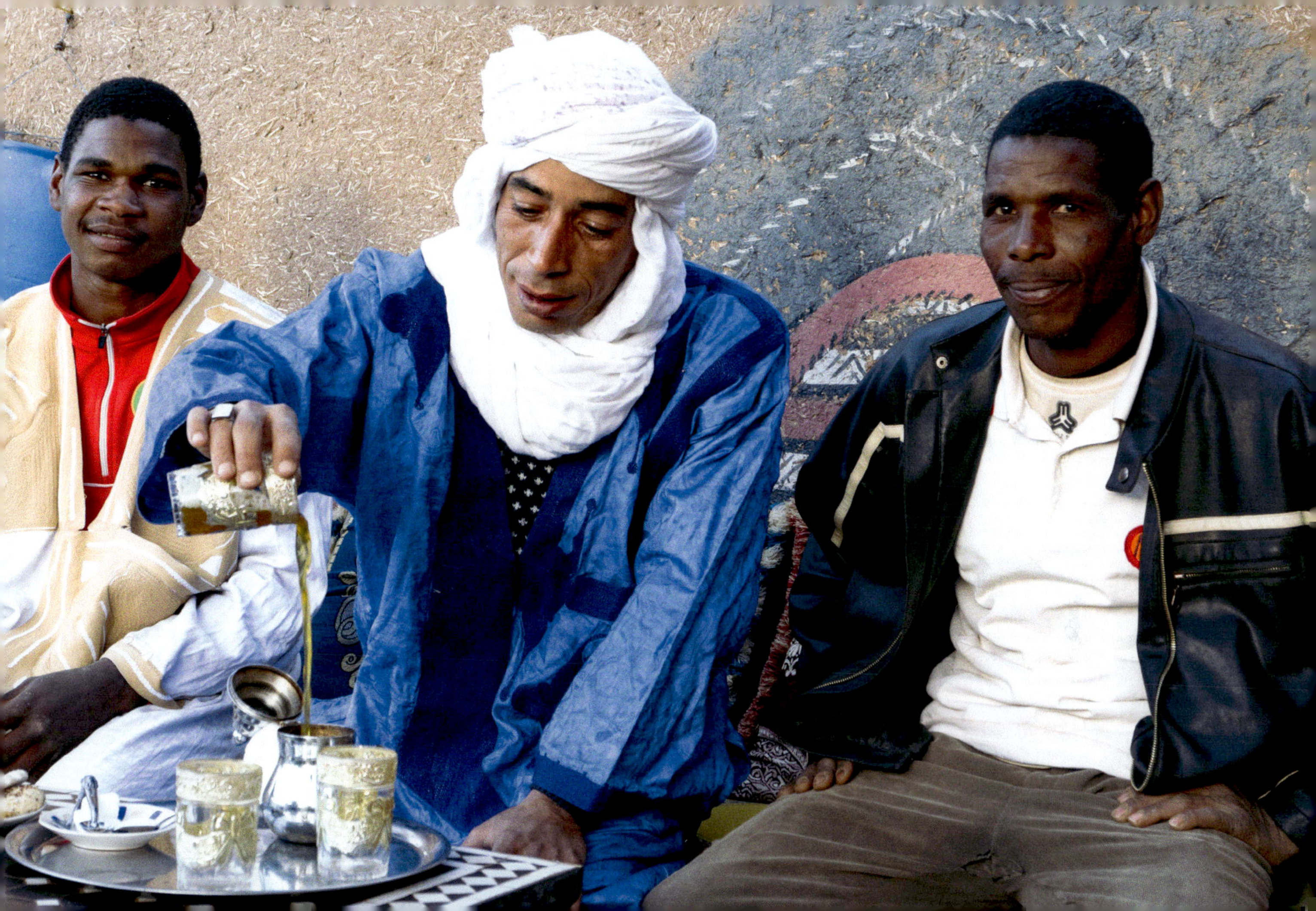

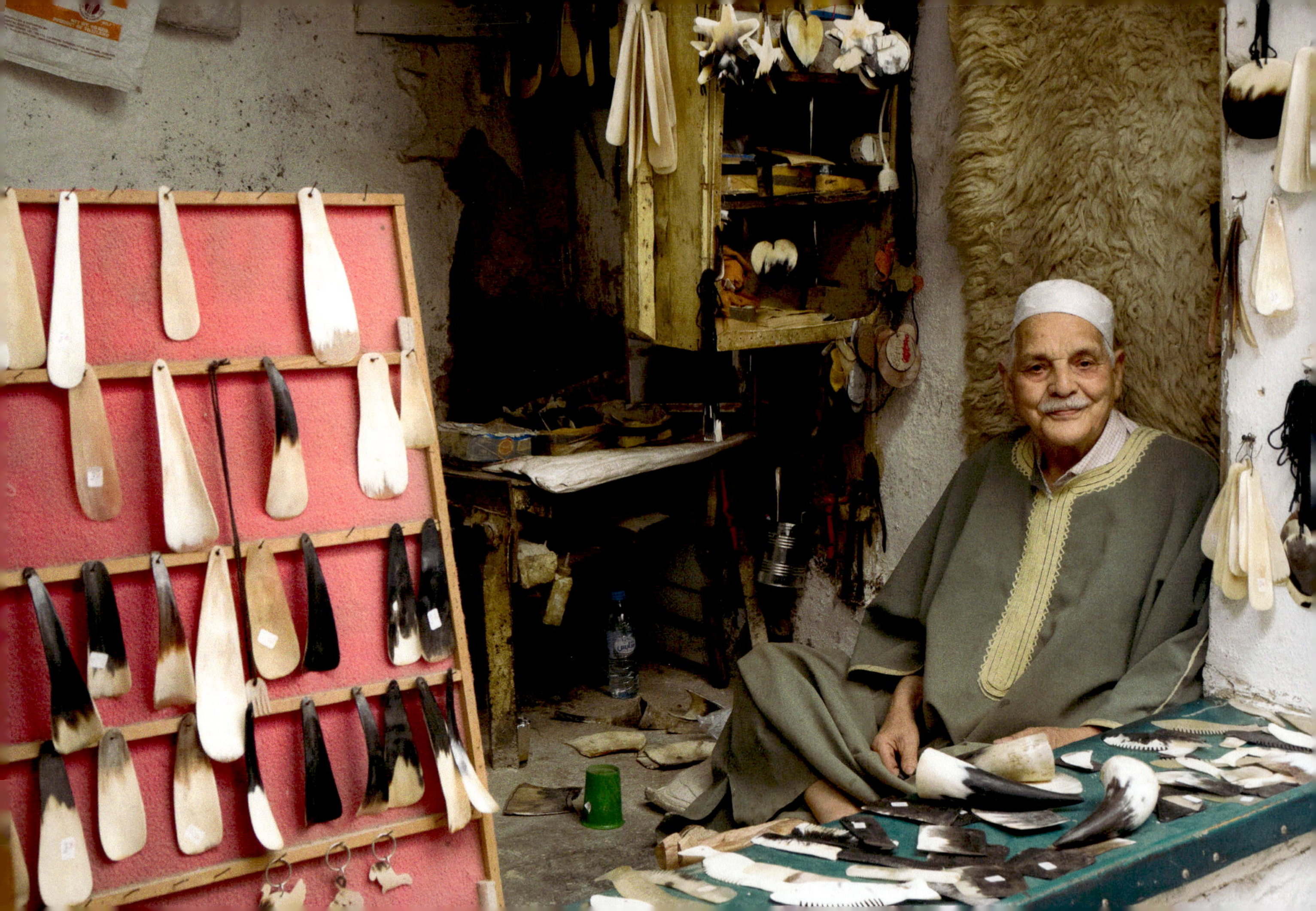

Die Musiker spielen die in Nordafrika verbreitete Bendir, eine Rahmentrommel, die dem Tamburin ähnelt. Das Instrument wird auch bei Hochzeitsfeiern der Berber im Hohen Atlas gespielt. Der Rhythmus der Trommeln ist zudem Teil religiöser Gesänge und Rituale einiger Sufi-Bruderschaften. Hier kam eine hohe ISO-Einstellung zum Einsatz, denn mit dem Blitz hätte ich die Stimmung zerstört. Die leichte Bewegungsunschärfe vermittelt die Dynamik des Trommelns.
31 mm · ISO 3600 · Blende 4,5 · 1/60 s

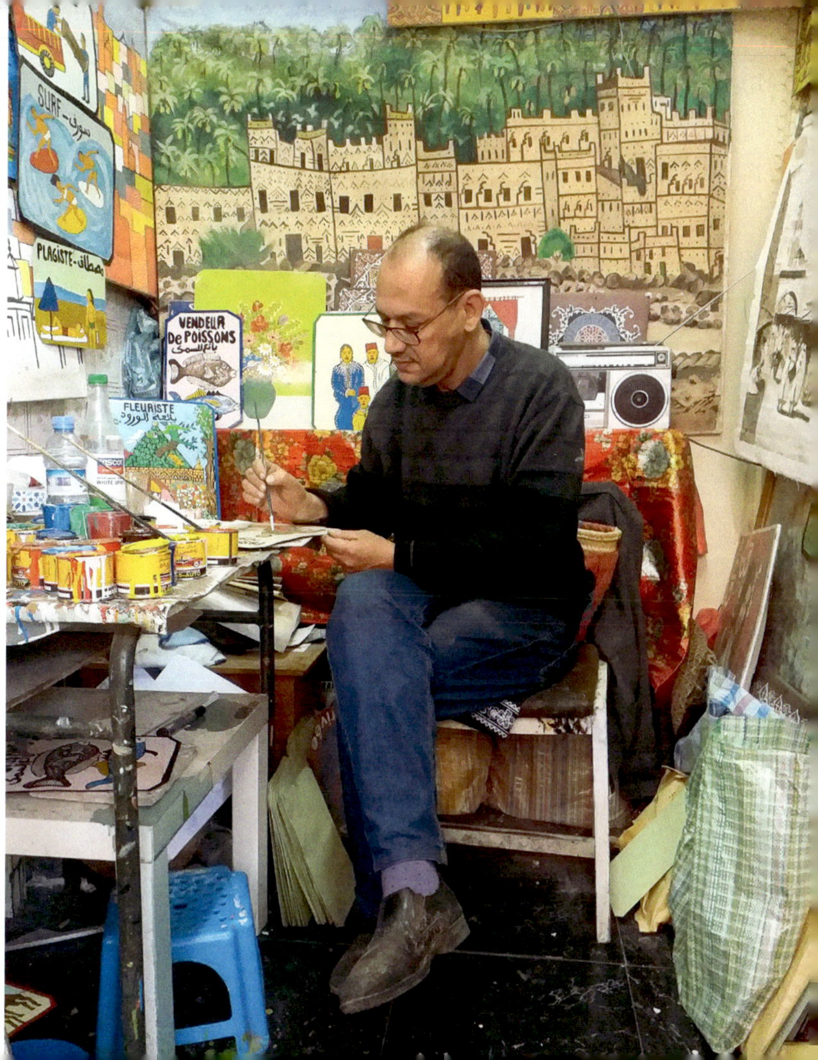

Bei diesem Schildermaler im Souk von Marrakesch haben wir ein Bild gekauft und sind ein wenig ins Gespräch gekommen. Im Anschluss hat er einem Foto ohne weiteres zugestimmt. Die Aufnahme wurde mit dem Smartphone gemacht. Viele Menschen empfinden ein Handyfoto als weniger einschüchternd, als wenn die große Spiegelreflexkamera womöglich noch mit langem Telezoom zum Einsatz kommt.

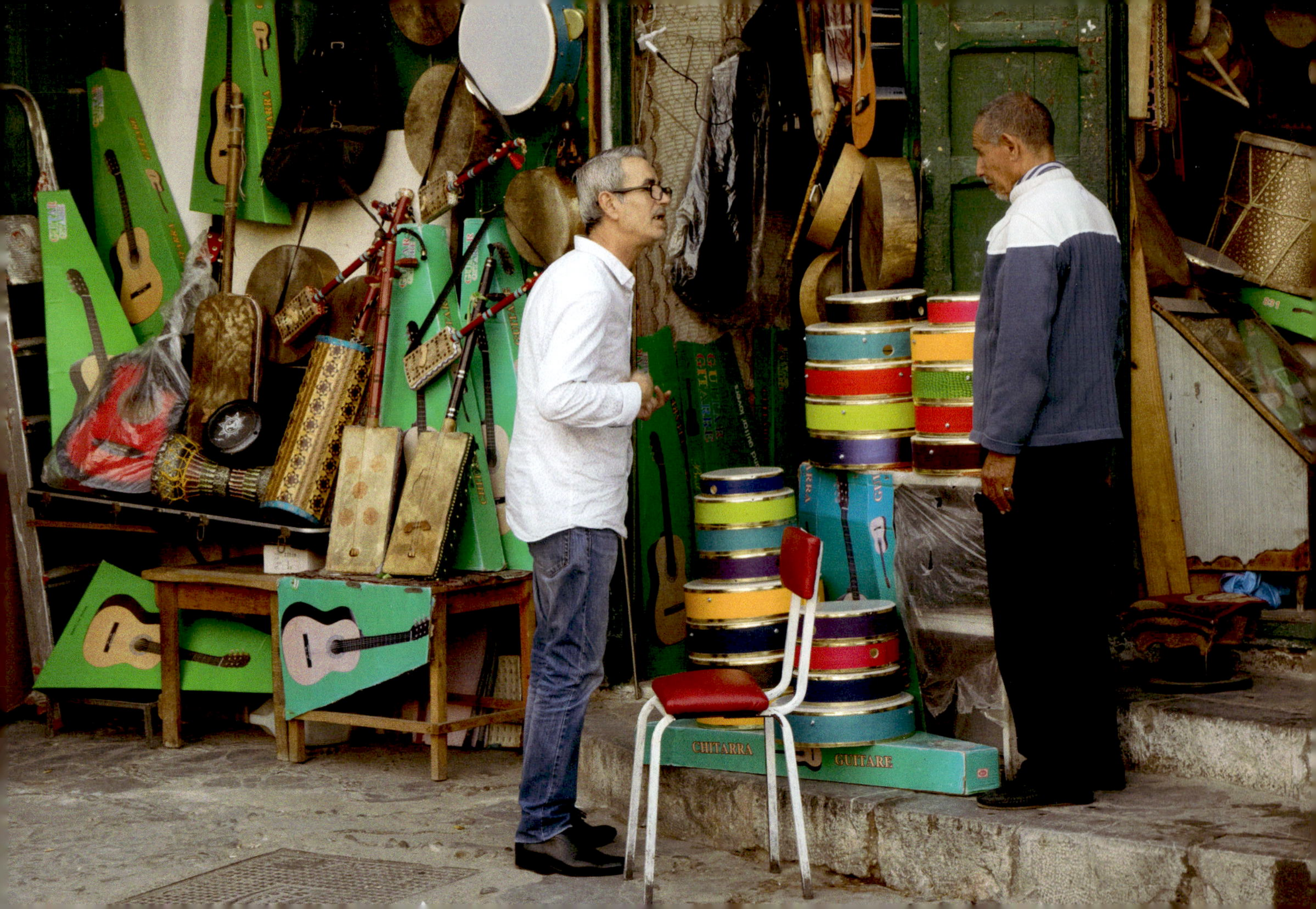
CHITARRA
GUITARE

Märkte

Der Besuch eines Marktes – arabisch »Souk« – gehört zu den Höhepunkten einer jeden Marokko-Reise. Hier tauchen Sie tief in das Leben der Menschen ein, denn der Souk ist eine der ältesten orientalischen Institutionen. Sie sehen Händler hinter überbordenden und kunstvoll arrangierten Auslagen: Berge von Obst und Gemüse, Fleisch und lebende Tiere, bunte Teppiche und Lederwaren, Instrumente, Holzkästchen mit filigranen Intarsien, Töpferwaren aller Art, glitzernden Schmuck, Lampen aus Messing und Kupfer, Flechtarbeiten, traditionelle Kleidung und China-Ware. Ihnen steigt der Duft von Gewürzen, Seifen und Parfüm in die Nase, flankiert vom Geruch heißen Bratfetts und Holzkohlerauchs – das Angebot ist allumfassend.

Anders als in Mitteleuropa sind hier Produktionsprozesse noch präsent: Der Schneider sitzt mitten zwischen den Djellabas in seiner winzigen Werkstatt. Sichtbar ist die Armut des Bauern, der seine wenigen Zitronen vor sich aufgetürmt hat. Und beim Metzger hängen noch ganze Tierhälften ungekühlt am Tresen.

Die Märkte sind ein wichtiger sozialer Treffpunkt der Menschen. An Markttagen herrscht ein absolutes Friedensgebot, bei Streitigkeiten vermittelt eine extra hierfür bestellte Person, der »Amin«.

Instrumentenhändler im Souk von Tetouan – Märkte sind immer auch ein Ort der Kommunikation.
43 mm · ISO 800 · Blende 8 · 1/50 s

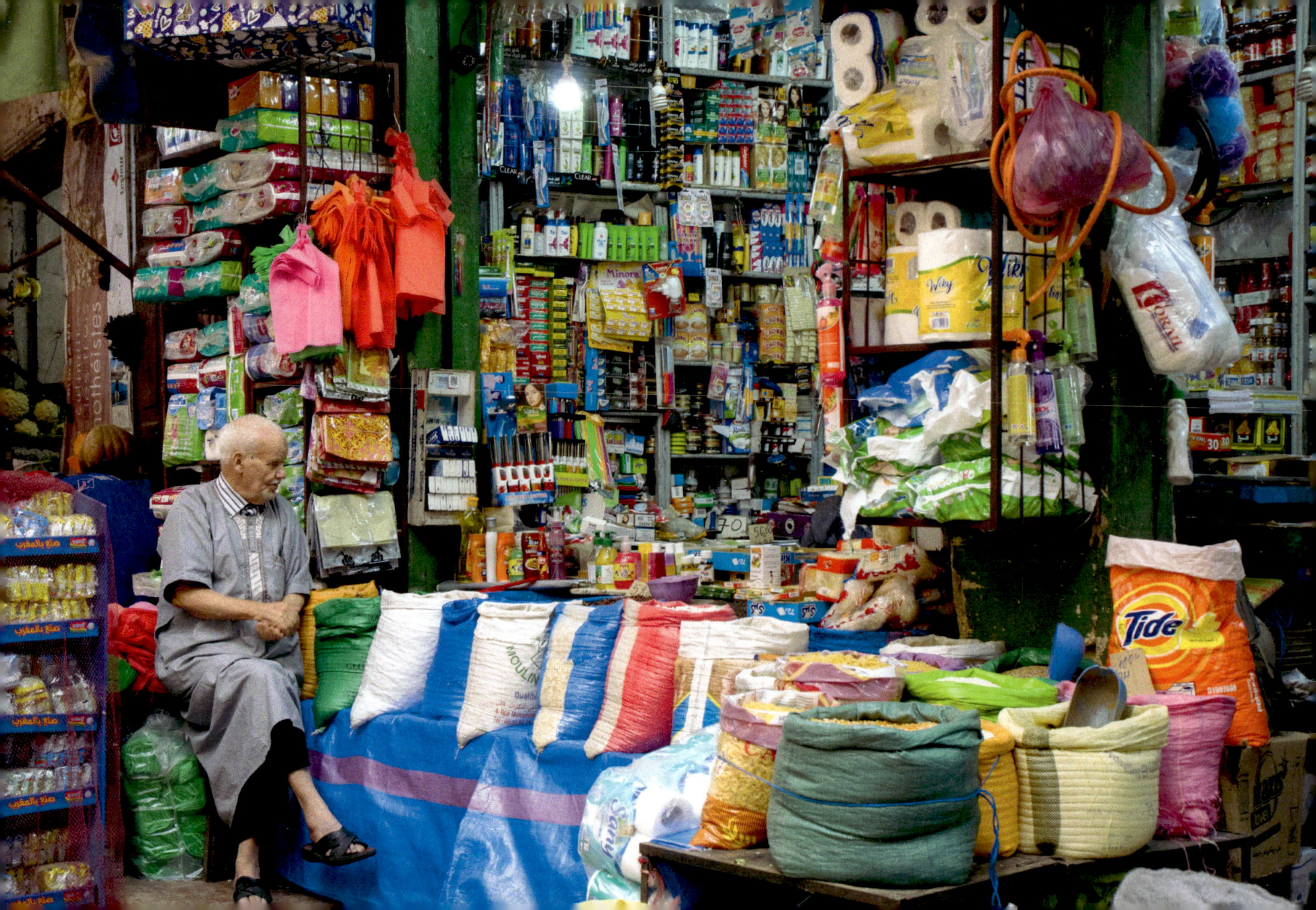
Minora
Wiky
Tide

In den städtischen Souks, die sich durch ein Gewirr von malerischen Gassen ziehen, finden sich viele Ladengeschäfte, die alle möglichen Dinge des täglichen Bedarfes anbieten. Die Märkte sind nach »reinem« und »unreinem« Gewerbe strukturiert. Im Zentrum bzw. am Rande der Hauptmoschee finden sich die »ehrenhaften Waren« wie Haus- und Drogeriewaren, Tuchwaren, Schmuck und Kunsthandwerk. Am Rande des Souks haben Schmiede und Gerber ihr als unrein geltendes Gewerbe. Ebenfalls am Rand finden sich die Metzger und die Obst- und Gemüsehändler, da hier am besten täglich frische Ware angeliefert werden kann.

Wie viele andere Händler auch sitzt der alte Herr mitten zwischen seinen Waren. Er hat nicht bemerkt, dass ich ihn fotografiert habe. In den engen Gassen sollten Sie die ISO-Automatik einstellen, um für wechselnde Lichtverhältnisse gewappnet zu sein.
31 mm · ISO 1600 ·
Blende 6,3 · 1/60 s

Das Foto des freundlichen Drogisten wurde mit einer kleinen Kompaktkamera aufgenommen. Für die Fotografie von Menschen ist dies oft eine gute Wahl, da sie weniger einschüchternd wirkt als eine große Spiegelreflex.

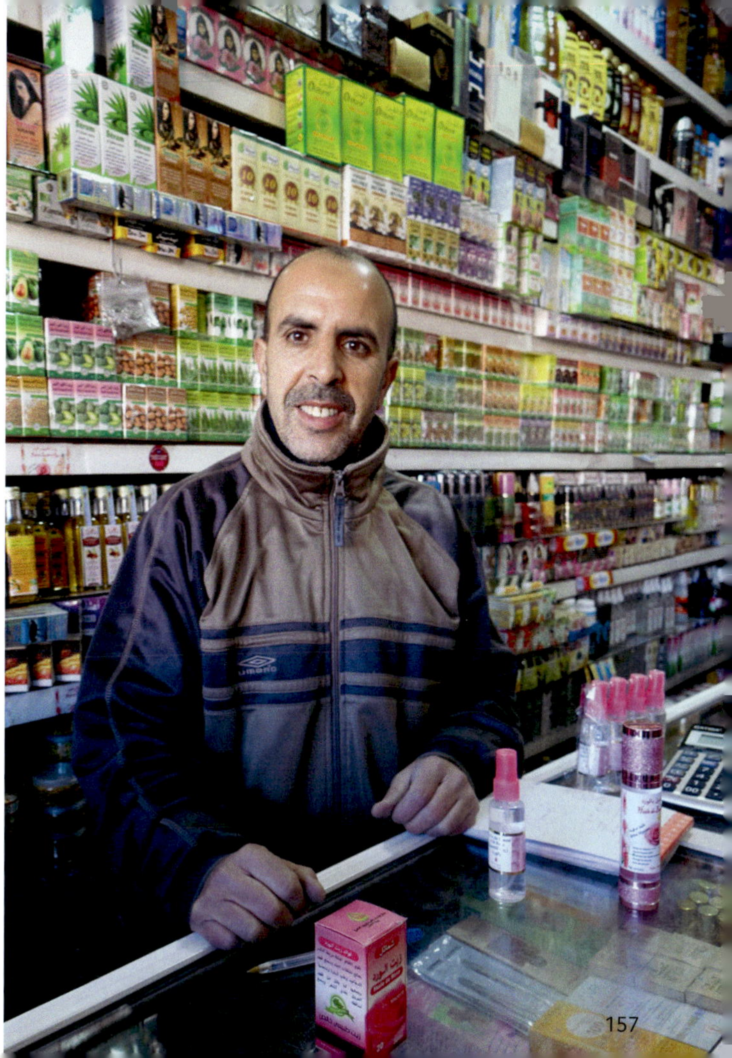

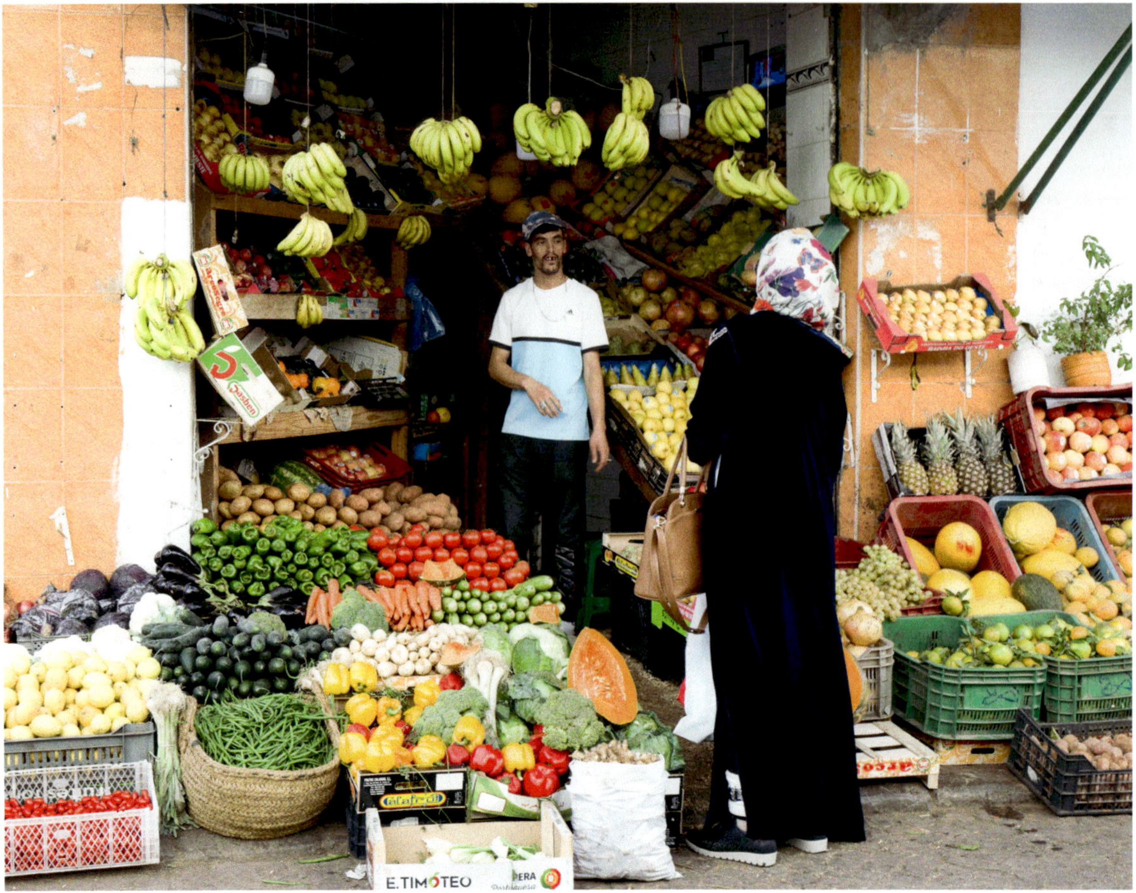

Der Händler hat mir auf Nachfrage gerne gestattet, eine Aufnahme seines hübsch drapierten Gemüseladens in Tetouan zu machen. Ich wartete, bis Kundschaft da war, damit das Bild lebendiger ist. Die Käuferin habe ich vorsichtshalber nur von hinten gezeigt.
28 mm · ISO 400 · Blende 8 · 1/100 s

Dieses appetitlich arrangierte Olivenangebot befindet sich in der Medina von Meknes. Der Händler hat mir zwar ein Foto gestattet, wollte selbst aber nur von der Seite abgelichtet werden.
28 mm · ISO 1600 · Blende 8 · 1/200 s

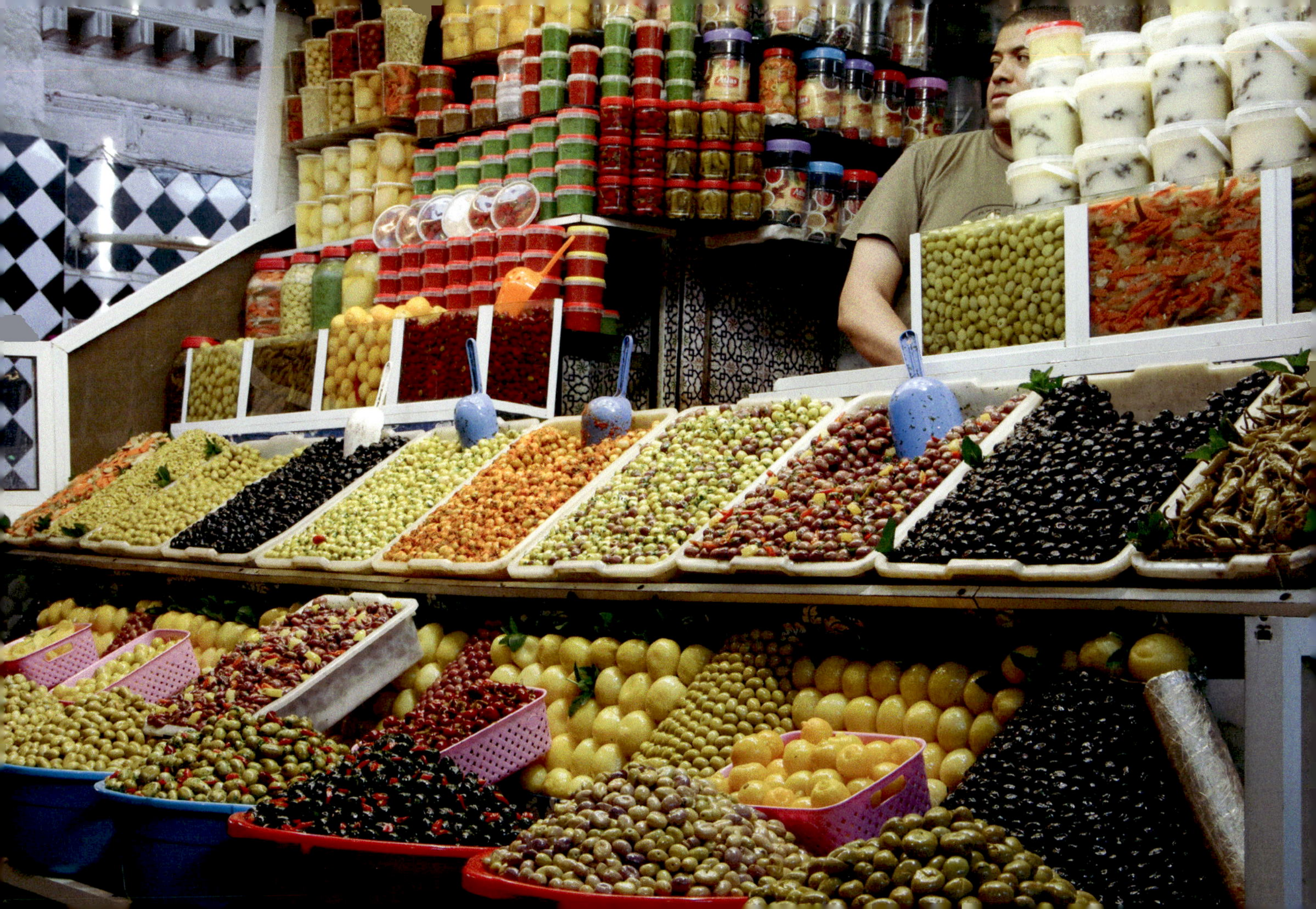

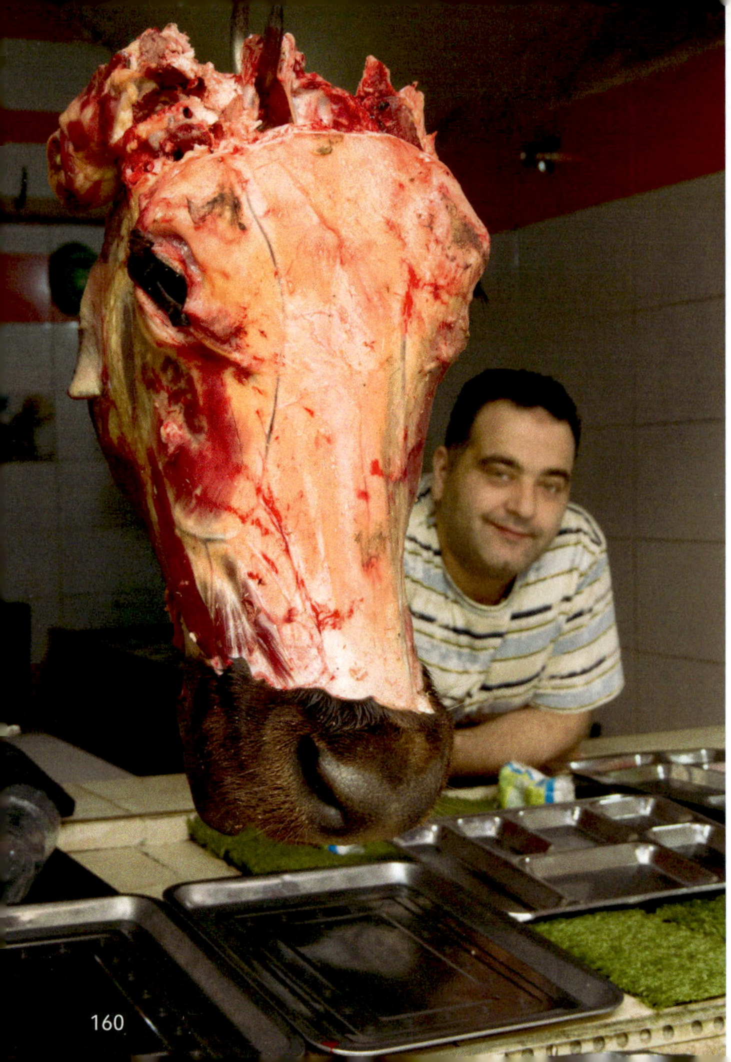

Der Metzger hat einer Aufnahme zugestimmt und freundlich hinter seinem Kuhkopf gelächelt. Bei einem späteren Besuch haben wir ihm einen Abzug des Bildes mitgebracht, worüber er sich sehr gefreut hat.
31 mm · ISO 1600 · Blende 7,1 · 1/60 s

Die meisten Souks sind nur für die Einheimischen gedacht. Als Fremder und als Fotograf ist man Beobachter. Die vielen akustischen, olfaktorischen und visuellen Eindrücke sind faszinierend und können von empfindlichen Naturen auch als abstoßend empfunden werden. So bieten Metzger ihre Ware offen und ungekühlt, in ihrem Blut liegend oder hängend an. Man sieht auch Teile der Tiere wie Innereien oder Köpfe, die in Marokko gerne gegessen werden, bei uns aber nicht jedermanns Sache sind.

Zu einem Markt in Marokko gehören auch Bilder wie dieses hier mit den Köpfen der Schafe.
68 mm · ISO 3200 · Blende 6,3 · 1/80 s

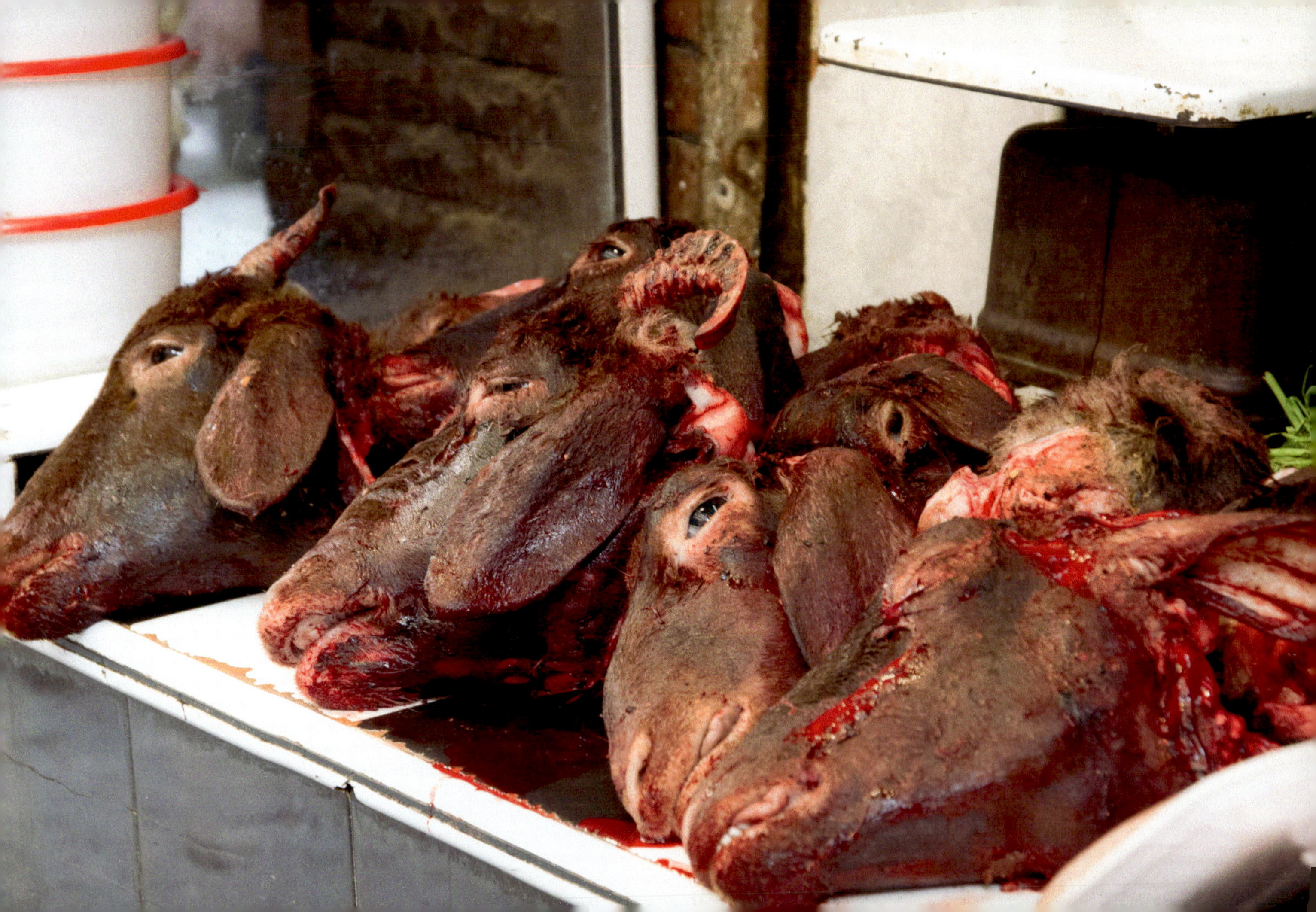

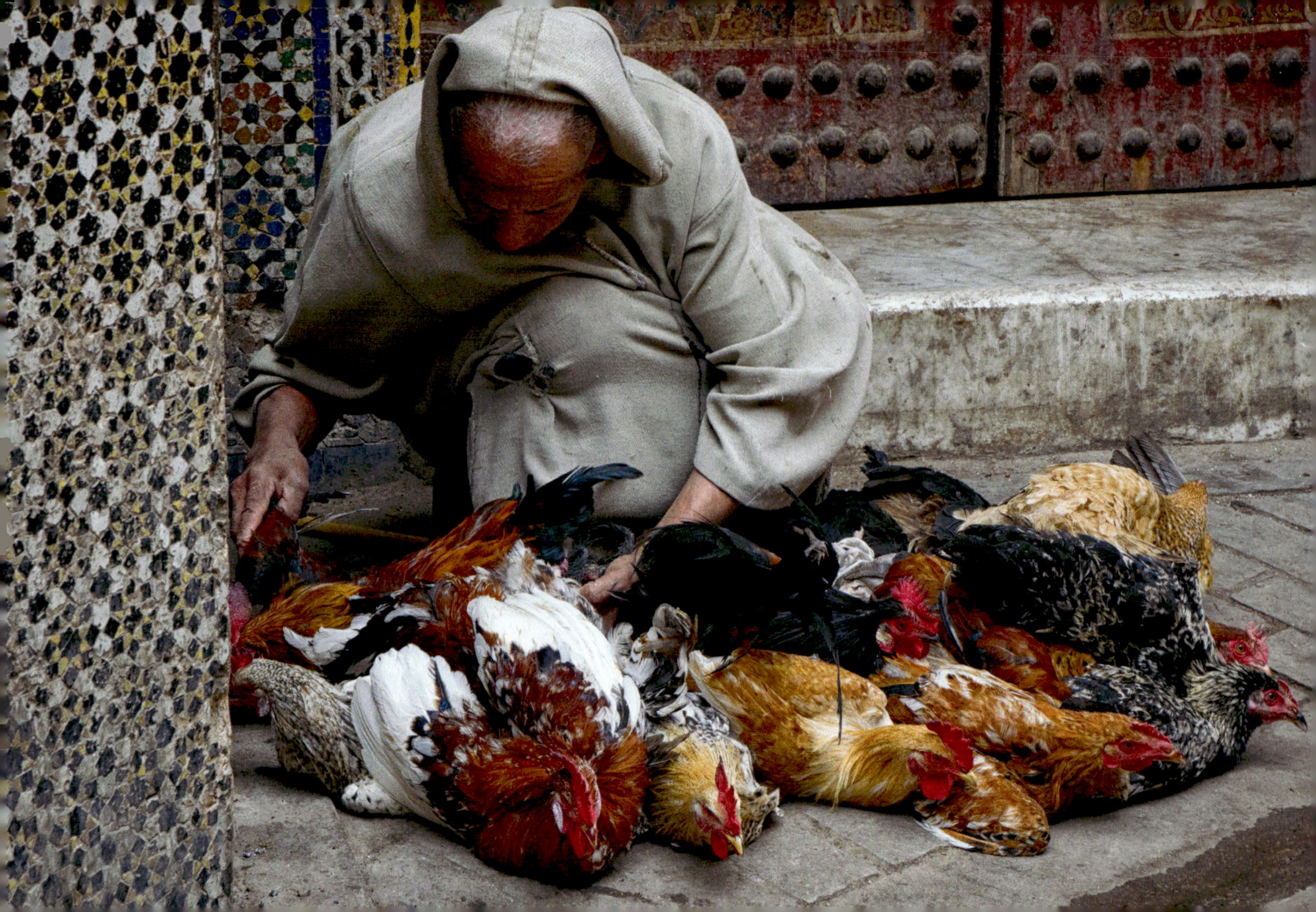

Im städtischen Souk finden Sie hauptsächlich stationäre Händler, die oft nur winzig kleine Läden ihr eigen nennen, in denen sie teilweise auch produzieren oder sogar schlafen. Einige verkaufen ihre Ware von einem Handkarren aus. Wenige, vor allem ältere und meist sehr arme Menschen, bieten ihre Erzeugnisse wie Kartoffeln, Zitrusfrüchte oder ein paar Bündel Kräuter auf einem Tuch auf dem Boden an. Der Betrachter wird dadurch sicherlich oft Mitleid empfinden und etwas bedrückt weitergehen.

Der alte Mann trägt seine Hühner zum Verkauf durch die Medina von Fes.
16 mm · ISO 800 · Blende 8 · 1/200 s

Mit den lebenden, zusammengebundenen Tieren auf dem Boden hockend wartet der Mann auf Kundschaft.
53 mm · ISO 800 · Blende 8 · 1/250 s

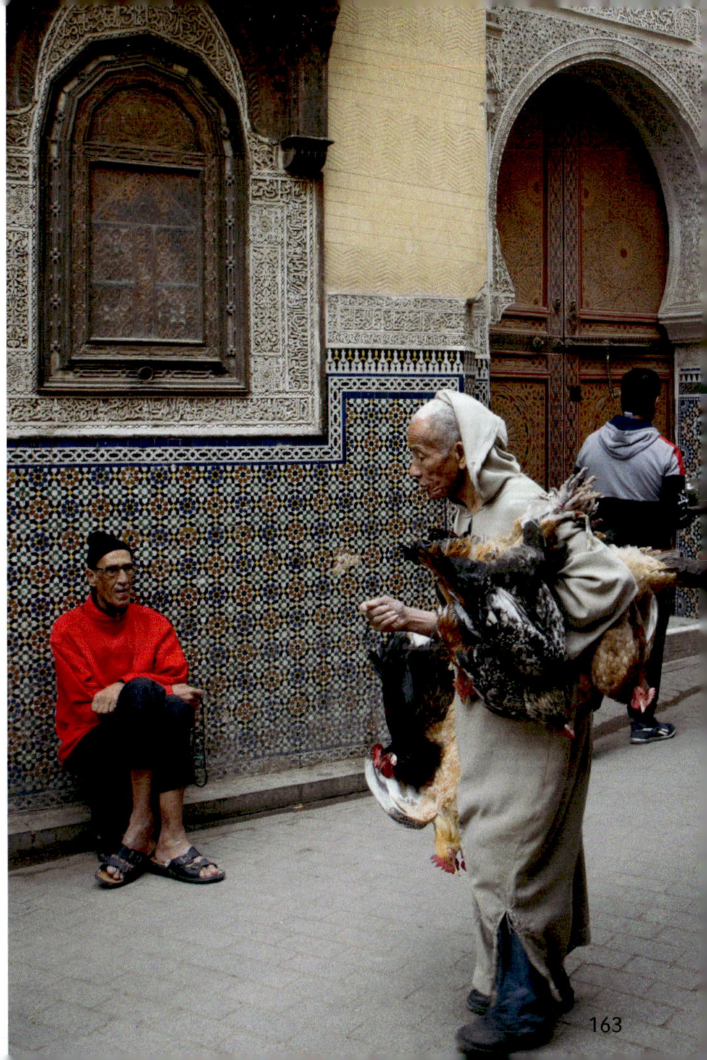

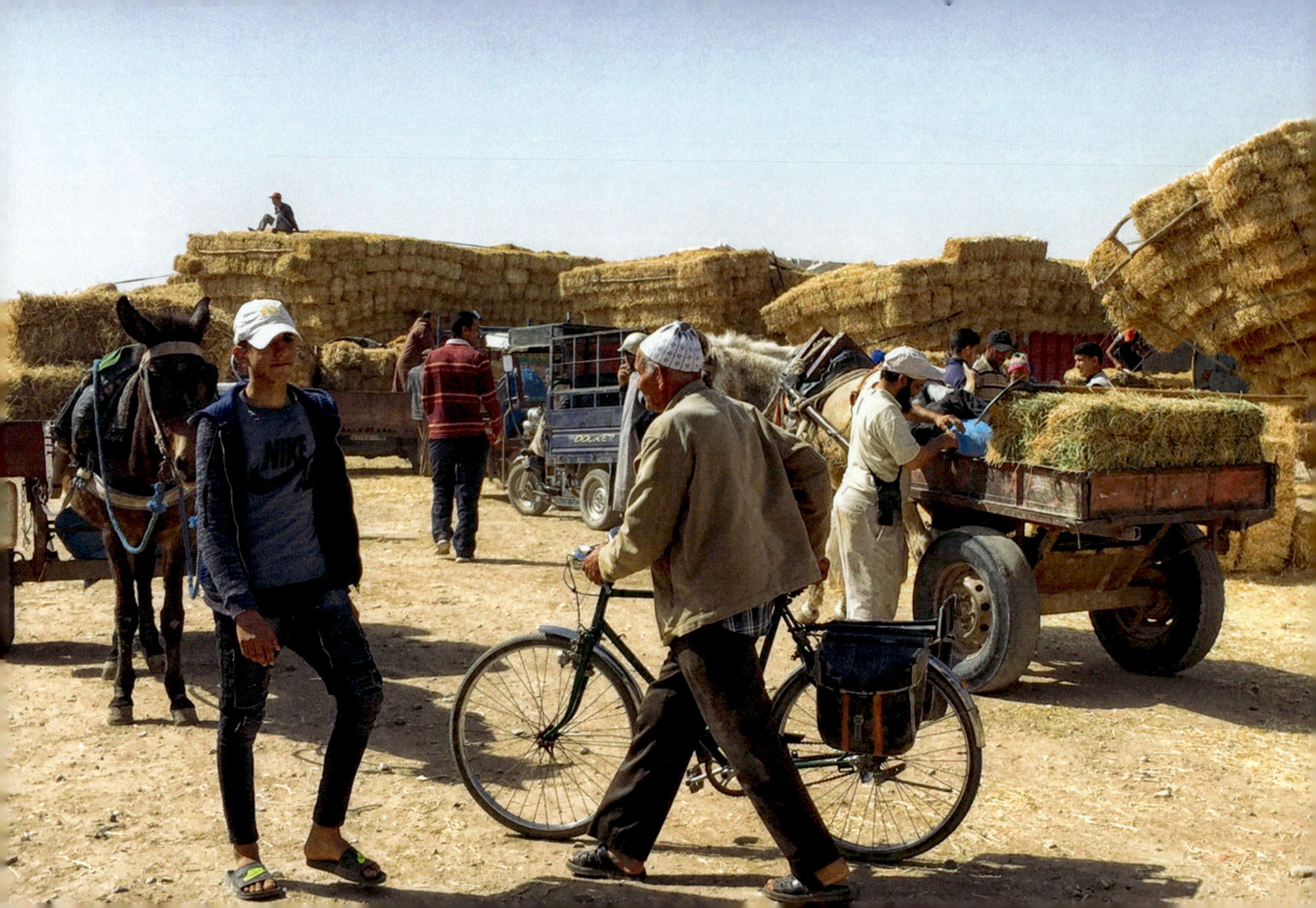
NIKE

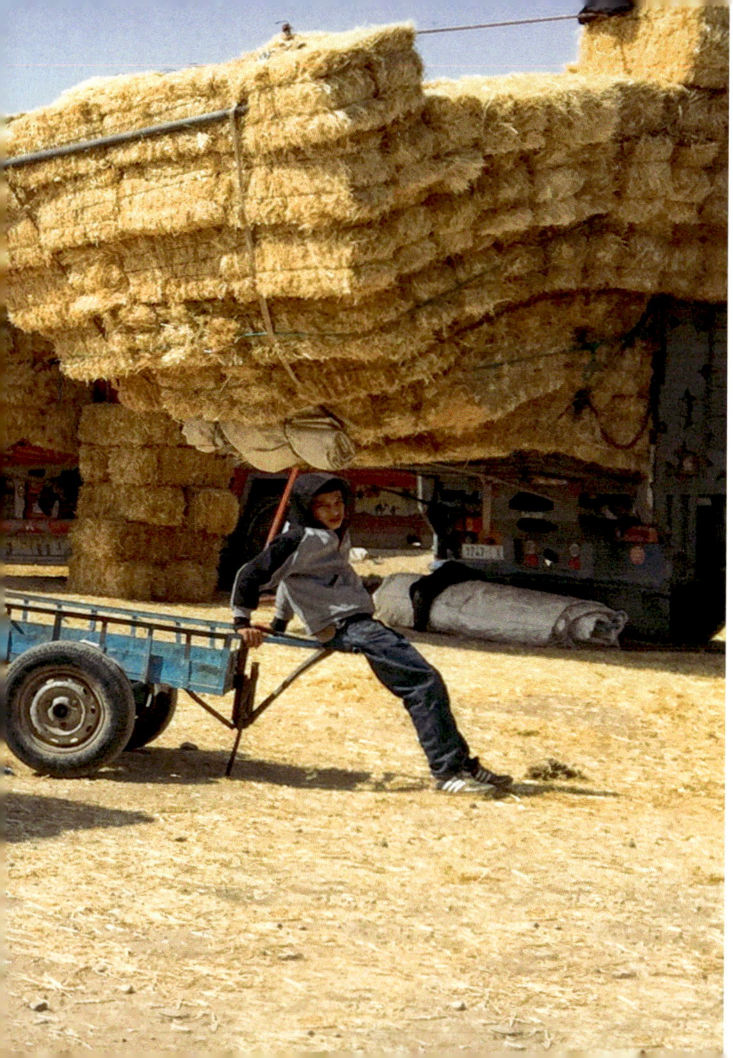

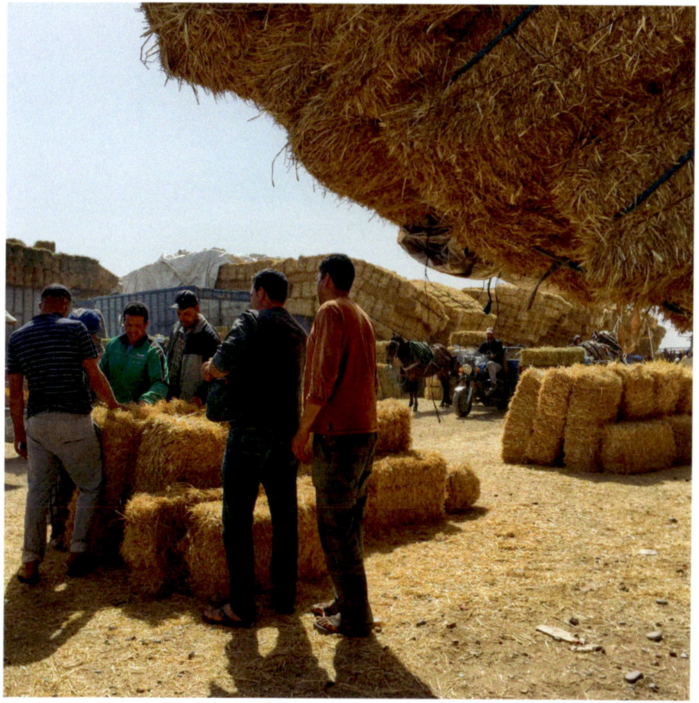

Am Rande des Sonntag-Souks in Taroudannt verkaufen Männer riesige Mengen Stroh, die auf hochbeladenen Lastern dorthin geschafft worden sind. Ein absolut fotogenes Spektakel!

Markt in Tamezmoute – für die Menschen ein sozialer und kommunikativer Höhepunkt der Woche.
31 mm · ISO 100 · Blende 7,1 · 1/250 s

30.668970,
–6.144146
(Markt)

Ein besonderes Erlebnis in Marokko ist der Besuch eines Landmarktes. Kommen Sie von außerhalb, erkennen Sie schon an den vielen Fußgängern neben der Straße, dass sich wohl in der Nähe ein Souk befindet. Dieser findet meistens in zentral gelegenen Orten und Städten statt, zu denen die Menschen von weither kommen. Auch am Rande des Marktes herrscht Trubel. Hier stehen jede Menge Taxen und Minibusse, die auf Kundschaft warten. Laut rufend kündigen die Fahrer oder Helfer das Ziel der angefahrenen Strecke an. Losgefahren wird aber erst, wenn das Fahrzeug rappelvoll ist.

Auch die Händler reisen oft per Bus, Auto oder mit dem LKW von weit her an. Es gibt zwei Arten von Händlern: diejenigen, die hauptberuflich handeln, und solche, die Überschüsse aus eigener Produktion an den Mann bringen wollen. In nahe gelegenen Cafés schlürfen Männer ihren Tee oder Kaffee und beobachten das Treiben, das auch für den Fotografen spannend sein kann. Händler bieten nämlich auch hier am Marktrand ihre Ware direkt aus dem Kofferraum oder von der Ladefläche an. LKWs werden mit viel Körpereinsatz schwer beladen.

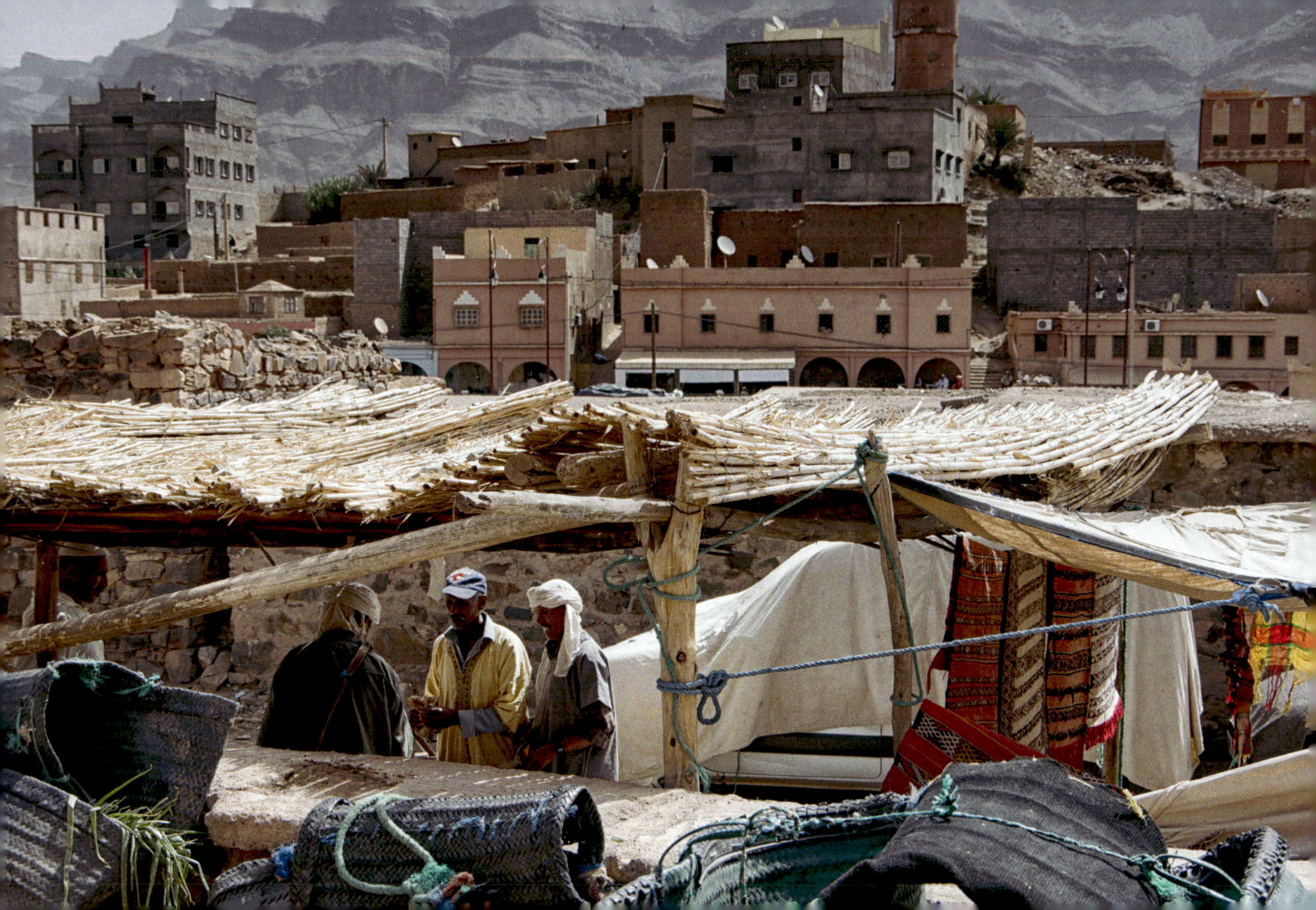

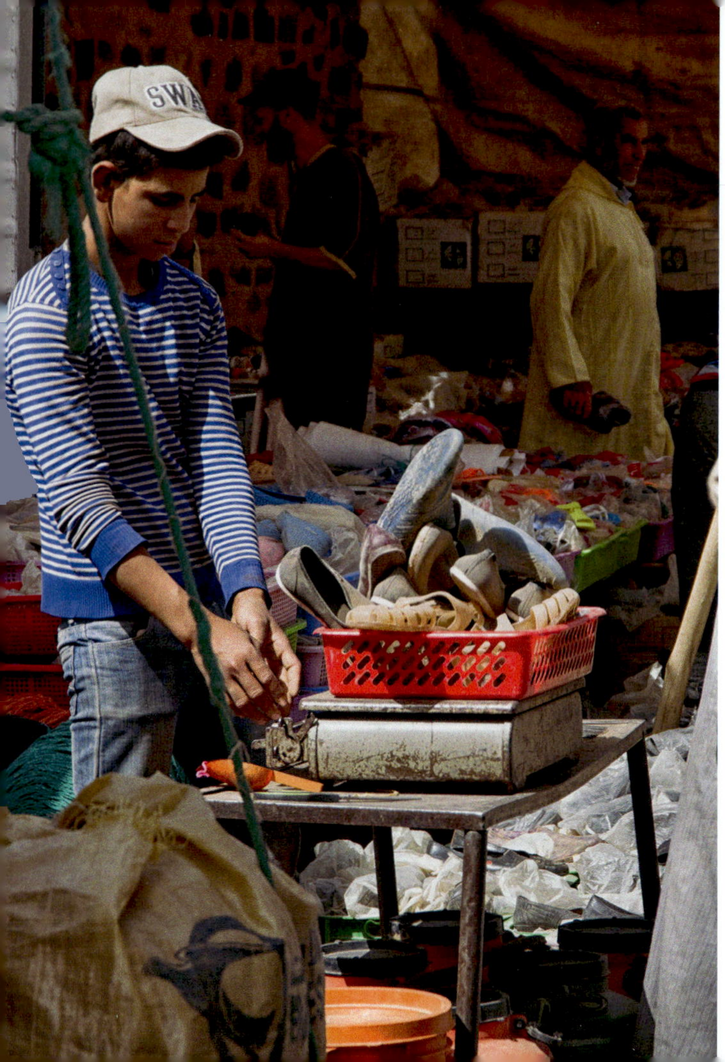

Da der Souk nur einmal pro Woche stattfindet, ist der Markt ein Höhepunkt im Alltag. Viele Marokkaner gehen mit der ganzen Familie dorthin. Man trifft Freunde und Bekannte, prüft Waren, vergleicht die Preise und isst eine Kleinigkeit. Das Marktgelände ist häufig von einer Mauer umgeben. Innen folgt die Anordnung einer ähnlichen Struktur wie in den Städten und ist gegliedert nach »reinen« und »unreinen« Waren. Auf dem Landmarkt finden Sie häufig auch noch angegliederte Tiermärkte, auf denen Schafe und Ziegen feilgeboten werden. Diese werden besonders vor den großen Feiertagen oder Familienfesten gekauft und dann zu Hause geschlachtet.

Wenn Sie auf Landmärkten fotografieren möchten, achten Sie bitte darauf, dass Frauen in der Regel nicht abgelichtet werden wollen! Fragen Sie im Zweifelsfall.

Auf Landmärkten gibt es alles, was man braucht. Die Schuhe werden hier nach Gewicht verkauft.
68 mm · ISO 100 · Blende 7,1 · 1/120 s

Die Verkaufsstände sind oft sehr provisorisch und wirken ärmlich. Manche Händler schämen sich dafür und möchten nicht fotografiert werden.
40 mm · ISO 100 · Blende 7,1 · 1/320 s

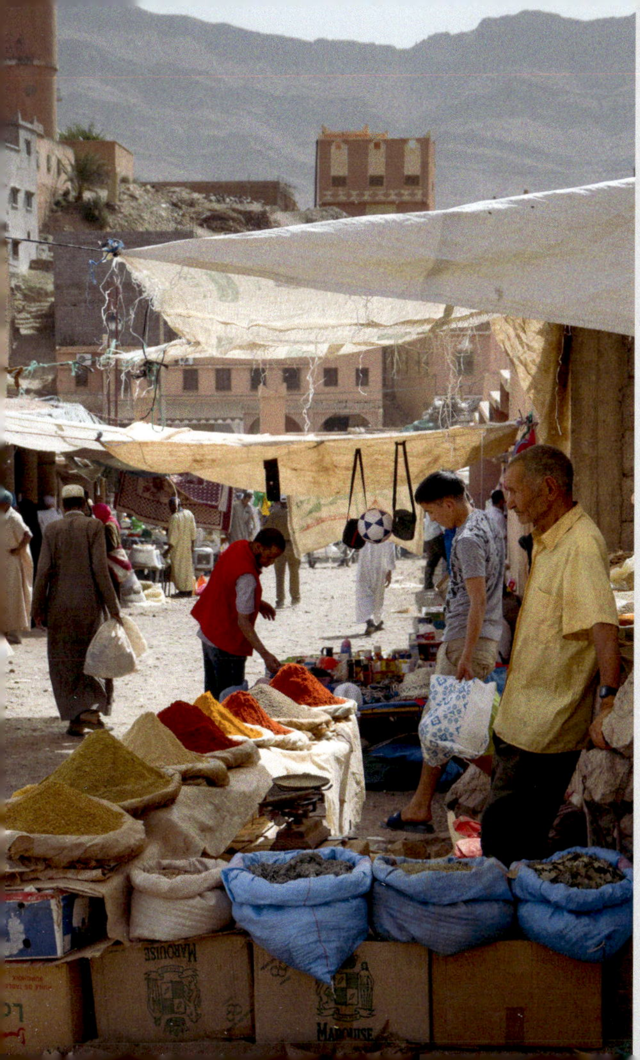

FOTOGENE LANDMÄRKTE:
Tiroumar/Tamezmoute bei Agdz (dienstags)
El Jorf bei Erfoud (freitags)
Oued Laou (samstags)
Souk el Had zwischen Chefchaouen und Ouezzane (sonntags)

FOTOGENE STADTMÄRKTE:
Sale: in der Medina Rue Bab Sebta (sehr ursprünglich)
Fes in der Medina: Talaa Seghira, Talaa Kebira (sehr touristisch), Souk El Attarine (gemischt), zwischen Bab Boujeloud und Place el Baghdadi (sehr ursprünglich)
Tetouan in der Medina: Souk El Houts, Guersa El Kebira, Rue Abdellatif Medouri, Souk El Foussi bis Bab Sebta, Bab Tout/Rue Aljazaer (alle sehr authentisch)
Marrakesch: Die zentralen Souks sind sehr touristisch, weiter abseits an den Rändern wird es ursprünglicher, z. B. Richtung Bab Doukkala
Meknes Medina: Es gibt eine überdachte Markthalle am Hedim-Platz (touristisch aber auch authentisch). Der täglich stattfindende Lebensmittelmarkt befindet sich am Rand der Altstadtmauer und ist sehr ursprünglich.

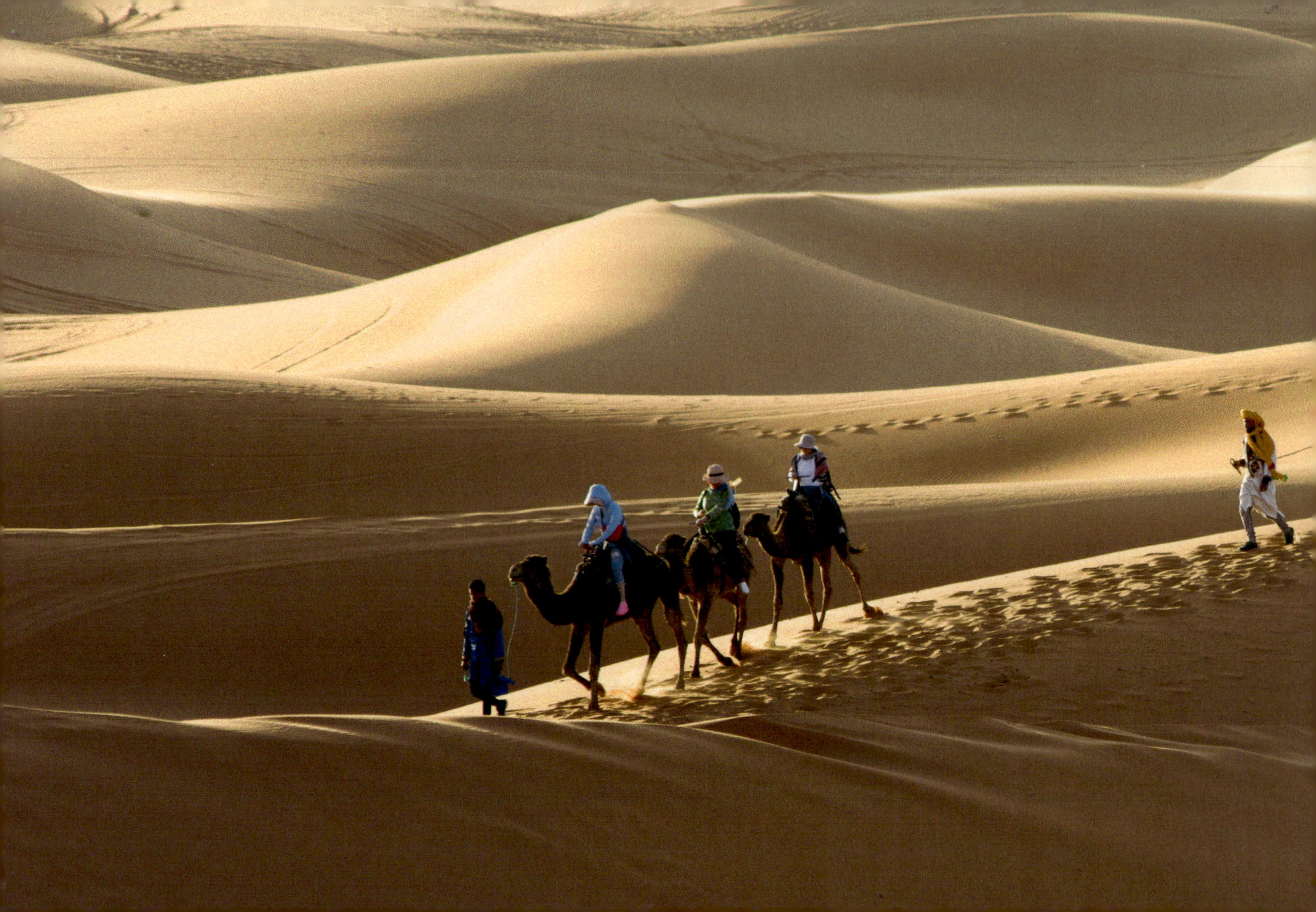

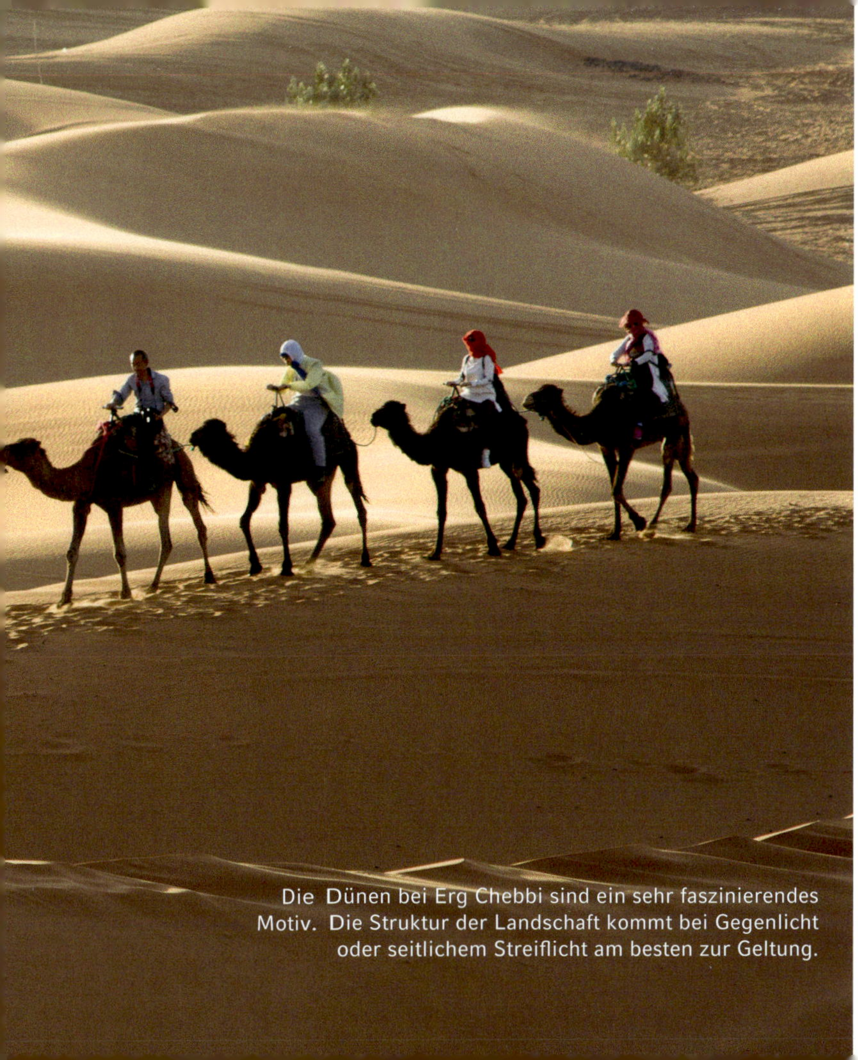

Die Dünen bei Erg Chebbi sind ein sehr faszinierendes Motiv. Die Struktur der Landschaft kommt bei Gegenlicht oder seitlichem Streiflicht am besten zur Geltung.

DER SÜDEN

Wir sind verliebt in den Süden Marokkos, da uns die Weite der Landschaft und die freundlichen Menschen total faszinieren. Hier geht das Leben seit ewigen Zeiten den gleichen Gang, die Menschen sind eins mit sich und ihrem kleinen Kosmos. Dies färbt auf die Besucher ab, und nach einiger Zeit taucht man selbst in diese Ruhe ein. Im Sommer zwingt einen zudem die Hitze dazu, alles langsamer anzugehen.

Die sonnenbeschienenen Landschaften changieren ständig zwischen Ödnis und Fruchtbarkeit – eben noch fährt man durch eine graue Steinwüste, dann plötzlich ändern sich die Farben und sie leuchten in Grün, Gelb und Rotbraun. In den Oasen leben die Menschen von dem wenigen, was ihr Garten bietet. Kommt man ins Gespräch mit ihnen, wird man vielleicht auf einen Tee in ihr Lehmhaus eingeladen. In Geschichten wird dann über das Leben der »Freien Menschen« erzählt, wie sich die Berber nennen. Hier in den unzugänglichen Regionen der Berge und Wüste haben die uralten Traditionen der Berber dem starken Assimilierungsdruck der arabisch-islamischen Welt bis heute getrotzt. Das vorsaharische Flair im tiefen Südosten lässt das Gefühl in einem aufsteigen, nun in Afrika angekommen zu sein.

Unsere Highlights im Süden sind:

- der Hohe Atlas und seine Schluchten wie die Dades- und die Todra-Schlucht
- der Anti-Atlas mit dem Tal der Ammeln
- die Straße der 1000 Kasbahs von Erfoud bzw. Zagora nach Marrakesch
- die Vorsahara mit dem Dünengebiet Erg Chebbi
- die Berberstadt Marrakesch mit dem Djemaa El Fna und den vielen Gärten
- die Atlantikküste von Essaouira bis Sidi Ifni

Die Anreise in den Süden Marokkos ist per Flugzeug am bequemsten. Agadir wird aus Deutschland von Eurowings, Ryanair und Condor angeflogen, Marrakesch von Eurowings und Ryanair und nach Er Rachidia fliegt man mit der Royal Air Maroc über Casablanca. Für das individuelle Erkunden des Südens empfehlen wir einen Mietwagen als Fortbewegungsmittel.

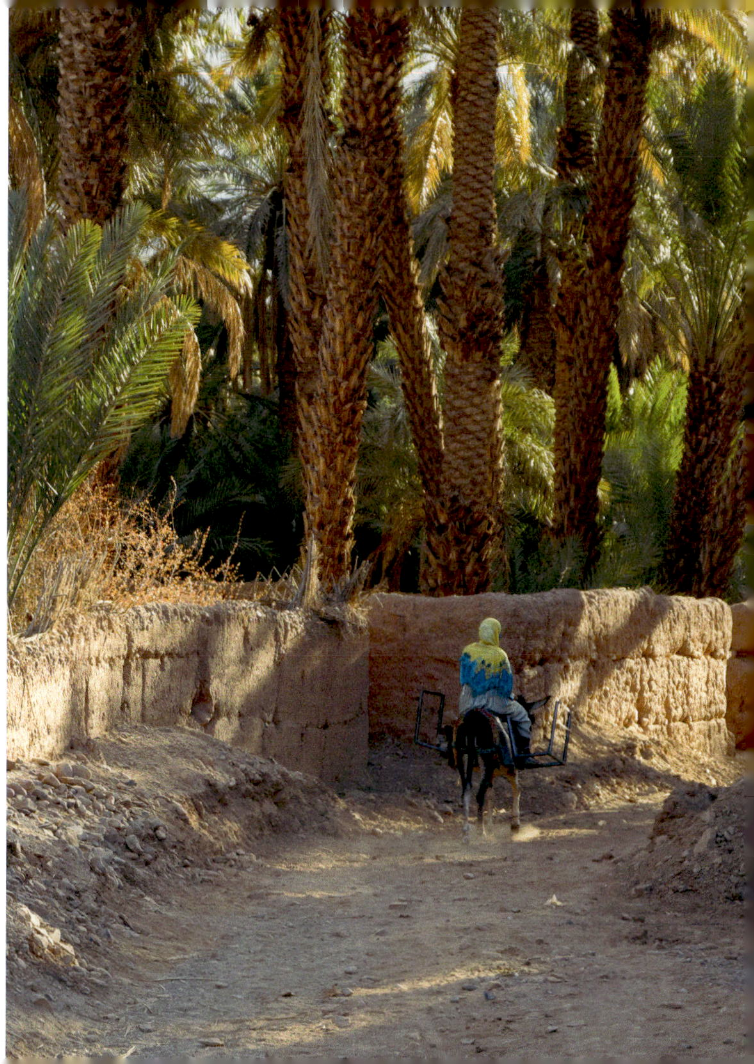

Oase bei Oulad Othmane. Früh morgens ist das Licht auch im Süden noch weich und es entstehen keine harten Schatten.
53 mm · ISO 400 · Blende 6,3 · 1/125 s

DER SÜDEN

1 ATLANTIKKÜSTE

2 ESSAOUIRA

3 TAFRAOUTE UND UMGEBUNG

4 DER ANTI-ATLAS

5 DIE DADES-SCHLUCHT

6 LALLA MIMOUNA

7 ZAGORA UND UMGEBUNG

8 DER HOHE ATLAS

9 MARRAKESCH

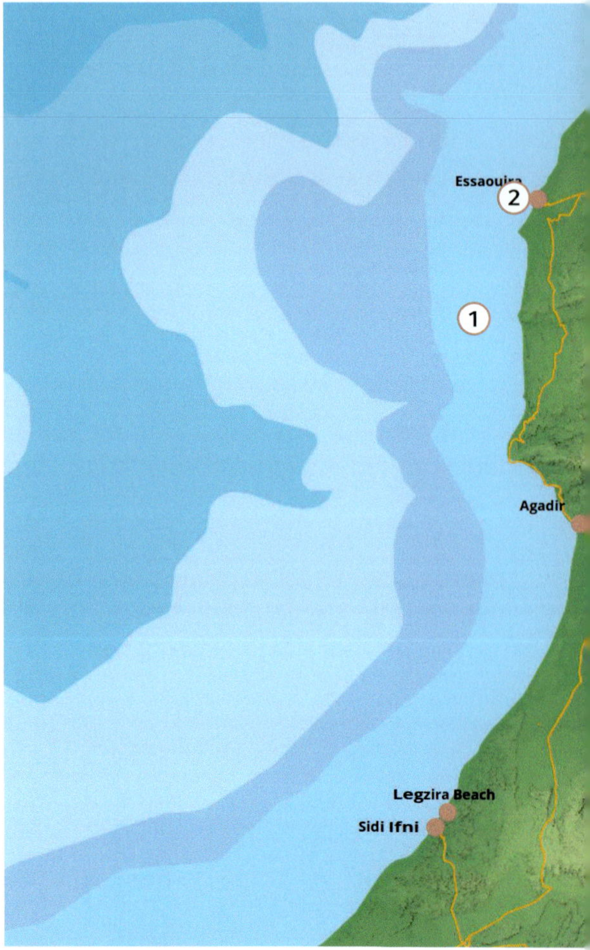

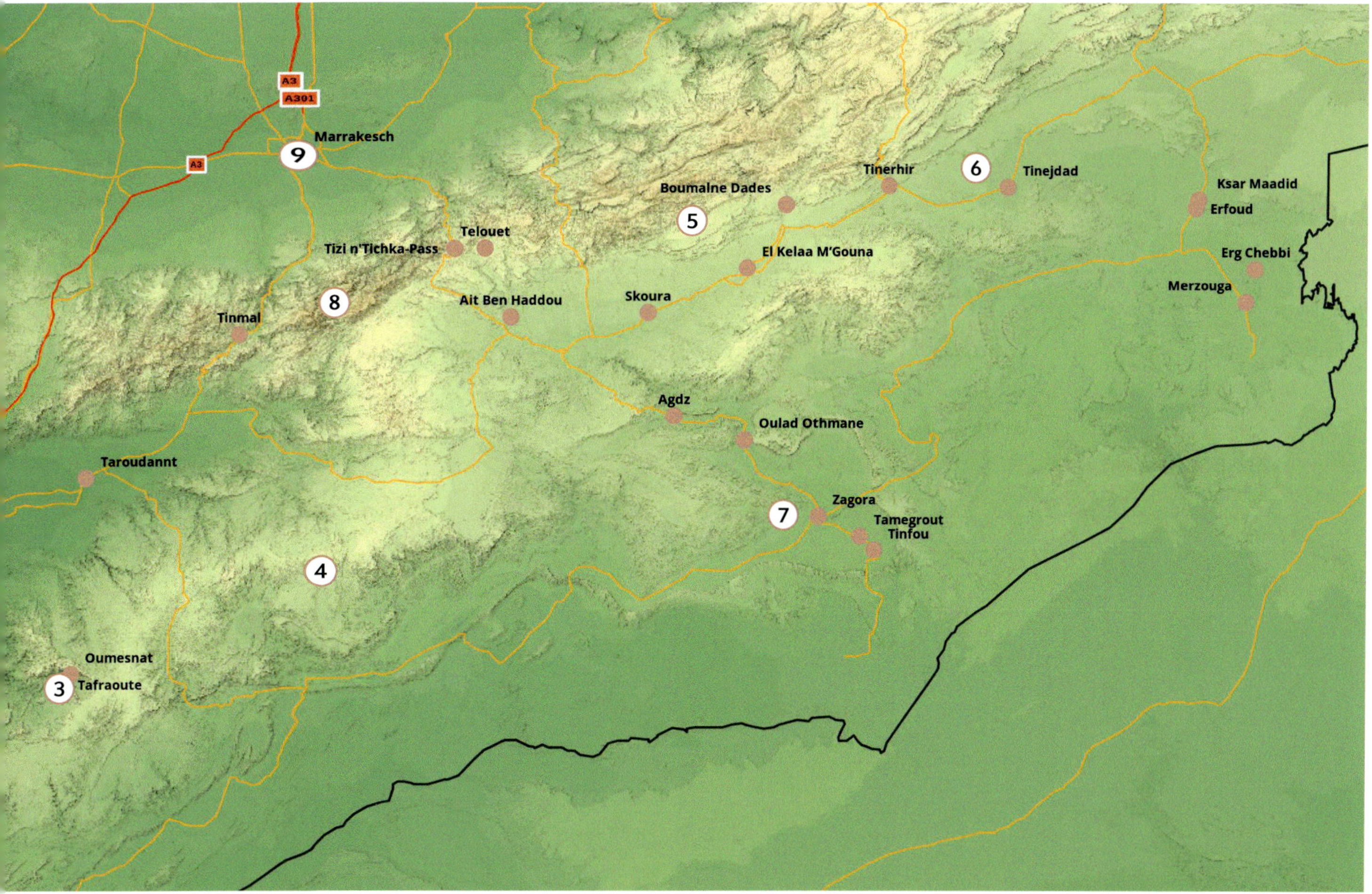

A3
A301
Marrakesch
A3
9
Tinerhir
6
Tinejdad
Boumalne Dades
Ksar Maadid
Erfoud
5
Telouet
Tizi n'Tichka-Pass
El Kelaa M'Gouna
Erg Chebbi
Merzouga
8
Ait Ben Haddou
Skoura
Tinmal
Agdz
Oulad Othmane
Taroudannt
Zagora
7
Tamegrout
Tinfou
4
Oumesnat
3
Tafraoute

29.436900,
–10.124260

1 ATLANTIKKÜSTE

Die Atlantikküste Marokkos (inklusive Westsahara) misst vom Cap Spartel bis nach Laguira an der Grenze zu Mauretanien ungefähr 2.930 Kilometer. Ohne die Westsahara ist sie ca. 1.820 Kilometer lang. Die Mittelmeerküste vom Cap Spartel bis Saidia an der algerischen Grenze hat dagegen nur eine Länge von 512 Kilometern. Sie ist vom Rif-Gebirge geprägt und insgesamt weniger fotografisch interessant. Entlang der Atlantikküste hingegen finden sich sowohl einförmige lange Sandstrände wie interessante Felsformationen und Klippen.

Zudem liegen mehrere fotografisch interessante Städte am Atlantik:

- Asilah (s. Seite 47)
- Larache (s. Seite 56)
- die Doppelstadt Rabat-Sale (s. Seite 38)
- Casablanca wegen der imposanten Hassan-II-Moschee (s. Seite 34)
- El Jadida industriell geprägt, aber alte portugiesische Festungsanlage mit interessanter unterirdischer Zisterne
- Oualidia wegen der dortigen Lagune
- Essaouira (s. Seite 184)
- Sidi Ifni (s. Seite 180)

Landschaftlich ist die Atlantikküste geprägt von Gebieten mit

- bis zu 100 Meter hohen Steilküsten (zwischen Essaouira und Oualidia sowie zwischen Souira Kedima und El Beddouza),
- Felsenküsten (zwischen Agadir und Essaouira),
- Lagunen und Strandseen (bei Oualidia und Moulay Bousselham südlich von Larache),

Der Felsbogen von Legzira Beach ist ein faszinierendes Motiv in der warmen Abendsonne.
26 mm · ISO 200 · Blende 9 · 1/200 s

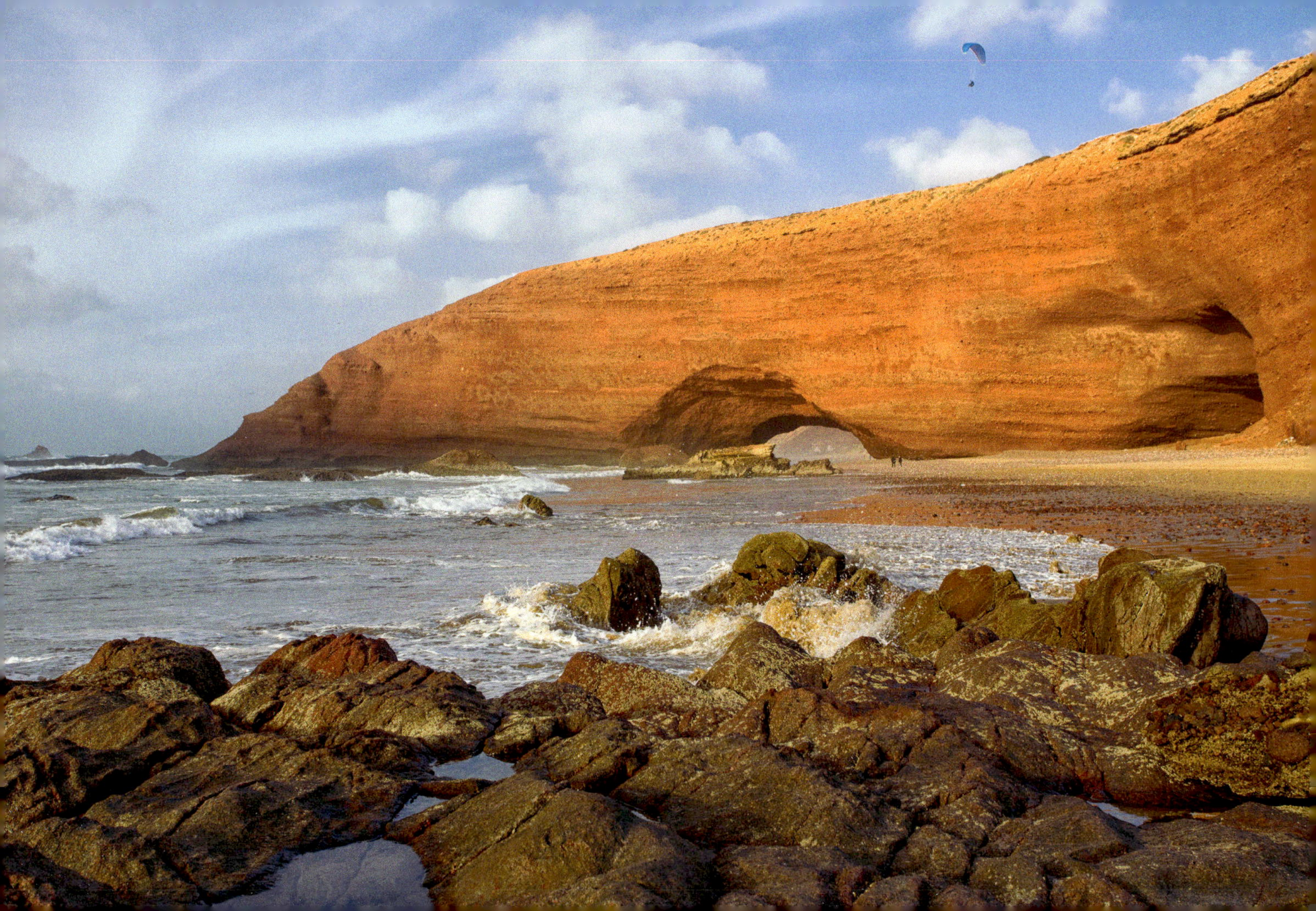

- Flussmündungen (Loukos-Fluss bei Larache, Sebou-Fluss bei Kenitra, Regreg-Fluss in Rabat/Sale, Oum Er Rbia-Fluss bei Azemmour, Tensift-Fluss bei Souira Kedima) und
- ausgedehnten langen Sandstränden zum Teil mit Dünen (Essaouira, Agadir).

Ganzjährig wasserführende Flüsse wie der Loukos, der Sebou und der Oum Er Rbia finden sich nur im Norden Marokkos. Das atlantische Klima ist charakterisiert durch starke Brandung und Meeresströmungen, es dominieren kräftige Winde aus westlicher Richtung. Die Küste ist deshalb an einigen Orten ein Eldorado für Wind- und Wellensurfer.

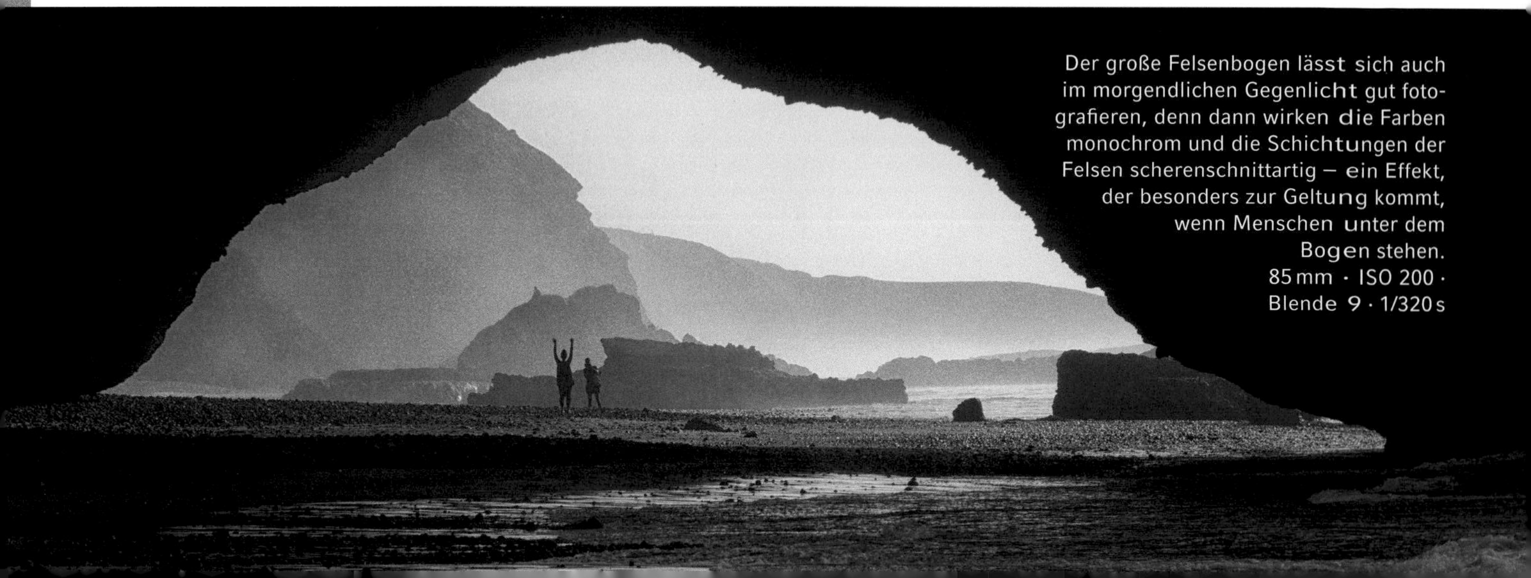

Der große Felsenbogen lässt sich auch im morgendlichen Gegenlicht gut fotografieren, denn dann wirken die Farben monochrom und die Schichtungen der Felsen scherenschnittartig – ein Effekt, der besonders zur Geltung kommt, wenn Menschen unter dem Bogen stehen.
85 mm · ISO 200 · Blende 9 · 1/320 s

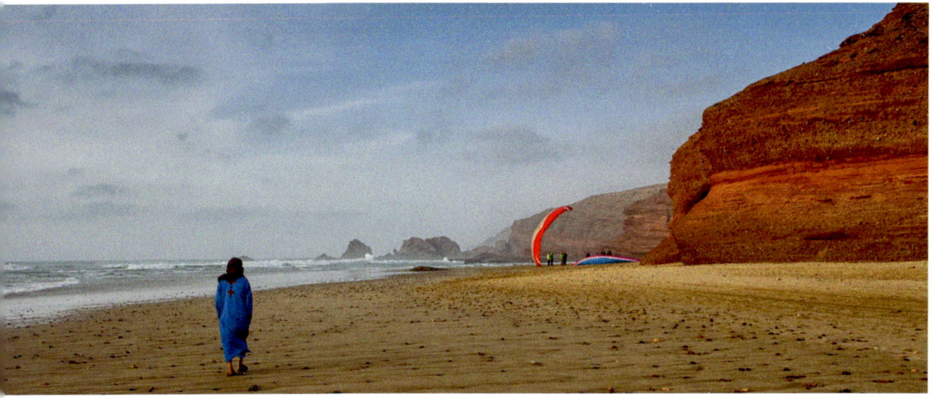

Die Weite der Küstenlandschaft wird durch den im Vordergrund stehenden Menschen betont, denn er gibt dem Bild Tiefe.
28 mm · ISO 200 · Blende 9 · 1/80 s · B+W-Polfilter

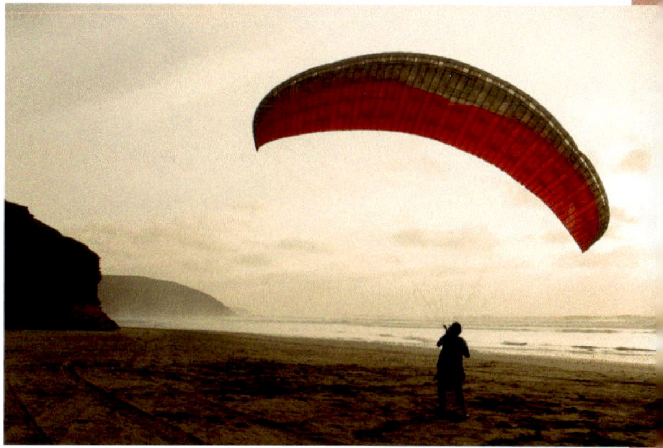

Die Abendsonne lässt den Schirm des Paragleiters in der ansonsten schon fast monochrom wirkenden Landschaft leuchten.
18 mm · ISO 200 · Blende 8 · 1/80 s

LEGZIRA BEACH

Faszinierende Gesteinsformationen prägen den relativ einsamen, zwölf Kilometer nördlich von Sidi Ifni gelegenen Küstenort Legzira Beach, der mit einem öffentlichen Bus, besser aber mit dem Leihwagen erreichbar ist. Der Ort besteht nur aus einigen Häusern, die als Restaurants und Guesthouses fungieren. Das eigentliche Ziel sind die im Abendlicht rot leuchtenden Felsformationen. Einer der beiden gigantischen Steinbögen ist im Oktober 2016 durch Erosion zusammengebrochen. Der andere stellt weiterhin ein tolles Fotomotiv dar. Ebenso fotogen sind die hier bei passendem Wind von den Felsen schwebenden Paragleiter.

29.442309,
−10.119054

29.371190,
–10.184294

SIDI IFNI

Die von den Spaniern bis 1969 gehaltene ehemalige Enklave Sidi Ifni (22.000 Einwohner) hat im Zentrum den Charme einer spanischen Kleinstadt aus den dreißiger Jahren. Die Architekten planten und bauten Gebäude im Stil des Art déco, teilweise vereint mit maurischen Elementen, vermischt mit einer strengen architektonischen Rationalität. Zeitzeugen wie das alte Kino, das Rathaus, der Leuchtturm und der Gouverneurspalast geben das Gefühl, sich an einem vergessenen spanischen Außenposten zu befinden. 1934 unter Franco erbaut, lebten hier bis zu 15.000 Soldaten und sicherten den damals wichtigen Militärposten. Sie hatten viele moderne Annehmlichkeiten wie ein Krankenhaus, einen Flugplatz, Schulen, Stadien, Schwimmbäder, einen Zoo, Hotels, Restaurants und Kinos. In den 70er Jahren gab es hier ein reges Strandleben und viele Nachtbars, Stars wie Jimi Hendrix und die Doors wohnten zeitweise hier. Heutzutage gleicht der 170 Kilometer südlich von Agadir gelegene Ort eher einem verschlafenem Nest und einem Geheimtipp. Vor allem einheimische Touristen verbringen in den Orten der Umgebung wie Legzira und Mirleft ihren Urlaub. Im Ort kann man leckeren fangfrischen Fisch essen, flanieren und auf dem kleinen Souk gemütlich einkaufen. Zwar hat Sidi Ifni einen langen Strand, dort sind aber die Brandung und Strömung sehr stark, sodass man zum Baden lieber ins zwölf Kilometer entfernte Legzira fährt. Dort warten neben urigen Strandrestaurants auch der schon erwähnte sehr fotogene Steinbogen auf die Fotografin. Außerdem ist die See hier viel ruhiger. Am besten erreichbar ist Sidi Ifni mit Leihwagen oder per Linienbus.

Der kleine Leuchtturm von Sidi Ifni bietet zur Blauen Stunde ein hübsches Motiv. Durch die Langzeitbelichtung wirkt das Meer ruhiger.
75 mm · ISO 100 · Blende 8 · 8 s

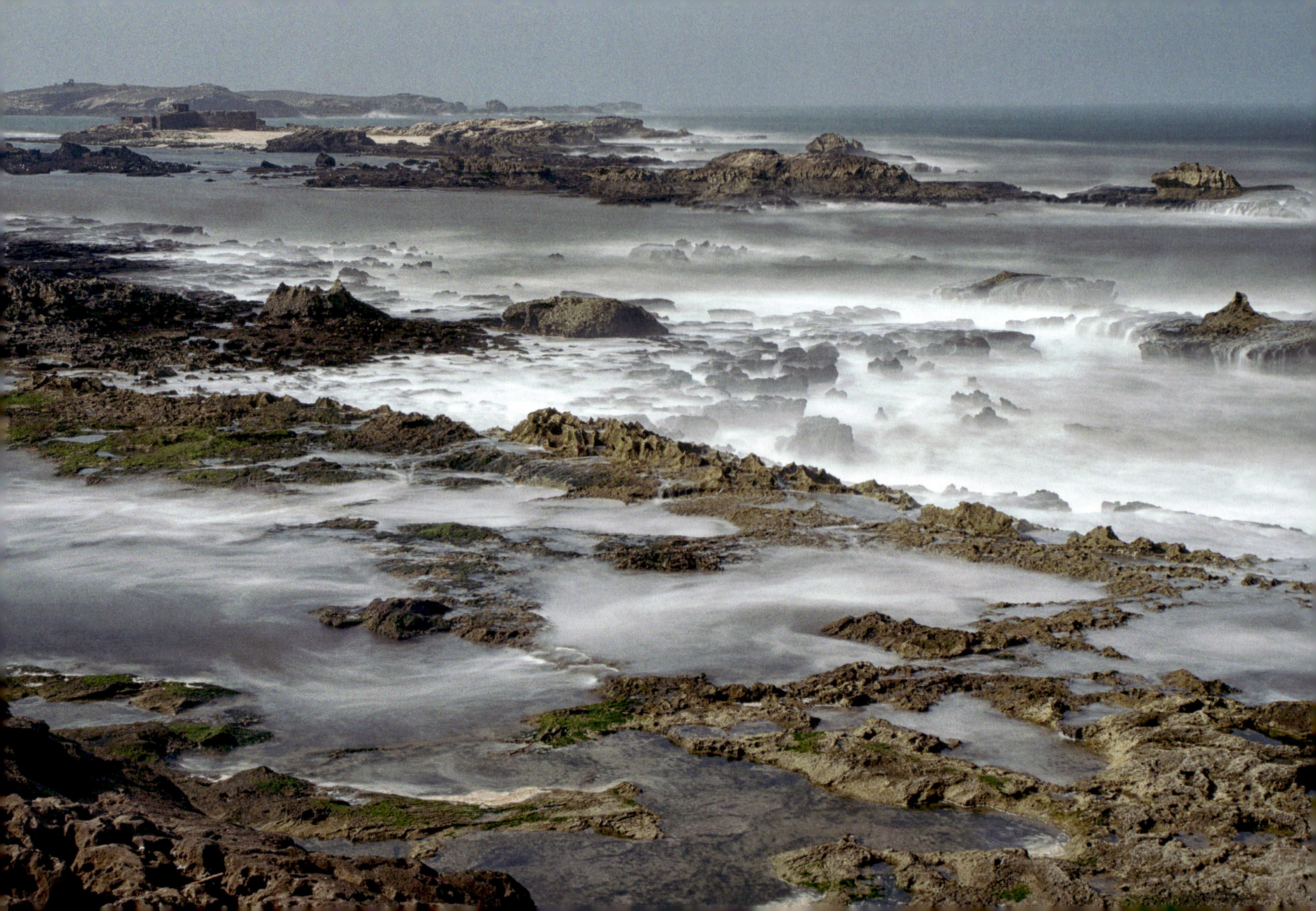

31.512699,
–9.773099

DIE ATLANTIKKÜSTE BEI ESSAOUIRA

Entlang der Küste von Essaouira bis runter nach Agadir finden sich sowohl lange Strände wie auch schroffe und zerklüftete Abschnitte. Besonders wegen der Vielfalt an weiteren Motiven, ist diese Strecke bei Fotografen beliebt. Auch lässt sich die portugiesische Festungsanlage, die die Stadt umgibt, auf verschiedene Weise in die Bildgestaltung einbeziehen.

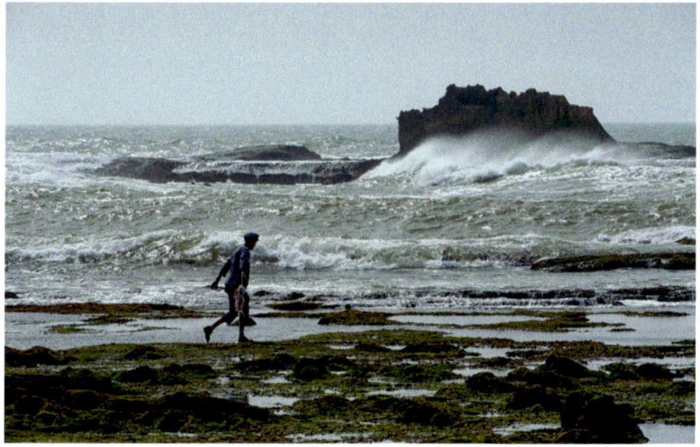

Atlantikwellen brechen sich an den Purpurinseln. Der Mann trägt frisch gefangenen Tintenfisch.
135 mm · ISO 200 · Blende 9 · 1/500 s

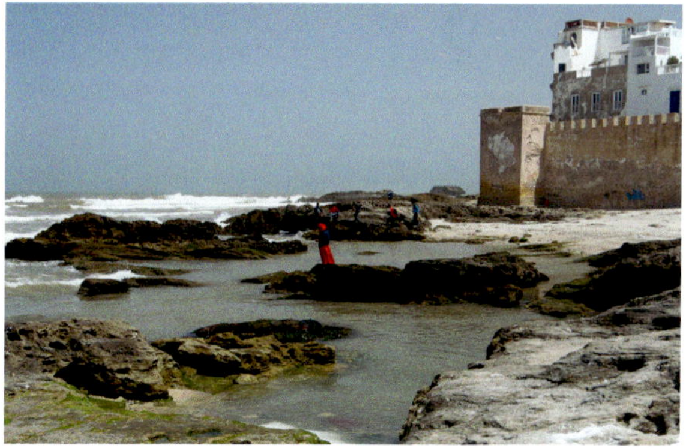

Bei Ebbe sammelt sich Meereswasser in Tümpeln vor der Küste.
31 mm · ISO 400 · Blende 6,3 · 1/640 s

Durch die Langzeitbelichtung legt sich die Meeresgischt wie ein Nebel über die Felsstrukturen. Links im Hintergrund die kleine Insel Mogador, nach der die Stadt Essaouira ursprünglich benannt war.

31.510201,
–9.773868

2 ESSAOUIRA

Essaouira ist recht gut in einer drei- bis vierstündigen Fahrt von Agadir oder Marrakesch aus erreichbar. Die Stadt hat knapp 80.000 Einwohner und wurde 2001 in die Liste des UNESCO-Weltkulturerbes als Beispiel für eine befestigte Hafenstadt des 18. Jahrhunderts aufgenommen. Die Altstadt ist ca. einen Kilometer lang und bis zu 600 Meter breit. Kurz vor der Ankunft kann man von einem Aussichtspunkt oberhalb der Stadt die Festungsanlagen, die vorgelagerten Purpurinseln und das Meer sehen. Die Phönizier nutzten die Inseln, die Portugiesen und Franzosen bauten die Stadt zur Festung mit Bastionen, Wehrtürmen, Stadtmauer und Stadttoren aus.

Beim Erreichen der Stadt beeindruckt zunächst der fünf Kilometer lange Strand, der viele Touristen anzieht. Surfer und Badende genießen die gute Mischung aus beständigem Wind und meist angenehmen Wassertempera-

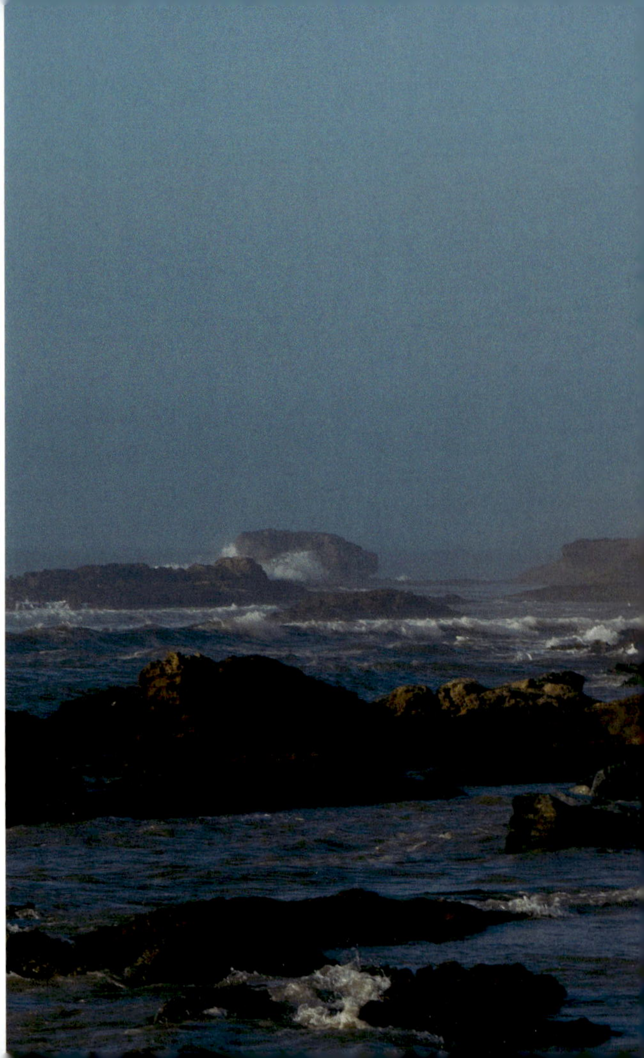

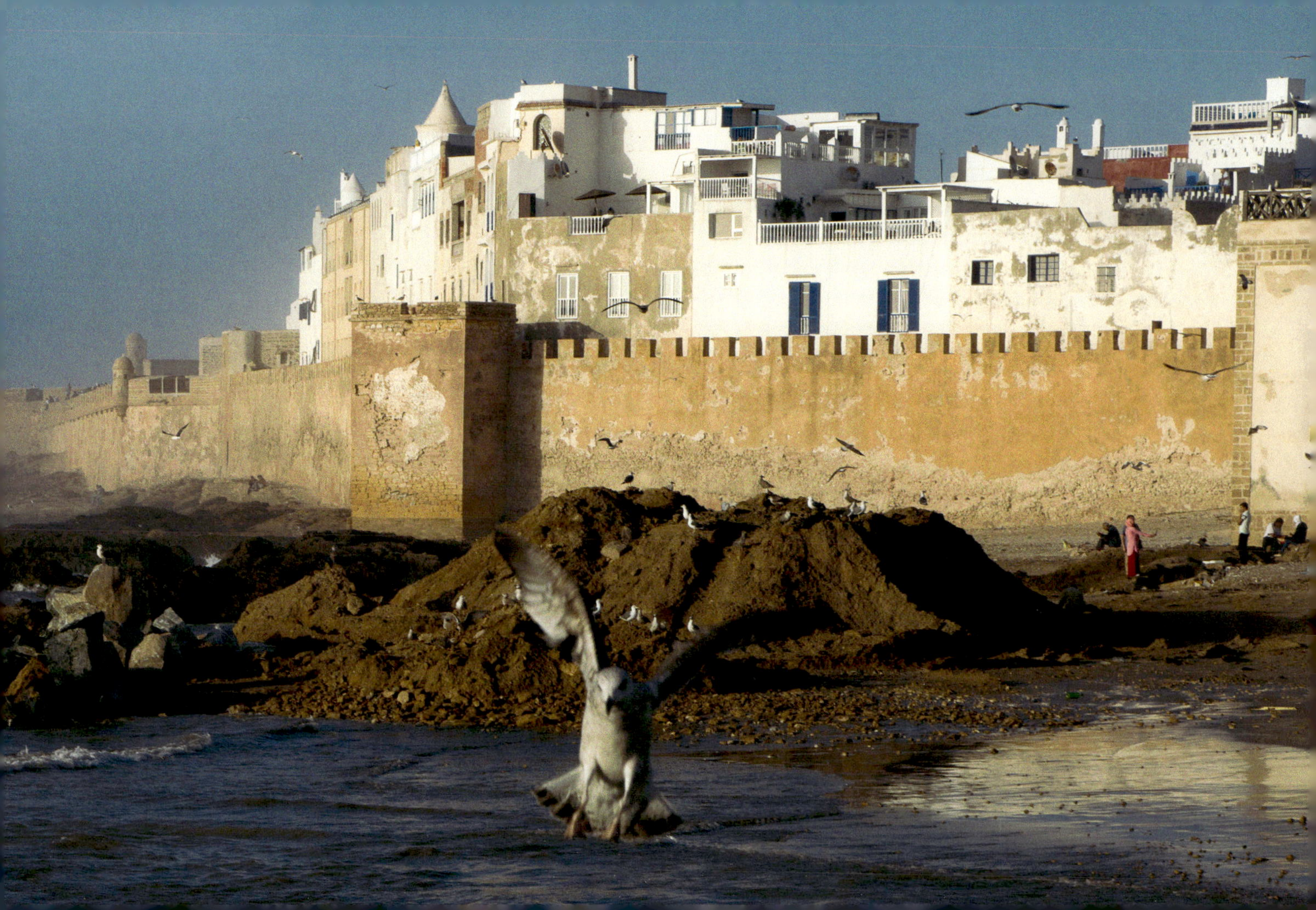

31.509883,
–9.773660

turen. Die weiße Hafenstadt bietet dem Fotografen tolle Motive, die in kurzen Entfernungen zu erreichen sind. Ein sehr schöner Rundgang bietet sich zum Beispiel auf den Festungsmauern (Skalas) an. Hier kann man Motive mit Kanonenrohren, Wehrtürmen und dem Meer finden. Besonders an den Türmen der Skala du Port erkennt man noch den portugiesischen Stil. Auch einige andere marokkanischen Küstenstädte wie zum Beispiel Agadir, El Jadida und Asilah wurden im 15. bis 18. Jahrhundert von den Portugiesen gebaut und befestigt. Für uns gehören El Jadida, Asilah und natürlich Essaouira zu den schönsten Beispielen der Festungsarchitektur dieser Zeit.

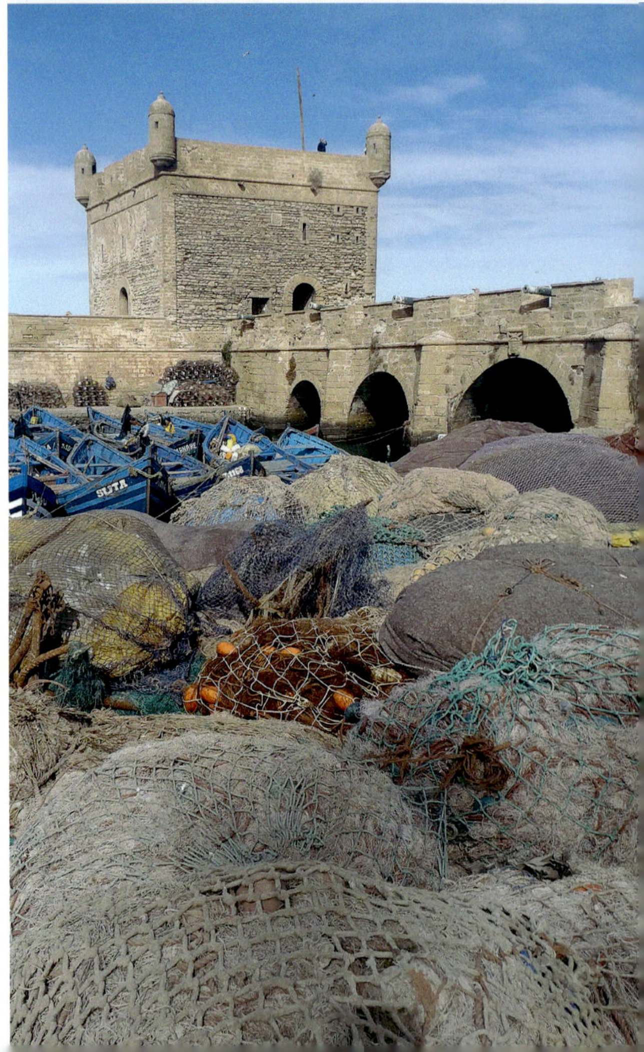

Diese Aufnahme wurde mit dem Handy gemacht. Der Weitwinkeleffekt betont die Netze im Vordergrund, weiter hinten sieht man einen Turm der Befestigungsanlage.

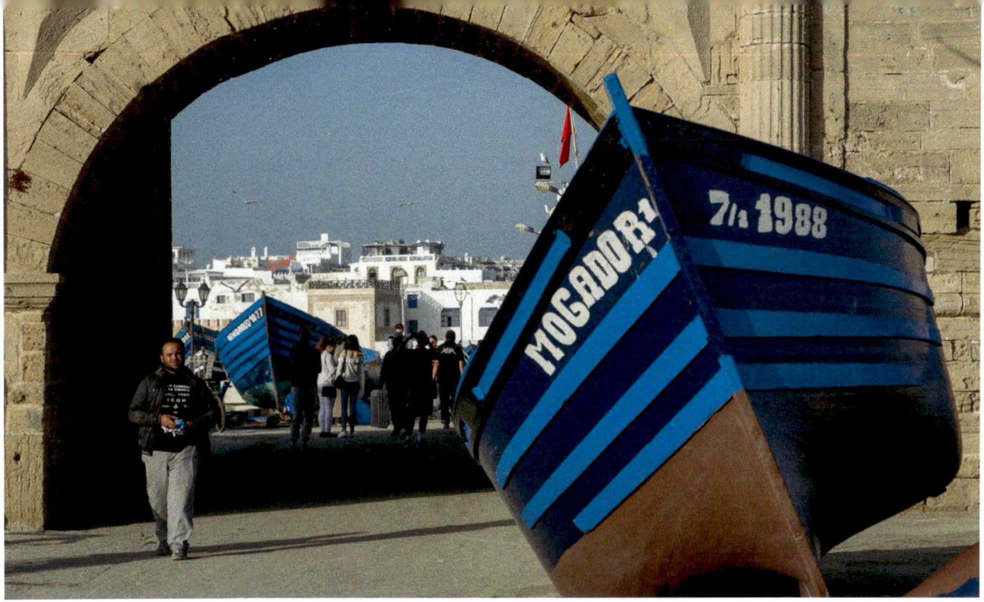

Essaouira hieß früher »Mogador«, so wie der Name des Bootes. Der Blick durch das Tor zeigt die weiße Stadt. 53 mm · ISO 100 · Blende 8 · 1/200 s

31.509933, –9.77364

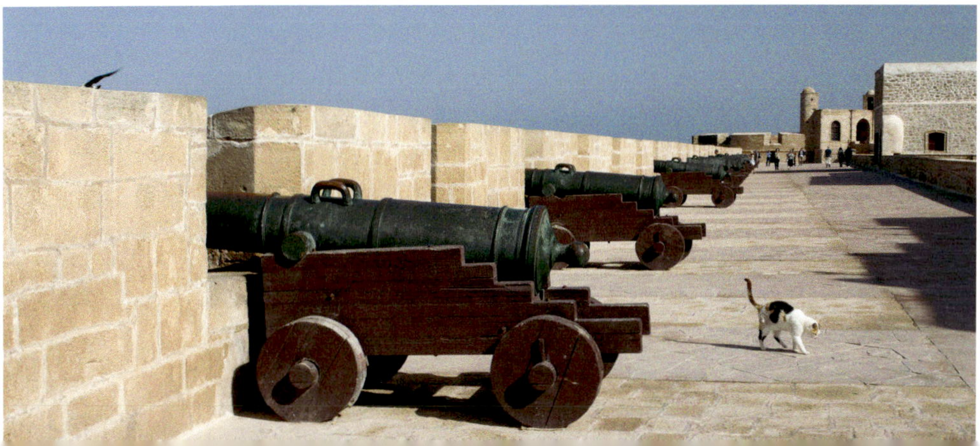

In der Befestigungsmauer gibt es immer wieder Einschnitte für die Kanonen aus dem 18. Jahrhundert. Im Hintergrund steht der nördliche Wehrturm. 28 mm · ISO 100 · Blende 7,1 · 1/125 s

31.514222, –9.772395 (Festung)

Überall an Marokkos Küsten kann man die typisch blauen Fischerboote finden – in Essaouira kann man sie aus sehr vielen unterschiedlichen Perspektiven ablichten.
60 mm · ISO 200 · Blende 10 · 1/160 s

Bevor es weiter geht, kann man in der Nähe am großen Moulay el Hassan-Platz bei einem Kaffee oder Eis gut entspannen und Menschen beobachten. In den engen Gassen der schachbrettförmig angelegten Medina (Altstadt) lässt man sich nach der Stärkung am besten treiben oder besucht einen Thujaholz-Schnitzer, der seine Waren in einem lichtdurchfluteten Hof anbietet und sich während eines Schwätzchens eventuell fotografieren lässt. Das angenehm riechende braune Holz der Thujabäume wird hier nämlich kunstvoll zu Schatullen, Figuren, ja sogar zu ganzen Schränken verarbeitet. Absolut lohnenswert ist auch ein Besuch in den verschiedenen Kunstgalerien der Stadt, die vor allem lokale Ethno-Kunst ausstellen. Auch der Markt an der Zerktouni-Straße lohnt einen Besuch, hier werden neben Obst und Gemüse auch Fisch und Fleisch verkauft. In den engen Straßen der Medina selbst überwiegen Angebote touristischer Souvenirs, die fotografisch nur mäßig interessant sind. Erwähnt werden sollte natürlich auch, dass sich in der Stadt in vielen Restaurants vortrefflich essen lässt. Einige Restaurants bieten auch einen tollen Ausblick auf das Meer. Man findet sie entweder am Strand oder an der nördlichen Festung.

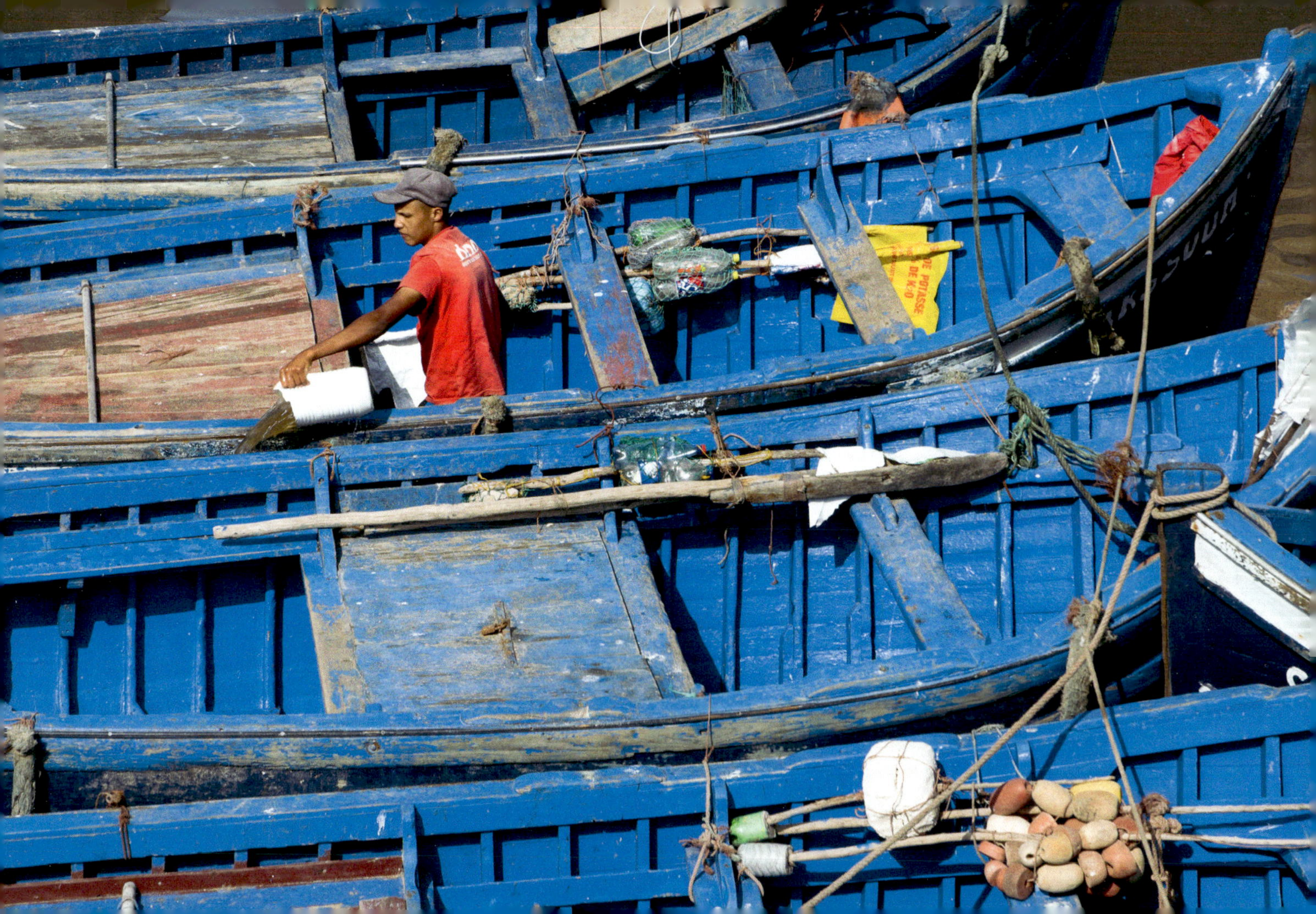
DE POTASSE
DE K2O

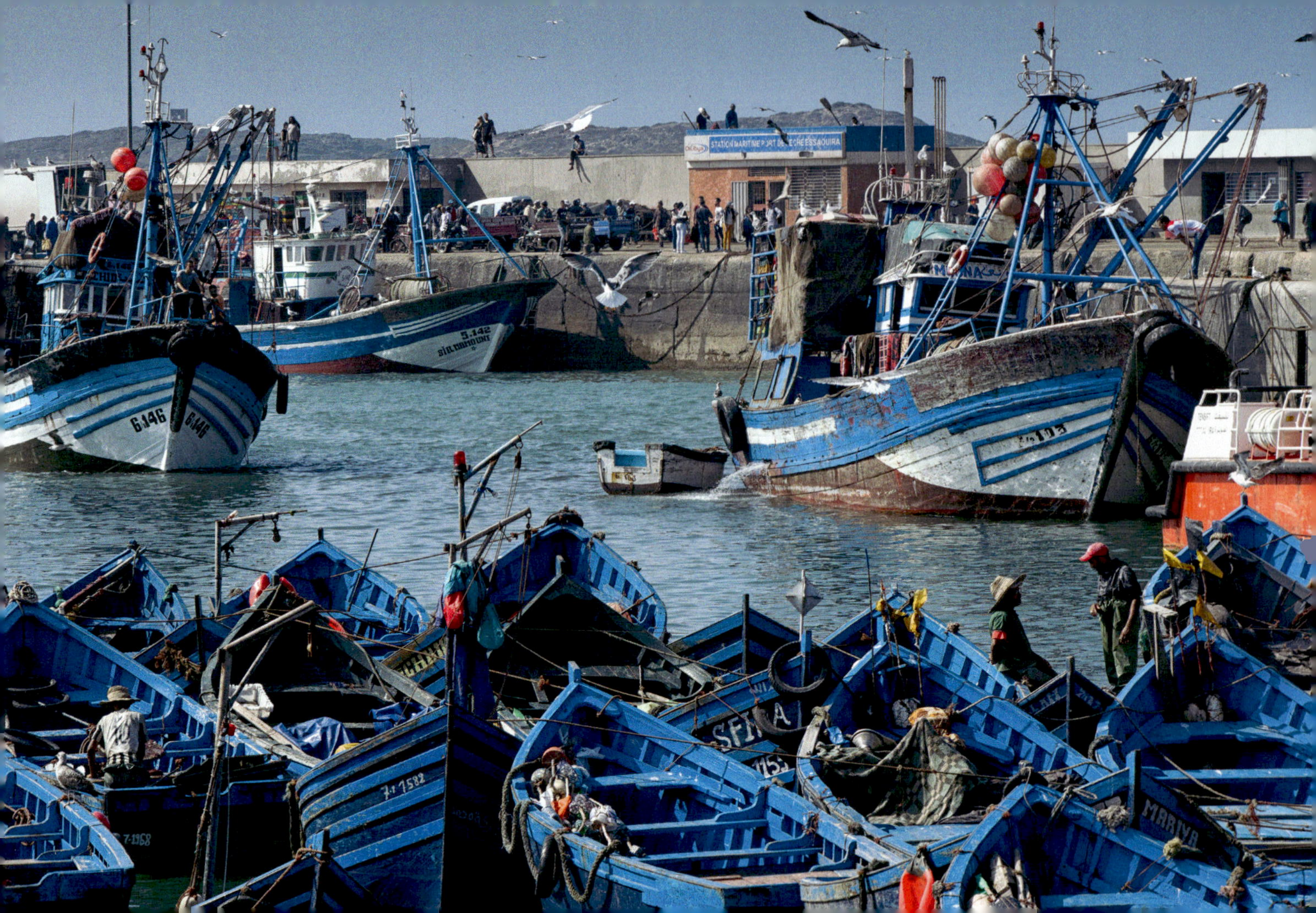
5.142
MARINA

FOTOGRAFIEREN AM HAFEN UND AUF DEM FISCHMARKT

Ein Highlight für die Fotografin ist der kürzlich umgebaute Hafen in Essaouira, denn hier lassen sich Leben und Arbeit im Bild festhalten: Bootsbau, Fischernetze und ein Getümmel von blauen Ruderbooten. Schreiend bieten Händler fangfrischen Fisch feil, der ständig neu entladen wird. Menschen zu fotografieren, ist hier allerdings schwierig. Denn Händler und Fischer reagieren oft ablehnend, wenn sie eine große Kamera sehen, da sie ständig von den vorüberziehenden Touristen ungefragt mit dem Handy abgelichtet werden.

108 mm · ISO 200 · Blende 11 · 1/320 s

31.509224, –9.774644 (Fischmarkt)

135 mm · ISO 200 · Blende 10 · 1/125 s

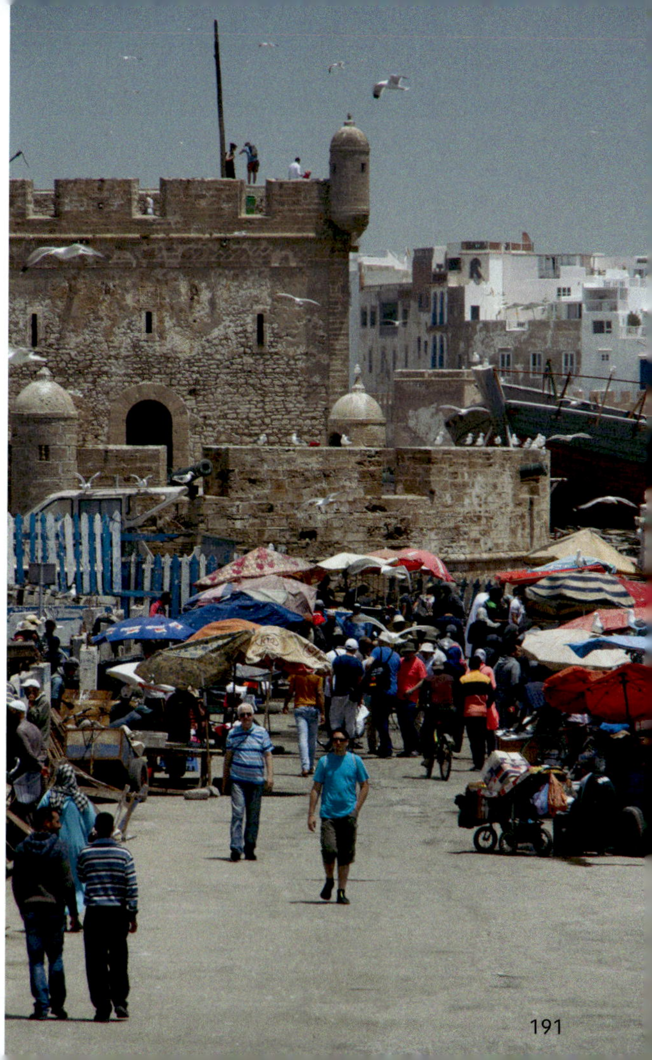

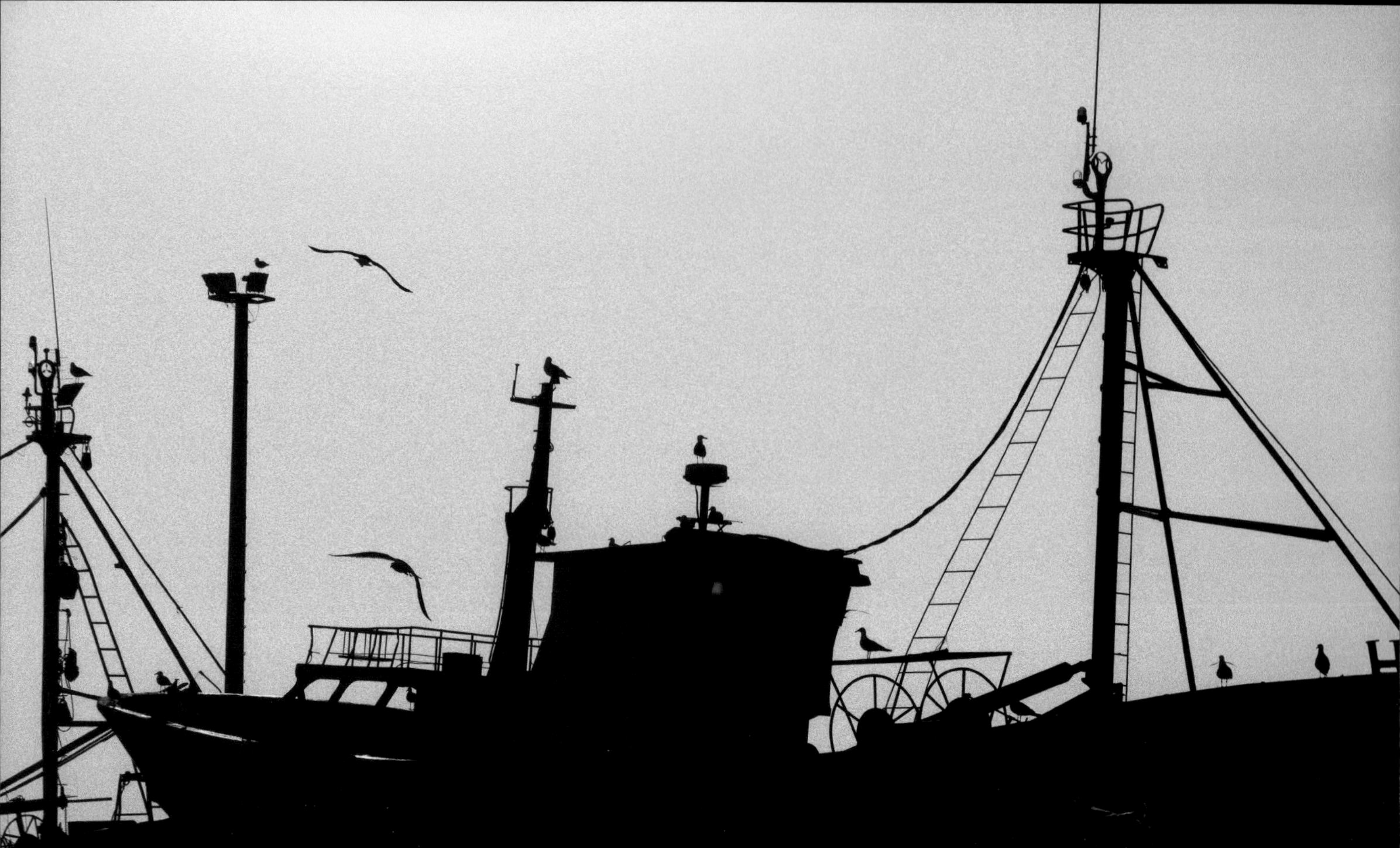

INTERESSANTE FOTOSPOTS

Getreidemarkt
31.514358, –9.767928

Turmuhr
31.512273, –9.771062

Thujaholz-Kooperative
31.512798, –9.772136

Galerie Damgaard
31.511762, –9.771083

Fischgrills
31.510976, –9.772288

Galerie Kasbah
31.512896, –9.771019

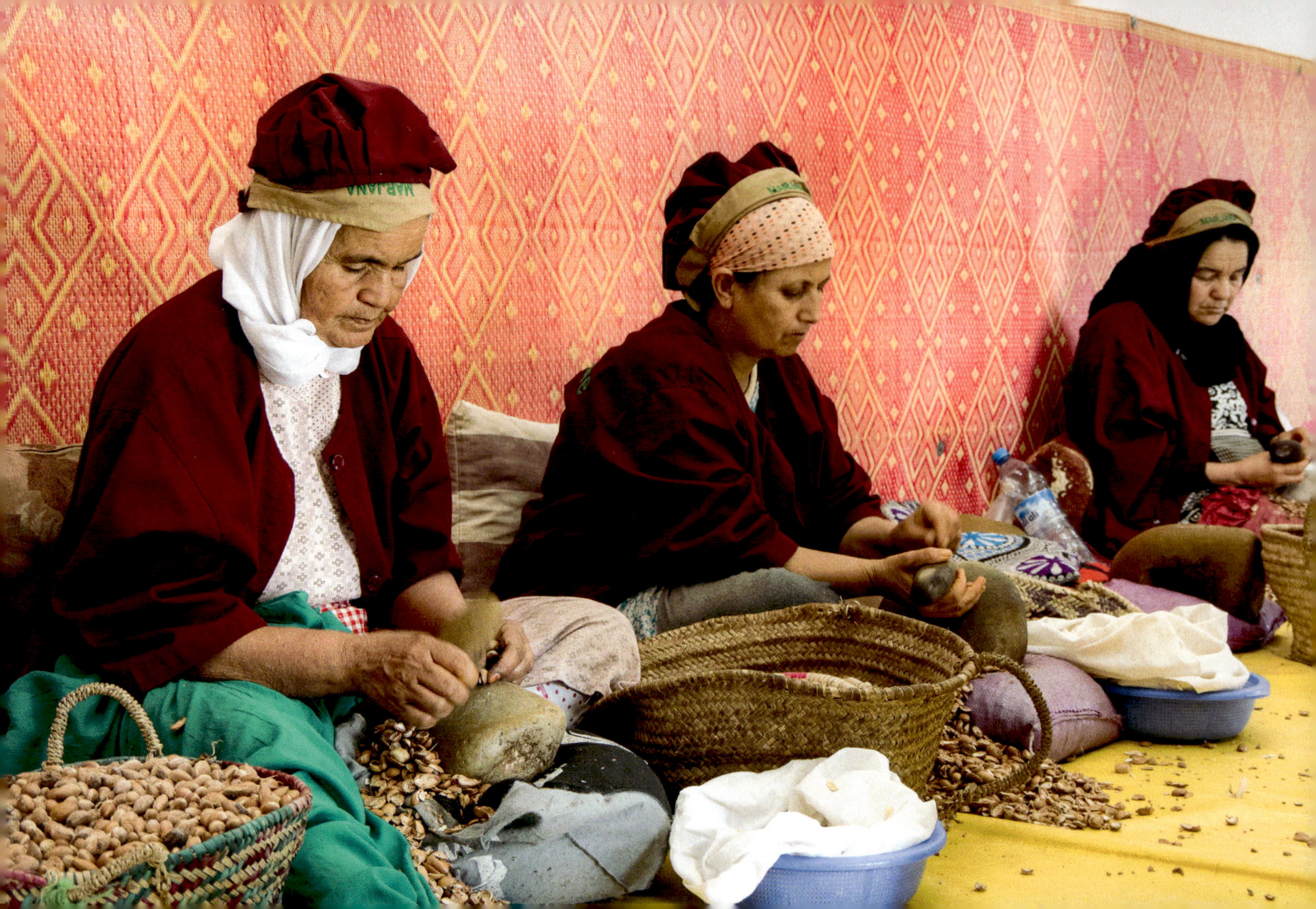
MARJANA

FRAUEN-KOOPERATIVEN IM UMLAND

In der Umgebung der Stadt lohnen die zahlreichen Argan-Öl-Kooperativen einen Besuch. Dort findet sich eine der wenigen Gelegenheiten, marokkanische Frauen bei der Arbeit zu fotografieren. Zudem wird der gesamte Herstellungsprozess des Öls erklärt, das aus den Früchten des Argan-Baumes gewonnen wird. Dieser wächst weltweit nur in einem kleinen Gebiet in Marokko und in Algerien. Unterwegs trifft man des Öfteren auch auf Ziegen, die auf Argan-Bäumen sitzen. Das ist ein beliebtes Fotomotiv. Doch man sollte wissen, dass die Tiere häufig von ihren Hirten auf den Bäumen angebunden werden, damit sie einen Obulus für ein Bild erhalten. Aus Tierschutzgründen raten wir deswegen davon ab, hier die Kamera auszupacken.

31.521130, −9.630139

40 mm · ISO 6400 · Blende 4,5 · 1/30 s

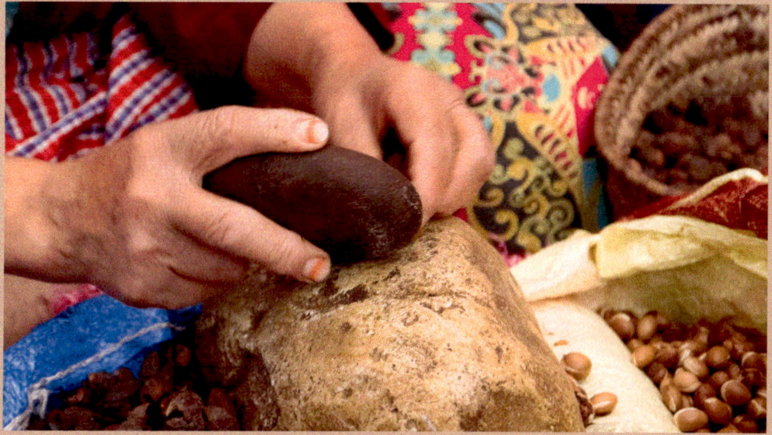

Die Bilder stammen von der Kooperative Marjana, ca. 10 Kilometer vor Essaouira gelegen. Hier habe ich mit hoher ISO fotografiert, die Verwendung eines Blitzes wäre störend gewesen. 36 mm · ISO 3200 · Blende 6,3 · 1/40 s

29.704167,
–9.001667

③ TAFRAOUTE UND UMGEBUNG

Die kleine Stadt Tafraoute hat 7.000 Einwohner und liegt 180 Kilometer südwestlich von Agadir im Anti-Atlas auf 1.000 Höhenmetern. Sie ist eingebettet in das Tal der Ammeln und umgeben von Myriaden rosefarbener Granitblöcke verschiedenster Formen – eine imposante Landschaft mit tollen Motiven! Die teilweise glatt geschliffenen Granitformationen sind vulkanischen Ursprungs. Wegen der sichtbaren extremen Wasserarmut wachsen in der Region nur sehr widerstandsfähige Büsche und Bäume wie Palmen, Mandel-, Oliven- und Arganbäume. In der weiteren Umgebung Tafraoutes befinden sich mehrere halbzerfallene »Agadire«, das sind Speicherburgen, in denen die Bevölkerung ihre Ernte sicher eingelagert hat.

Ein besonders schönes Naturschauspiel wiederholt sich jedes Jahr zur Mandelblüte am Anfang des Frühlings (Dezember bis Ende Januar), wenn sich die Region in ein weißes Blütenmeer verwandelt. Die hier lebende Volksgruppe der Schlöh-Berber arbeitet vorrangig als Bauern, sie pflanzen Getreide an und kultivieren verschiedene Obstbäume. Leider sind viele Menschen wegen fehlender Regenfälle seit den 80er Jahren in die Großstädte abgewandert. In der Stadt selbst gibt es keine Lehmgebäude mehr. Die Häuser sind aber in den Tönen der Natur, in Rosa, Braun und Ocker verputzt.

Die rote Moschee von Adai unweit Tafraoute steht fotogen vor den typischen beeindruckenden Felsformationen der Region. 35 mm · ISO 100 · Blende 8 · 1/200 s · B+W-Polfilter

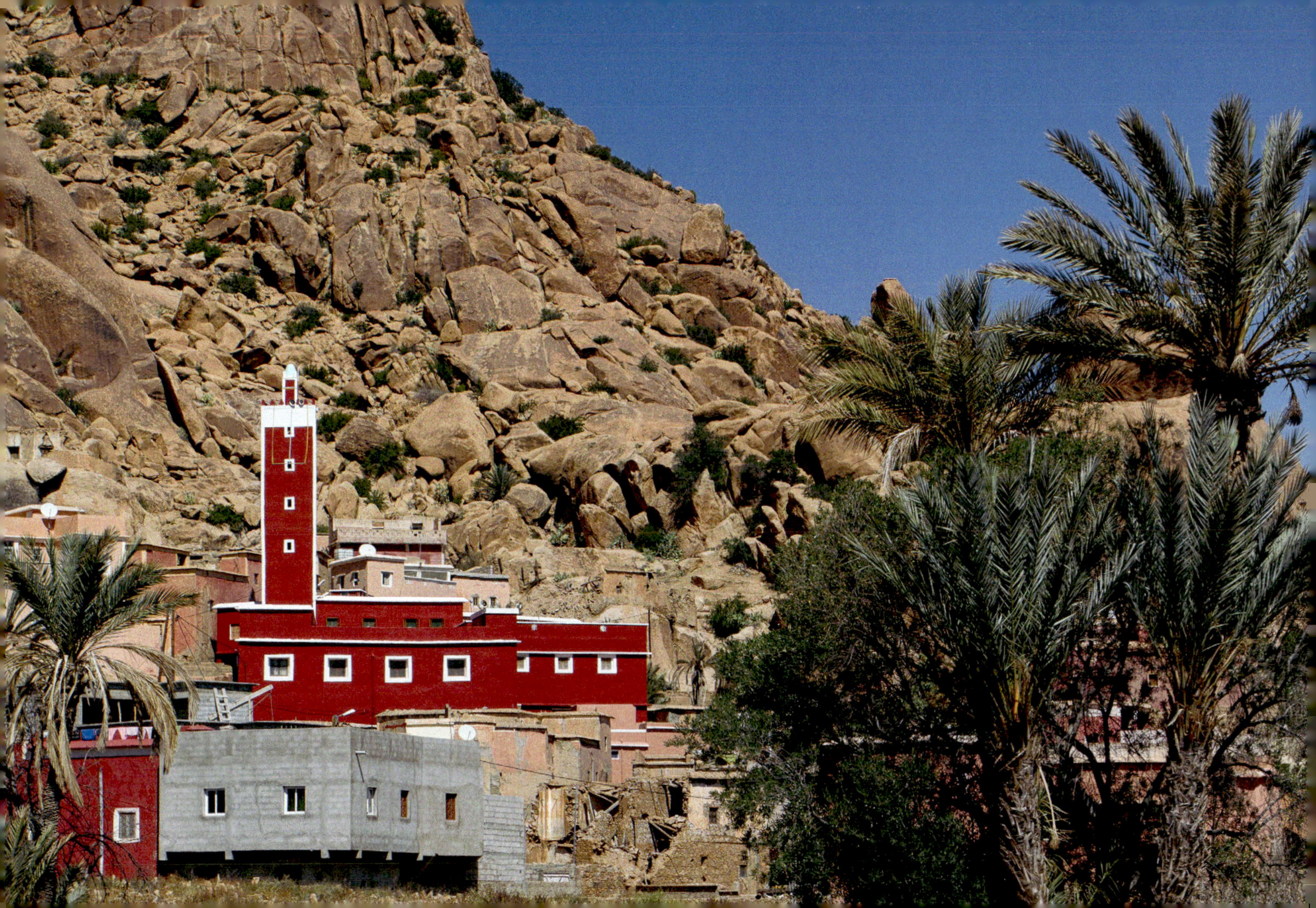

29.762123,
–8.942535

Nur wenige Kilometer entfernt befindet sich der kleine traditionelle Ort Oumesnat am Fuß eines langgezogenen und imposanten Bergmassives, das sich bis auf 2.350 Meter erhebt. Er gehört zu den wenigen noch teilweise bewohnten Dörfern des Tales. Einige kleine Bäche, die nur im Frühjahr Wasser tragen, sorgen für fruchtbares Grün. Lohnenswert ist der Besuch des Museums des Ortes. Dort kann man ein altes Berberhaus von Innen besichtigen. Man erreicht Oumesnat vom nahegelegenen Parkplatz in fünf Minuten zu Fuß.

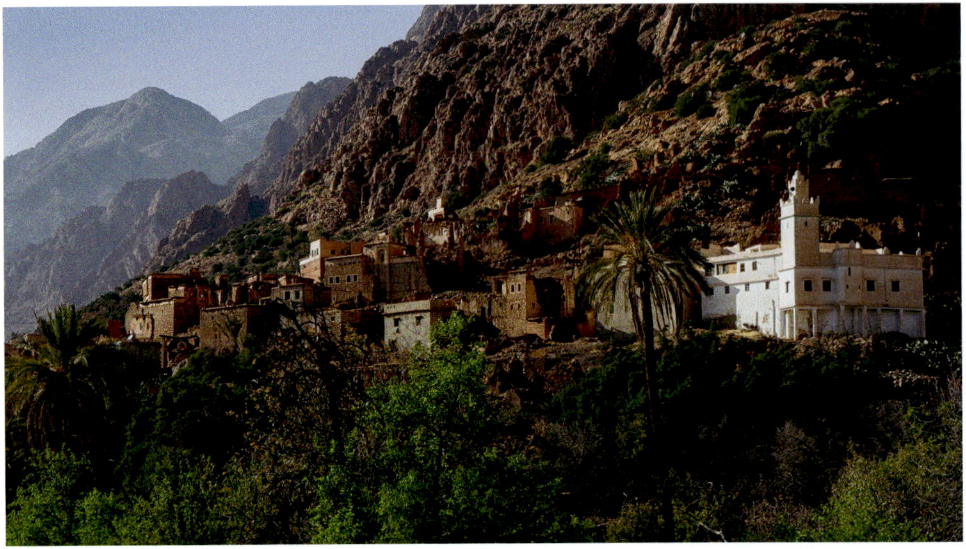

In den Morgen- oder Abendstunden wird der Ort seitlich von der Sonne beschienen und hebt sich so besser vom Hintergrund ab.
43 mm · ISO 200 · Blende 9 · 1/125 s

Das Museum »Maison Traditionelle Oumesnat« wird von Mr. Abdessalam und seinem Sohn betrieben. Gegen einen Obulus erhielten wir eine informative Führung, einen traditionellen Minztee und die Gelegenheit für ein nettes Foto des Banjo spielenden Hausherrn.
28 mm · ISO 3200 · Blende 4 · 1/25 s

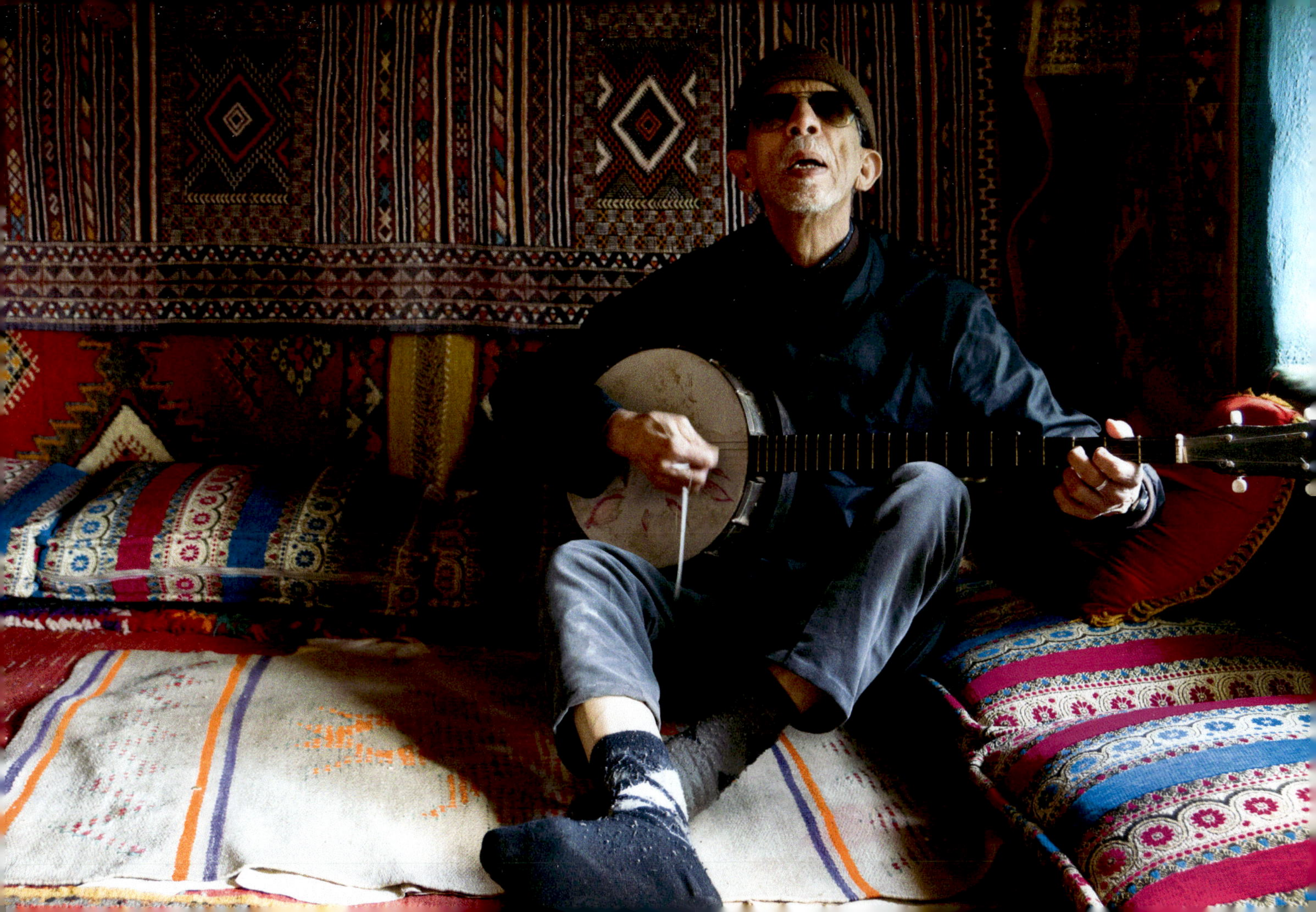

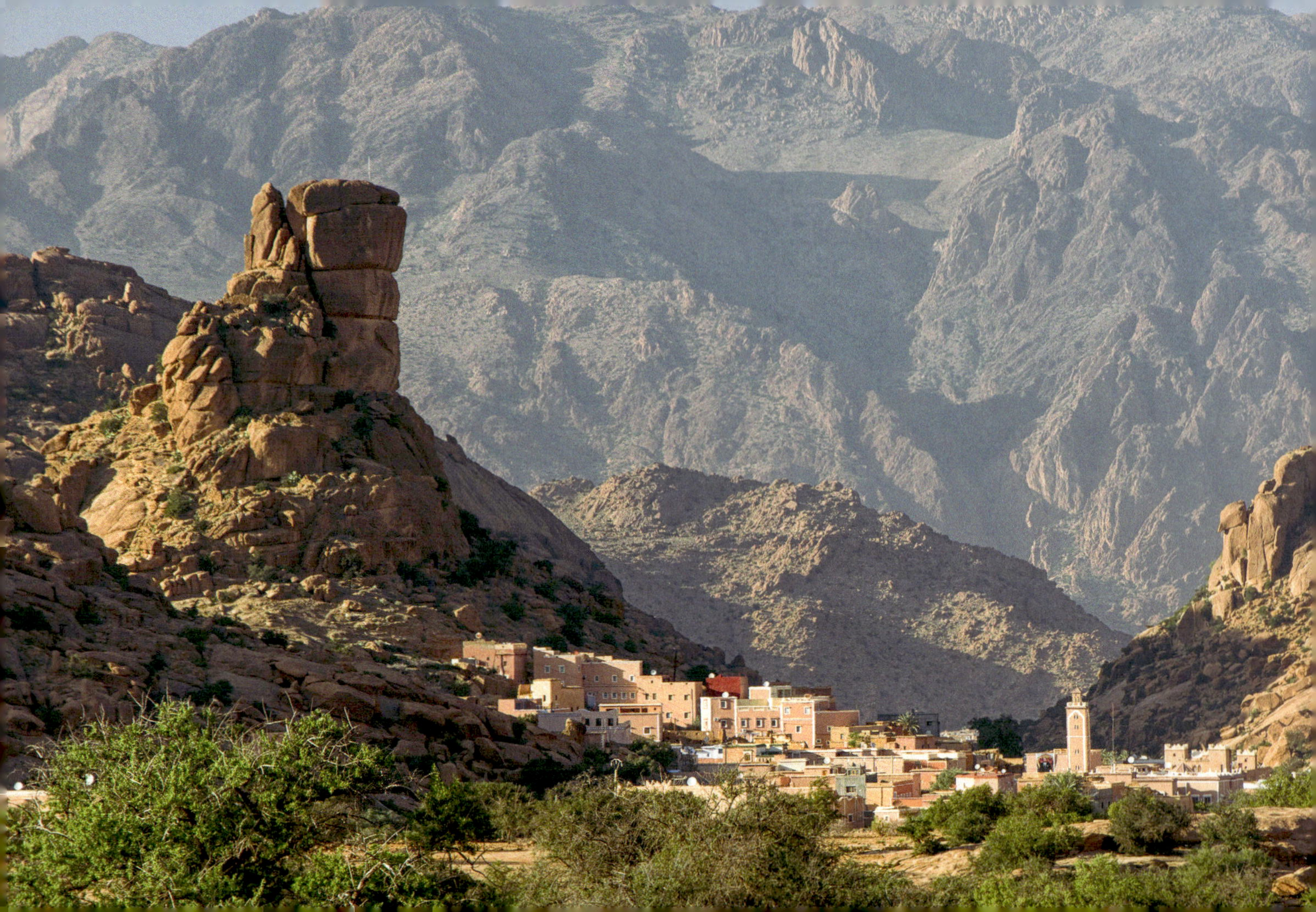

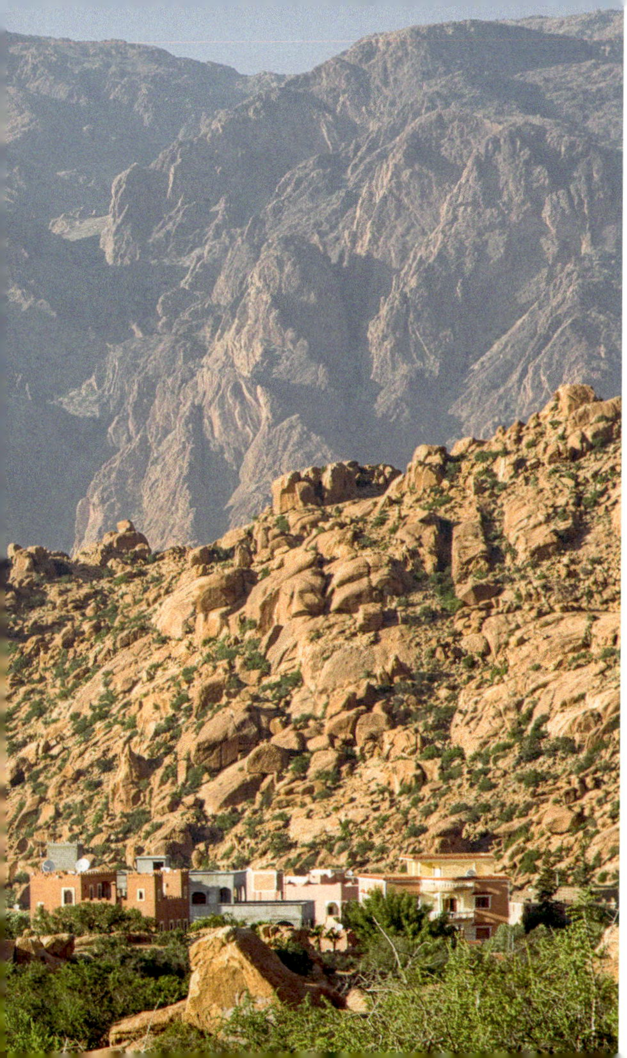

Der Chapeau de Napoleon ist eine kuriose Granitformation vulkanischen Ursprungs und findet sich beim Ort Agard Oudad, knapp vier Kilometer von Tafraoute entfernt. Der Napoleonshut ist nicht zu übersehen, denn er überragt das ihn umgebende Berberdorf bei Weitem. In dieser von wundersamen Granitblöcken übersäten Landschaft kann man sehr schöne Ausflüge mit dem Fahrrad machen oder sich die Gegend erwandern.

29.688697,
–8.963924

Der Napoleonshut lässt sich am späten Nachmittag gut fotografieren, in der Tagesmitte hingegen wirft die Sonne sehr harte dunkle Schatten.
85 mm · ISO 200 · Blende 9 · 1/100 s

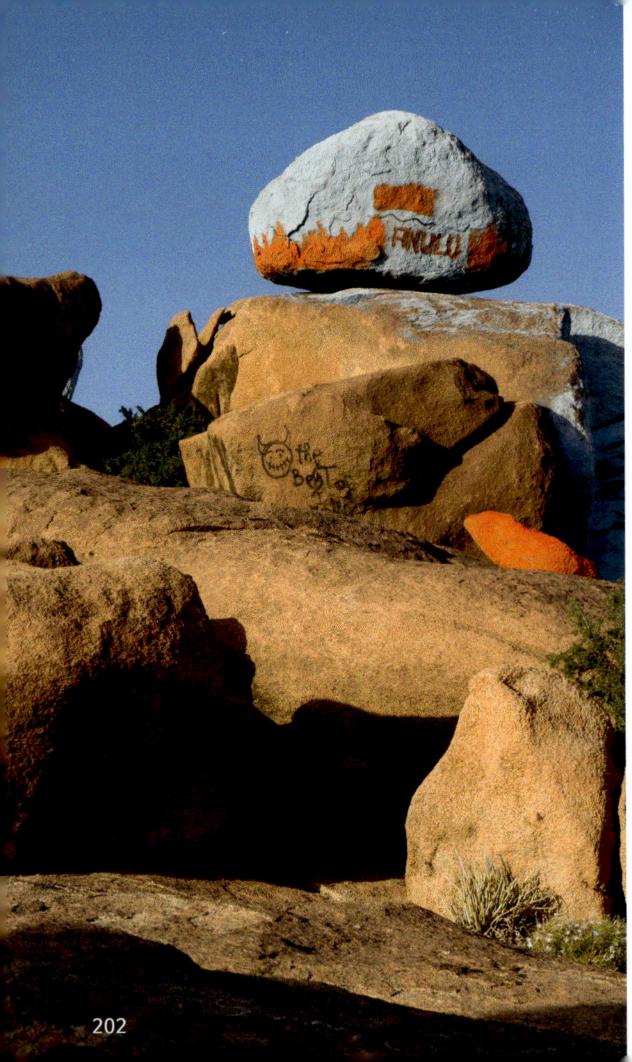

29.663611,
–8.960556

Nicht weit vom Napoleonshut entfernt finden sich die 1984 vom belgischen Künstler Jean Verame bemalten blauen Steine. Auf ungefähr einem Quadratkilometer färbte er Felsbrocken in Rot, Lila und Blau ein. Dabei half ihm eine Gruppe von marokkanischen Feuerwehrleuten, die Steine mit 18 Tonnen Farbe zu besprühen. Mittlerweile sind die ursprünglich sehr kräftigen Farben etwas verblasst, aber immer noch ein interessantes Motiv. Zu den blauen Steinen fährt man kurz hinter Agard Oudad rechts an dem Hinweis »Painted Rocks« eine Schotterpiste etwa einen Kilometer hinauf bis zu einer Parkmöglichkeit. Vor dort aus kann man die Kunstwerke zu Fuß erreichen.

Der Maler und Bildhauer befasst sich mit der Dimension von Landschaften und der Nomadenkultur der ganzen Welt. Eine seiner Intentionen ist es, mit seinen Werken zum Weltfrieden beizutragen. Besonders die Farbe Blau symbolisiert für ihn den Frieden. Sowohl in Frankreich, den USA und im Sinai bemalte er schon großflächig Felsen, Kieselstrände und Flussbetten.

Das warme Abendlicht lässt die Rottöne der Felsen leuchten. 53 mm · ISO 200 · Blende 9 · 1/60 s

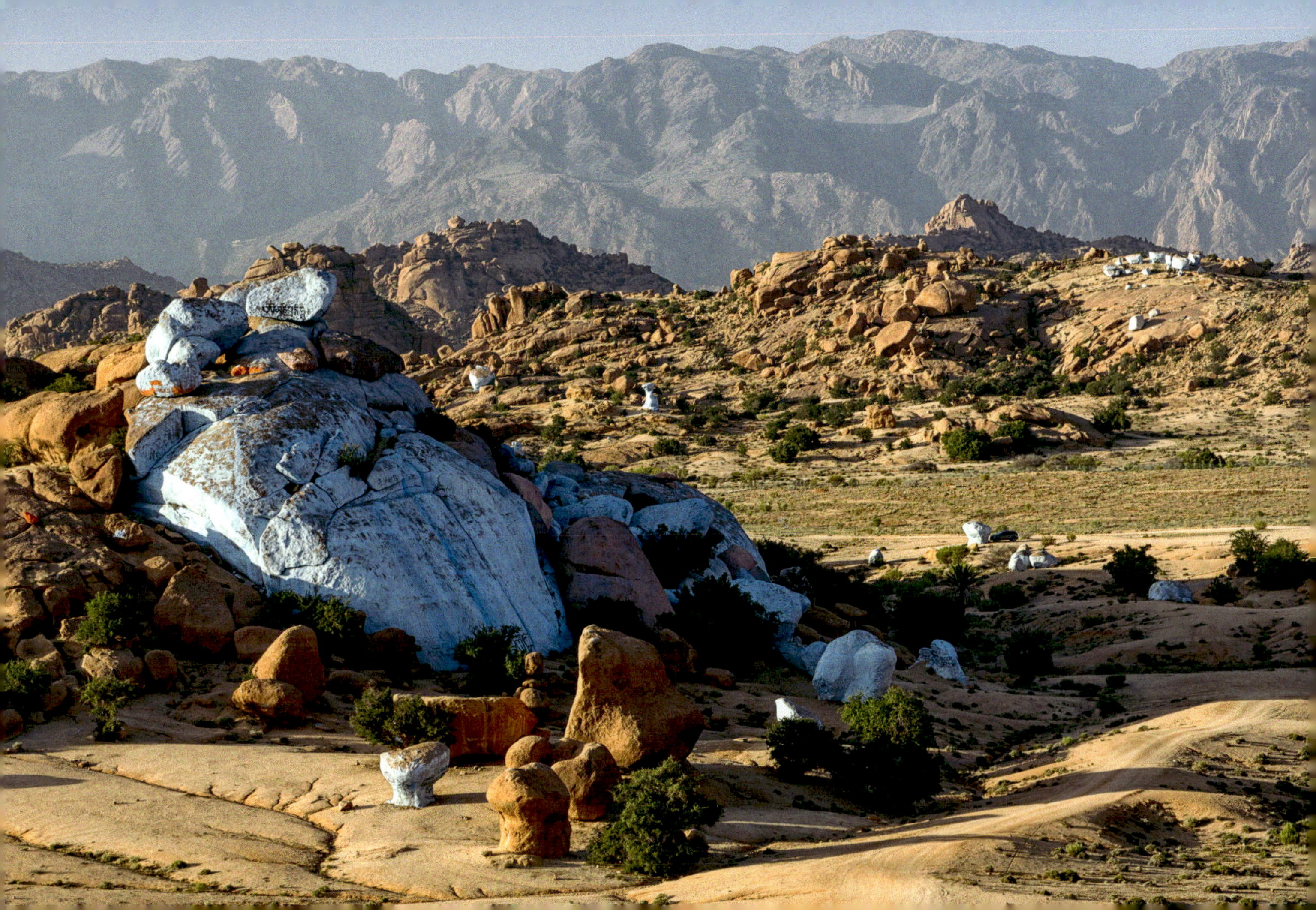

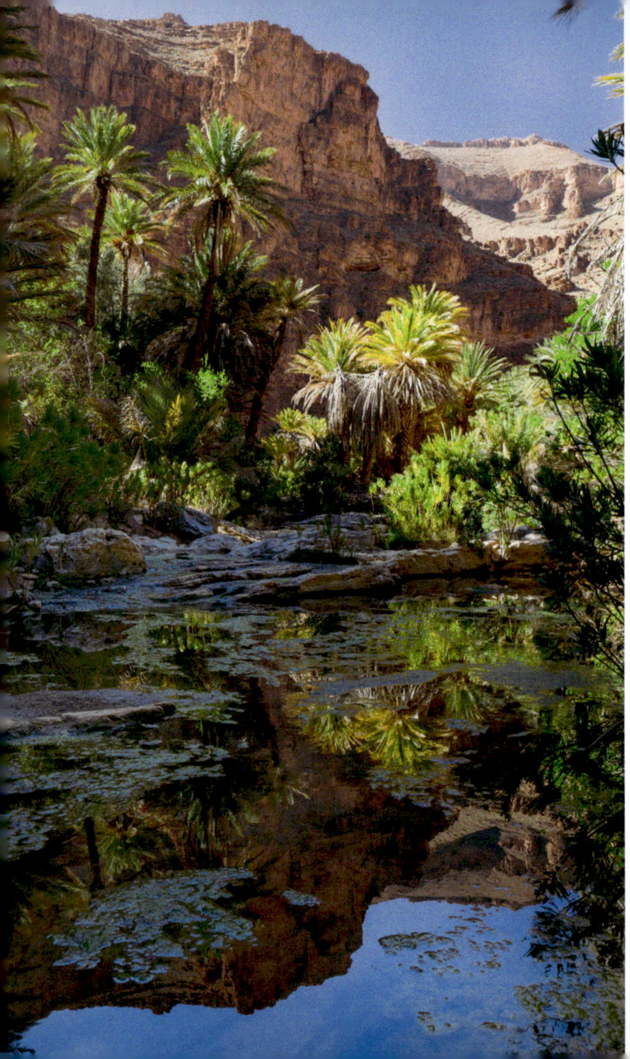

29.507778,
–8.828611
(rechte Seite)

29.545035,
–8.870240
(linke Seite)

Südlich von Tafraoute bietet sich eine wunderschöne Rundtour in den Anti-Atlas an: Ausgehend von Agard Oudad fährt man entlang einsamer Straßen durch verlassene Berberdörfer Richtung Tleta Tazrite. Im zeitigen Frühjahr blühen hier die Mandelbäume. Auf der westlichen Strecke über Ait Mansour säumen schroffe kahle Berge die schmale Straße, die sich entlang eines kleinen Flüsschens unter einem Palmendach entlang zieht. Unweit Ait Mansour gibt es ein kleines improvisiertes Straßencafé direkt unter den Palmen. Weiter geht die landschaftlich beeindruckende Strecke bis nach Souk El Hadd Issi. Von dort kann man nach Osten über Tizerkine wieder nach Tafraoute zurück fahren. Erkundigen Sie sich aber im Ort, ob die Straße in dem einsamen Gebiet aktuell befahrbar ist. Insgesamt benötigt man für diese Tour inklusive Fotostops einen halben Tag. Unterwegs gibt es keine Tankstelle!

Diese kleine malerische Oase liegt im Anti-Atlas. Die Spiegelung der orange leuchtenden Felsberge im stillen Wasser macht den Reiz des Fotos aus. 18 mm · ISO 400 · Blende 9 · 1/40 s

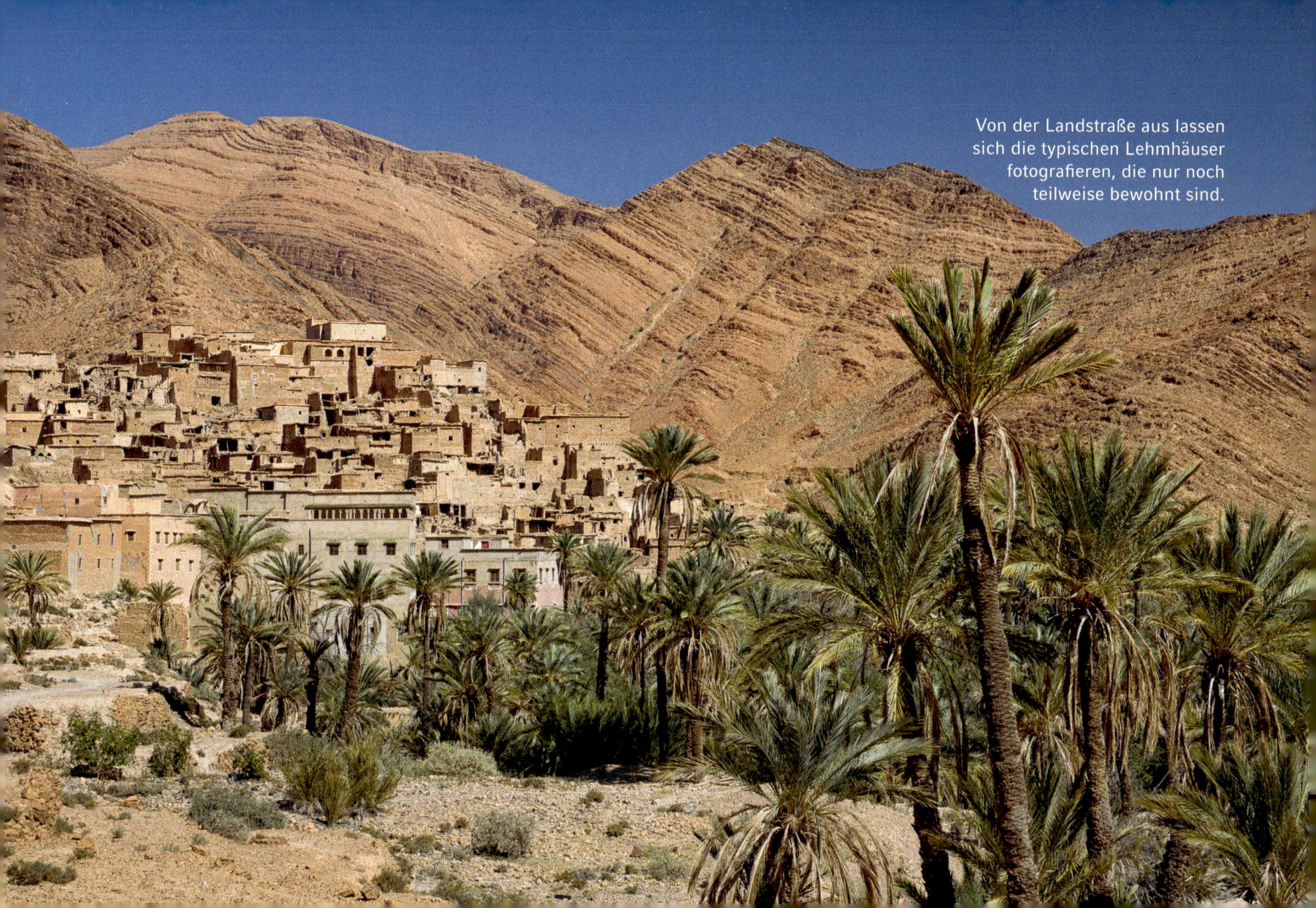

Von der Landstraße aus lassen sich die typischen Lehmhäuser fotografieren, die nur noch teilweise bewohnt sind.

29.757222,
–8.738056

4 DER ANTI-ATLAS

Der Anti-Atlas ist die südlichste Gebirgskette des Atlas-Gebirges und dehnt sich auf einer Länge von 500 Kilometern aus. Er erstreckt sich von der Atlantikküste bei Agadir bis in die Regionen des Tafilalt und nach Zagora. Der höchste Gipfel des schroffen Gebirges misst 3.304 Meter Höhe.

Die klimatischen Bedingungen sind generell von hohen Temperaturen geprägt, im Süden des Anti-Atlas fällt sehr wenig Niederschlag, im Norden etwas mehr. Dementsprechend ist der Anti-Atlas auch recht karg und dünn besiedelt. Einsame und häufig verlassene Dörfer, die oft nur aus ein paar von Palmen umrahmten Häusern bestehen, prägen das Landschaftsbild.

Für Fotografen interessant sind die zwischen Rot, Rosé, Braun und Ocker changierenden Farbtöne des Gesteins und der Erde sowie die Strukturen der Verwitterung an den kahlen Granitfelsen. Die in ähnlichen Farben gehaltenen Dörfer heben sich kaum von der Umgebung ab. Die Ausläufer des Anti-Atlas gehen in die Steinwüsten-Landschaft des südlichen Marokkos über, deren grüne Oasen der Draa durchfließt.

Die tollen Strukturen der rotbraunen Felsen kommen mit gut modellierendem Seitenlicht am besten zur Geltung.
85 mm · ISO 200 · Blende 8 · 1/250 s

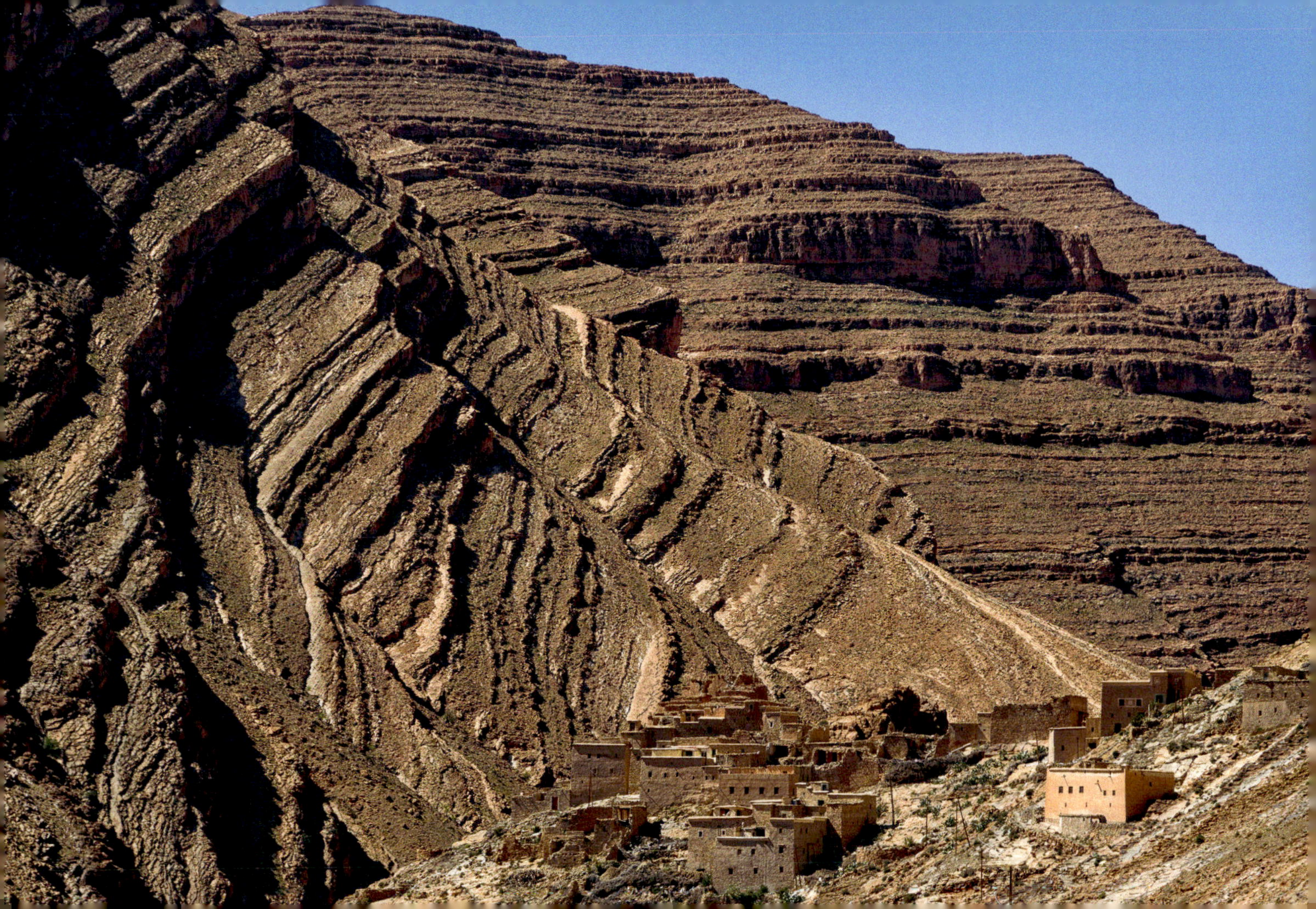

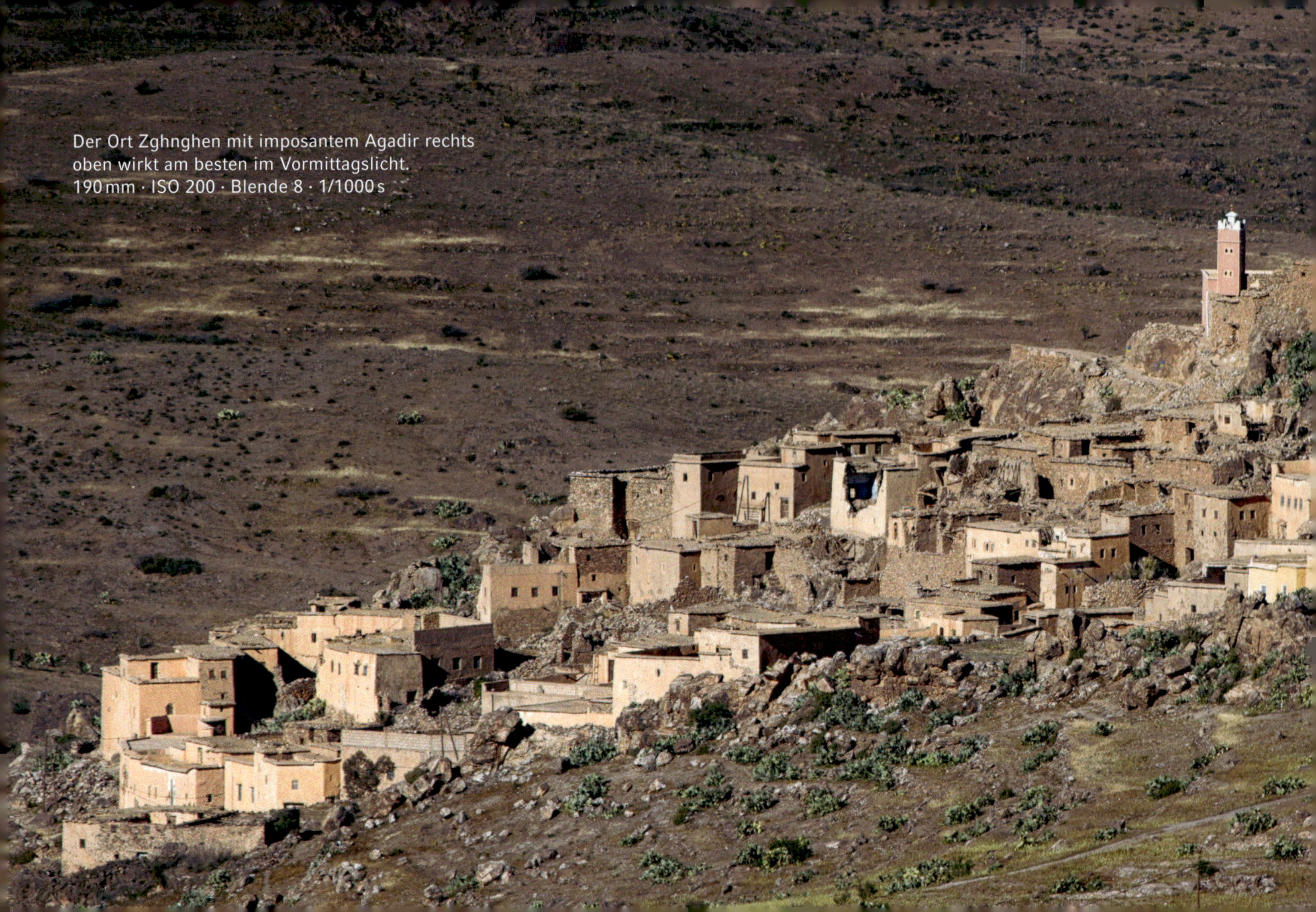

Der Ort Zghnghen mit imposantem Agadir rechts oben wirkt am besten im Vormittagslicht.
190 mm · ISO 200 · Blende 8 · 1/1000 s

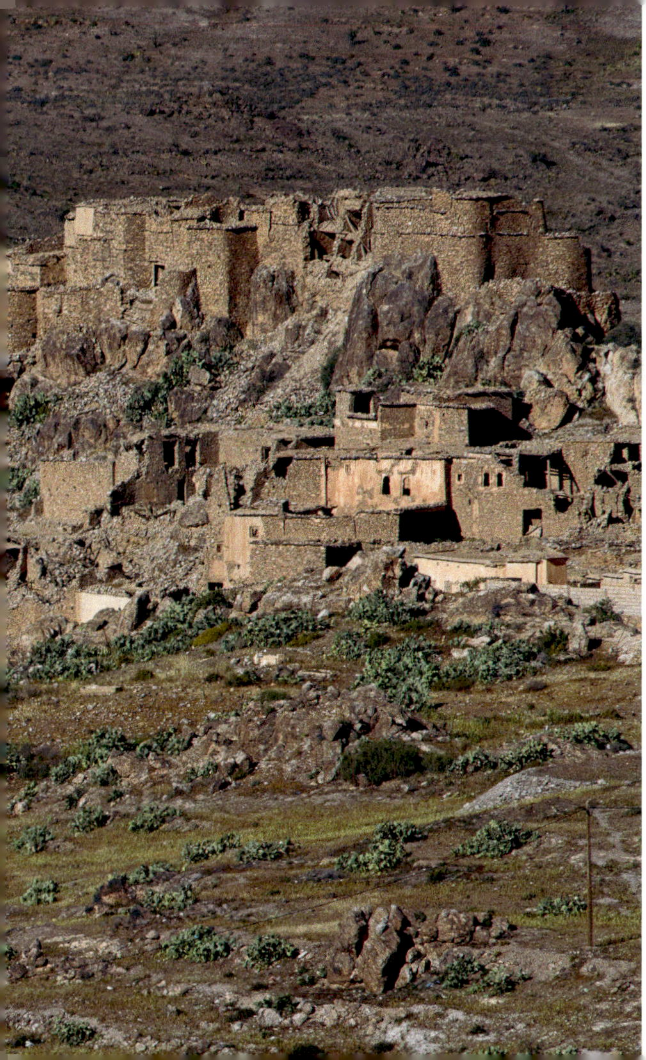

Kulturhistorisch und fotografisch interessant sind die südwestlich von Agadir bei Ait Baha und nordwestlich von Tafraoute bei Ait Abdallah gelegenen Agadire. Diese weithin auf Hügeln sichtbaren und befestigten Speicherburgen wurden von den dort lebenden Menschen gemeinschaftlich genutzt. Da die Männer der teilnomadischen Kulturen oft über eine sehr lange Zeit mit dem Vieh umherzogen, konnten hier Erntegut, Lebensmittel, Waffen und Urkunden sicher in kleinen verschließbaren Zellen deponiert werden. Dieser Ort war für den Zusammenhalt der Gemeinschaft ungemein wichtig: Hier trafen sich die Ältesten und teilweise dienten die Räume auch als Ersatz für eine Moschee. Die meisten Agadire befinden sich im Anti-Atlas.

29.834490,
–8.741885

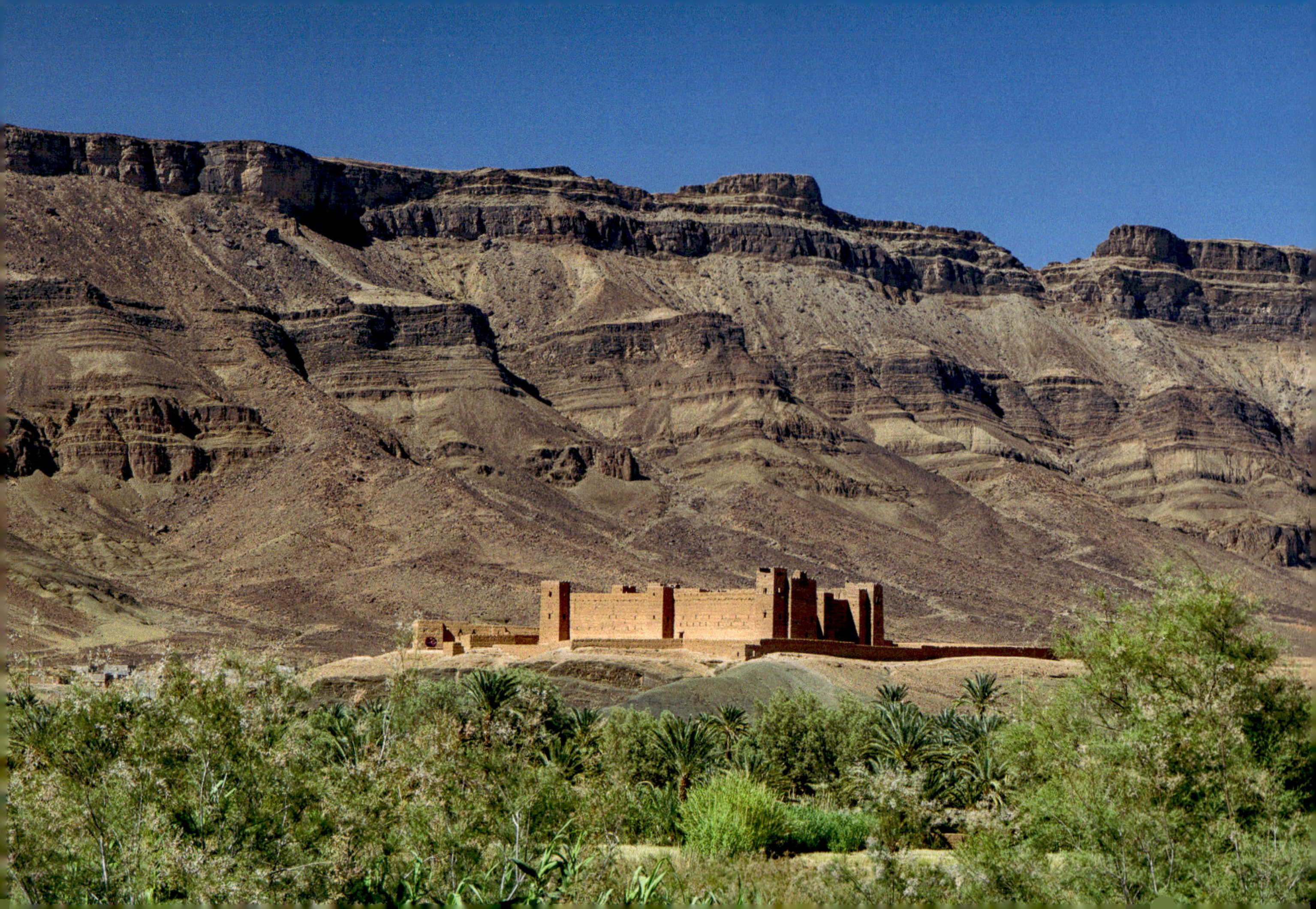

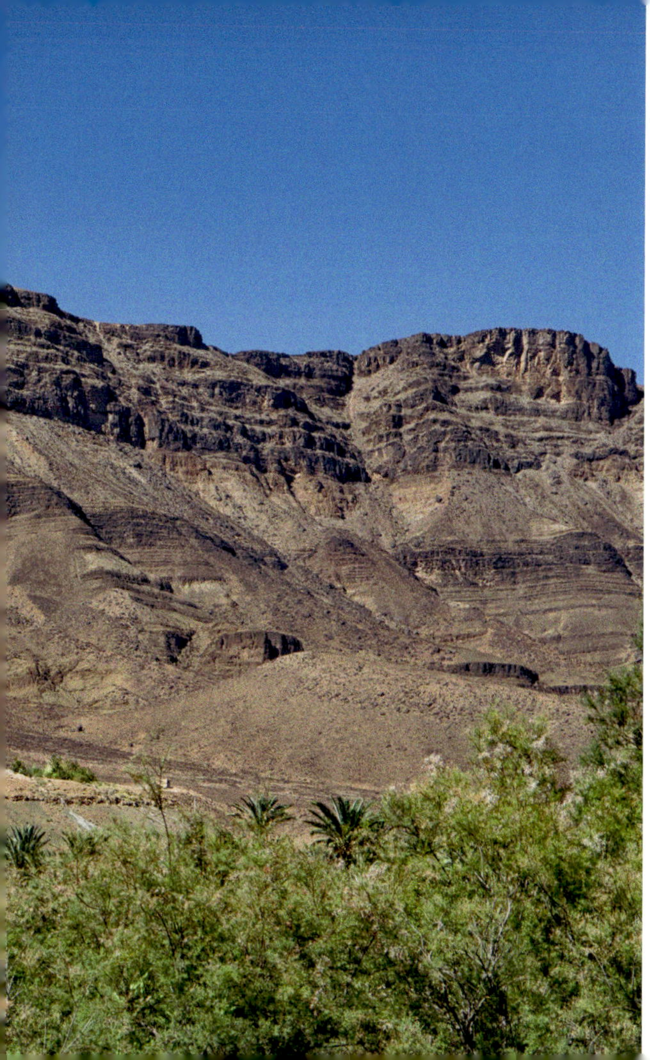

Am südöstlichen Rand des Anti-Atlas befindet sich das malerische Draa-Tal. Der Fluss Draa ist zwar mit 1.100 Kilometern theoretisch der längste Fluss Marokkos, aber sein oft sehr seichtes Wasser versickert südlich von M'Hamid in der Wüste und erreicht die Mündung in den Atlantik nicht. Die Fahrt entlang dieses Wadis ist besonders bezaubernd, denn hier reihen sich viele alte Berberdörfer und einzeln stehende Kasbahs (s. Seite 221) aneinander. Die Menschen, die in der langgezogenen Oase von Agdz bis Zagora leben, betreiben vornehmlich Land- und Viehwirtschaft.

30.668314,
–6.391940

Die hier gezeigte Kasbah Tamnougalt in der Nähe von Agdz wurde vermutlich im 19. Jahrhundert gebaut und war lange Stammsitz eines lokalen Führers eines unabhängigen Stammes. Sie gilt als eine der sehenswertesten Kasbahs in Marokko.
53 mm · ISO 100 · Blende 9 · 1/100 s

Wilde Dromedare trifft man immer wieder entlang der Hauptstraßen. Sie wurden schon zu Zeiten der Römer in Nordafrika eingeführt. Vom 10. bis zum 15. Jahrhundert waren sie für den Trans-Saharahandel lebenswichtig, da nur sie aufgrund ihrer Konstitution in der Lage waren, lange Strecken durch die Wüste zu überstehen. Kleine Dornenbüsche reichen ihnen oft schon als Nahrung, ja sie können sogar bis zu 30 Tage ganz ohne Nahrung überleben und innerhalb von zehn Minuten 100 Liter Wasser aufnehmen. Aus der Sahelzone wurden Gold, Salz, Datteln und Sklaven in großen Karawanen von bis zu 1.000 Tieren transportiert und gegen Fleisch, Käse, Zucker, Tee, Hirse und Waffen getauscht. Die Karawanenwege führten von Timbuktu (Mali) oder Agadez (Niger) über Tausende von Kilometern bis zu ihren Umladestationen in Marokko wie Zagora oder Erfoud oder zu ihren Endzielen wie Marrakesch und Fes. Die Karawanen übernachteten in Oasen und versorgten sich dort mit Wasser und Lebensmitteln. Die städtischen Karawansereien heißen Funduks – dort wurde auch gehandelt.

Heutzutage dienen die Dromedare als touristische Attraktion oder als Transportmittel bei Trekking-Touren. Ihr Fleisch wird auch gerne gegessen. Zum Pflügen werden sie nur noch selten eingesetzt.

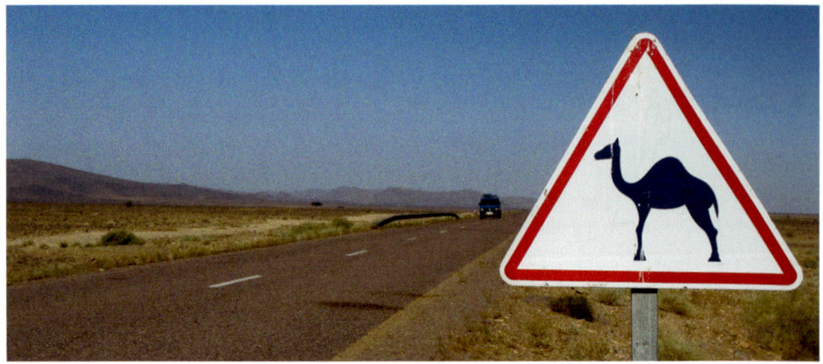

Vor einer Kollision mit den wildlebenden Tieren wird ausdrücklich gewarnt.

Die nicht domestizierten Kamele weichen schnell aus, wenn man sich ihnen nähert. Möchte man sie fotografisch einfangen, sollte man die Kamera während der Fahrt durch die Region immer schussbereit halten. 35 mm · ISO 200 · Blende 8 · 1/400 s

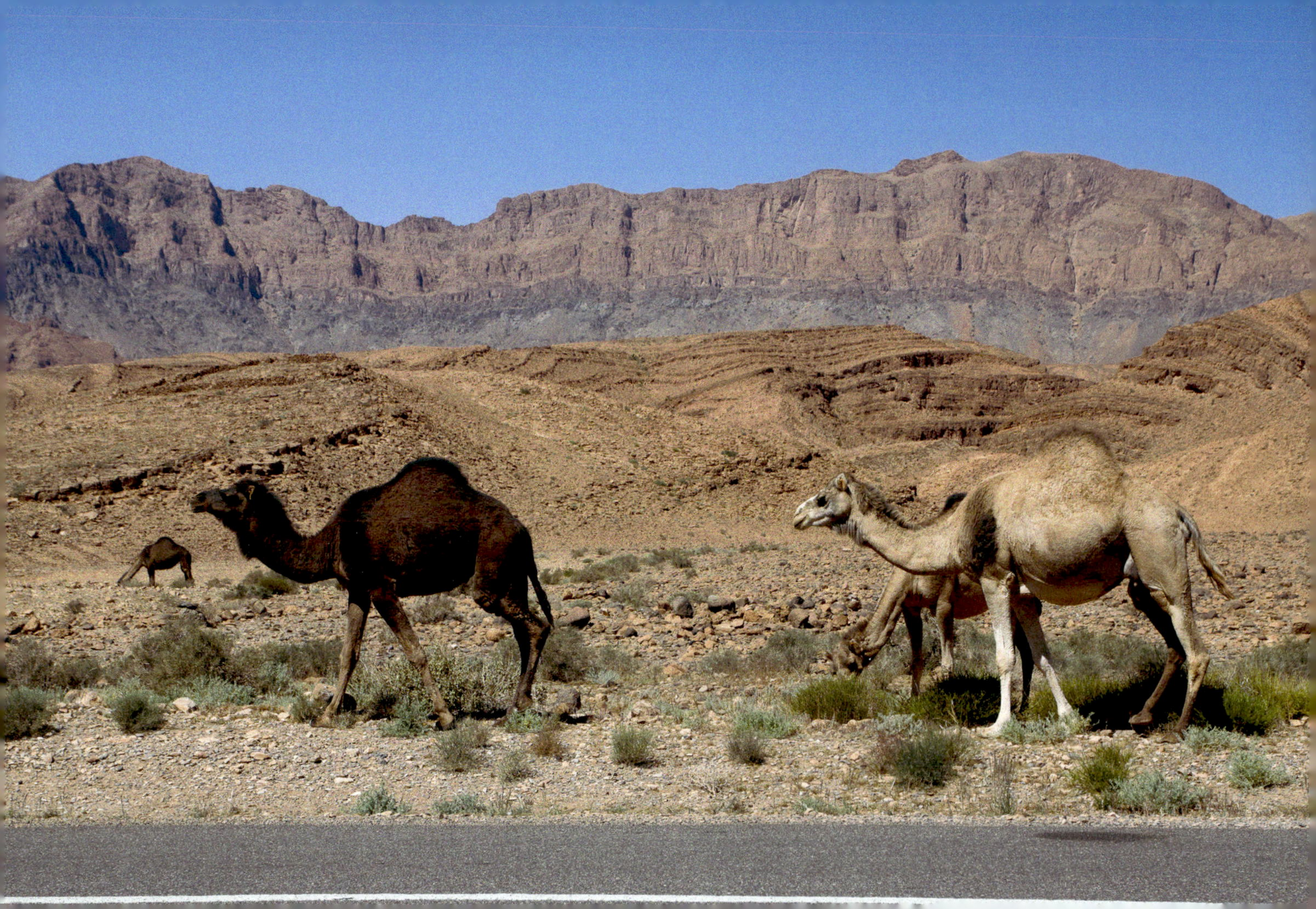

31.447913,
–5.974773

5 DIE DADES-SCHLUCHT

Zwei der schönsten Täler und Schluchten des Hohen Atlas, die des Dades und des Todra, liegen in Südmarokko nahe der Strecke Erfoud – Tinejdad – Tinerhir – Boumalne – Ouarzazate. Wegen der Vielseitigkeit des Landschaftsbildes ist für die Fotografin die Dades-Schlucht die erste Adresse.

Von der 12.500 Einwohner zählenden Stadt Boumalne Dades aus empfehlen wir, die Dades-Schlucht mit dem Leihwagen oder Motorrad zu erkunden. Die Straße führt durch tief eingeschnittene Canyons, entlang an einem vom Menschen kultivierten grünen Band aus Gärten, kleinen Berberdörfern und der einen oder anderen Kasbah. Zudem ist die Straße immer umgeben von großartigen Bergpanoramen von 1.500 Höhenmetern bis auf über 2.000 Meter. Das Klima wird spürbar kälter, deswegen wachsen hier kaum Dattelpalmen, wohl aber die für das hiesige Baugewerbe wichtige Silberpappel.

Am Ende der Schlucht erreicht man den Marktflecken M'Semrir. Jeden Samstag findet hier ein interessanter Berbermarkt statt. Fährt man tiefer in den Hohen Atlas hinein, weitet sich das Tal. Die Armut der Menschen wird hier immer augenfälliger. Sie leben zum großen Teil von der Subsistenzwirtschaft.

TIPP

Wir empfehlen die einfachen, aber dennoch geschmackvoll eingerichteten, mitten im Dorf Tamlalte gelegenen Zimmer der Künstlerin Fatima Mellal für eine Übernachtung. Von dort aus sind es nur wenige Meter bis zu den »Monkey Fingers«, nach denen die Pension benannt ist.

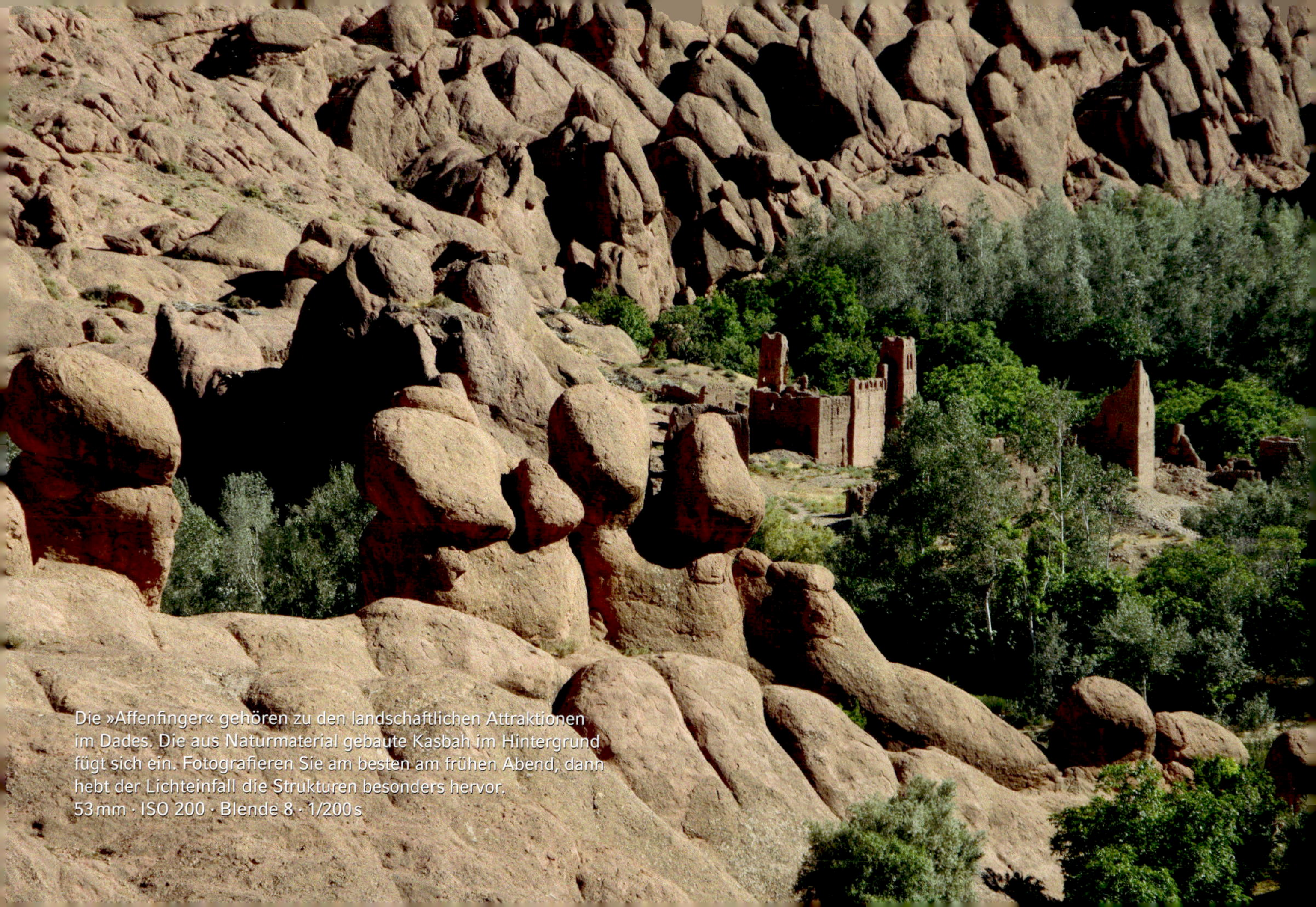

Die »Affenfinger« gehören zu den landschaftlichen Attraktionen im Dades. Die aus Naturmaterial gebaute Kasbah im Hintergrund fügt sich ein. Fotografieren Sie am besten am frühen Abend, dann hebt der Lichteinfall die Strukturen besonders hervor.
53 mm · ISO 200 · Blende 8 · 1/200 s

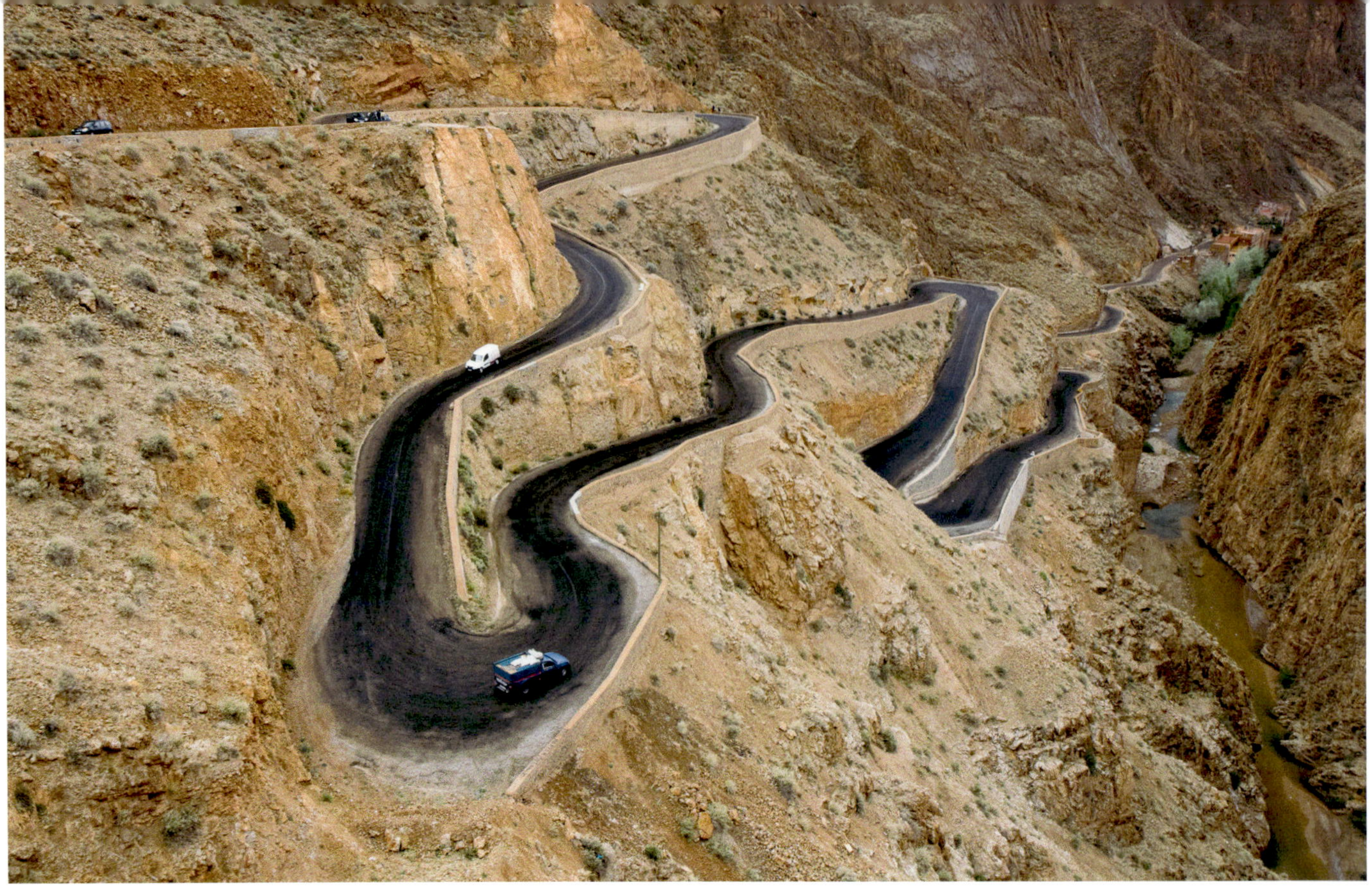

Auf der 62 Kilometer langen in Serpentinen verlaufenden Strecke bis M'Semrir gelangt man vorbei an Lehmdörfern und Burgen zu einem Pass mit einem tollen Aussichtspunkt. 18 mm · ISO 1600 · Blende 8 · 1/125 s · B+W-Polfilter

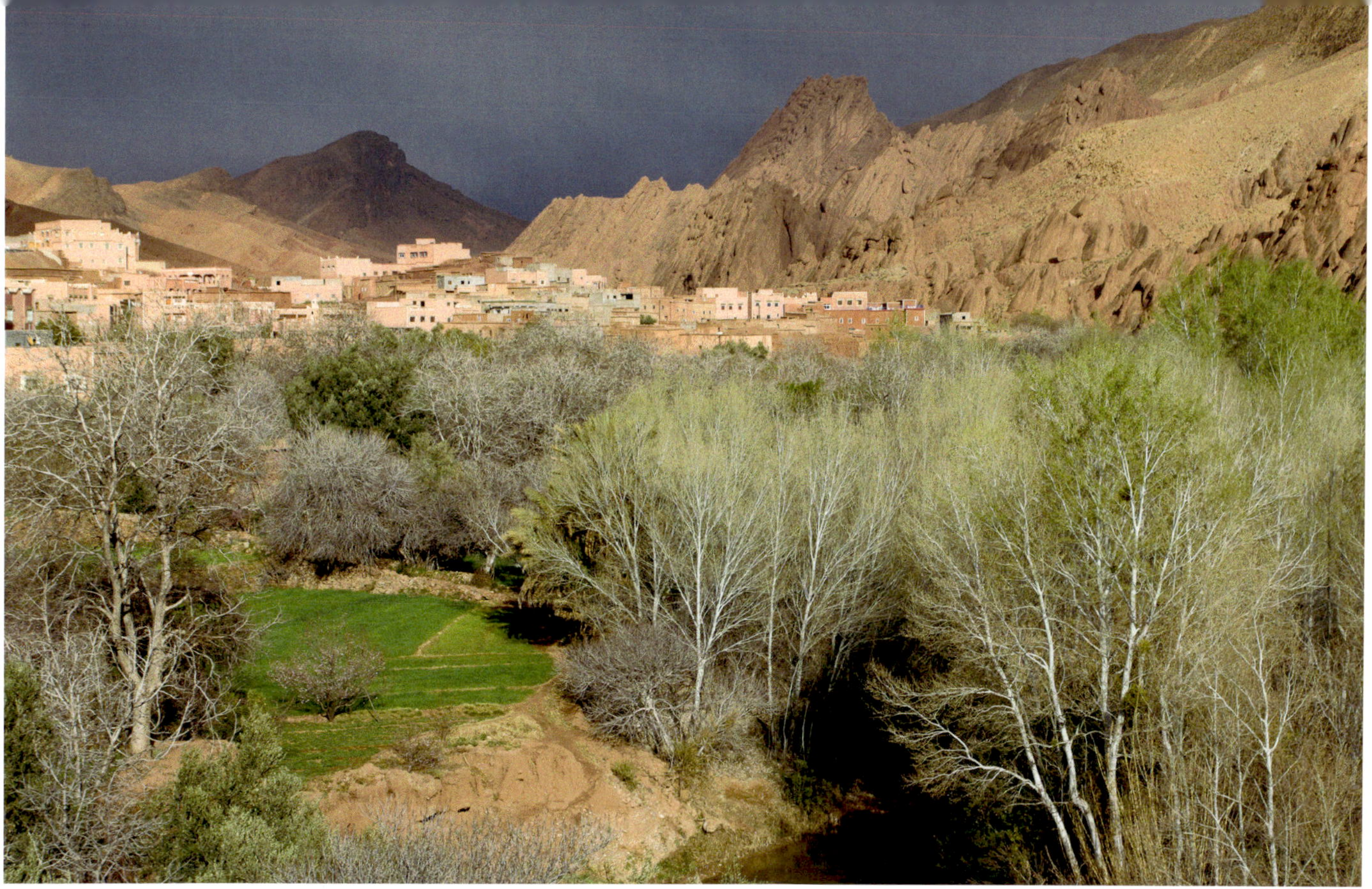

In den Bergen sorgt dramatisches Wetter oft für interessantes Licht.
31 mm · ISO 100 · Blende 8 · 1/200 s

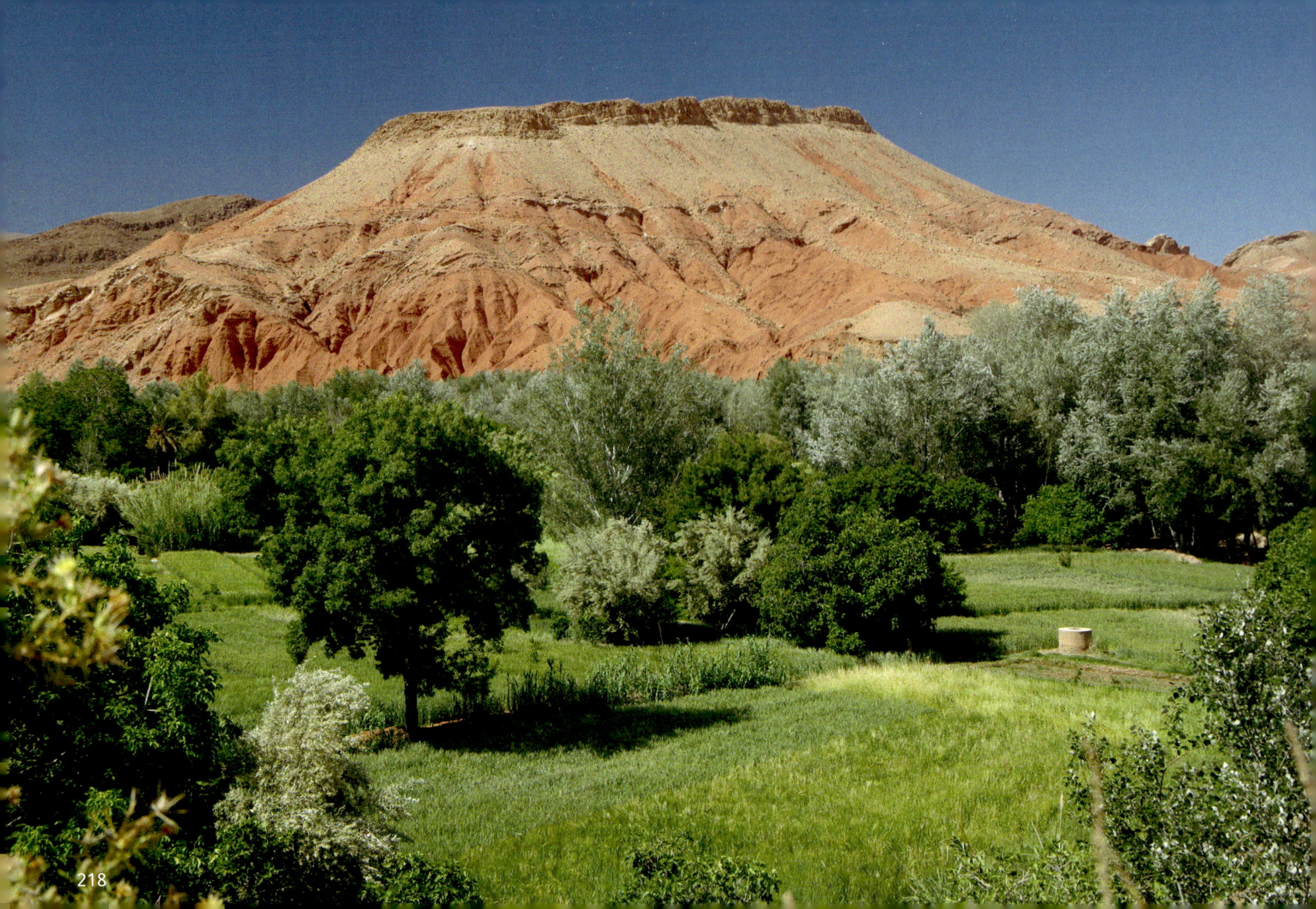

Aufregende Farbkompositionen! Besonders die fantastischen Rot- und Brauntöne der Erden, das silbrige Laub der Pappeln, das Grün der Wiesen und die rosafarbenen Häuser beeindrucken uns immer wieder. Die Grüntöne in den Oasen sind im Frühjahr am frischesten. Zudem kann man blühende Obstbäume vorfinden.

31.413616,
–6.002189
(links)

31.412066,
–6.001065
(rechts)

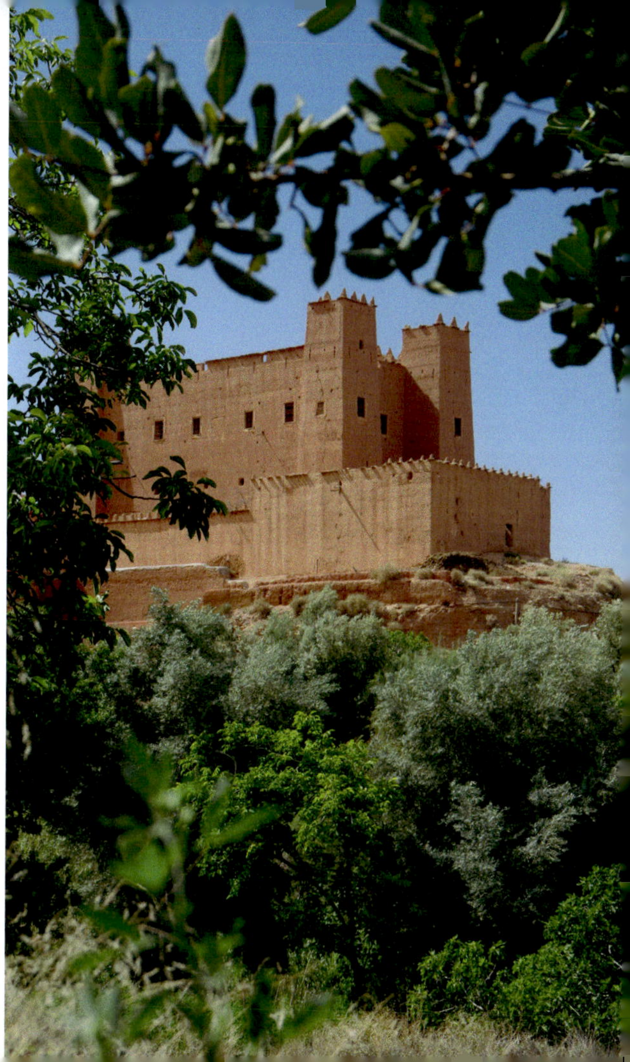

Die fotogene Kasbah Ait Youl war ein wichtiger Treffpunkt verschiedener Stammesführer, die dort immer zur Beratung zusammengekommen sind.
40 mm · ISO 100 · Blende 8 · 1/80 s

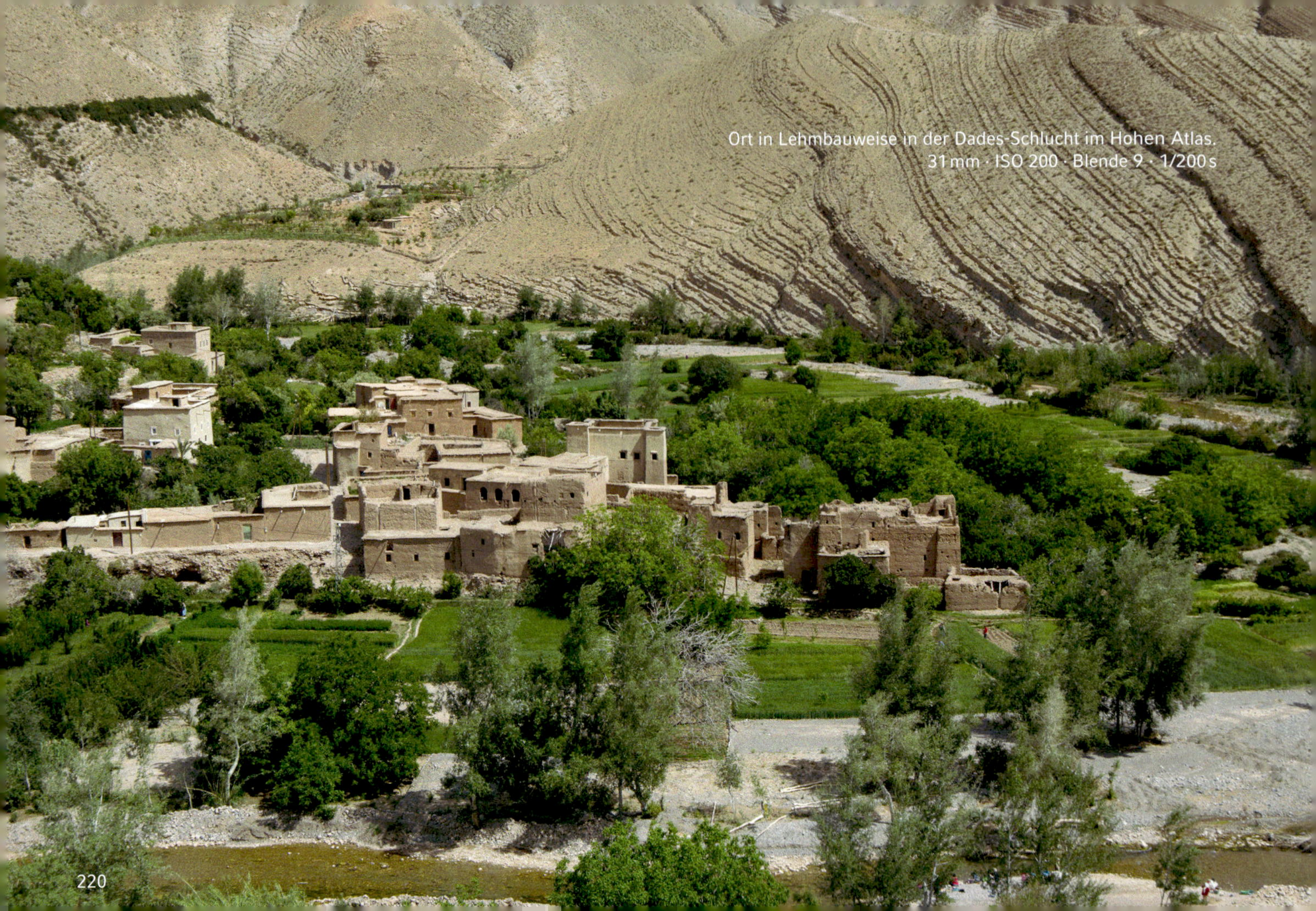

Ort in Lehmbauweise in der Dades-Schlucht im Hohen Atlas.
31 mm · ISO 200 · Blende 9 · 1/200 s

Berberarchitektur

31.046189,
–6.581363
(Kasbah
Amridhil)

Die Berber, die schon seit Jahrtausenden in Nordafrika leben, nennen sich selbst »freie Menschen«. Sie sprechen in Marokko drei eigene Sprachen, haben ein eigenes Alphabet, eigene Symbole und eigenen Schmuck. Am sichtbarsten für uns ist aber ihr typischer Baustil unter der Verwendung von Materialien aus der Umgebung: Stampflehm vermischt mit Stroh und kleinen Steinen, Holz von Palmen, Oliven-, Argan-, Granatapfel- und Mandelbäumen.

Die perfekt restaurierte und sehr fotogene Kasbah Amridhil ist zu einem Museum ausgebaut und kann auch von innen besichtigt werden. Mit etwas Glück kann man im Spätwinter die Kasbah mit den schneebedeckten Gipfeln des Hohen Atlas im Hintergrund fotografieren.
18 mm · ISO 200 · Blende 9 · 1/160 s

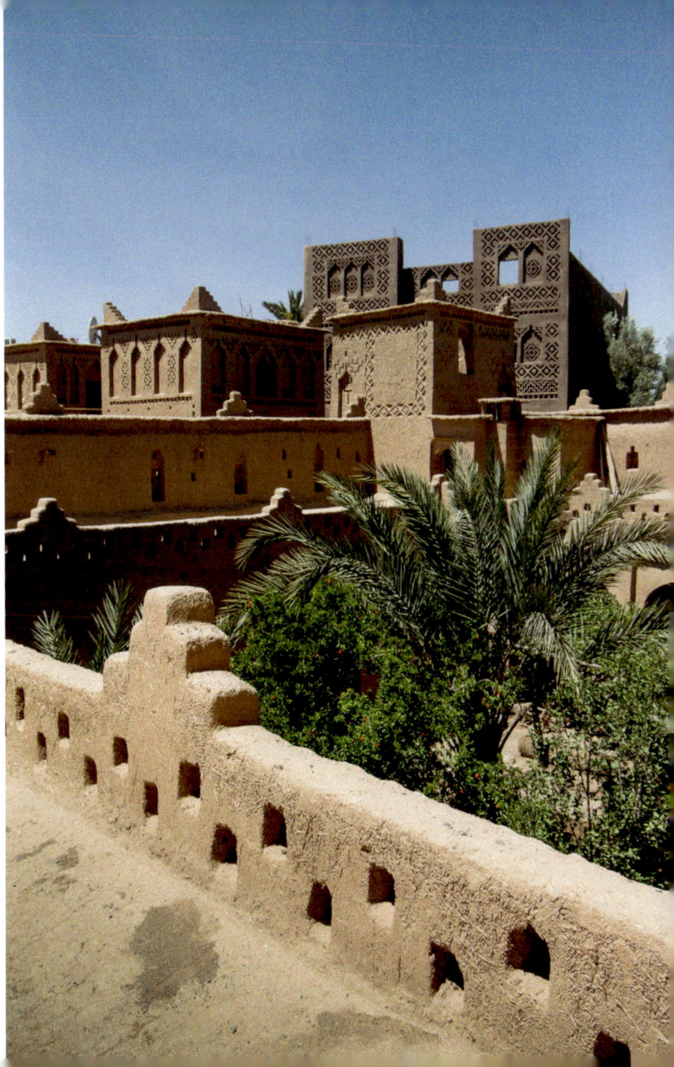

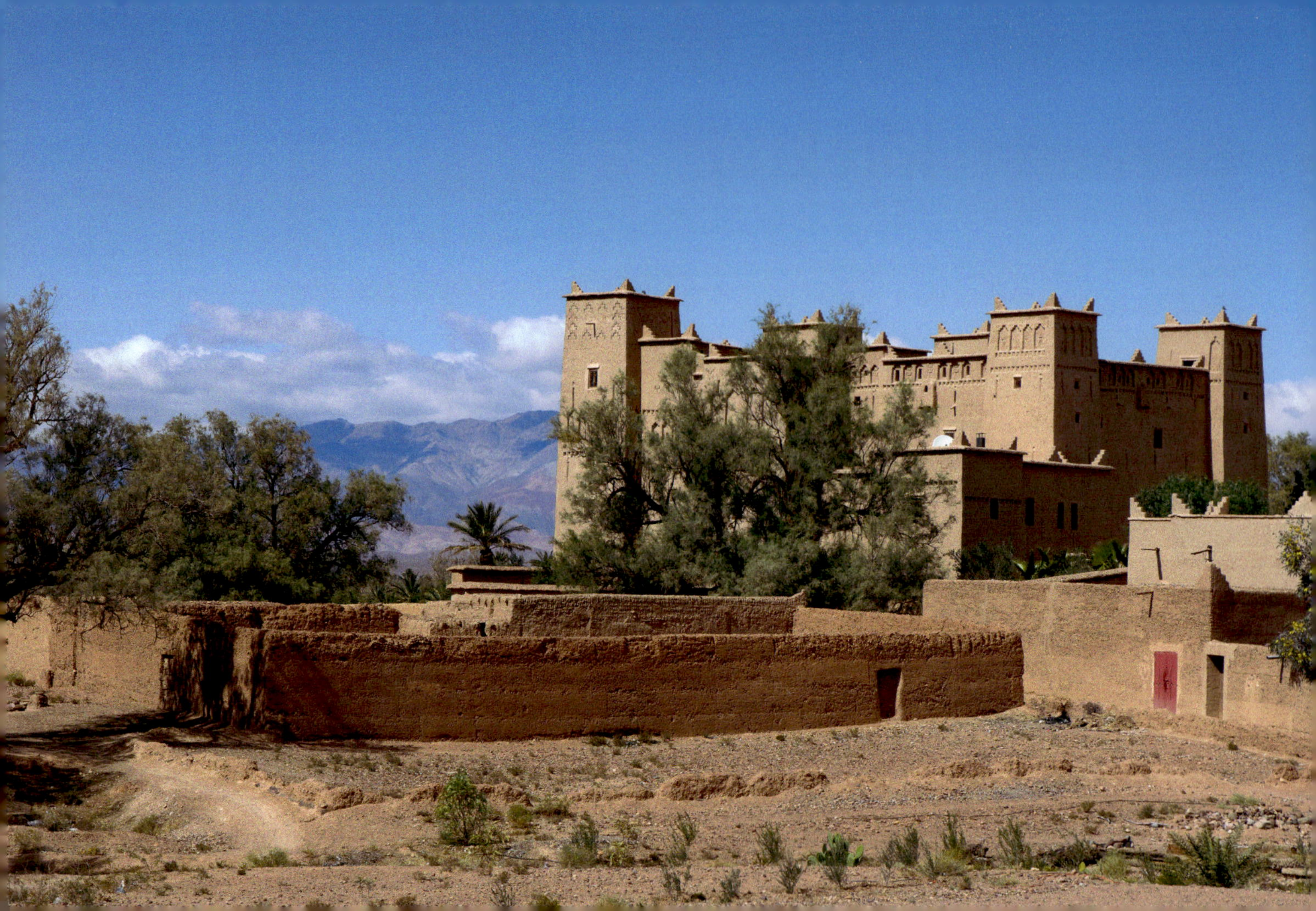

Viele Stämme bzw. Familienverbände lebten im Sommer mit ihren Tieren auf den Weiden, im Winter in ihren Dörfern. Sie produzierten alles Lebensnotwendige selbst. Während des Sommers blieben die Dörfer nahezu unbewacht zurück und mussten vor umherziehenden Nomaden geschützt werden, daher haben ihre Dörfer einen abweisenden Charakter. Große Lehmburgen, die häufig Sitz von Clans oder Stämmen sind, finden sich nur im oder südlich vom Hohen Atlas und im Anti-Atlas. Die Berber nennen sie Tighremt, die Araber Kasbah. Ihre Festungen bestehen normalerweise aus einem dreistöckigen festungsartigen Zentralbau, manchmal mit Innenhof und Brunnen.

Die Lehmmauern sind z. T. über einen Meter dick und schützen im Sommer vor Hitze, im Winter vor Kälte. Im Erdgeschoss befinden sich ein Stall, ein Speicher für Gerätschaften, oft auch eine Küche. In den weiteren Stockwerken sind die Wohn- und Schlafräume. Das Dachgeschoss war oft der Lebensmittelpunkt der Familien, dort konnten die Frauen, geschützt vor Blicken von außen, ihren alltäglichen Tätigkeiten nachgehen. In den heißen Sommern wurde auf dem Dach draußen geschlafen. Die vier Ecktürme sind oft mit Unheil abwehrenden geometrischen Formen wie Rauten, Dreiecken und Punkten verziert.

31.041667,
–6.576111

Die fast 200 Jahre alte Kasbah Ait Ben Moro bei Skoura – im Hintergrund die Hänge des Hohen Atlas.
60 mm · ISO 100 · Blende 8 · 1/640 s

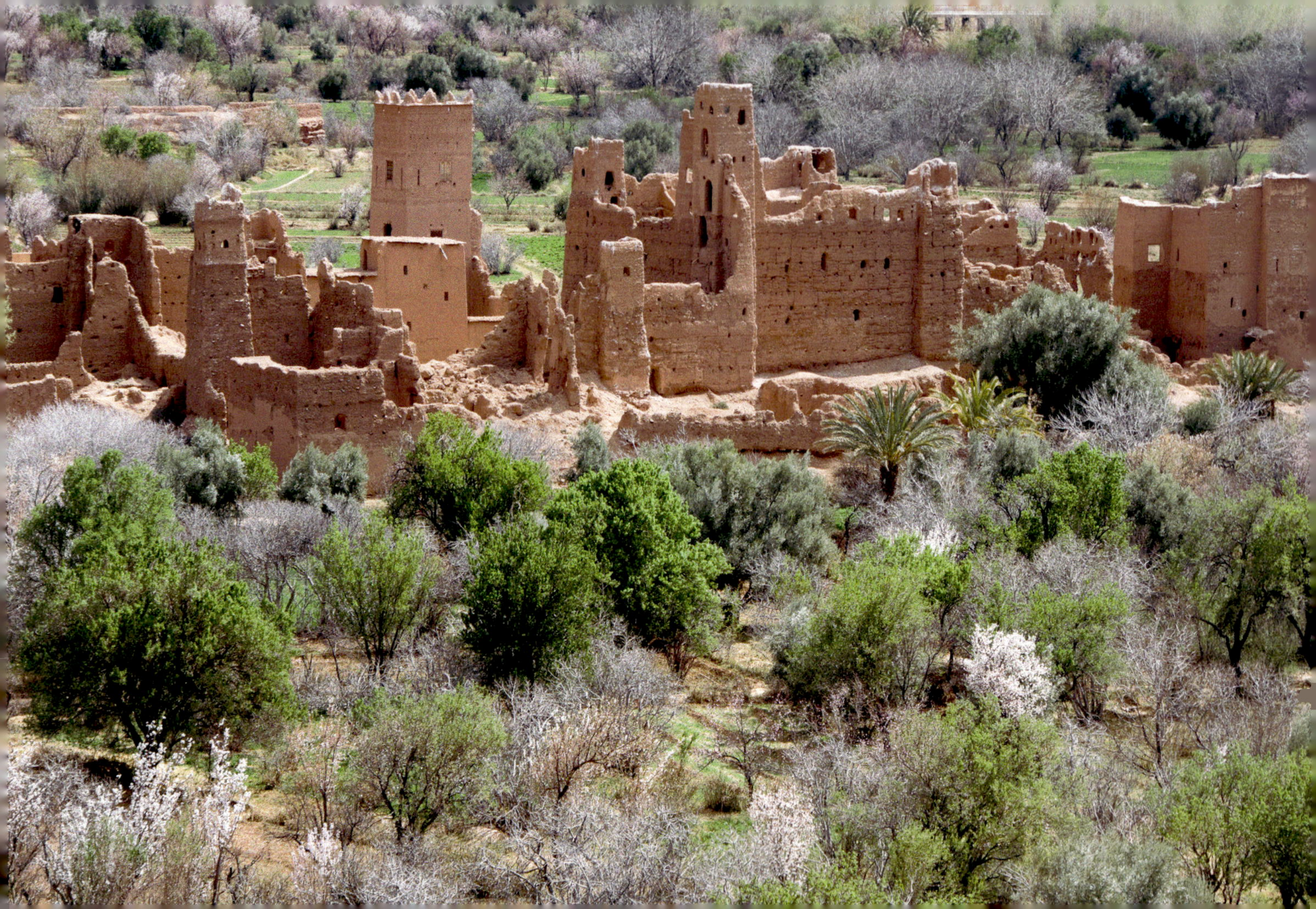

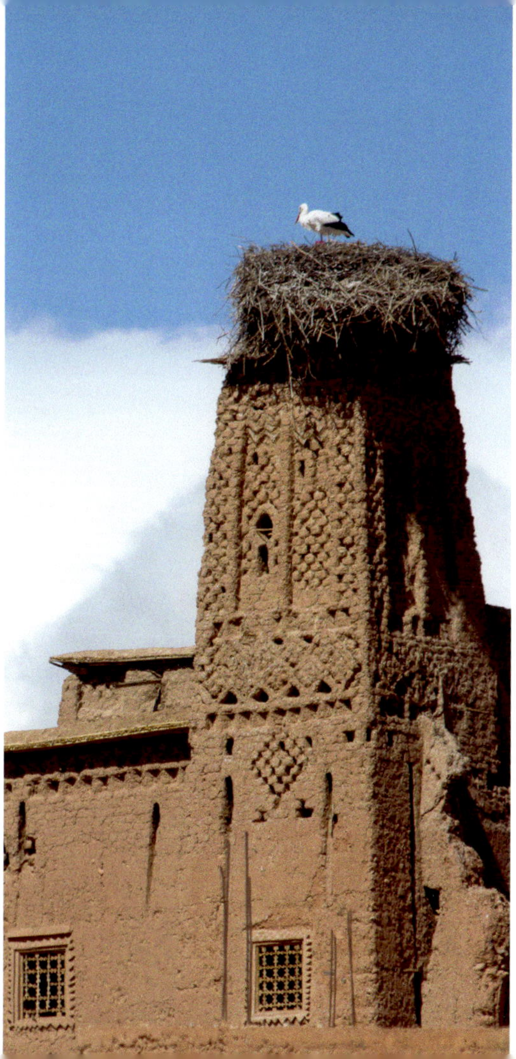

Heutzutage sind die meisten Kasbahs verlassen und in sehr schlechtem Zustand: Erbstreitigkeiten, Landflucht und Emigration sind Gründe, nicht weiter dort leben zu wollen. Der Erhalt ist aufwändig: Alle 15 bis 20 Jahre muss neu verputzt werden, sonst nagen Wind und Wetter an der Bausubstanz. Viele Ruinen erinnern daher an zusammenfallende Sandburgen. Die wenigen gut erhaltenen Kasbahs werden heute meist als Museum (Amridhil in Skoura) oder Hotel betrieben (Oulad Othmane im Draa-Tal). Aber Achtung: Manch ein neugebautes Hotel ahmt den Baustil nur nach – fragen Sie also vorher, wenn Sie unbedingt ein Original vorfinden möchten.

31.258325, –6.134816 (Aussicht Kasbah)

87 mm · ISO 400 · Blende 6,3 · 1/400 s
(Foto links)

210 mm · ISO 100 · Blende 9 · 1/500 s
(Foto rechts)

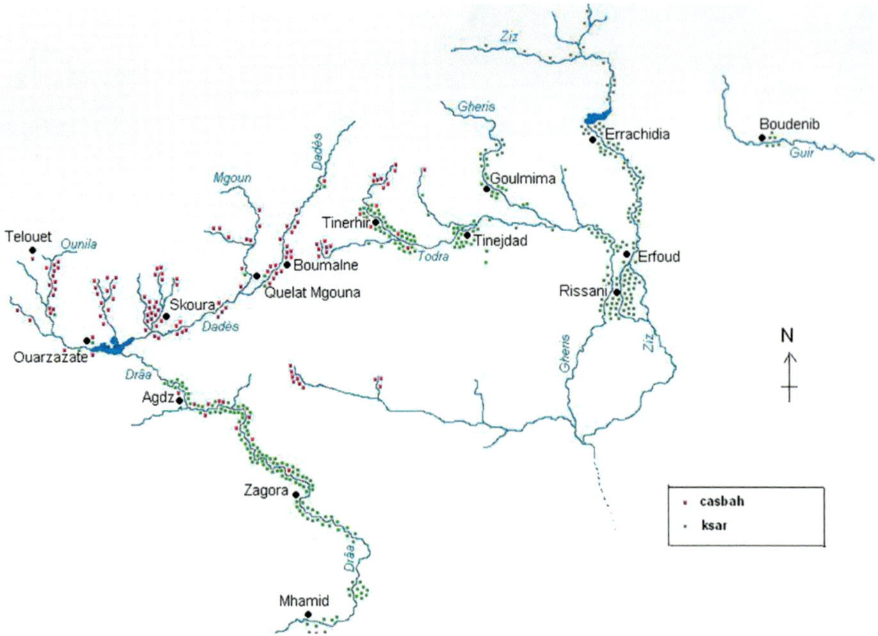

Verteilung der Kasbahs und Ksar in den Tälern der Vorsahara
(© Roger Mimó, *www.rogermimo.com*)

TIPP
Auf der sogenannten »Straße der 1.000 Kasbahs« am Hohen Atlas findet der interessierte Fotograf sehr viele dieser Lehmfestungen, z. B. auf der Strecke Erfoud – Tinejdad – Tinerhir an der N10 oder in der Todra-Schlucht, der Dades-Schlucht, im Tal der Rosen bei El Kalat M'Gouna oder bei Skoura, Ouarzazate, in Ait Ben Haddou und in Telouet. Im Anti-Atlas finden sich Kasbahs hauptsächlich an der N9 im Draa-Tal.

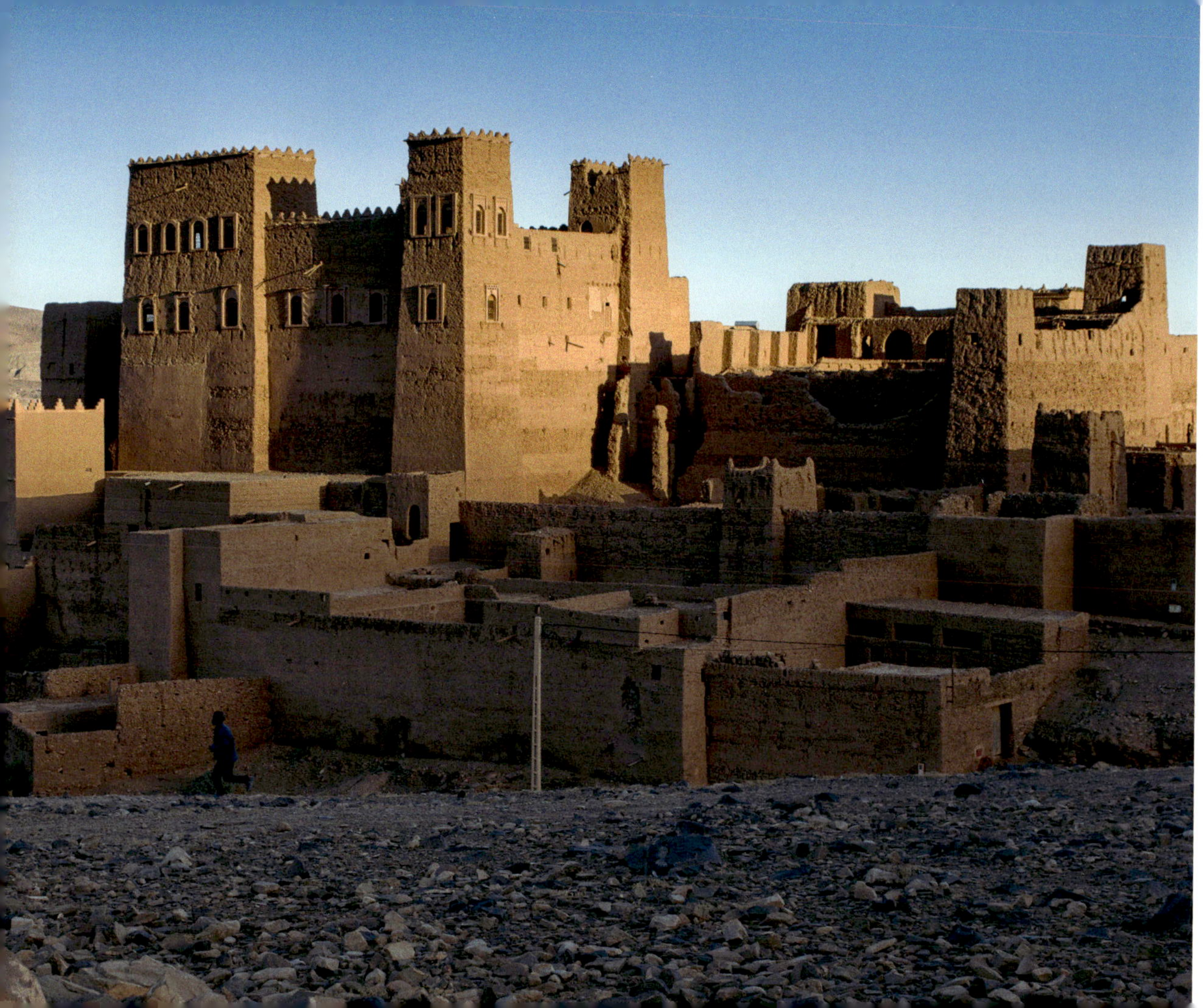

30.605553,
–6.167460

Die Kasbah Oulad Othmane ist sehr gut erhalten und äußerst fotogen. Das Licht ist aber erst in den Abendstunden günstig.
35 mm · ISO 200 · Blende 8 · 1/100 s

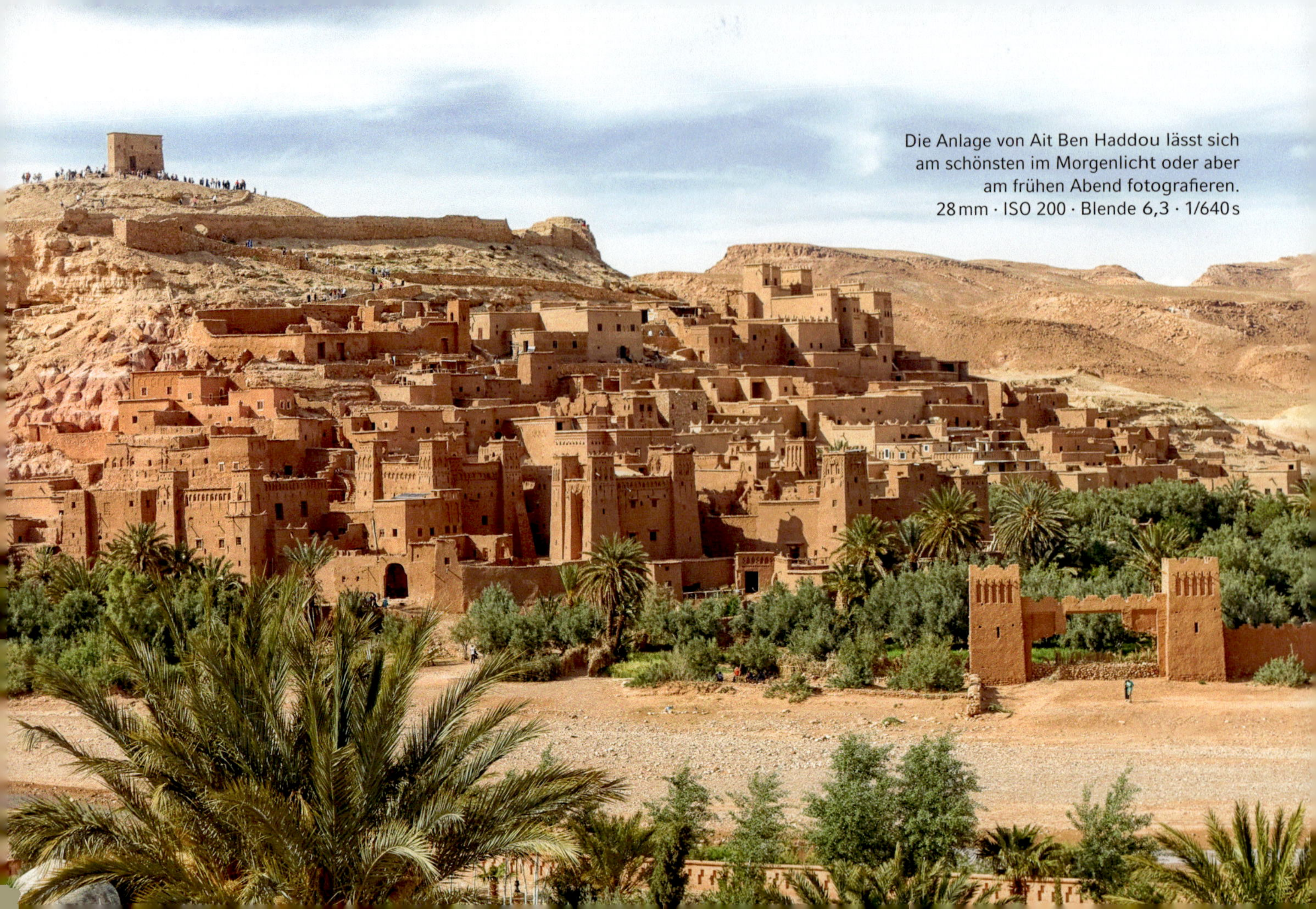

Die Anlage von Ait Ben Haddou lässt sich am schönsten im Morgenlicht oder aber am frühen Abend fotografieren.
28 mm · ISO 200 · Blende 6,3 · 1/640 s

AIT BEN HADDOU

Ein besonders fotogenes Beispiel für Lehmbauarchitektur ist der Weltkulturerbe-Ort Ait Ben Haddou, der aus lauter Wohnburgen besteht. Die Berber des Benhaddou-Stammes siedelten hier und gaben so dem Ort seinen Namen. Bereits im 11./12. Jahrhundert entwickelte sich an dieser Stelle ein Zwischenstopp und Kontrollposten auf der Karawanenroute von Marrakesch nach Timbuktu. Die ältesten der heute dort sichtbaren Lehmburgen stammen vermutlich vom Anfang des 19. Jahrhunderts. Der ganze Ort liegt labyrinthartig an einem Hügel, auf dessen Spitze sich die Reste einer Festung aus dem 17. Jahrhundert befinden.

Im 20. Jahrhundert verlor Ait Ben Haddou immer mehr Einwohner, da die sozialen Strukturen aufgrund von Emigration, Arbeitsteilung und Geldwirtschaft langsam verloren gingen. In den 60er Jahren entstand ein neuer Ortsteil mit Hotels und das Dorf erlebte teilweise einen Aufschwung. Man fühlt sich dort wie in einem Freilichtmuseum, das von vielen Tagestouristen überschwemmt wird. Gute Zeiten zum Fotografieren sind deshalb die frühen Morgen- und Abendstunden. Unterhalb des Ortes fließt der nur im Winter und Frühjahr wasserführende Fluss Oued Mellah träge und ermöglicht dem Fotografen bei Windstille fantastische Aufnahmen mit einer Spiegelung der Anlage.

31.043899,
–7.128912

Im nahegelegenen Ouarzazate ist eine Filmindustrie mit zwei Studios entstanden, die die umgebende Wüstenlandschaft und den Ort Ait Ben Haddou oft als Kulisse nutzt. Viele bekannte Filme wurden hier gedreht: »Sodom und Gomorrha« und »Lawrence von Arabien« (1962), »Jesus von Nazareth« (1977), »Auf der Jagd nach dem Juwel vom Nil« (1985), »Der Hauch des Todes« (1987), »Die letzte Versuchung Christi« (1988), »Himmel über der Wüste« und »Die Mumie« (1990), »Gladiator« (2000), »Game of Thrones« (2012).

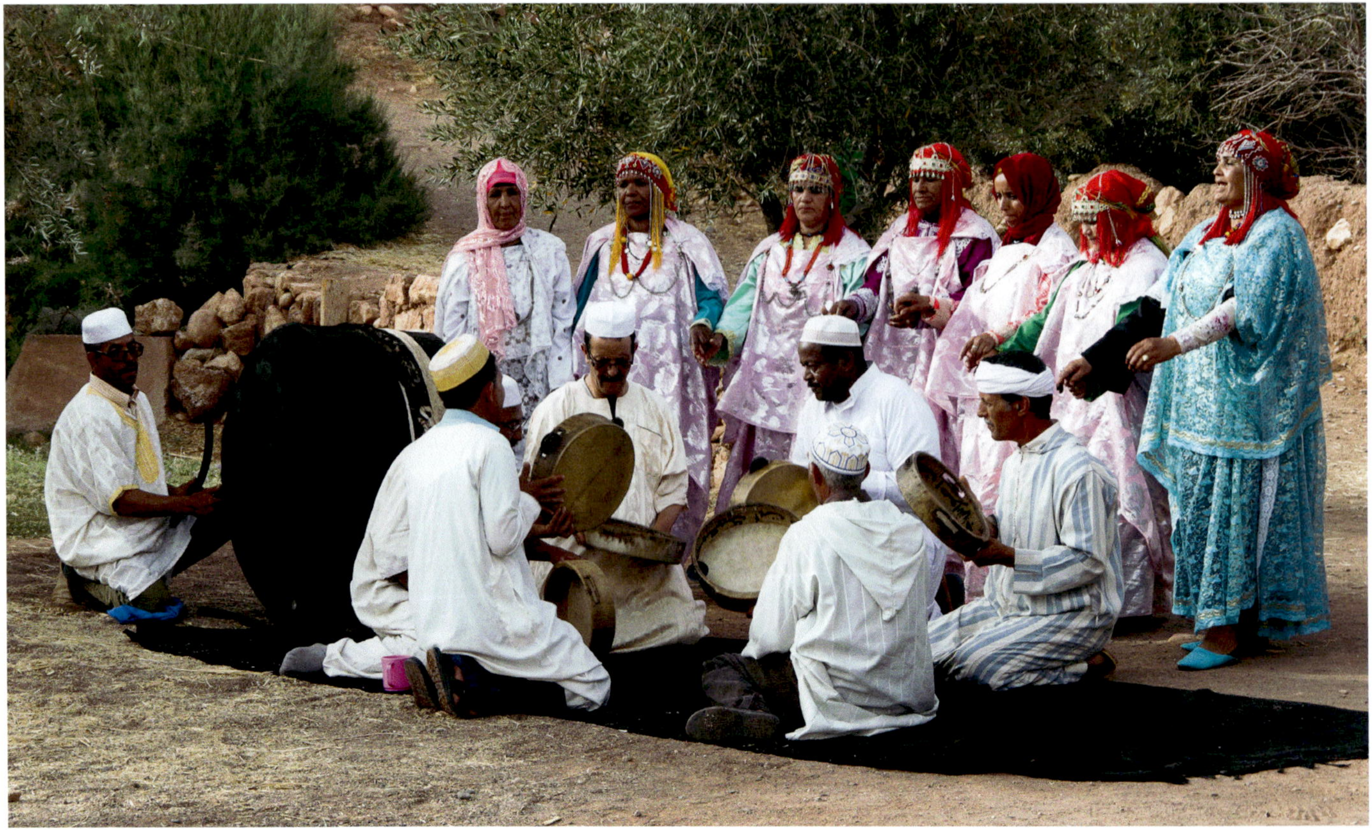

Bei besonderen Anlässen hat man hier auch die Gelegenheit, Volksmusikgruppen, Reiteraufführungen oder Ähnliches zu fotografieren. 31 mm · ISO 200 · Blende 8 · 1/60 s

Blick durch das neue Festungstor auf die Kasbah von Ait Ben Haddou. 31 mm · ISO 200 · Blende 8 · 1/60 s

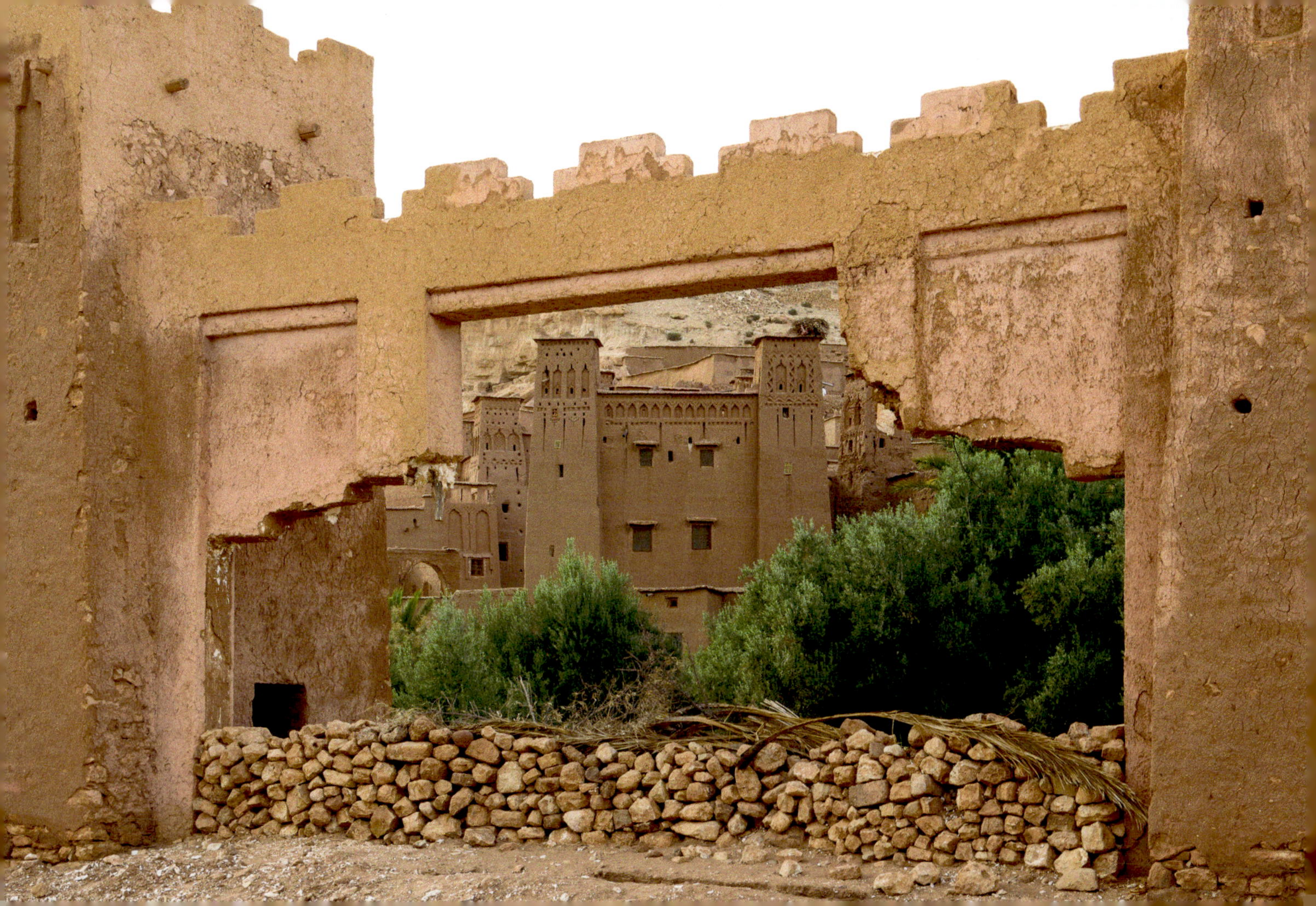

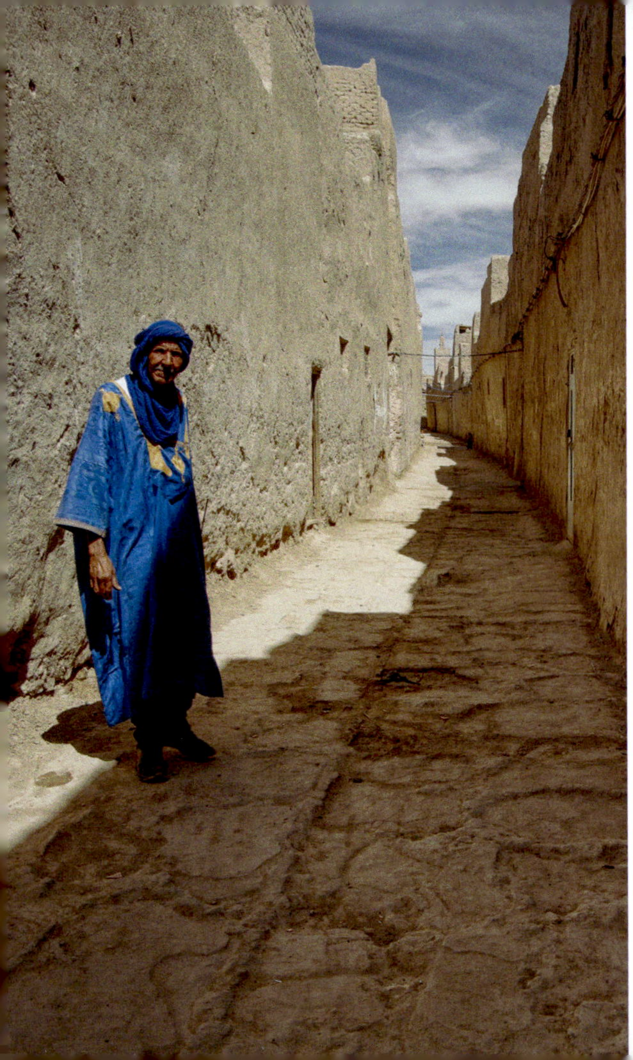

31.467233,
–4.216486

DER KSAR

Ein Ksar ist ein Wehrdorf aus entweder sehr eng aneinander stehenden oder ineinander gefügten Häusern, mit dicken Wänden, die die Hitze abweisen, und die manchmal von einer Wehrmauer umgeben sind. In den Oasentälern des Südens sind die Außenwände der Häuser aus Lehm und Bruchsteinen erbaut und die Dächer aus Palmstämmen und Schilfgeflechten. Im Hohen Atlas baute man die Mauern aus den im Überfluss vorhandenen Steinen, die Dächer sind aus stabilen Ästen, Reisig und Steinplatten.

Um einen Ksar von innen zu besichtigen, sollte man sich einen lokalen Guide für ca. 100 MAD nehmen.
18 mm · ISO 100 · Blende 8 · 1/100 s

Der Ksar Maadid bei Erfoud liegt umgeben von einer Oase. Hat man einen ortskundigen Führer, besteht die Chance, eine Aufnahme von einer Dachterrasse aus zu machen.
21 mm · ISO 100 · Blende 11 · 1/125 s

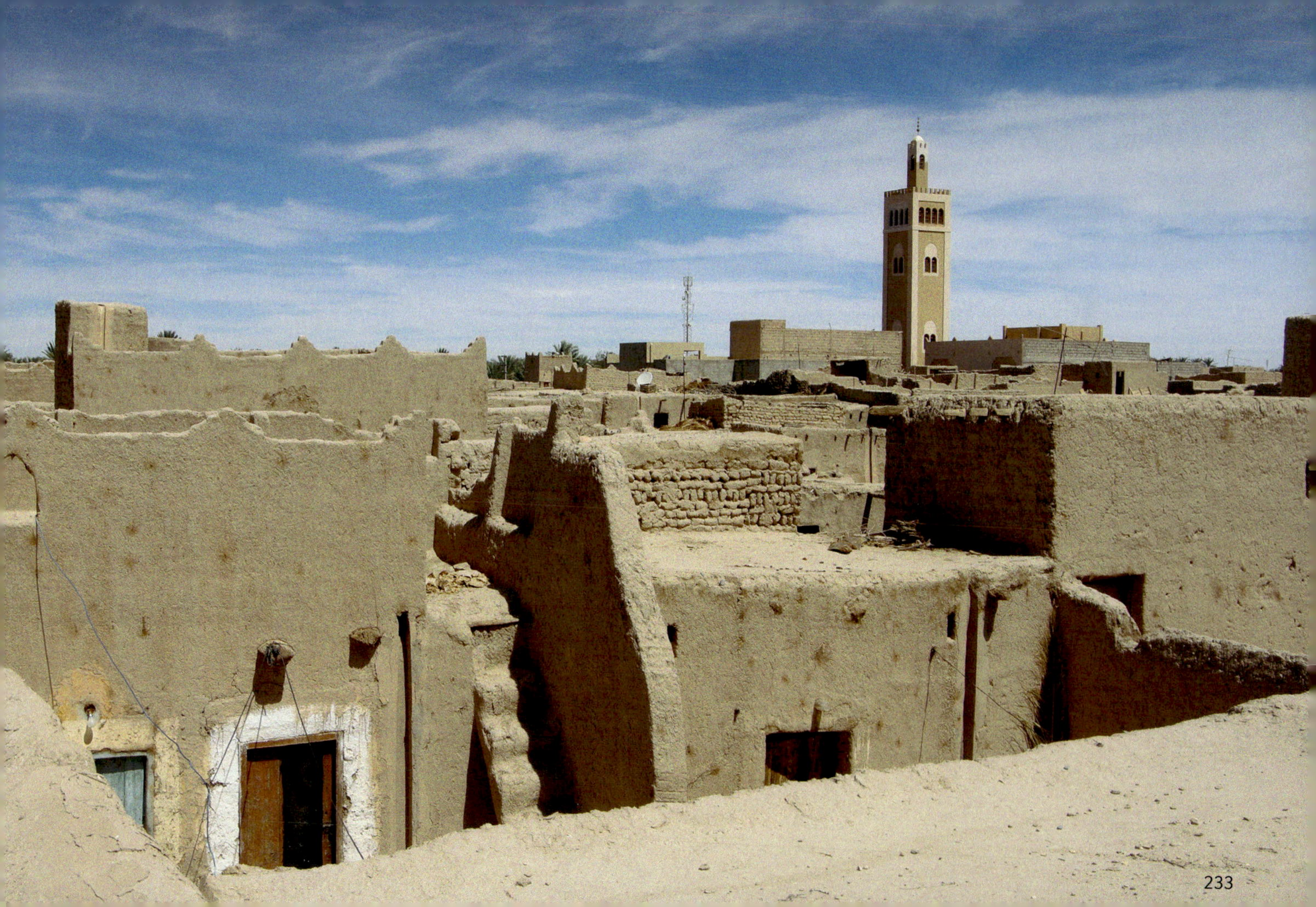

31.490254,
–5.129199

6 LALLA MIMOUNA

Inmitten einer riesigen Steinwüste fünf Kilometer außerhalb der Berberstadt Tinejdad befindet sich ein ausgesprochen fotogenes Museum: Lalla Mimouna. Hier in der staubtrockenen Vorsahara mündet der zumeist ausgetrocknete Todra-Fluss in den Oued Ferkla. Unweit davon sprudeln seit Urzeiten drei Quellen aus dem Boden. Die lebensspendenden, gas- und mineralhaltigen Quellen inspirierten den Künstler Zaid Abbou. So begann er 2002 an diesem Ort seinen Traum zu verwirklichen: Er baute nach und nach drei Becken für das türkisfarbene Wasser. Mit der »Quelle des Lebens« als spirituellem Zentrum errichtete er Schritt für Schritt ein Museum für die Kultur und Lebensweise der Berber.

Der freundliche und mit vielen Talenten gesegnete Abbou sammelt seit über 30 Jahren alles, was mit dem Leben der Menschen dieser Region zu tun hat. Gegen Widerstände und ohne weitere offizielle Unterstützung, aber mit viel Kunstverstand baute er das heute aus Freilichtanlage und Lehmpavillons bestehende Museum auf. In seiner Ausstellung finden sich Gebrauchsgegenstände der Nomaden und Berber, lokales Kunsthandwerk, Kleidung, Schmuck, Teppiche und alte jüdische Texte. Von anderen Museen hebt sich vor allem die überaus kunstvolle Präsentationsweise der Objekte ab, die der Künstler mit Texten von Antoine de Saint-Exupéry ergänzt.

Da Zaid Abbou mehrere Jahre in Heidelberg studiert hat, führt er seine Gäste gerne auch auf Deutsch sehr fundiert durch seine Sammlung. Eine seiner Passionen ist die arabische Kalligrafie, über die er auch ein Buch veröffentlicht hat. In einer kleinen Galerie kann man seine kalligrafischen Werke und auch andere Kunst erstehen. Im Zentrum der Stadt Tinejdad führt er zudem mit seiner Frau ein Galerie-Café. Der Eintritt in das Museum kostet 50 MAD.

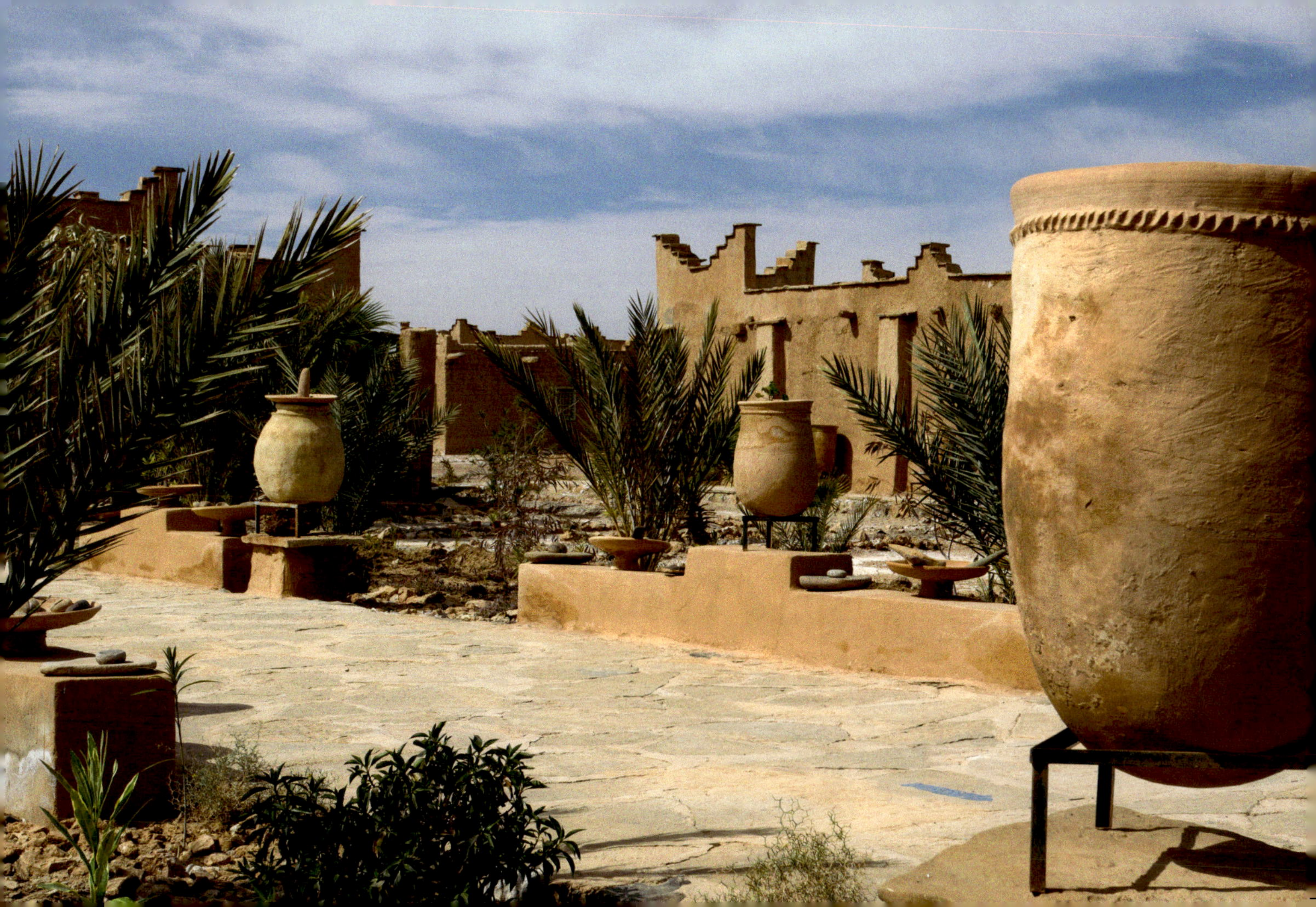

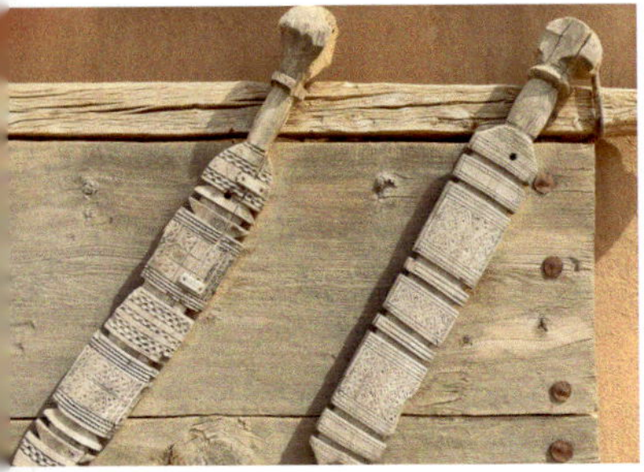
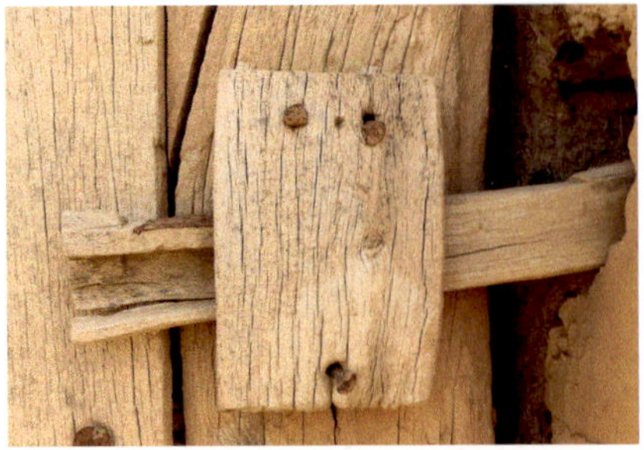
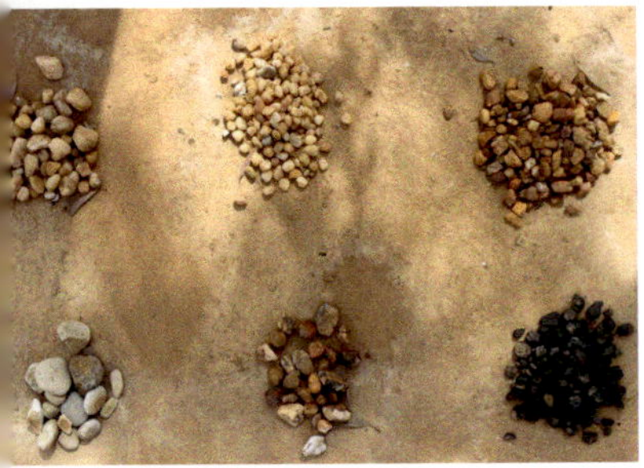
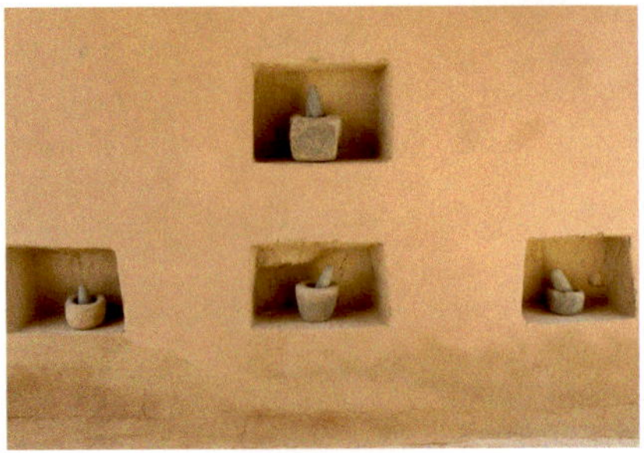
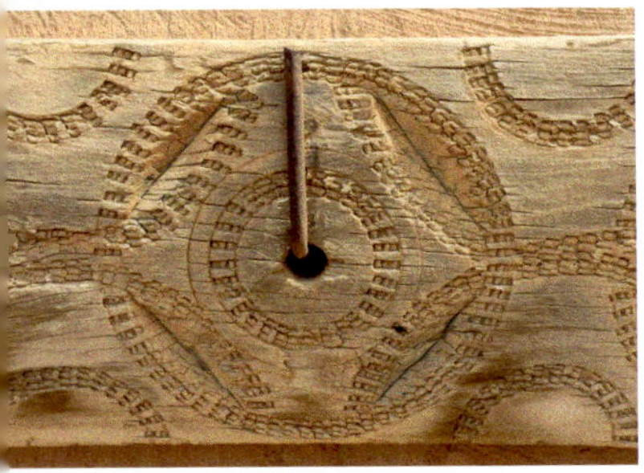
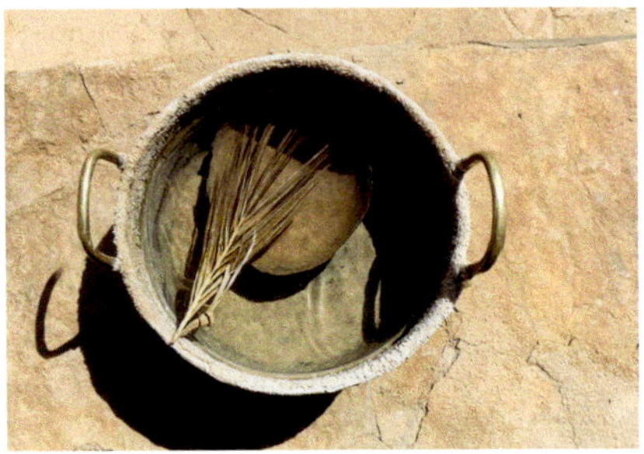

Die Sammlung von Zaid Abbou ist umfangreich und inhaltlich kann sie mit den üblichen kulturhistorischen Museen Marokkos mithalten. Durch das sehr geschmackvolle und ästhetisch beeindruckende Arrangement der Alltags- und Kulturobjekte hebt sich Abbous Museum aber deutlich von den durchschnittlichen Volkskundemuseen ab. Für Fotografinnen, die sich gerne mit Details und Strukturen befassen, ist Lalla Mimouna ein bezaubernder Ort.

53 mm · ISO 400 · Blende 5,6 · 1/125 s

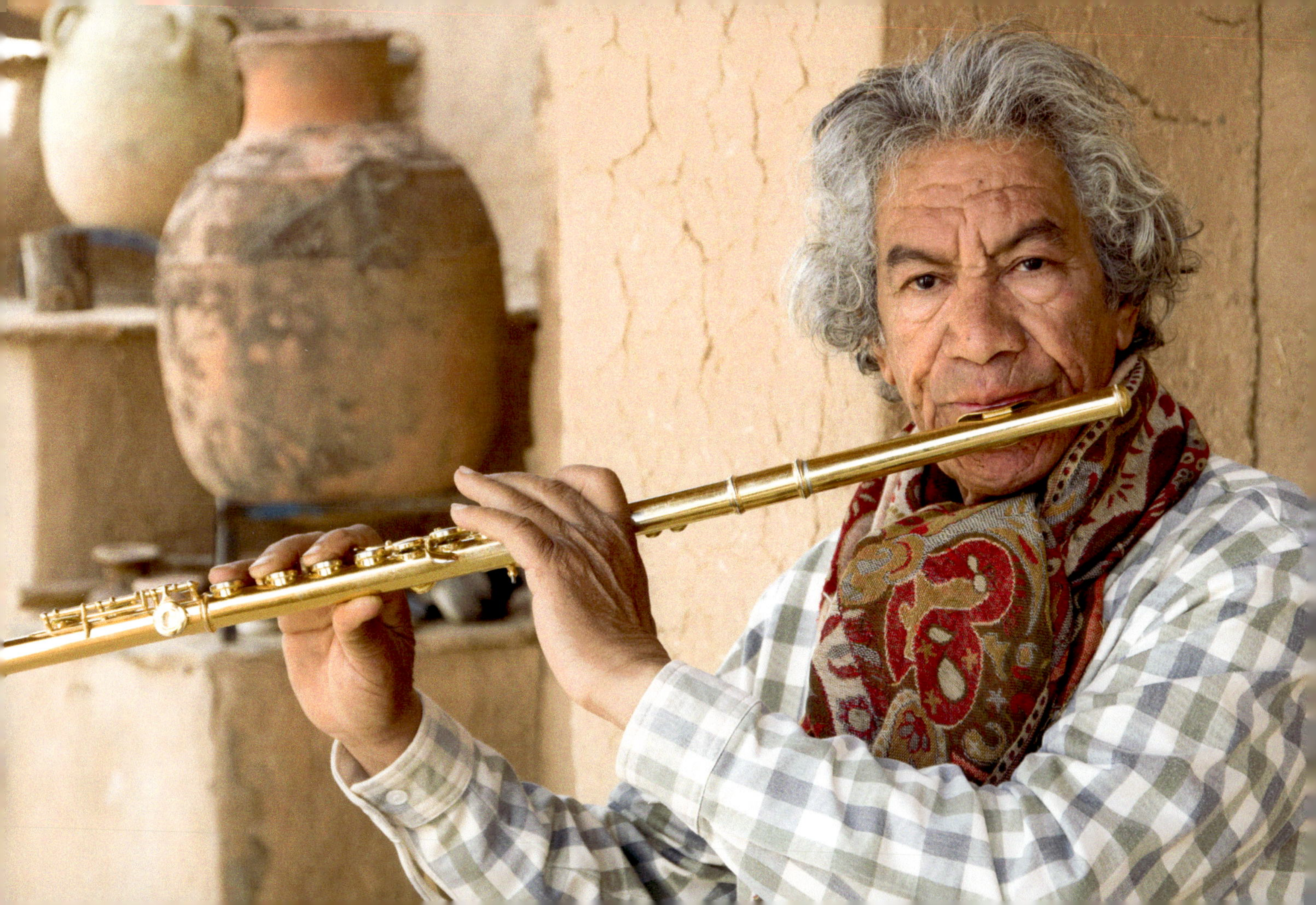

7 ZAGORA UND UMGEBUNG

30.237616,
–5.604541

Die vorsaharische Oasenstadt Zagora liegt am Draa in einem der fruchtbarsten Täler des Südens. In der riesigen grünen Dattelpalmenoase bauen die Bewohner als Selbstversorger auch verschiedene Gemüsesorten in ihren Gärten an. In der Stadt gehen die Uhren etwas langsamer. Bunt gekleidete Frauen geben dem eher unspektakulären Ort eine sehr afrikanische Ausstrahlung. In Zagora lässt sich gut das Alltagsleben der Menschen beobachten. Ein interessantes Ausflugsziel ist der bizarr geformte naheliegende Djebel Zagora, der eine gute Aussicht auf die Oase bietet. 12 Kilometer weiter südlich bei Tinfou liegt ein kleines Dünenfeld. Dort kann man ein wenig Wüstenfeeling erleben. Das direkt an der Düne gelegene Hotel »Sahara Sky« verfügt über eine hauseigene Sternwarte. Fernab von zivilisatorischer Lichtverschmutzung lassen sich hier Sterne beobachten. Der Ort ist auch gut geeignet für nächtliche Aufnahmen der Milchstraße.

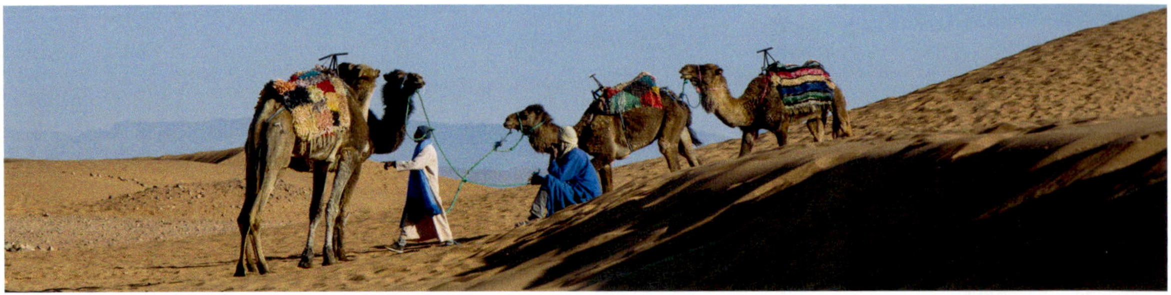

An der kleinen Düne bei Tinfou lassen sich auch Kamele reiten bzw. fotografieren. 85 mm · ISO 200 · Blende 8 · 1/400 s

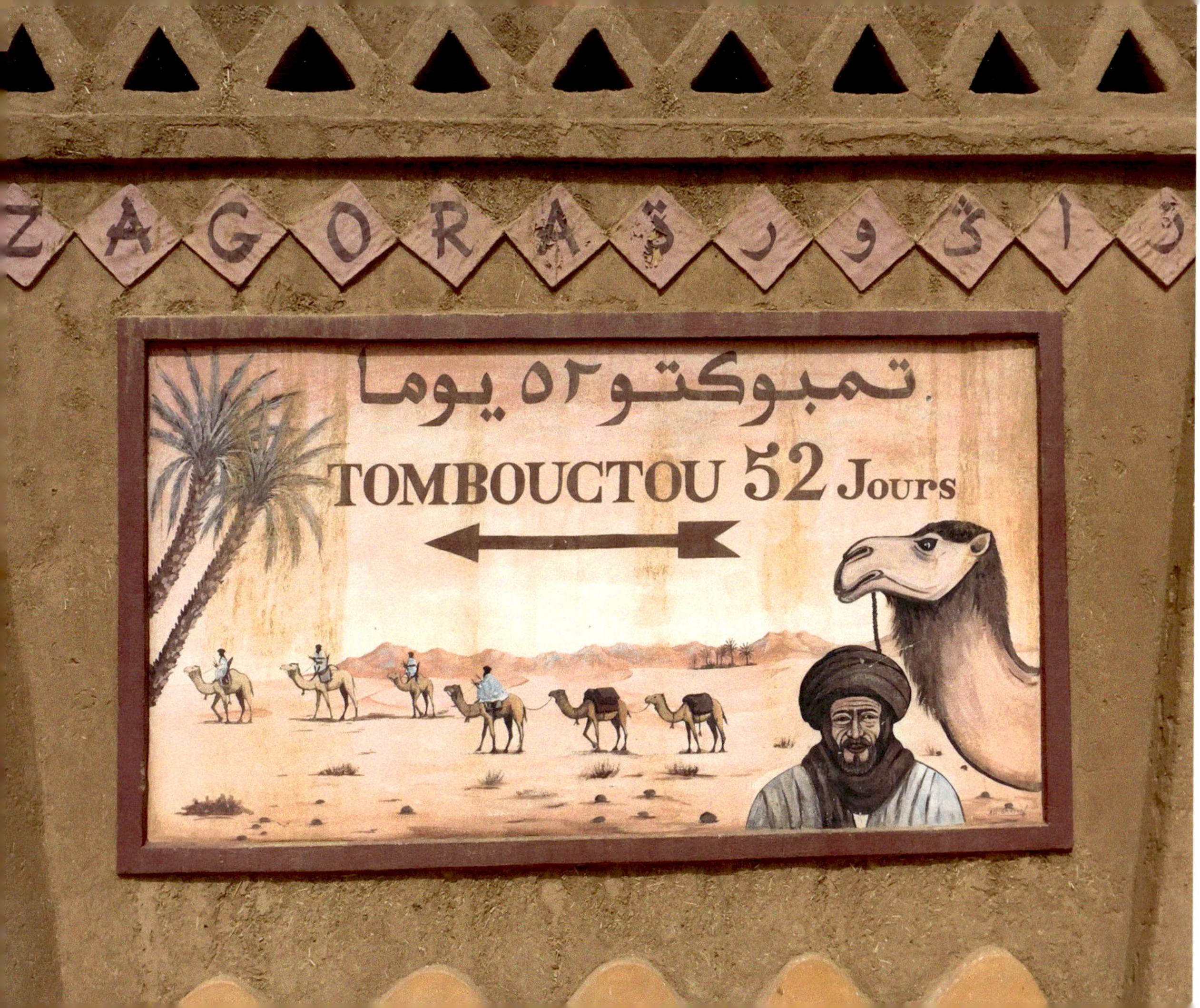

30.323636,
–5.840989

Zagora war einst ein wichtiger Karawanen-stützpunkt auf dem Weg nach Timbuktu. Davon zeugt das gerne fotografierte Schild am Orts-ausgang.

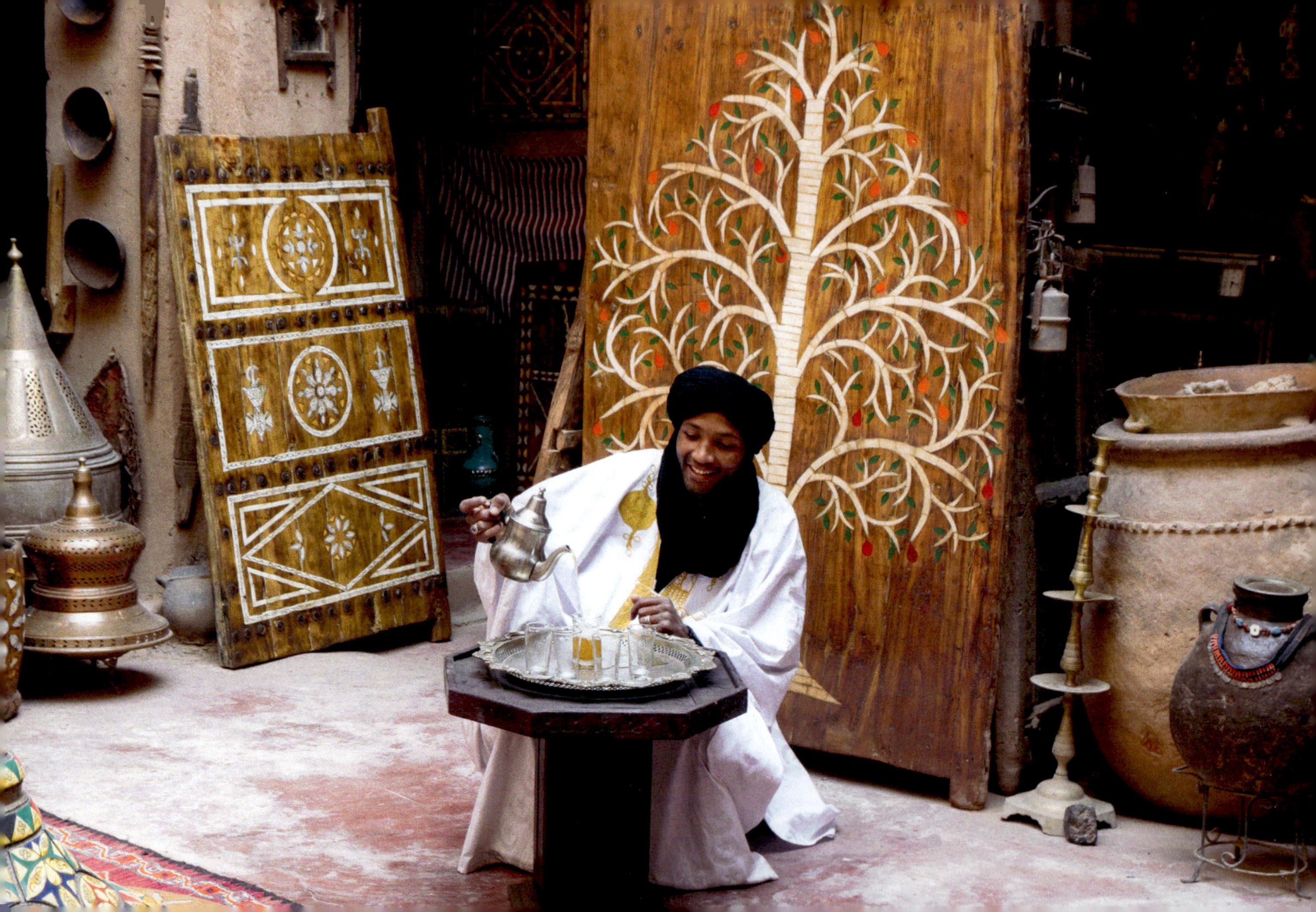

DIE JÜDISCHE KASBAH – KUNSTHANDWERK UND ANTIQUITÄTEN

Drei Kilometer südlich von Zagora liegt der alte Ksar Amazrou, der eine ehemalige jüdische Kasbah beherbergt. In dem typischen Lehmgebäude bieten die drei Douini-Brüder geschmackvoll arrangiertes antikes und neues Kunsthandwerk feil. Besucher bekommen einen Tee angeboten und dürfen bei der Aufarbeitung alter Truhen und Türen zusehen. Solche Situationen, in denen man schon ins Gespräch miteinander gekommen ist, sind gut geeignet für ein Foto.

30.307022, –5.822199

35 mm · ISO 200 · Blende 7,1 · 1/40 s

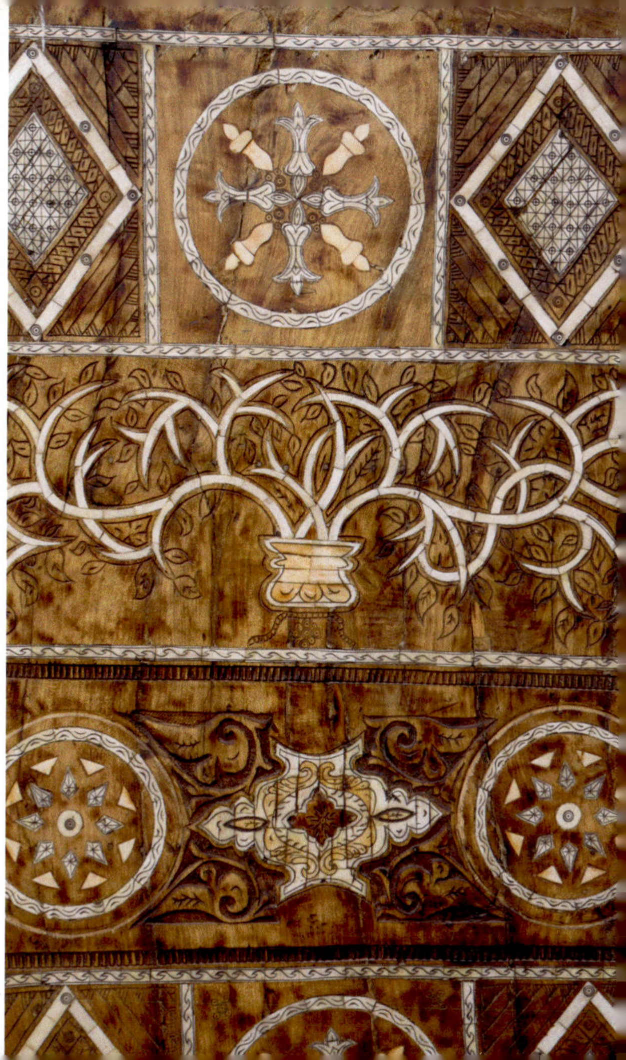

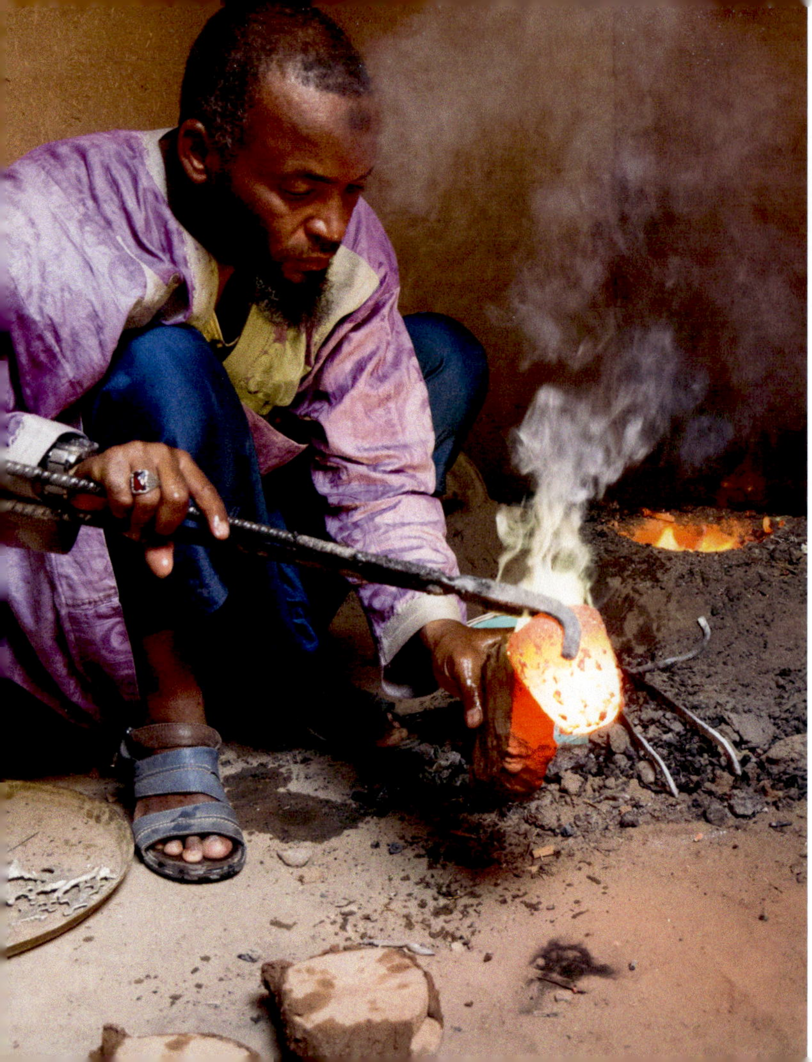

Ein Höhepunkt des Besuches in der Jüdischen Kasbah war für uns, Barzouk Douini beim Gießen von Silber zu beobachten: Mit einem Kurbelgebläse wird auf Holzkohle ein Feuer entfacht und bis auf 800 Grad erhitzt. Silber wird dann im Feuer in einem hitzeresistenten Gefäß verflüssigt und in vorgefertigte Lehmschablonen gegossen. Dazu ist höchste Konzentration erforderlich, das traditionelle Verfahren findet ohne weitere Schutzmaßnahmen statt. Das flüssige Silber erkaltet rasch und nimmt die Form der Schablone an. Nach dem Abkühlen

Den Silberguss habe ich mit hohem ISO-Wert fotografiert. Ein Blitz würde die Stimmung zerstören. Verzichten Sie auf ein Stativ und stellen Sie den Serienbildmodus ein, um den kurzen Prozess in seinen Schritten einzufangen, und suchen Sie später das beste Bild aus.
24 mm · ISO 3200 · Blende 5,6 · 1/60 s

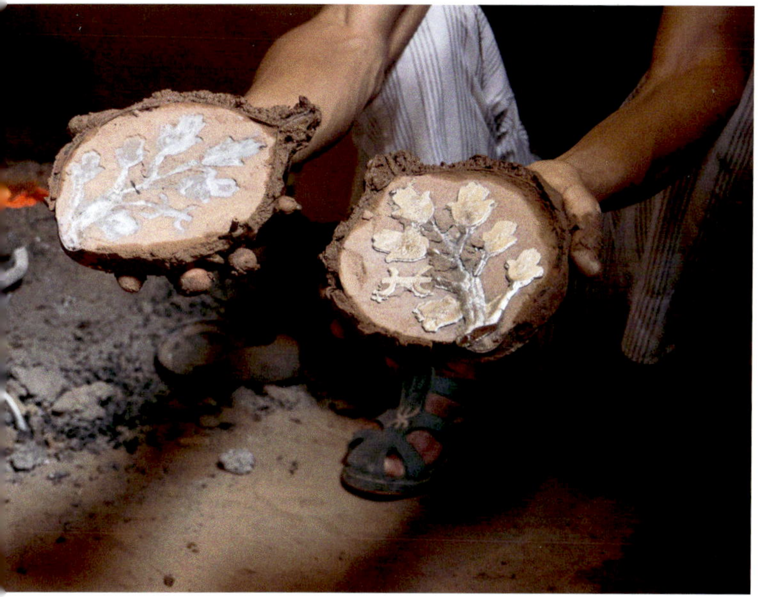

Der Silberguss mit Berbermotiv ist in der geöffneten Lehmschablone gut erkennbar.
31 mm · ISO 1600 · Blende 5,6 · 1/40 s

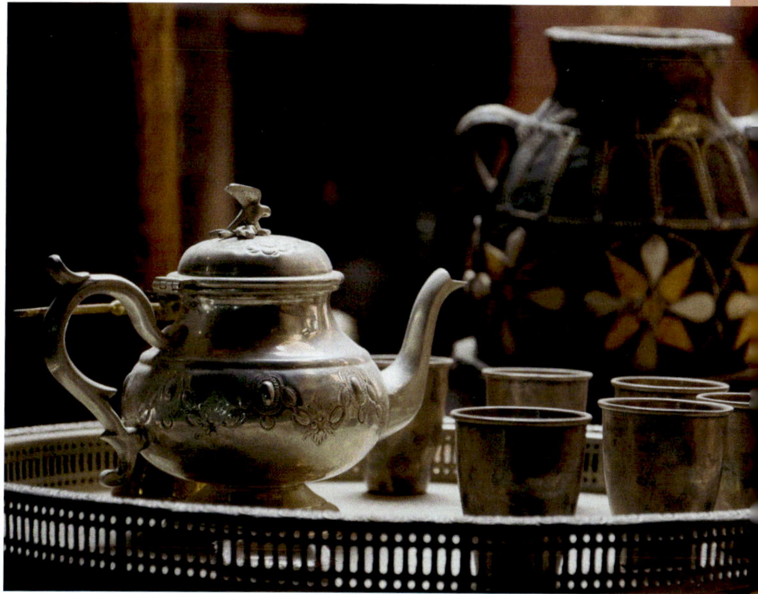

Mit leicht geöffneter Blende habe ich das versilberte Teegeschirr vor dem Hintergrund frei gestellt.
68 mm · ISO 1600 · Blende 5,6 · 1/640 s

wird der gegossene Rohling noch fein nachbearbeitet. Der kunstvolle Schmuck kann vor Ort erworben werden. Darüber hinaus gibt es ein großes Angebot auch an altem Silberschmuck aus der Region: schwere Armreifen, Ringe, Ohrringe, Ketten, Spangen und Gürtelschließen. Der Auffassung der Berber zufolge wirkt Silber unheilabwendend.

TAMEGROUTE – ALTE SCHRIFTEN UND TRADITIONELLE TÖPFEREI

Gut 20 Kilometer südlich von Zagora liegt Tamegroute an der Straße nach M'Hamid zur algerischen Grenze. Im 17. Jahrhundert war dies ein wichtiger Ort, denn hier gründete die Nasiriyya-Bruderschaft eine Universität des Koran, an der bis zu 1.500 Studenten lernten. Die Bruderschaft sammelte Tausende von Handschriften und schuf so eine große Sammlung wertvoller Bücher und Manuskripte. Darunter sind Schriften aus dem 13. Jahrhundert, als Arabisch noch die wichtigste Sprache der Wissenschaften war. Die alte Koranschule kann besucht werden, das Fotografieren von Architektur und Ornamentik ist auch möglich.

Ein Töpfer knetet mit großer Körperkraft Ton. Ich habe ihm meine Kamera gezeigt und angedeutet, dass ich ein Foto machen möchte. Mit einem Lächeln hat er mir sein Einverständnis signalisiert – aber in die Kamera wollte er dann doch nicht gucken.
60 mm · ISO 400 · Blende 9 · 1/320 s

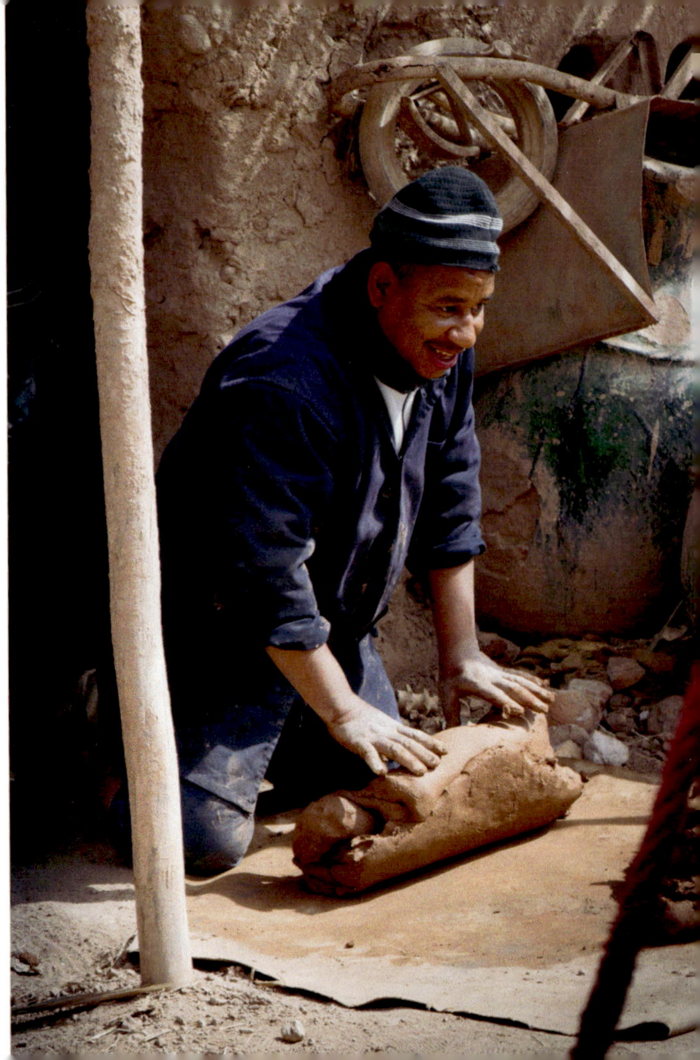

Hierher pilgern auch viele kranke Menschen, die am Grab des Gründers der Nasiriyya-Bruderschaft Linderung suchen.

Im ganzen Land bekannt ist auch die wunderschöne grüne und auch gelb-braune Töpferware aus Tamegroute, die angeblich durch den Gründer Ibn Nasir inspiriert wurde. Hier werden in einfachen Erdöfen Töpferwaren mit einer einzigartigen Glasur gebrannt, die eine besondere Leuchtkraft hat.

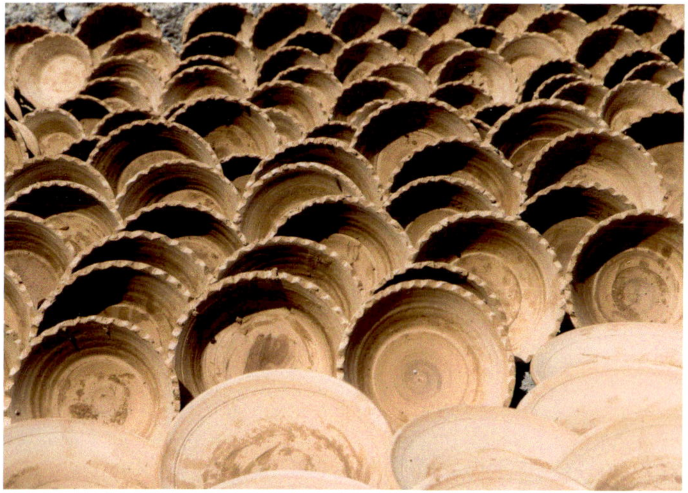

Ungebrannte Rohware liegt vor dem Brennen zum Trocknen aus.
85 mm · ISO 400 · Blende 9 · 1/100 s

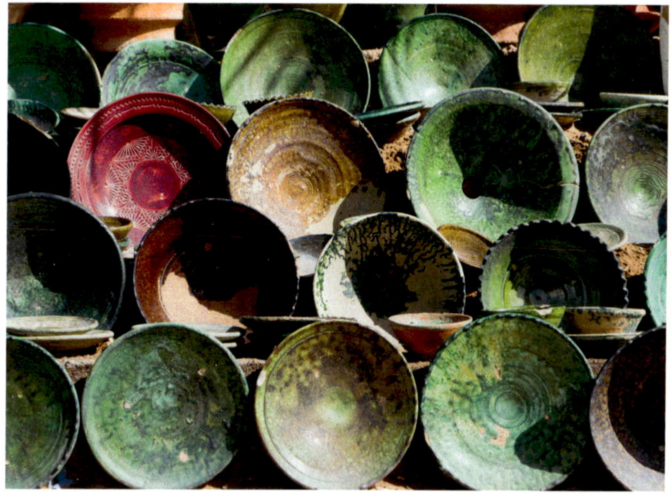

Die fertigen Schalen werden vor allem an vorbeifahrende Touristen verkauft. 48 mm · ISO 100 · Blende 9 · 1/60 s

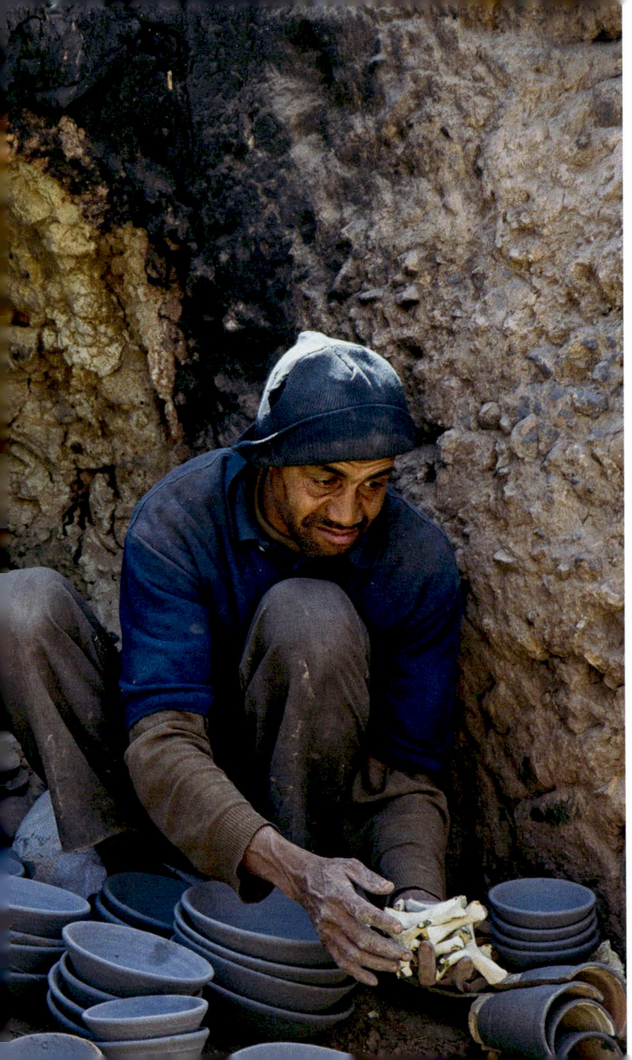

In Tamegroute werden Gegenstände des täglichen Bedarfs wie Schalen, Teller, Kerzenhalter, Vasen und Fliesen hergestellt. Aber auch die typischen grün glasierten Ziegel, die man auf den Dächern religiöser Gebäude im ganzen Land sehen kann, stammen teilweise von hier. Die Töpferei hat eine uralte Tradition und wird bis heute auf absolut archaische Weise praktiziert: Der Ton wird von Hand aus dem Boden der umliegenden Felder abgebaut und über Nacht in Wasser eingeweicht. Männer kneten dann die schwere Masse, sodass die darin enthaltenen Luftblasen verschwinden. Den Gefäßen wird per Hand oder auf der Töpferscheibe handwerklich ihre Form gegeben. Dann müssen die Stücke drei Tage lang trocknen, bevor sie gla-

Dieser Mann räumt glasierte Schalen in den Ofen. In der Hand hält er Tonstücke, die als Abstandhalter zwischen die Keramiken gesetzt werden. Die Glasur färbt sich während des Brennens von Grau zu Grün.
68 mm · ISO 400 · Blende 5,6 · 1/400 s

Der kleinwüchsige Mann belädt einen Erdofen mit glasierten Ziegeln. Da ich in Begleitung eines ortsansässigen Guides dort war, durfte ich fotografieren.
60 mm · ISO 400 · Blende 4,5 · 1/500 s

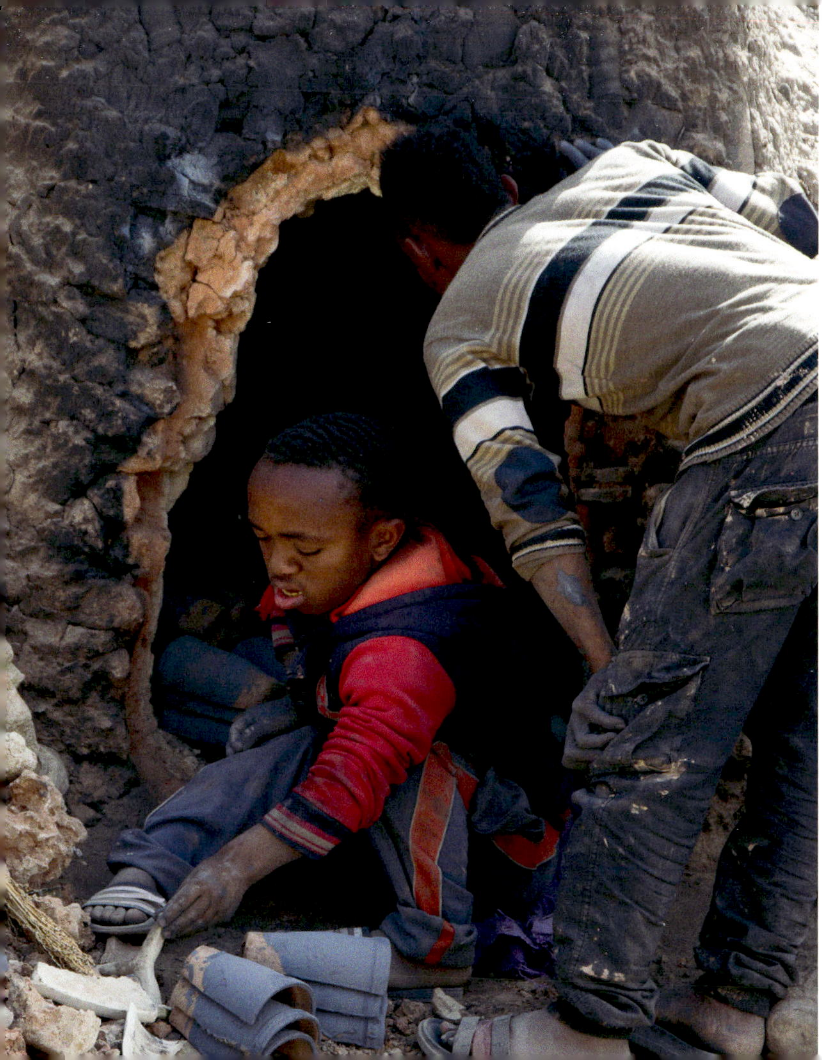

siert, nochmals getrocknet und dann in Erdöfen gebrannt werden. Früher wurden die engen Öfen von Kindern beladen, heute machen klein gewachsene Männer diesen Job. Befeuert wird mit Palmholz und Kräutern aus der Region.

Die graue Glasur, die während des fünfstündigen Brandes zu einem einzigartigen Grün umfärbt, wird nach einem nur wenigen Handwerkern bekannten Rezept aus Kupferoxid und Mangan sowie einigen organischen Bestandteilen hergestellt.

Wer den Herstellungsprozess der Keramiken beobachten möchte, sollte in einem der Läden fragen, wo diese auch verkauft wird. Nehmen Sie sich Zeit, kommen Sie ins Gespräch, kaufen Sie etwas und trinken Sie vielleicht einen Tee mit dem Händler. Fragen Sie dann, ob er Ihnen gegen ein Entgelt eine Führung zu der mitten in der Medina gelegenen Produktionsstätte vermitteln kann. Haben Sie auch vor Ort Geduld, verhalten Sie sich unaufdringlich.

Oasen

Als Oase bezeichnet man einen Vegetationsfleck in einer sehr trockenen Gegend. In Marokko gibt es verschiedene Oasentypen. Die auffälligsten und fotografisch interessantesten sind die Fluss-Oasen, die sich im Süden des Landes unter anderem entlang der Flüsse Draa, Dades, Todra und Ziz finden. Kilometerlange grüne Bänder begleiten die Flussläufe durch eine mondartig karge Landschaft. Da in den Fluss-Oasen konstant Wasser vorhanden ist, legt der Mensch seit Jahrhunderten seine Obst- und Gemüsegärten hier an. Da die Hauptstraßen oft den Wasserläufen folgen, finden Fotografen immer wieder exponierte Aussichtspunkte mit interessanten Motiven. Die Wasserläufe selbst sind manchmal nur sehr seicht oder sogar ausgetrocknet, je nachdem, wann es zuletzt Regen gab.

Ein weiterer Oasentypus Marokkos ist die Rhettara-Oase. Dieses aufwändig von Hand gegrabene Schacht- und Stollensystem führt Sickerwasser nach Regenfällen aus den Bergen oder von unterirdischen Reservoirs über ein Gefälle an einen tiefer gelegenen Ort. Ein interessantes Beispiel findet die Fotografin auf der Strecke Erfoud – Tinejdad, kurz nach dem Ort Jorf, gut erkennbar an den vielen kleinen ausgehobenen Hügeln. Dort kann man an einigen Stellen gegen Eintritt in einen dieser Schächte hinabsteigen.

Im Draa-Tal zwischen Zagora und Agdz finden sich viele schöne Ausblicke auf die Oasenlandschaft.
75 mm · ISO 200 · Blende 10 · 1/200 s

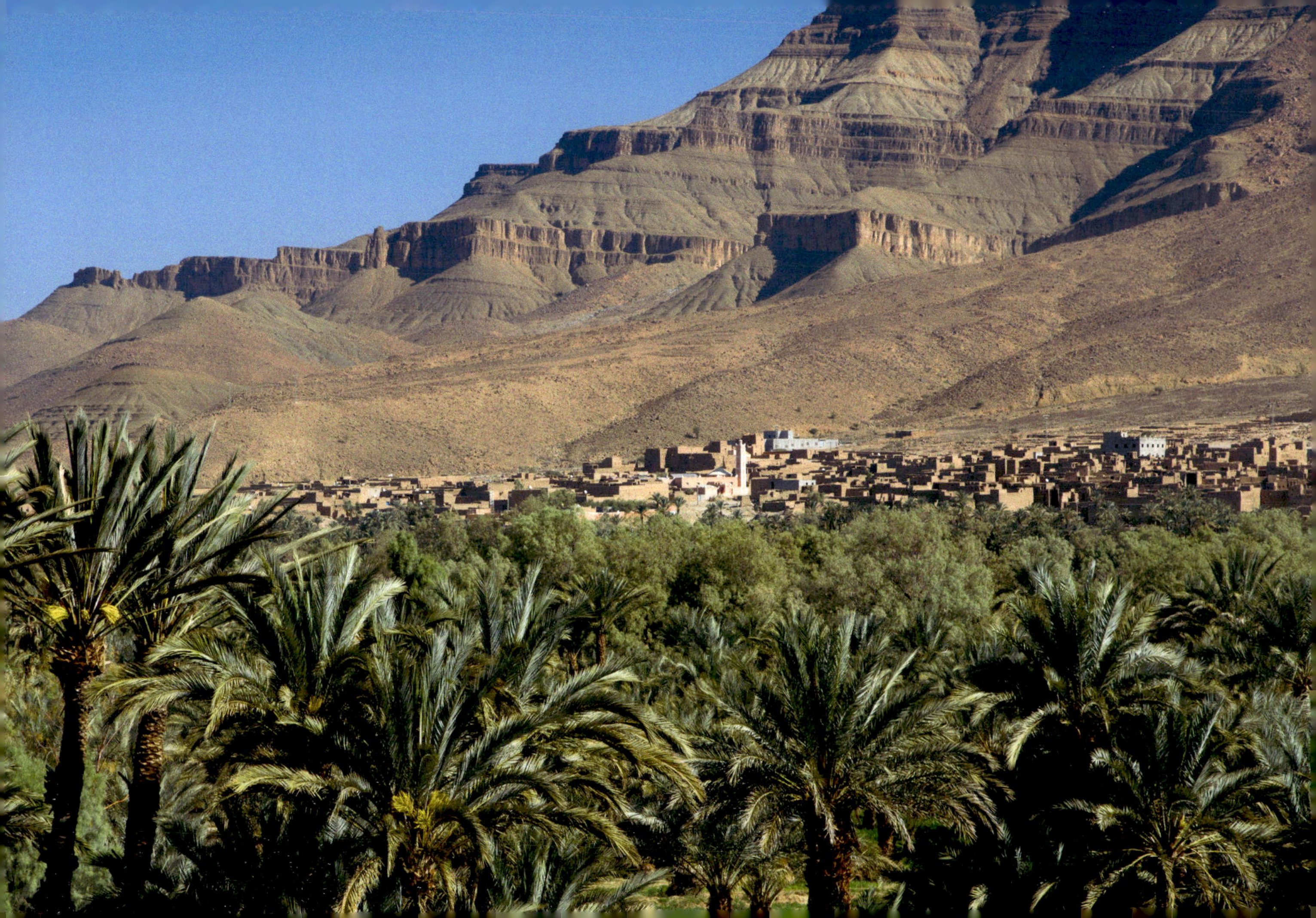

30.605224,
–6.166926

OULAD OTHMANE

Im malerischen Draa-Tal liegt das beschauliche Oasen-Dorf Oulad Othmane. Eine zum Hotel ausgebaute Kasbah (s. Seite 227) aus dem 18. Jahrhundert überragt den Ort. Neun urige Zimmer geben dem Gast das Gefühl, wie ein Stammesführer zu wohnen. Von einer Terrasse aus hat man einen tollen Blick auf eine sehr üppige Fluss-Oase, in der man sehr gut spazieren gehen kann. In der gegenüber liegenden Ecolodge bietet der freundliche Besitzer Hussein (s. Seite 147) leckeren Minztee und guten Kaffee in einem sehr gepflegten Palmenhain an. In diesem kleinen Paradies kann man auch in Berberzelten sowie einigen Zimmern einfach und günstig übernachten.

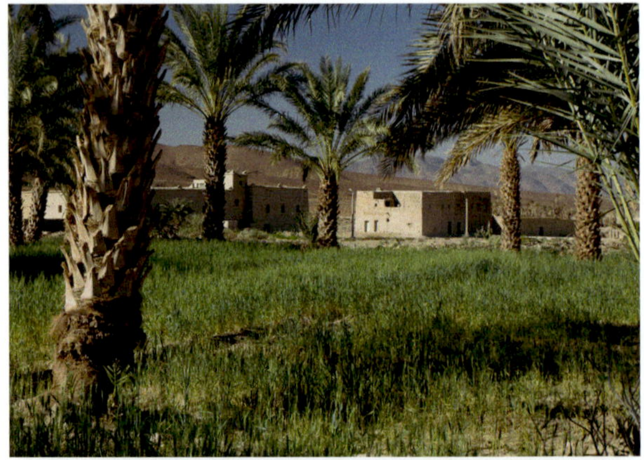

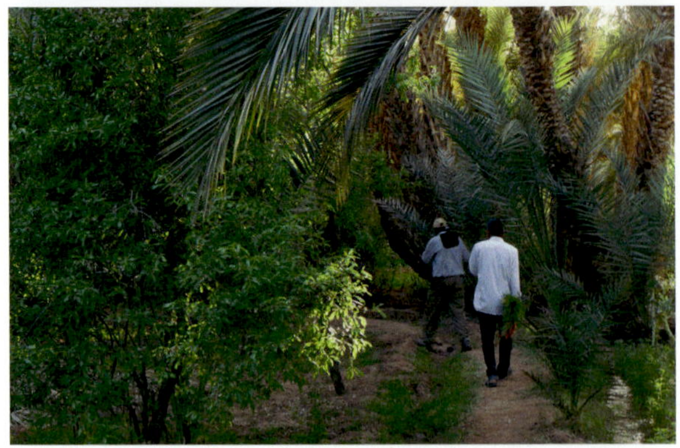

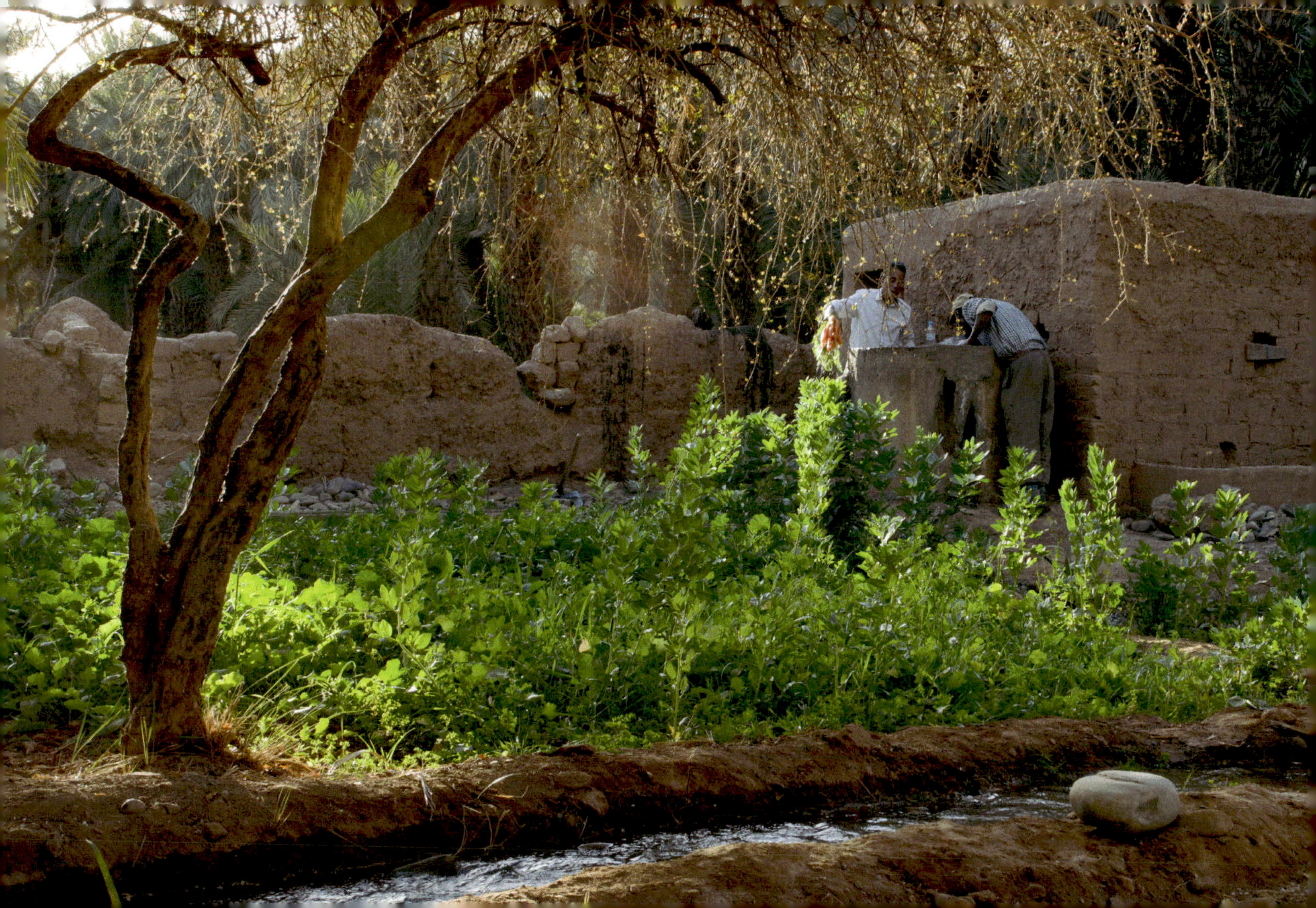

30.605431,
–6.168601

DAS LEBEN IN DER OASE

Die Menschen bewirtschaften die Oasen seit Jahrhunderten auf traditionelle Weise. Jede Familie hat hier ihr eigenes kleines Grundstück, auf dem sie Getreide, Gemüse, Futterpflanzen, Feigen und Granatäpfel sowie Datteln kultiviert. Ölbäume und Tamarisken für die Holzwirtschaft werden zusätzlich angebaut. Im Stockwerkanbau werden Pflanzen mit kurzen Wurzeln wie Getreide oder Bohnen dicht zum Wasserlauf gepflanzt, tiefer wurzelnde niedrige Bäume und Palmen stehen weiter entfernt. Einzig die Datteln werden auf bunten Märkten nach der Ernte im Oktober/November verkauft, alle anderen Produkte verbrauchen die Familien selbst. Die Bewässerung erfolgt entweder durch Hochpumpen des Grundwassers oder durch Stauen und Verteilen des Wassers über Dämme und offene kleine Kanäle. Besonders zur Erntezeit kann der Fotograf bei Spaziergängen in den Oasen den Einheimischen bei ihrer Arbeit zusehen, jedoch sollte unbedingt vorher um Erlaubnis für Fotos gefragt werden.

Die Dattelpalmen der Oasen Südmarokkos werden bis zu 200 Jahre alt, wachsen über 20 Meter hoch und tragen ab dem fünften Jahr nach der Pflanzung erste Früchte. Der Mensch bestäubt die weiblichen Blüten der Palmen von Hand mit männlichen Pollen, wobei das Verhältnis der Palmen 100:3 ist. Die Ernte pro Baum beträgt 70 bis 150 kg Datteln, von denen es hier über 30 Sorten gibt.

In dieser Landschaft unmittelbar bei der Kasbah Oulad Othmane sind das Grün der Palmen und erdiges Braun vorherrschend. Die Farben der Häuser und der Berge leuchten orange im Abendlicht.
85 mm · ISO 200 · Blende 8 · 1/160 s

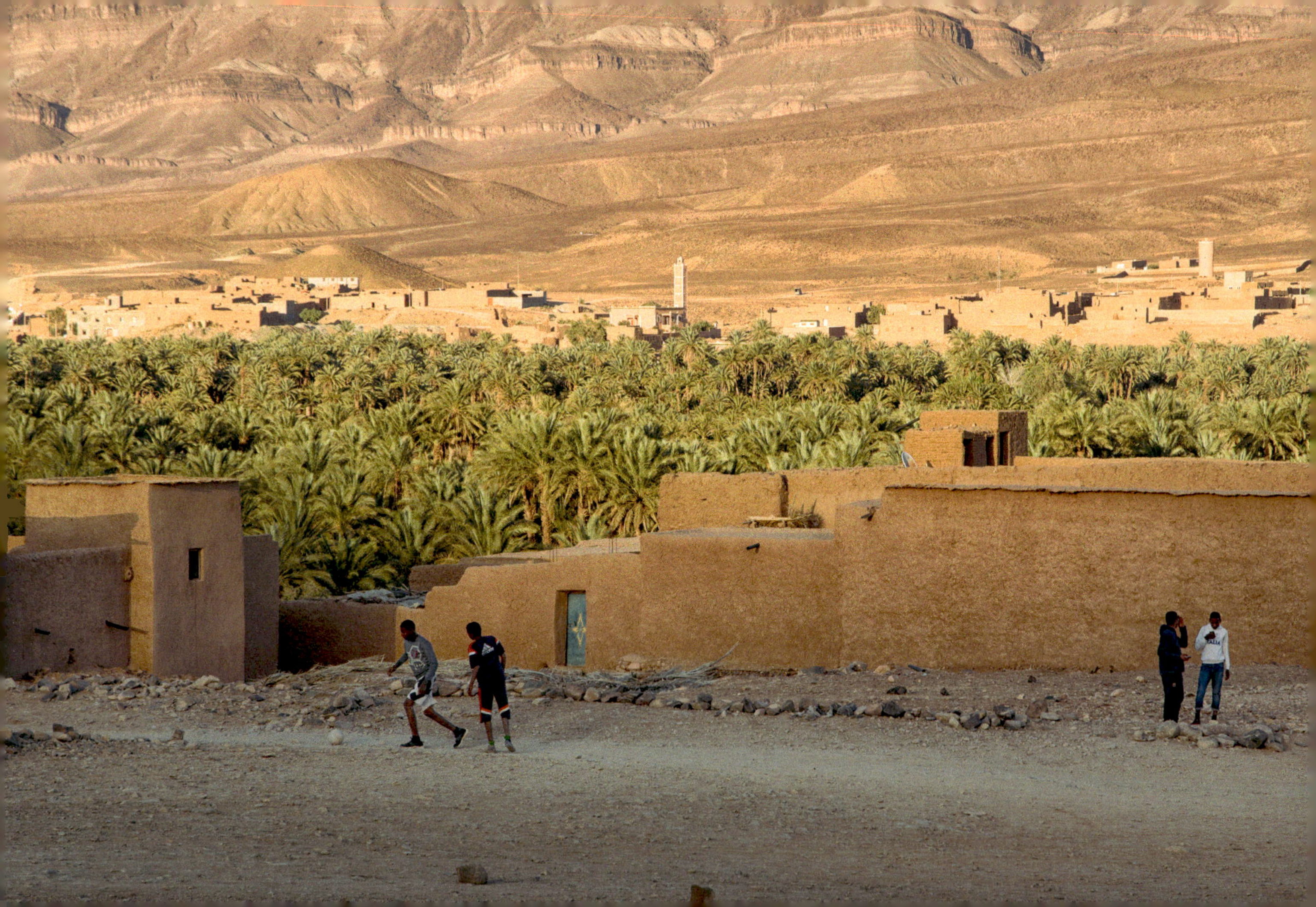

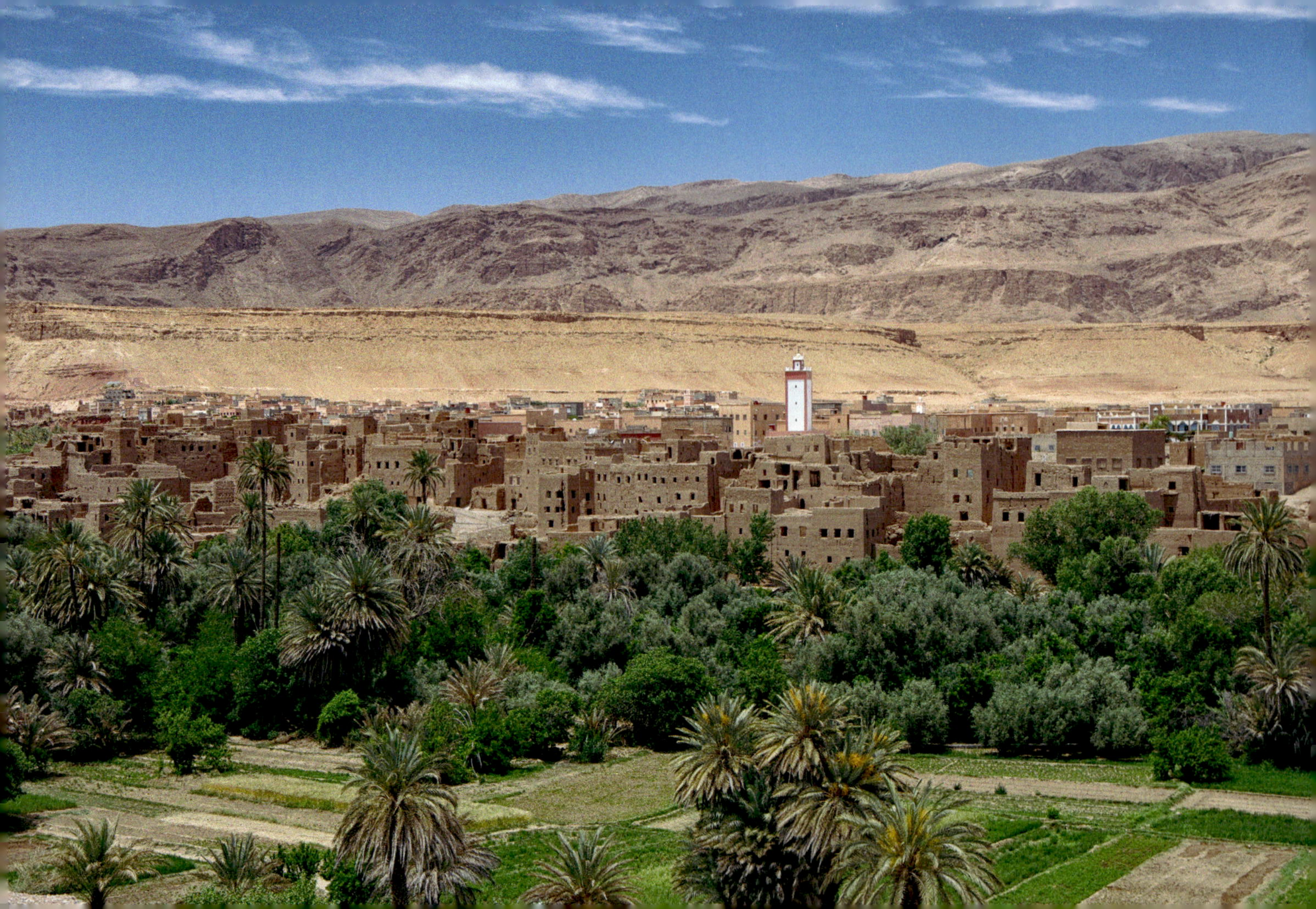

TINERHIR

Bei der Provinzhauptstadt Tinerhir (42.500 Einwohner) formt der aus dem Hohen Atlas kommende Todra-Fluss eine der üppigsten Oasen des Landes: Tausende von Mandel-, Oliven-, Granatapfel- und Apfelbäumen sowie Dattelpalmen wurden hier vom Menschen angepflanzt. Der Fotografin bieten sich von Aussichtspunkten mit Blick auf die Oase fantastische Motive in Grün, Ocker, Braun und Rosa. Neben den Farben des Südens Marokkos sind die alten Gebäude aus Lehm ein attraktives Bildthema. Vor allem das weiche Morgenlicht ist ideal für einen schönen ein- bis zweistündigen Foto-Spaziergang durch die Oase und die Lehmdörfer.

Der Ausblick auf die Stadt Tinerhir zeigt die Feldwirtschaft im Vordergrund, auch die alten Lehmhäuser sind gut vor der neueren Bebauung zu erkennen. Am besten ist das Licht hier am frühen Vormittag und späten Nachmittag.
36 mm · ISO 200 · Blende 10 · 1/125 s

Die Stadt Tinerhir und ihre Umgebung vermitteln eine besondere vorsaharische Atmosphäre. Dazu trägt die weite Landschaft ebenso bei wie die kahlen Berge des Djebel Sarhro und die nahe gelegenen Steinwüsten. Die Architektur der ockerfarbenen Häuser mit Rundarkaden, Ecktürmchen und Zinnen vertiefen diesen Eindruck noch. Überragt wird die Stadt von einem Hotel im Kasbah-Stil und der daneben liegenden verfallenen Glaoua-Kasbah. Das Alltagsleben fängt man hier am besten auf dem verwinkelten Souk hinter der Gartenanlage ein, wo Händler vor allem frisches Obst und Gemüse anbieten. Hier kann man sich auch in einem Café erfrischen und dem Treiben zusehen. Weitere faszinierende Eindrücke warten bei einer Fahrt zu den 15 km entfernten Gorges du Todra: Der Fluss hat hier ein grünes Band von Palmengärten geformt, das auf eine enge Schlucht aus mehreren hundert Meter steil aufragenden Felswänden trifft.

31.530819,
–5.548871

Die Wüste

Wer denkt bei den Begriffen »Wüste« oder »Sahara« nicht an gelb-orangene Dünen und eine große Stille, die nur von den Geräuschen des Windes unterbrochen wird? In Marokko lernen Reisende allerdings schnell, dass es im Land drei verschiedene Arten von Wüsten gibt:

1. die Stein- oder Geröllwüste, sie liegt auf großen Plateaus und wird »Hammada« genannt
2. die »Reg« genannte Wüstenart, für die mit Kies und Geröll bedeckte Ebenen im Umfeld von Felsplateaus und Gebirgen charakteristisch sind
3. die »Erg« genannte Wüstenart, die Dünengebiete bezeichnet und unserem Bild von Wüste am ehesten entspricht

Hammada und Reg machen allein 70 % der Sahara aus und bilden auch in Marokko den Großteil der Wüsten. Als Fotomotiv sind diese Landschaften schwer in Szene zu setzen. Am besten betont man die Weite, indem man Objekte mit ins Bild nimmt, an denen man die Größenverhältnisse erkennt. Auf folgenden Strecken finden Sie große Stein- und Geröllwüsten-Gebiete: Erfoud – Ouarzazate, Erfoud – Merzouga, Erfoud – N'Kob, Zagora – Tata, Zagora – M'Hamid, Ouarzazate – Tazenakht – Foum Zguid.

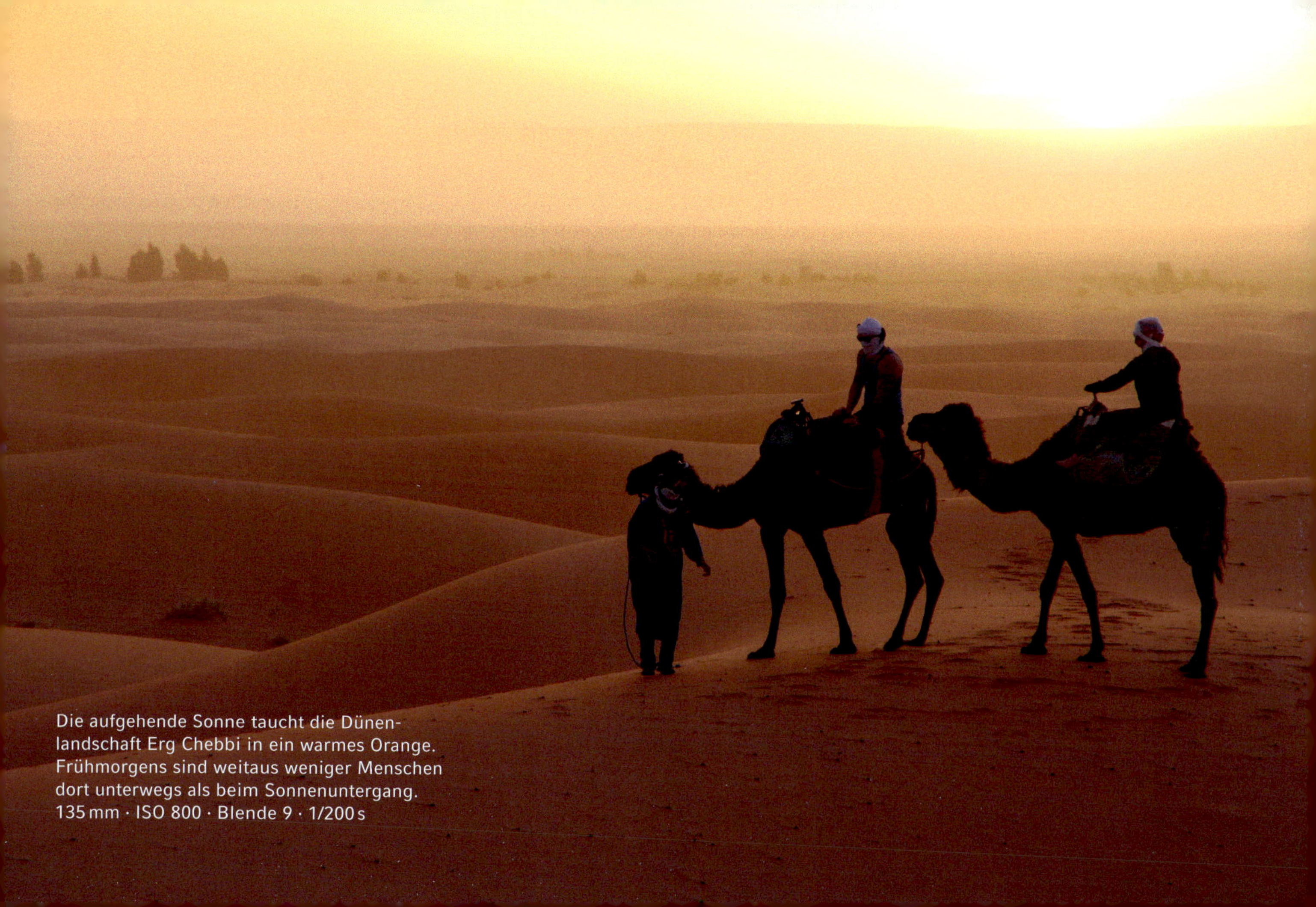

Die aufgehende Sonne taucht die Dünenlandschaft Erg Chebbi in ein warmes Orange. Frühmorgens sind weitaus weniger Menschen dort unterwegs als beim Sonnenuntergang.
135 mm · ISO 800 · Blende 9 · 1/200 s

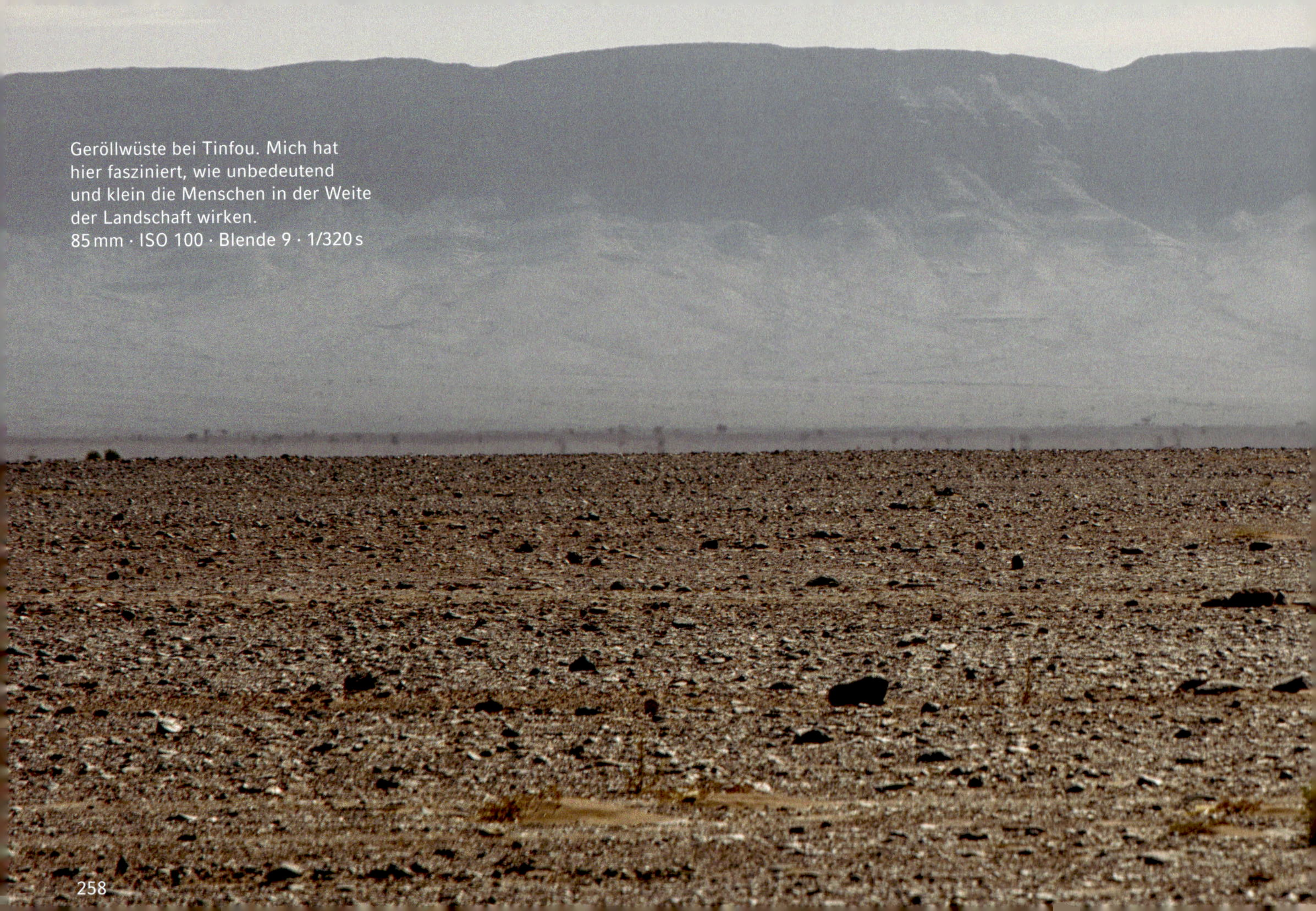

Geröllwüste bei Tinfou. Mich hat hier fasziniert, wie unbedeutend und klein die Menschen in der Weite der Landschaft wirken.
85 mm · ISO 100 · Blende 9 · 1/320 s

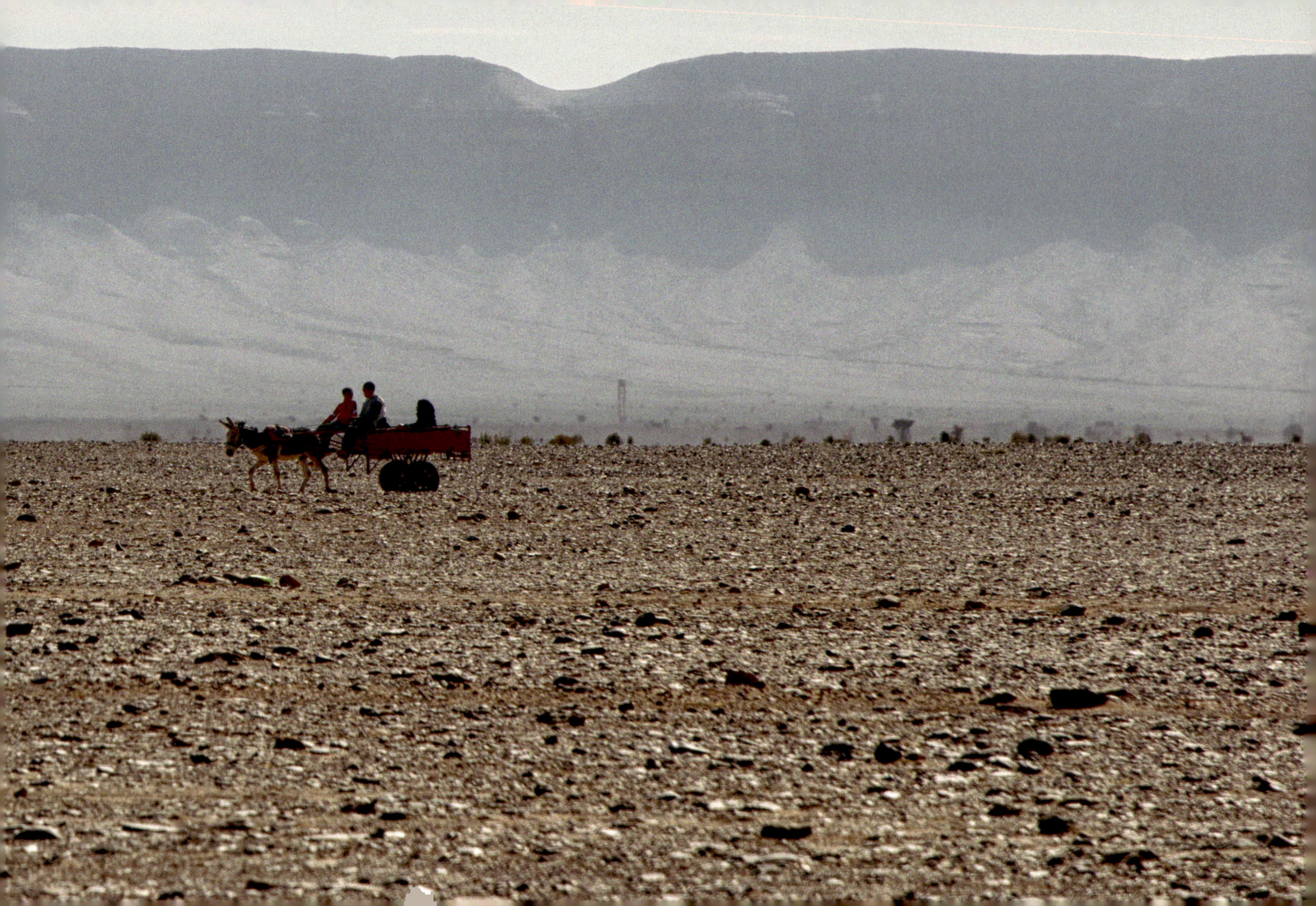

31.094515,
–4.072017

»Erg«-Wüsten, also Dünengebiete, gibt es in Südmarokko nur einige wenige. Die bekanntesten Dünen liegen 50 Kilometer entfernt von Erfoud und heißen »Erg Chebbi«. Hier ist ein touristischer Hotspot, an dem sich viele Zeltcamps und Hotels etabliert haben. Die Dünen sind hier über 150 Meter hoch und breiten sich auf ungefähr einer Fläche von 17×8 Kilometern aus. Südlich davon finden sich noch mehrere kleine Dünenfelder. Der direkt bei Erg Chebbi gelegene Ort Merzouga bietet viele Unterkünfte und Einkaufsmöglichkeiten, ist aber touristisch sehr überlaufen. Etliche Anbieter organisieren eine »Wüstentour« mit einer Übernachtung von Marrakesch dorthin.

Als Selbstfahrer erreicht man die Region um Merzouga entweder direkt von Erfoud über die R702 oder mit einem Schlenker via Rissani (wo man auch gut Dinge des täglichen Bedarfs einkaufen kann) über die N13.

Ein weiteres sehr kleines Dünenfeld liegt 29 Kilometer außerhalb von Zagora auf der Strecke nach M'Hamid neben dem Hotel Sahara Sky (s. Seite 238).

Noch weiter in Richtung Süden, an M'Hamid vorbei, liegt das Dünenfeld von Erg Cheggaga, das mit 20×12 Kilometern noch etwas größer ist als Erg Chebbi. Doch hier sind die Dünen viel flacher und die Anreise ist nur per Jeep zu empfehlen, da die Pisten dorthin schlecht sind. In der Umgebung befinden sich weitere kleine Dünenfelder.

Westlich des Dorfes Merzouga liegt der Dayet Srij-See, der sich nur nach Regenfällen mit Wasser füllt. Wenn Sie Glück haben, können Sie hier im Winter oder zeitigen Frühjahr unwirklich anmutende Fotos mit Wasser und Dünen im Hintergrund machen und Flamingos und andere Zugvögel beobachten.
150 mm · ISO 200 · Blende 8 · 1/320 s

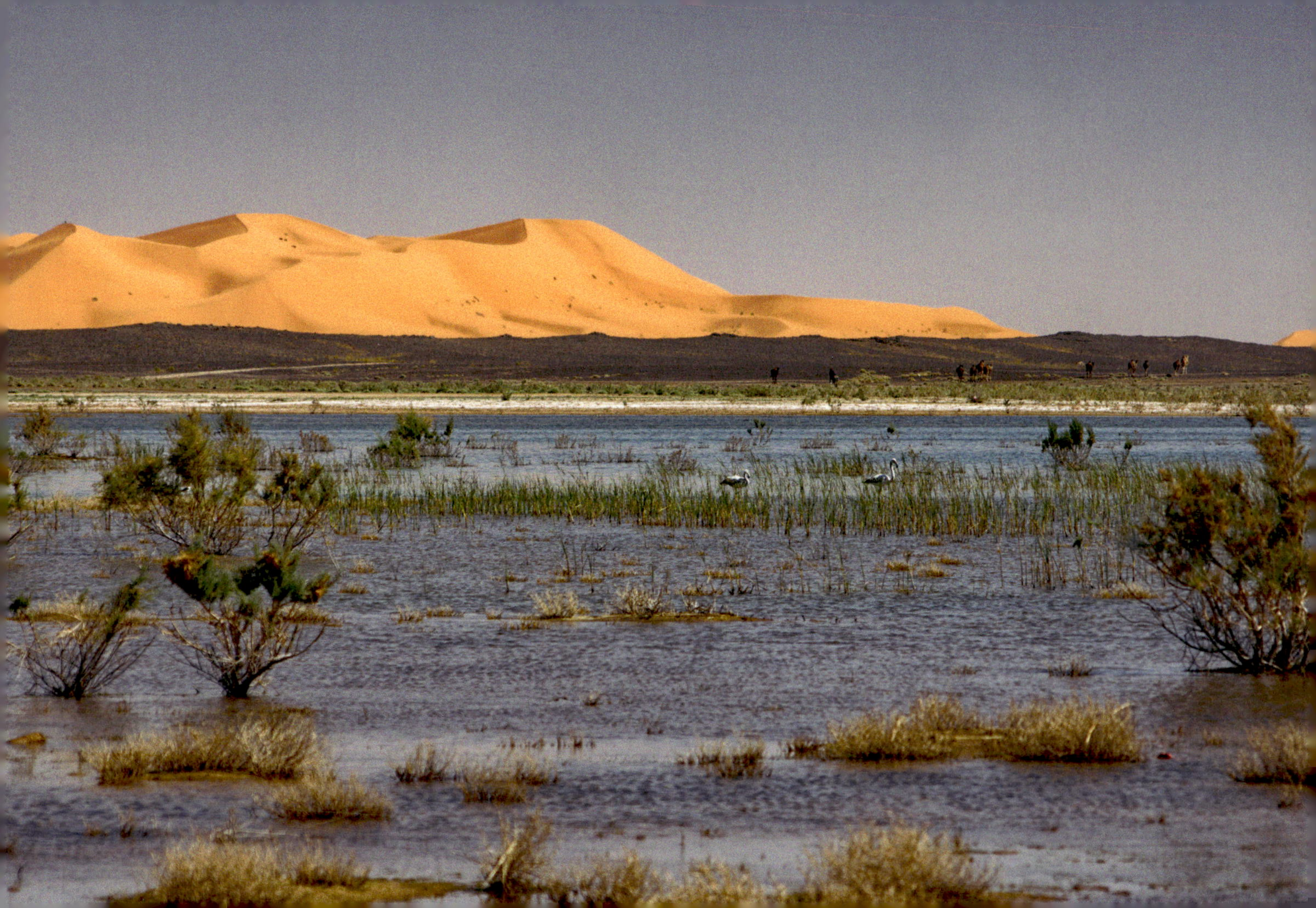

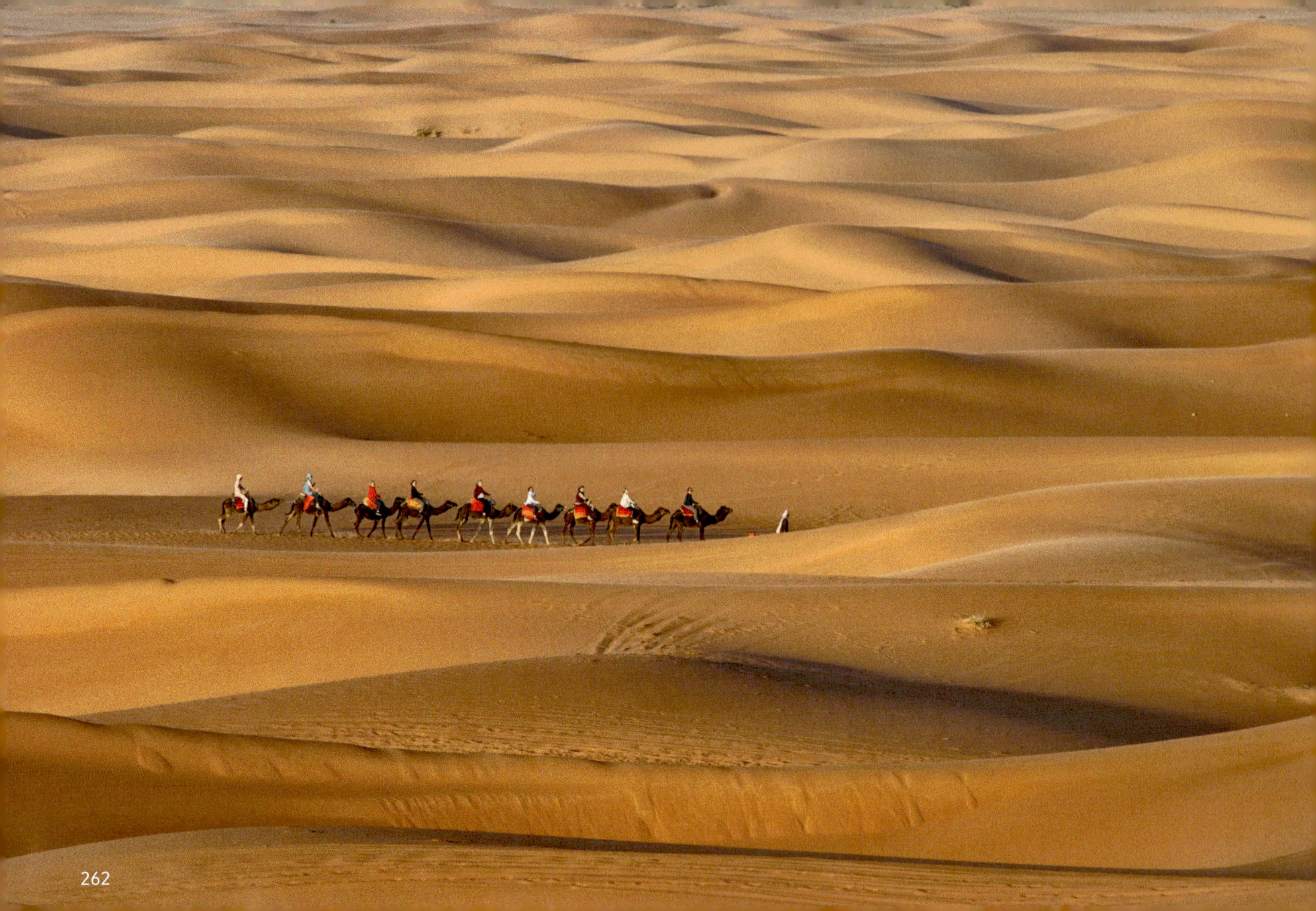

Am westlichen Rand der großen Dünen von Erg Chebbi finden Sie mehrere Hotels und Camps zum Übernachten. Wir empfehlen Ihnen das Hotel Bivouac Sahara Garden, wo Sie im Hotelzimmer oder Zelt übernachten können. Von dort erreichen Sie die nur 500 Meter entfernten Dünen entweder zu Fuß oder per Dromedar zum Sonnenauf- oder Untergang. Nachts erwartet Sie hier außerdem ein fantastischer Sternenhimmel.

Sie erreichen Sahara Garden von Erfoud über die R702 nach 38,5 Kilometern und biegen bei 31.225870, –4.030663 auf eine Piste, der Sie ungefähr vier Kilometer folgen. Sollten Sie von Merzouga kommen, folgen Sie der R702 durch Hassilabied und biegen bei 31.215862, –4.029347 auf eine Piste, der Sie ebenfalls vier Kilometer folgen.

31.217488,
–3.977540

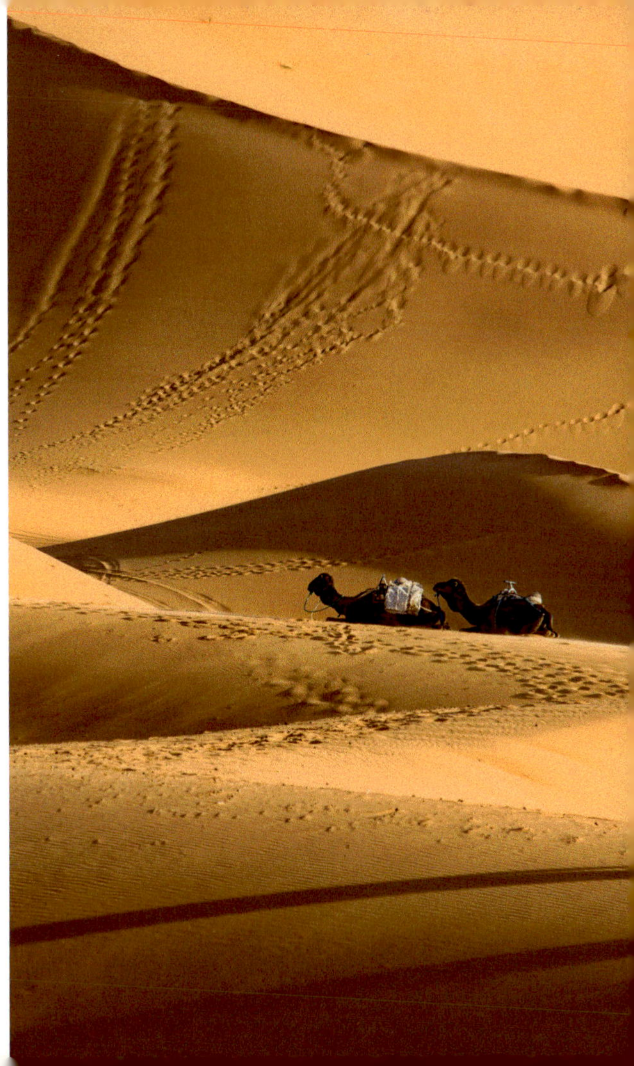

Zum Sonnenuntergang sind in dem Gebiet von Erg Chebbi etliche Touristen auf Kamelen unterwegs. Suchen Sie sich etwa eine halbe Stunde vorher einen erhöhten Platz zum Fotografieren! 260 mm · ISO 800 · Blende 9 · 1/800 s

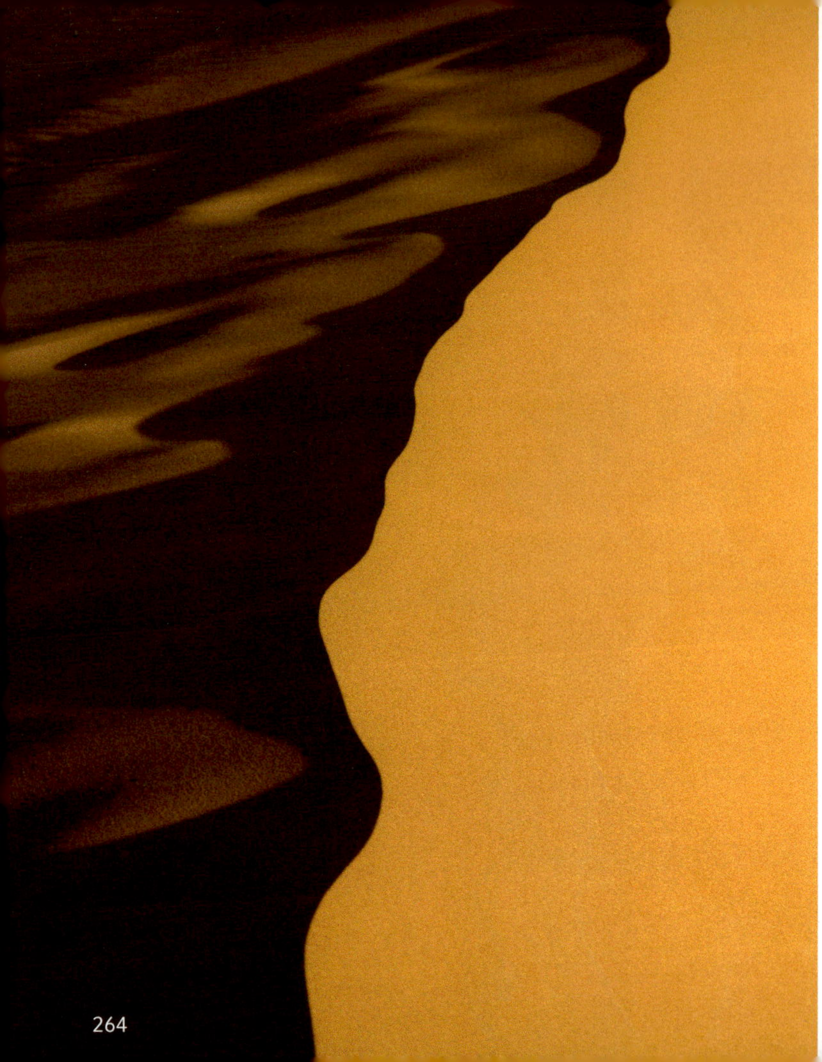

FOTOGRAFIEREN IN DER WÜSTE

Vor der Anreise sollten Sie unbedingt das voraussichtliche Wetter in Erfahrung bringen. Sandstürme kommen häufiger vor und machen das Fotografieren unmöglich. Bei klarem Himmel und Sonne haben Sie tagsüber sehr harte Schatten, was reizvoll für kleine Studien grafisch anmutender Motive sein kann – achten Sie auf Linien und Formen, die vom fast schwarzen Schatten herausgearbeitet werden. Nehmen Sie einen Polfilter mit, damit die Farben satter erscheinen.

Nutzen Sie den Tag auch, um auszukundschaften, wo Sie am Abend bei Sonnenuntergang oder am nächsten frühen Morgen fotografieren möchten, denn das weiche warme Licht der »Goldenen Stunde« zaubert die schönste Stimmung, ist aber nur für ca. eine Viertelstunde vorhanden. Streiflicht arbeitet die Strukturen der Dünen besonders schön heraus.

85 mm · ISO 100 · Blende 8 · 1/125 s

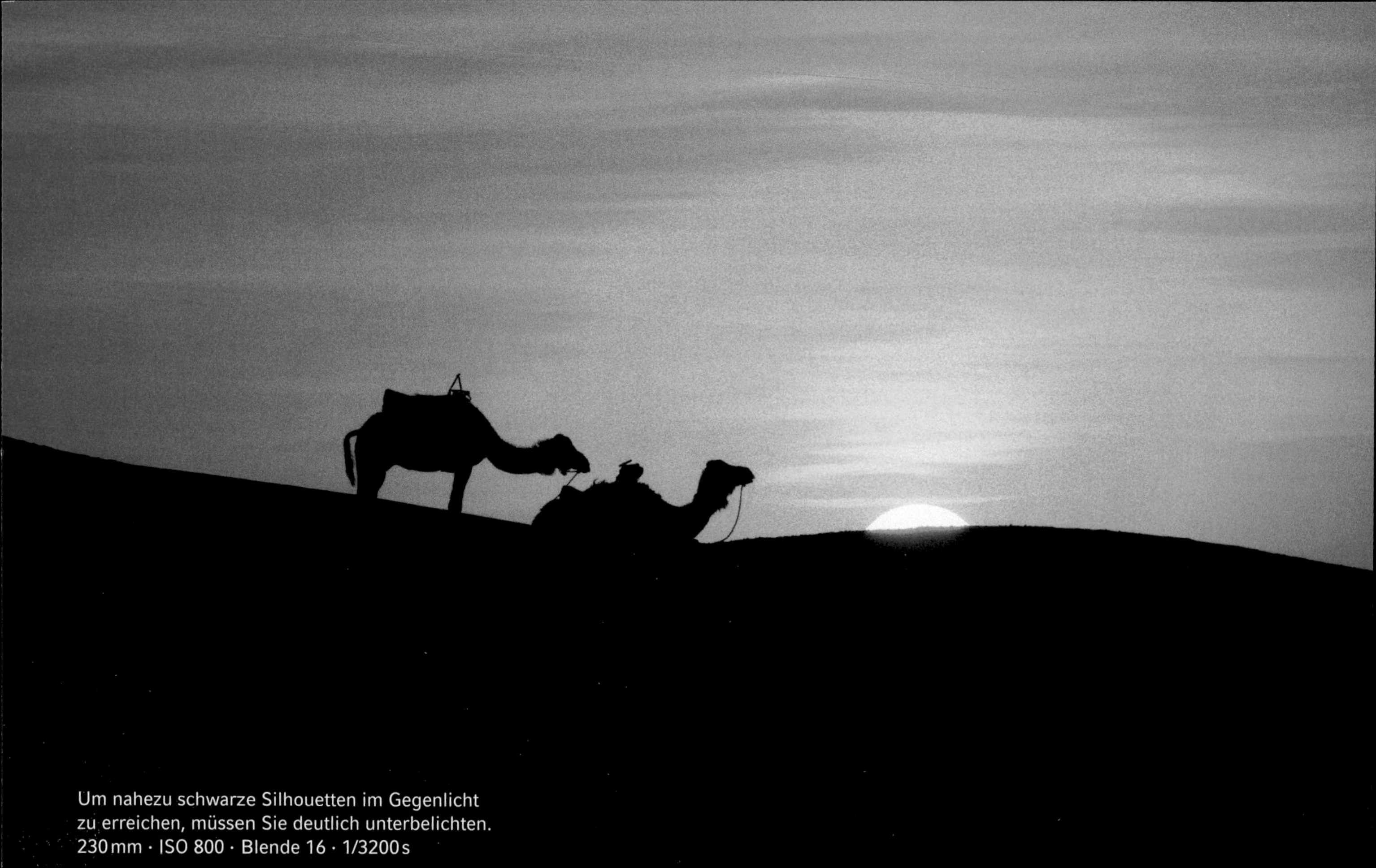

Um nahezu schwarze Silhouetten im Gegenlicht zu erreichen, müssen Sie deutlich unterbelichten.
230 mm · ISO 800 · Blende 16 · 1/3200 s

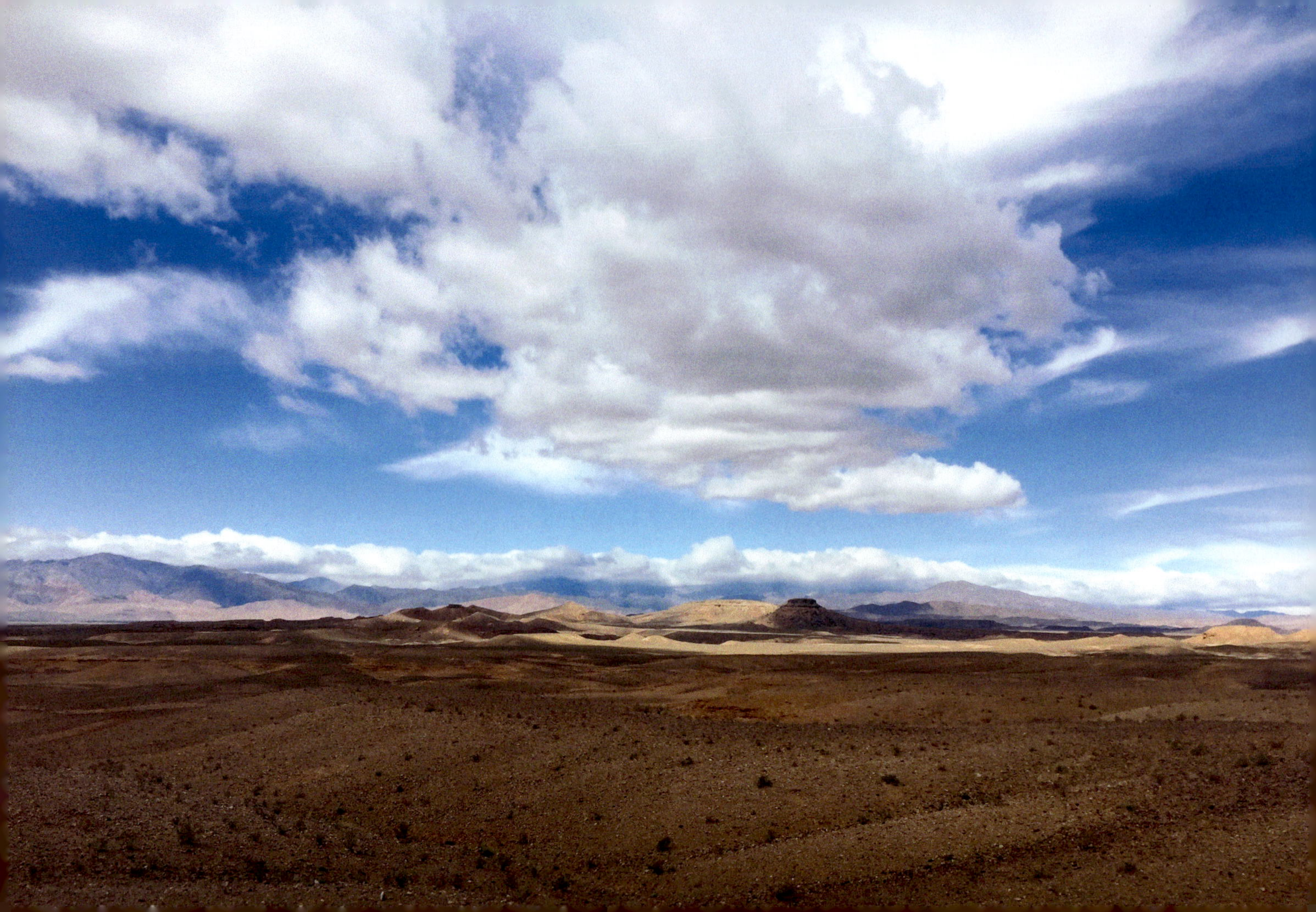

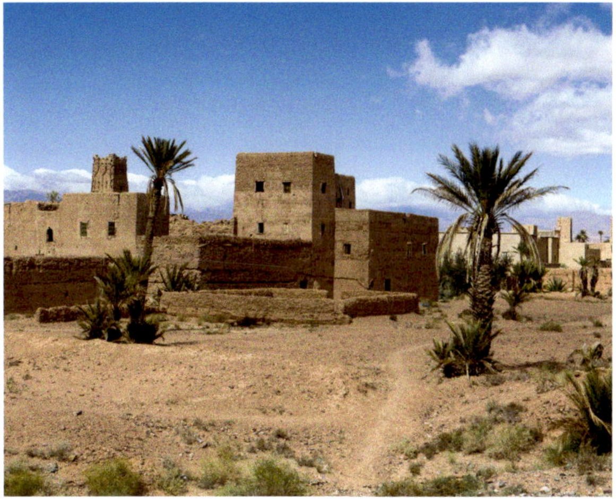

Kleine Lehmbausiedlung bei der Oase Skoura. Der Weg zieht das Auge des Betrachters in die Szenerie hinein.
31 mm · ISO 100 · Blende 8 · 1/500 s

Die Steinwüsten zwischen Atlas und Anti-Atlas berühren uns immer wieder tief. Der blaue Himmel, die tief hängenden Wolken, die schnurgerade Straße, die sich durch das scheinbare Nichts zieht, dazu am Horizont die hohen schneebedeckten Berge. Die Landschaft ist total kontemplativ, man verschmilzt mit ihr und ruht in sich.

Hier haben sich noch die uralten Traditionen der Berber gehalten. Man begegnet weiß gekleideten Männern, die zur Moschee gehen, sieht Kinder auf dem Esel reiten und entdeckt in ausgetrockneten Oasen die typischen befestigten Lehmdörfer. Auf der Strecke von El Kalat M'Gouna nach Ouarzazate liegt die Oase Skoura, in die sich die Kasbah Amridhil (s. Seite 221) einfügt. Hier lassen sich stimmungsvolle Aufnahmen der typischen Berberarchitektur machen.

31.041667, –6.576111

31.816667,
–5.766111

8 DER HOHE ATLAS

Der Hohe Atlas ist – je nach Zählweise – eins von vier oder fünf Gebirgen Marokkos. Mit dem 4.167 Meter hohen Djebel Toubkal ist dieses das höchste Gebirge des Landes. Es erstreckt sich von der Atlantikküste bis zur Grenze Algeriens und fällt in Richtung Süden steiler ab als in Richtung Norden.

Das Bild wurde mitten im Hohen Atlas auf einem Plateau aufgenommen nördlich des Marktfleckens M'Semrir. Diese Region ist abgelegen und unterentwickelt, jedoch landschaftlich sehr beeindruckend.

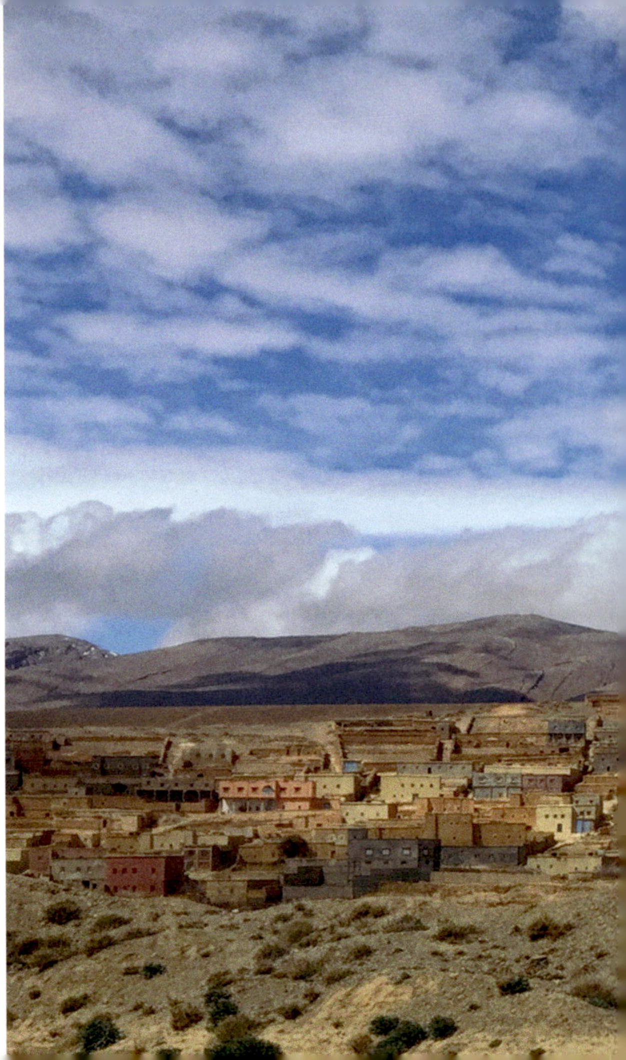

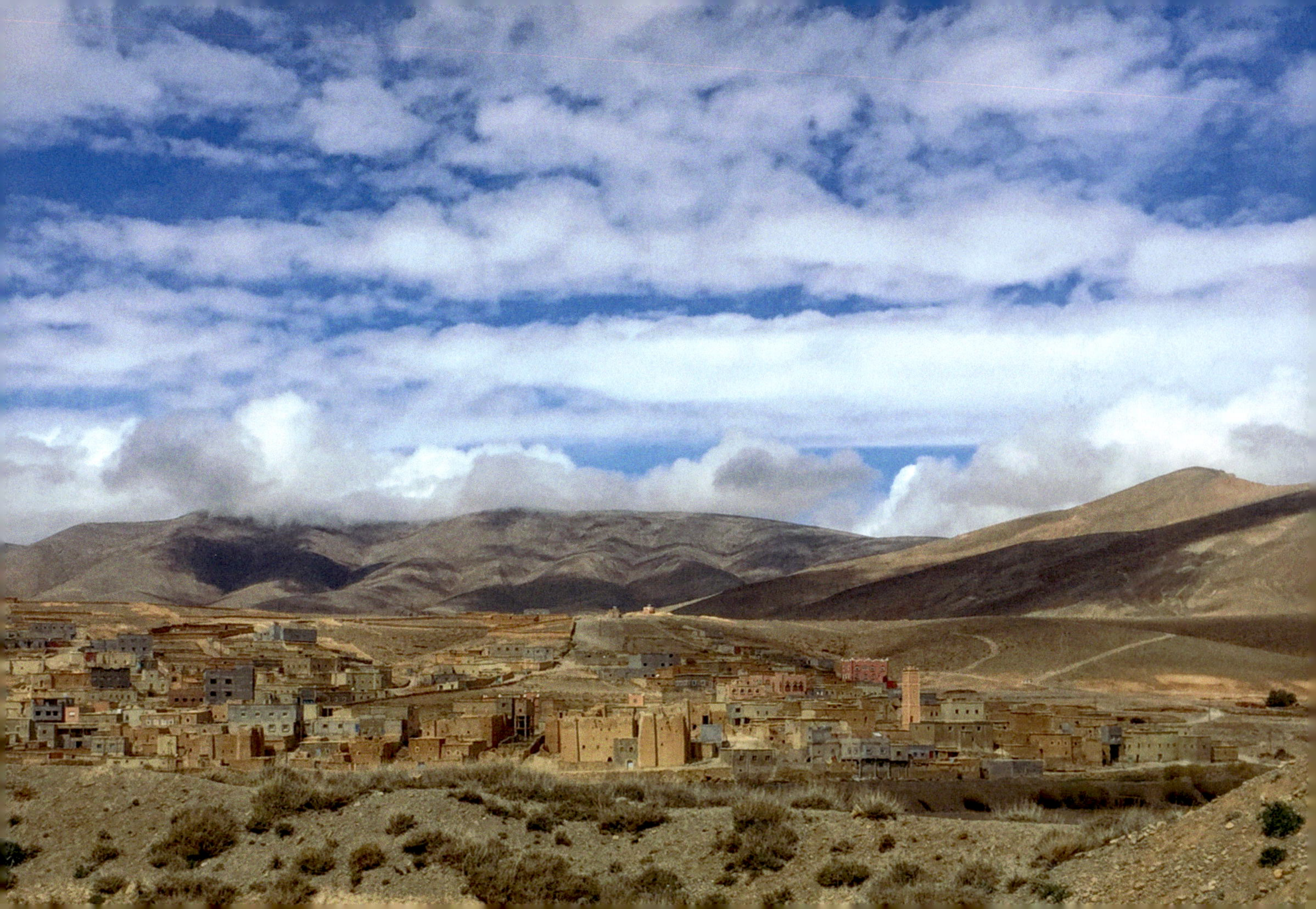

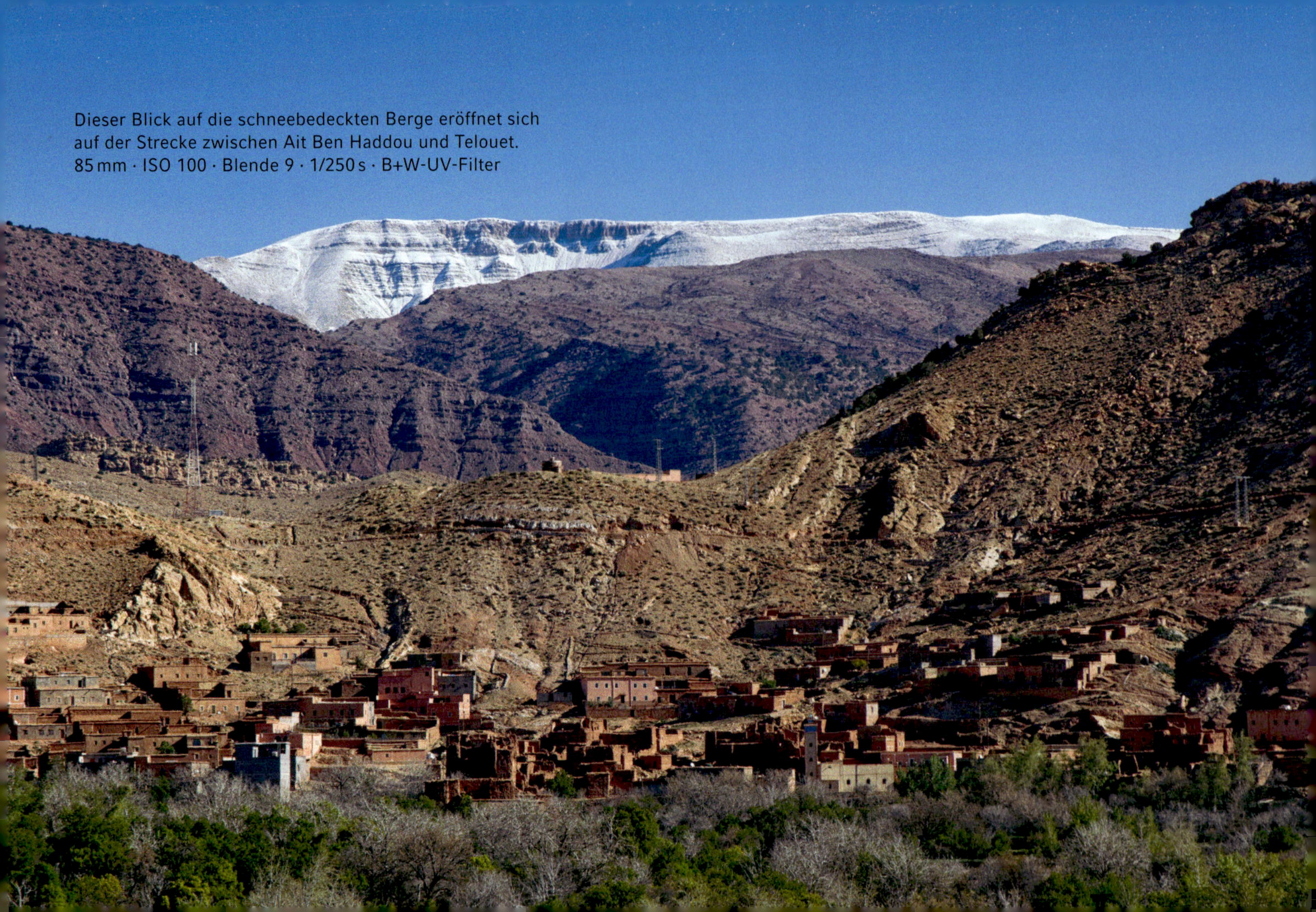

Dieser Blick auf die schneebedeckten Berge eröffnet sich auf der Strecke zwischen Ait Ben Haddou und Telouet.
85 mm · ISO 100 · Blende 9 · 1/250 s · B+W-UV-Filter

Die Berge entstanden aufgrund des Zusammentreffens der eurasischen und der afrikanischen Platte vor Millionen von Jahren. Erdbeben kommen immer wieder vor. Als Wetterscheide trennt der Hohe Atlas mediterranes Klima von saharischen Klimaeinflüssen. Hier entspringen wichtige Flüsse des Südens (Dades, Draa, Todra und Ziz), die für die Bewässerung der Oasen sorgen. Außerdem ist der Hohe Atlas reich an Rohstoffen wie Eisenerz, Quecksilber, Silber und Kupfer, die auch abgebaut werden.

Nur ungefähr 80 Kilometer von Marrakesch entfernt befindet sich sogar ein Skigebiet im Toubkal-Massiv. Auch für Trekking-Touren ist diese Region geeignet. Bei guter Sicht kann man im Frühjahr die schneebedeckten Berge des Hohen Atlas von Marrakesch aus sehen. Sie bilden einen beliebten Hintergrund für Fotos von der dortigen Stadtmauer (s. Seite 280) und den Menara-Gärten aus.

In dem weitläufigen Gebiet finden sich viele für den Fotografen interessante Stätten der uralten Berberarchitektur:

- Wohnburgen wie in dem UNESCO-Weltkulturerbe-Ort Ait Ben Haddou (s. Seite 228)
- Kasbahs berühmter Familien wie die Glaoua Kasbah (s. Seite 132) in Telouet
- Speicherburgen bzw. Agadire (s. Seite 208)
- die Moschee von Tinmal (s. Seite 274) aus der Mitte des 12. Jahrhunderts

Landschaftliche Highlights auf der Südseite des Gebirgszuges sind:

- die Todra- und Dades-Schlucht (s. Seite 214) bei Tinerhir bzw. Boumalne Dades
- das Tal der Rosen bei El Kalat M'Gouna
- das Ounila-Tal bei Ait Ben Haddou

Auf der Nordseite attraktiv sind das Ourika- und das Ait Bougoumez-Tal.

31.270278,
–7.151667

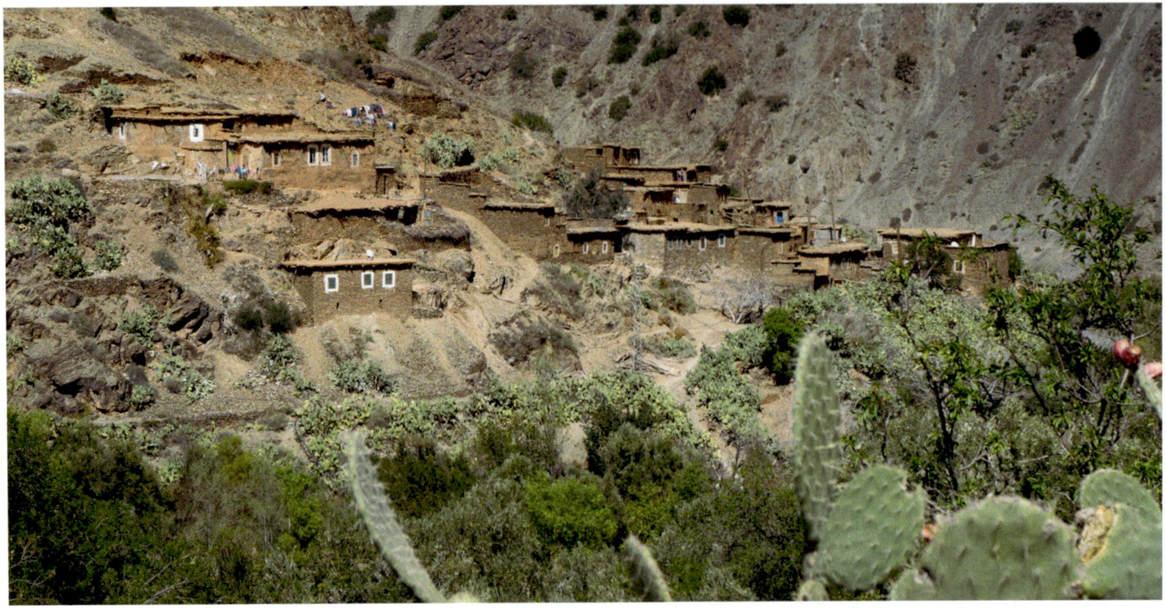

Von dem Aussichtspunkt an den Telekommunikationsmasten aus hat man einen weiten Blick in eine der vielen Schluchten entlang des Dades.
31 mm · ISO 200 · Blende 9 · 1/125 s

49 mm · ISO 100 · Blende 8 · 1/400 s

Die Bewohner des Hohen Atlas sind hauptsächlich Berber, die auch heute noch oft als Selbstversorger in kleinen Dörfern leben. Einen geringen Teil ihrer wenigen Erzeugnisse, die sie in oasenähnlichen kleinen Gärten an den Flüssen anbauen, verkaufen sie auf dem Wochenmarkt (Souk), der auch als wichtiger sozialer Treffpunkt fungiert. Ihre Hauptsprache ist entweder die Berbersprache Tachelheit oder Tamazight, für die es auch ein Alphabet – Tifinar genannt – gibt.

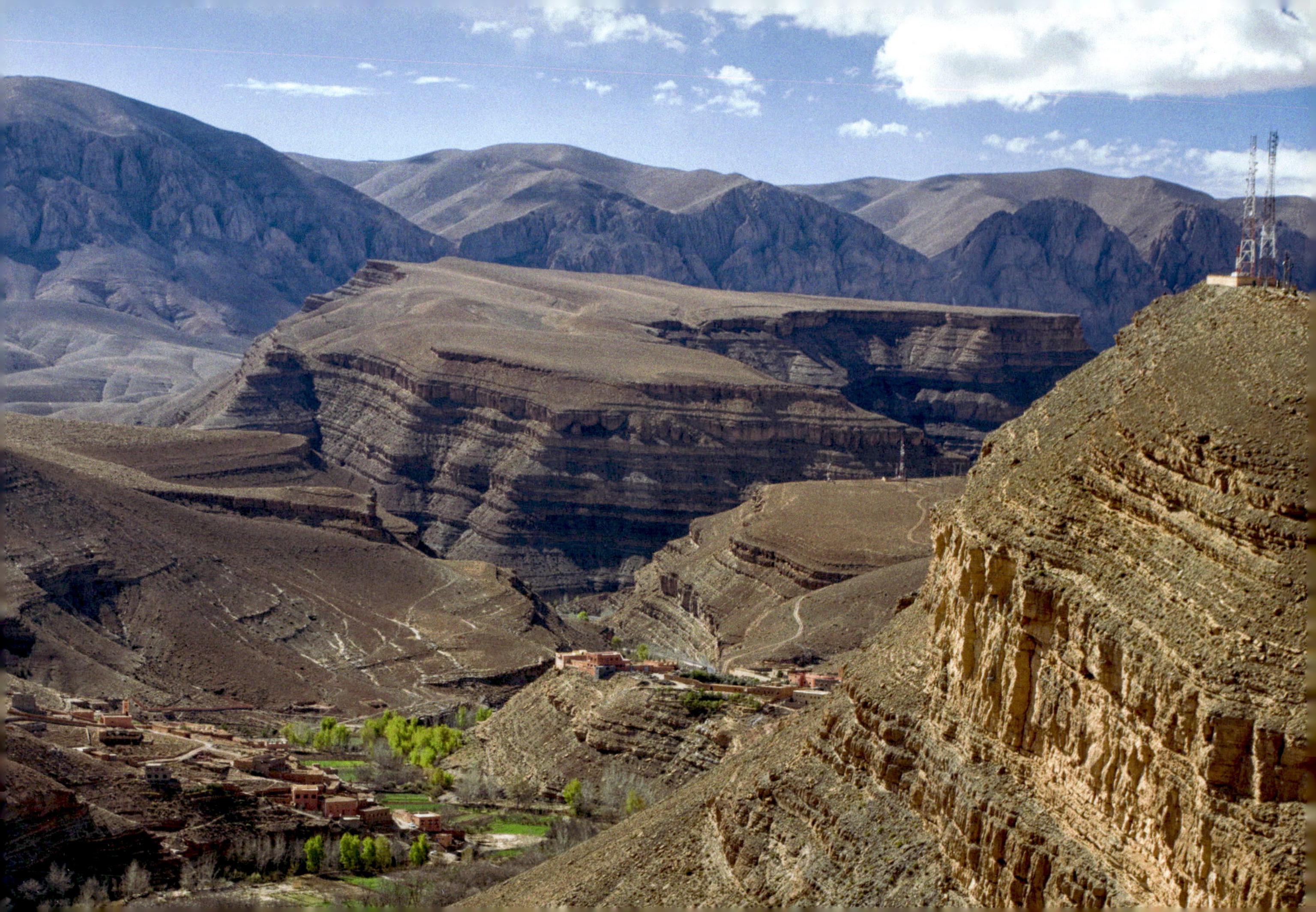

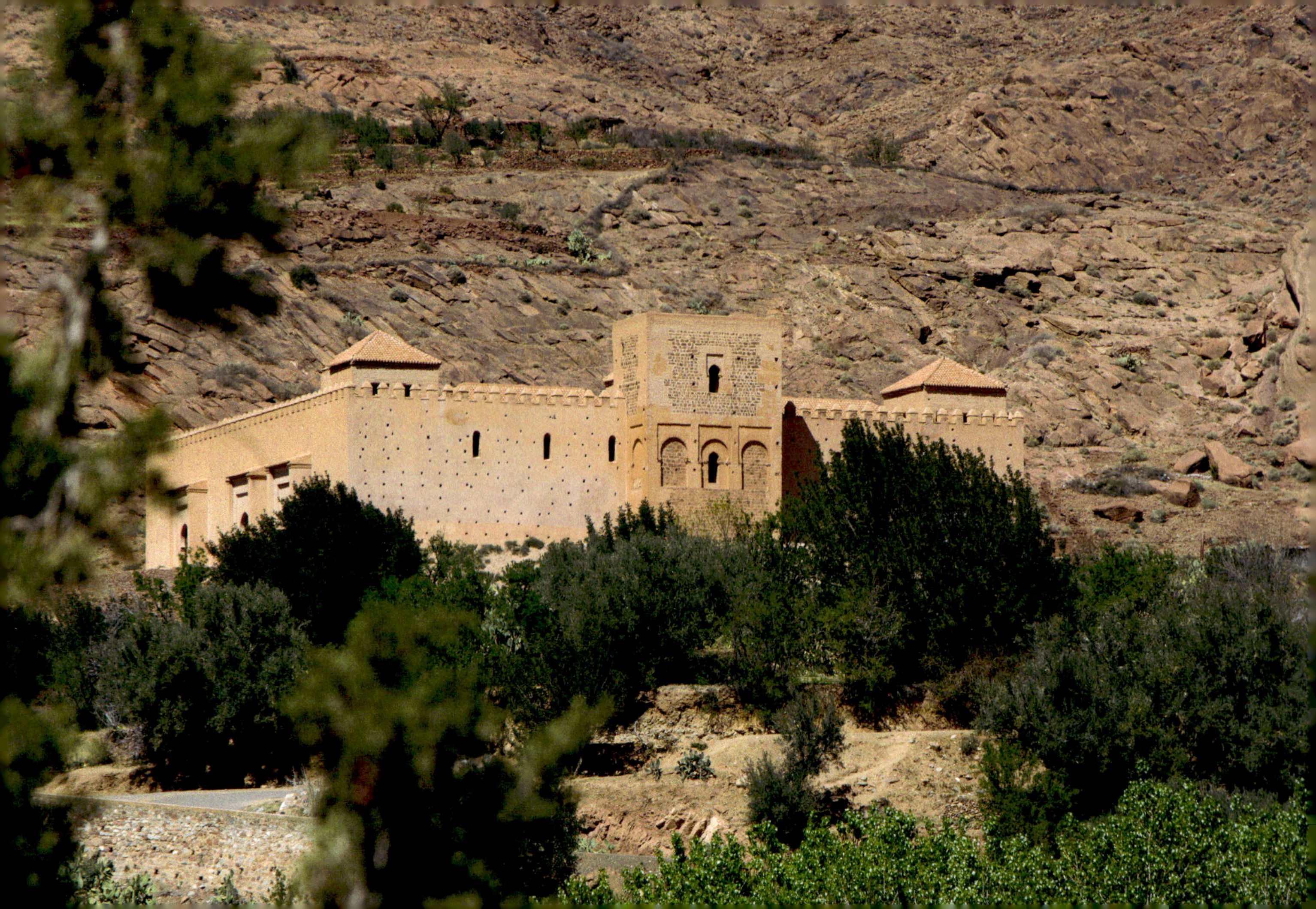

TINMAL

Tinmal liegt im Hohen Atlas auf 1.600 Höhenmetern ungefähr 100 Kilometer von Marrakesch entfernt. Man erreicht den Ort über den landschaftlich beeindruckenden Pass Tizi'n Test an der P2036, 55 Kilometer südlich von Asni. Tinmal ist berühmt für seine Moschee aus dem 12. Jahrhundert. Diese wurde zu Ehren des Begründers des Almohadenreiches, Ibn Toumert, errichtet. Die Almohaden herrschten zwischen 1147 bis 1269 über weite Teile Nordafrikas und auch über knapp die Hälfte der iberischen Halbinsel. Die Moschee von Tinmal gilt als original erhaltener Vorläufer der bekannten almohadischen Moscheebauten von Marrakesch, Sevilla und Rabat.

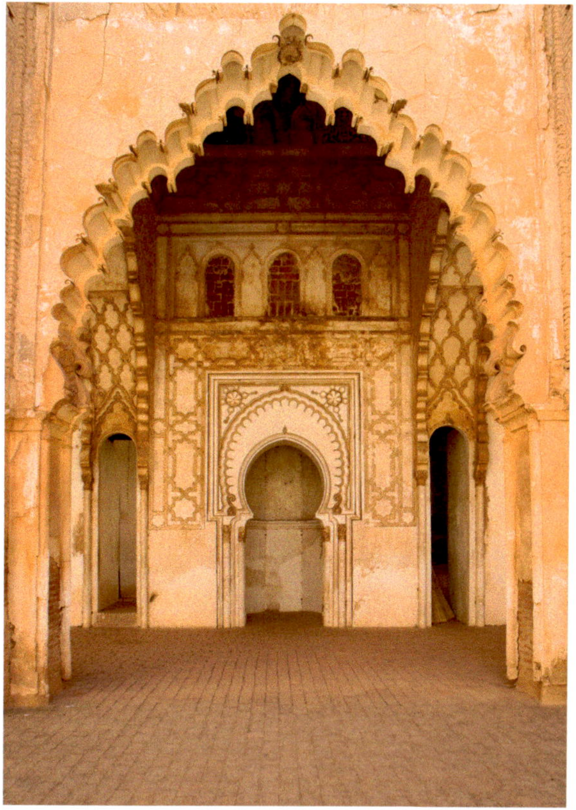

Ornamental gestaltet ist die Gebetsnische.
16 mm · ISO 400 · Blende 8 · 1/100 s

Die Moschee liegt exponiert auf einem Hügel und wird den ganzen Tag über von der Sonne ausgeleuchtet.
85 mm · ISO 100 · Blende 8 · 1/400 s

30.984454,
–8.228372

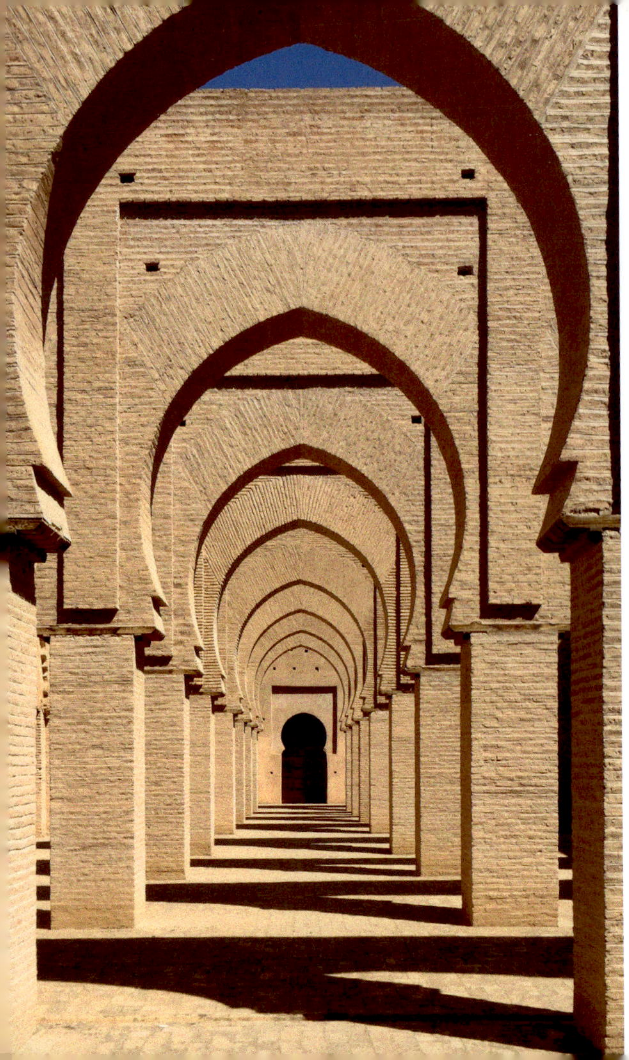

Die klassisch schmucklosen Außenwände der Moschee bestehen aus Stampflehm, die Löcher zur Aufnahme der Querhölzer des Schalgerüsts sind deutlich erkennbar. Die beiden kleinen Türme erinnern an die traditionelle Architektur Südmarokkos mit ihren Wohnburgen. Ähnliche Formen zeigen sich an der nur wenige Jahre später erbauten berühmten Koutoubia-Moschee in Marrakesch. Das steinerne Minarett ragt nur wenig aus dem Bau heraus.

Der Zustand der Moschee ist recht gut, ihr Dach ist allerdings schon vor langer Zeit eingestürzt. Bringen Sie etwas Geduld mit, denn die Moschee ist abgeschlossen und der Führer nicht immer vor Ort. Fragen Sie dann im nahe gelegenen Café nach ihm. Selbstverständlich bekommt der Guide ein Trinkgeld.

Mit einer Person – in diesem Fall war es unser Guide – kommt etwas Leben ins Bild.
35 mm · ISO 100 · Blende 8 · 1/200 s

Eine streng symmetrisch aufgebaute Aufnahme betont die architektonischen Strukturen des Gebäudes mit den hufeisenförmigen Bögen. Das harte Licht am frühen Nachmittag verstärkt diesen Eindruck.

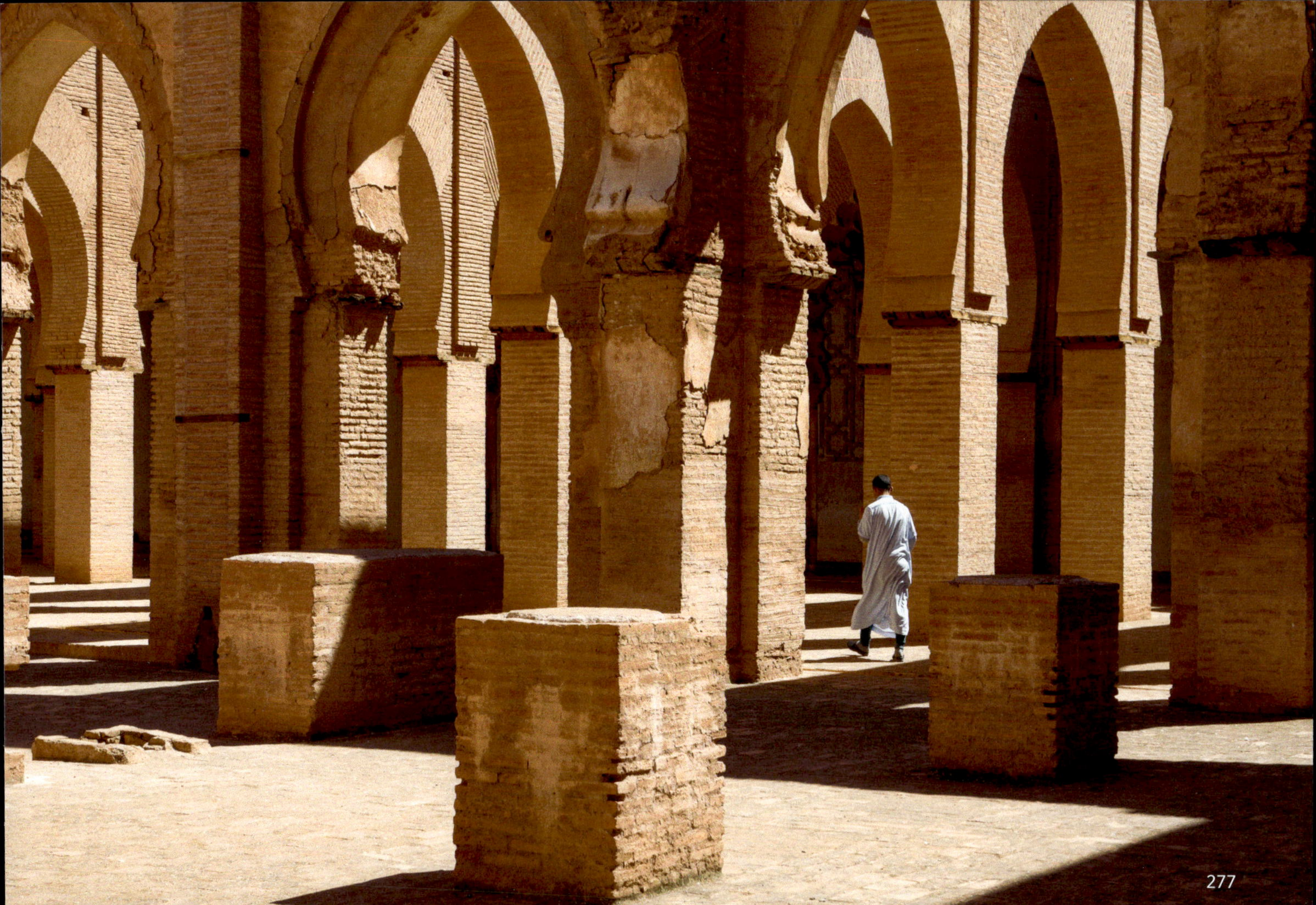

31.625897,
–7.988754

9 MARRAKESCH

Marrakesch, die 1.000-jährige rosafarbene Königsstadt des Südens, wurde einst von Berbern gegründet und entwickelte sich zu einem wichtigen Kreuzungspunkt der Karawanen zwischen Wüste, Küste und der Stadt Fes. Unter den verschiedenen Dynastien des Landes war Marrakesch mehrfach die Hauptstadt. Heute steht seine Medina auf der Liste des UNESCO-Weltkulturerbes.

Spektakulär ist die Lage am Rand des Hohen Atlas und im Winter und Frühjahr bieten die schneebedeckten Berge einen fantastischen Rahmen für Fotografien.

Der Mythos der Stadt wurde in den 60er Jahren von Elias Canettis Buch »Die Stimmen von Marrakesch« begründet und zieht heute jährlich Millionen von Touristen an. Canetti beschreibt in bunten Bildern, Geräuschen und Gerüchen das Leben in der Stadt. Dieses Buch, aber auch die leichte Verfügbarkeit von Haschisch, mag viele Hippies angezogen haben. Vor allem französische Künstler wie Jacques Majorelle oder der Modeschöpfer Yves Saint Laurent suchten hier ihr Abenteuer von Afrika und ließen sich vom Orient inspirieren. Auch berühmte Regisseure wie Hitchcock fühlten sich vom Reiz der Stadt angezogen und drehten bekannte Filme.

Heutzutage wird Marrakesch vom Massentourismus heimgesucht und ist ein Treffpunkt und Party-Spot der Reichen und Schönen. Als drittgrößte Stadt Marokkos mit etwas weniger als einer Million Einwohnern weist Marrakesch wesentlich mehr kulturelle Angebote auf als der Rest des Landes: Museen, Galerien und internationale Veranstaltungen gehören zum Repertoire, genauso wie Cafés, Brasserien und Restaurants.

Der Platz Djemaa El Fna ist der Inbegriff des orientalischen Zaubers von Marrakesch. Im Hintergrund die Berge des Hohen Atlas. 75 mm · ISO 200 · Blende 10 · 1 s

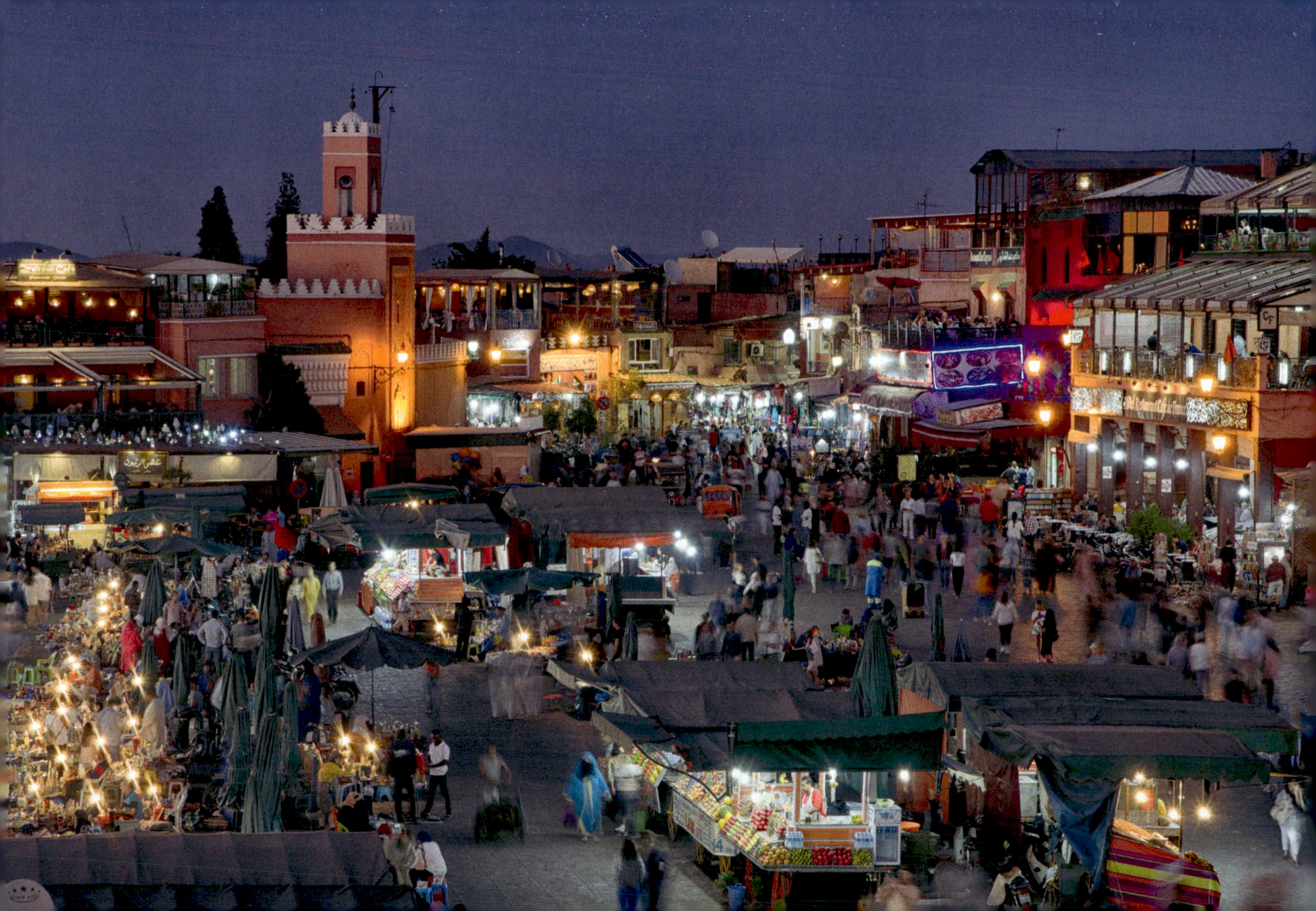

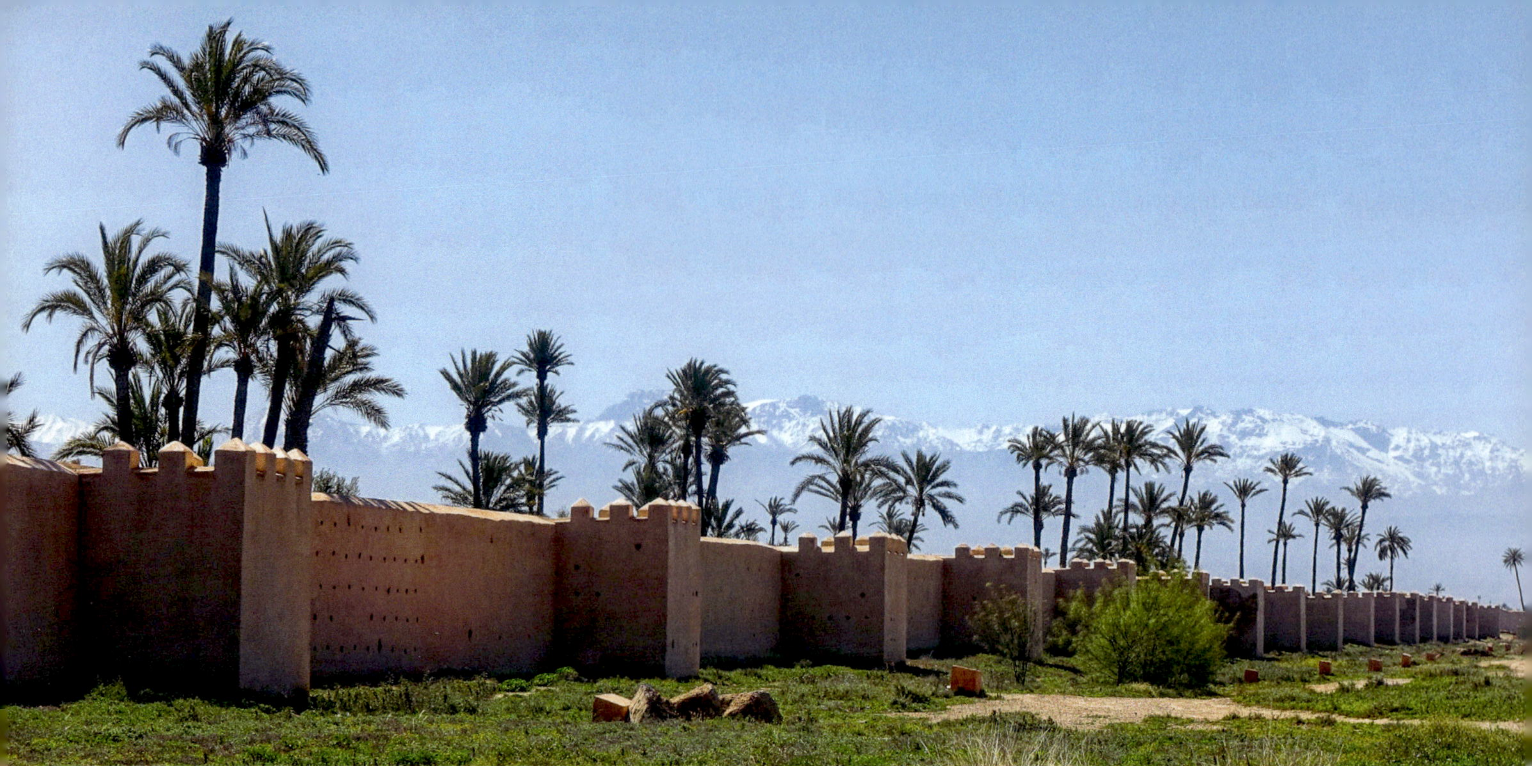

31.600511,
–7.987167

Im Frühjahr kann man die lange Stadtmauer mit den noch schneebedeckten Bergen des Hohen Atlas im Hintergrund fotografieren.

Zu diesen gesellt sich eine Vielzahl weiterer Sehenswürdigkeiten des orientalischen Lebens wie Paläste, Gärten, Plätze und Souks. Außerdem ist Marrakesch berühmt für sein Kunsthandwerk.

Imposant ist die 20 Kilometer lange Stadtmauer mit Türmen und Toren, die die Altstadt umgibt. In der Medina leben heute noch etwa 250.000 Menschen. Die Mrakschi, wie die Einwohner sich nennen, sind zumeist Berber und gelten als lockerer und entspannter als die Menschen des Nordens. Doch die Stadt leidet an der Gentrifizierung. Die Armen finden nun im Zentrum keine bezahlbaren Wohnungen mehr, es gibt viel Kriminalität und die sozialen Strukturen werden langsam zerstört. Der Bauboom schreitet immer weiter voran, es werden immer mehr Golfplätze und Villen mit Pools gebaut, obwohl eine große Wasserknappheit herrscht.

Obwohl Marrakesch so viele faszinierende Facetten aufweist, ist es aber aus mehreren Gründen nicht immer einfach, hier zu fotografieren: Wegen der vielen Touristen ist es fast unmöglich, an interessanten Orten Aufnahmen zu machen, ohne dass noch andere Menschen mit auf dem Bild sind. In den engen Gassen der Altstadt ist die Lichtsituation schwierig, schattige Partien und Sonnenlicht von oben führen zu einem enorm hohen Kontrastumfang. Hinzu kommt, dass viele Einheimische mittlerweile genervt von hemmungslos fotografierenden Touristen sind. Seitdem digitale Fotos quasi nichts mehr kosten und jedes Smartphone akzeptable Qualität produziert, werden die Menschen massenhaft und ungefragt zu Objekten. Möchten Sie trotzdem Menschen fotografieren (s. Seite 141) sollten Sie viel Zeit und Geduld mitbringen, den richtigen Zeitpunkt wählen und vor allem mit den Einheimischen ins Gespräch kommen, wenn Sie schöne und respektvolle Aufnahmen machen möchten. Um einen angemessenen Eindruck der Stadt zu erhalten, sollten Sie deshalb für Marrakesch mindestens drei Tage einplanen. Nehmen Sie sich besonders in der Altstadt in Acht vor Taschendieben!

HAUPTSEHENSWÜRDIGKEITEN DER STADT

Nachfolgend haben wir für Sie eine kleine (!) Auswahl von Sehenswürdigkeiten zusammengestellt.

PALÄSTE

- Bahia-Palast aus dem späten 19. Jahrhundert (s. Seite 288)
- El-Badi-Palast – aus dem 16. Jahrhundert, liegt in Trümmern, bietet aber einige Fotomotive. 31.618604, –7.985888 (QR-Code **1**)
- Dar El Bacha-Palast »Musee des Confluences« – Palast des Glaoui-Herrschers von 1910 mit schönen Innenhöfen, Fliesen und Gärten. Nur wenig besucht, ein Café wartet auf Besucher. 31.631600, –7.992231 (QR-Code **2**)

GÄRTEN (s. auch Seite 290)

- Anima Garten (s. Seite 298)
- Jardin Majorelle (s. Seite 293)
- Jardin Secret (s. Seite 296)
- Menara-Garten – Plantage von Obst- und Olivenbäumen mit einem großen Wasserbecken und einem Pavillon aus dem 19. Jahrhundert. Der spektakuläre Blick auf die Berge des Hohen Atlas ist hier am Nachmittag am besten zu fotografieren. 31.614212, –8.017492 (QR-Code **3**)

STRASSEN UND PLÄTZE

- Der berühmteste Platz Nordafrikas, der Djemaa El Fna – den ehemaligen Platz der Gehenkten können Sie am besten zur Blauen Stunde oder am Abend erleben (s. Seite 286).
- Die Souks – allerdings ist es in Marrakesch aus vorher genannten Gründen schwieriger, zu fotografieren als z. B. in Tetouan oder Fes. Der Hauptsouk, von dem viele kleine Gassen abgehen, ist der Souk Semmarine.
  31.627333, –7.988162 (QR-Code **4**)

1. 2. 3. 4. 5.

6. 7. 8. 9. 10.

- Rahba Kedima – Platz, auf dem früher Sklaven verkauft wurden; heute mit Apotheken, Teppichgeschäften und Souvenirhändlern.
  31.629084, –7.987498 (QR-Code **5**)
- Bab Agnaou (und das nahegelegene Bab Robb) – monumentale Stadttore.
  31.617644, –7.990815 (QR-Code **6**)
- Place des Ferblantiers – aufgeräumter Platz mit Geschäften und zwei Lounge-Bars.
  31.619829, –7.984963 (QR-Code **7**)

WEITERE SEHENSWÜRDIGKEITEN

- Dar Cherifa-Literaturcafé – ein besonders schönes Beispiel eines Riads, Nähe Mouassine Moschee.
  31.629155, –7.989995 (QR-Code **8**)
- Grand Hotel La Mamounia und sein Garten – hier wird angemessene Kleidung erwartet.
  31.621993, –7.997727 (QR-Code **9**)
- Koutoubia-Moschee – das Wahrzeichen der Stadt (nur von außen) und die dahinter liegenden Gärten.
  31.623961, –7.993120 (QR-Code **10**)

- Maison de la photographie – ein Fotografie-Museum, untergebracht in einem alten Stadtpalast aus dem 19. Jahrhundert. Frühe Schwarzweiß-Aufnahmen mit Ansichten verschiedener Städte und Alltagsleben, Wechselausstellungen.
31.631981, –7.984141 (QR-Code **11**)
- Medersa Ben Youssef – eine Koranschule aus dem 14. Jahrhundert, im 1. Stock gibt es eine Dachterrasse mit lohnendem Blick, nebenan das Marrakesch Museum und Dar Bellarj.
31.632072, –7.986512 (QR-Code **12**)
- Saaditen-Gräber – eine Nekropole aus verschiedenen Jahrhunderten mit sieben Sultansgräbern. Eher ein Lustgarten mit Mausoleen als ein einfacher Friedhof, oft sehr voll. In der Nähe liegen das schöne Bab Agnaou-Tor und das Kasbah-Viertel mit dem malerischen Minarett der Kasbah Moschee.
31.617067, –7.989308 (QR-Code **13**)
- Almoravidische Koubba – zweistöckiger Pavillon aus dem 12. Jahrhundert und das älteste Gebäude der Stadt.
31.631566, –7.987105 (QR-Code **14**)

11. **12.**

13. **14.**

15. **16.**

17.

ZWEI TIPPS FÜR WEGE ABSEITS DER GROSSEN TOURISTENSTRÖME

- Der Rue Sidi El Yamani in nördlicher Richtung bis Fontaine Mouassine folgen und sich dann weiter in nördlicher Richtung treiben lassen.
  31.627181, –7.993351 bis 31.629891, –7.989391 (QR-Code **15** und **16**)
- Rue Riad Zitoun El Jedid, hier sieht man noch in der Mehrzahl Einheimische. In südlicher Richtung folgen.
  31.625598, –7.986219 (QR-Code **17**)

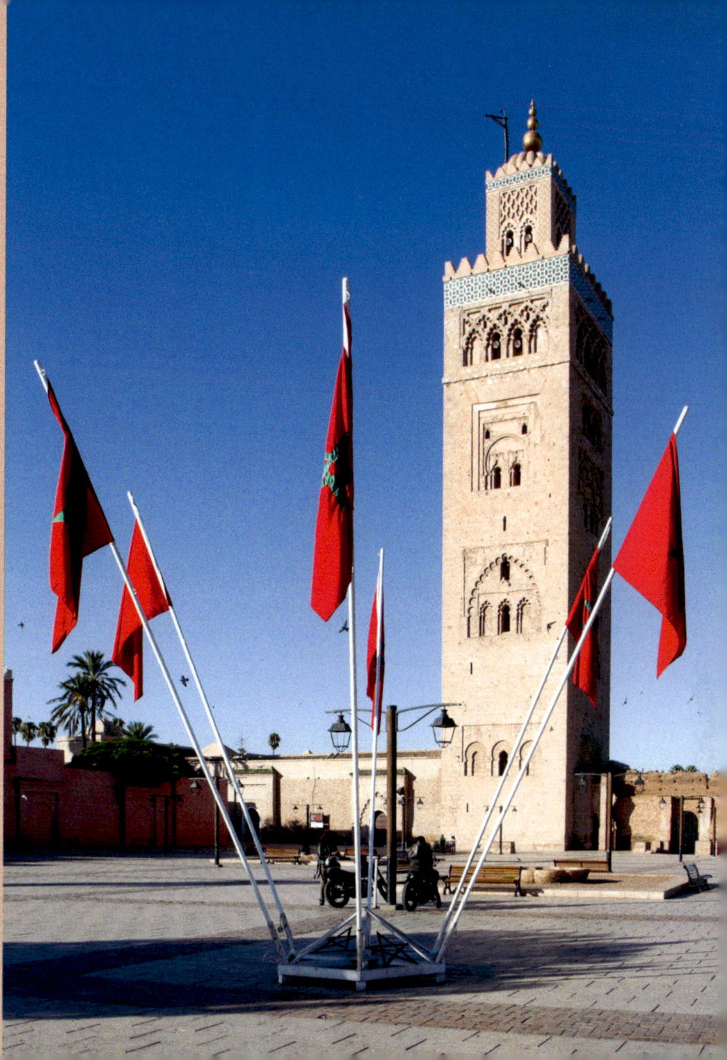

Die Koutoubia-Moschee ist eine der ältesten Moscheen Marokkos und Vorbild für viele nachfolgende Bauten. Nichtmuslime können sie leider nur von außen fotografieren. 16 mm, ISO 200, Blende 9, 1/400 s

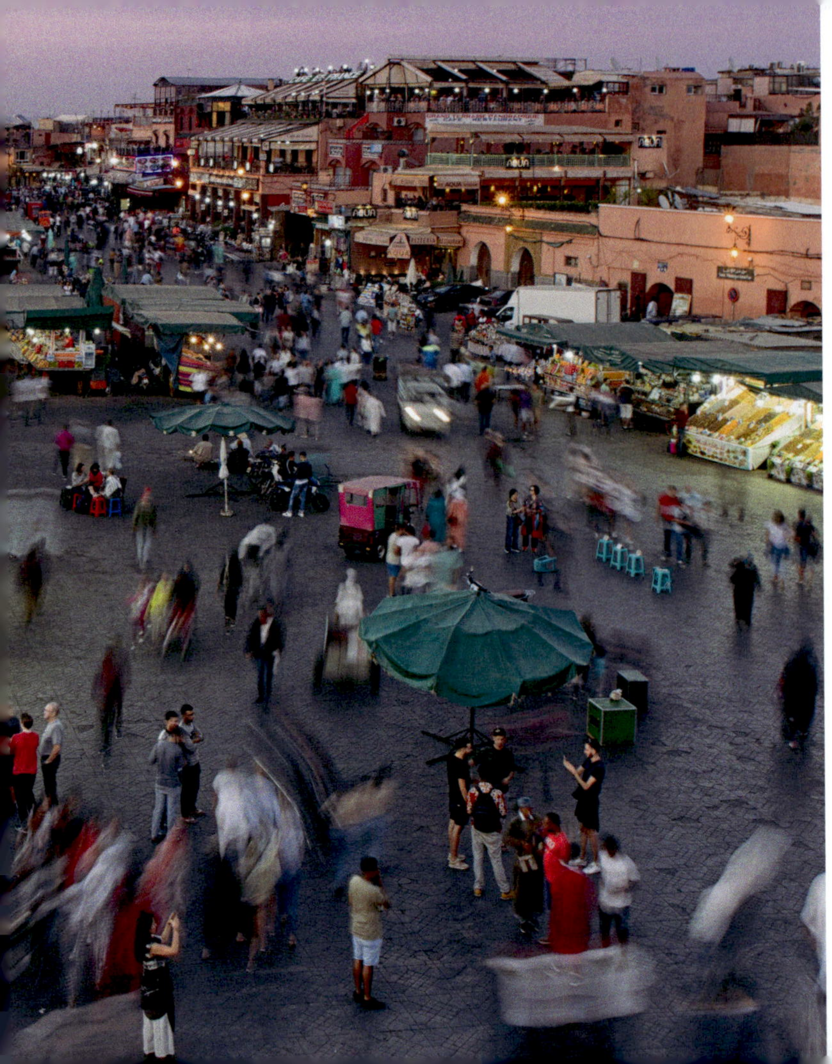

DJEMAA EL FNA

Der Djemaa El Fna ist das lebendige Zentrum der Stadt. Hier pulsiert vor allem am späten Nachmittag und am Abend das Leben. Musiker, Schlangenbeschwörer, Wasserverkäufer und andere buhlen mit ihren Darbietungen darum, fotografiert zu werden. Dafür erwarten die Menschen eine Entlohnung, die sehr offensiv eingefordert wird, denn von diesem Einkommen bestreiten sie ihre Existenz. Zu ihnen gesellen sich Bauchtänzer und Geschichtenerzähler, deren Publikum eher die Einheimischen sind, die gebannt den Vorführungen und Erzählungen folgen. Die Essensstände, die erst gegen 18.00 Uhr aufgebaut werden, runden das Gesamtbild ab.

Zur Blauen Stunde lassen sich stimmungsvolle Aufnahmen machen, die leichte Bewegungsunschärfe betont die Lebendigkeit des Ortes.
21 mm · ISO 100 · Blende 13 · 1,6 s

Das Getümmel lässt sich am besten von einer der Terrassen oberhalb des Platzes fotografieren, z. B. vom Café »Le grand balcon«. Dort muss ein Getränk gekauft werden.
28 mm · ISO 100 · Blende 13 · 0,3 s

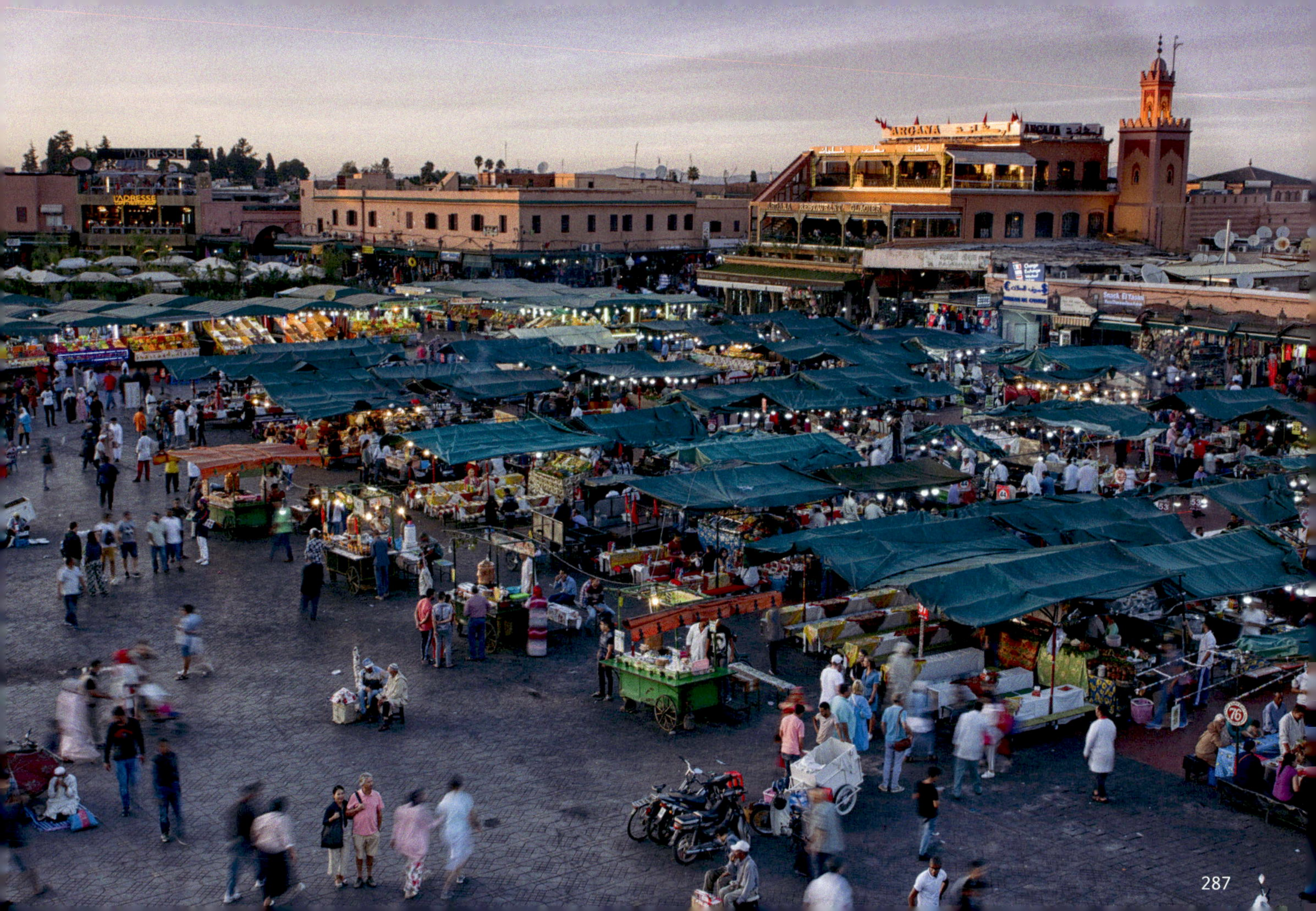
L'ADRESSE
ARGANA

31.621839,
–7.981715

RIADS UND PALÄSTE

Kleine Paläste mit Patio und Garten findet man zuhauf in den größeren Städten Marokkos. Diese als »Riad« (arabisch für »Garten«) bezeichneten privaten Stadthäuser sind heutzutage ein besonderes Markenzeichen von Marrakesch. Von außen abweisend und schmucklos, entfalten sie ihre Pracht erst nach innen. Sie sind in der hektischen Medina Oasen der Ruhe. Die Gebäude sind zumeist zweigeschossig und haben einen engen und schattigen mit Bäumen und Büschen bepflanzten Innenhof. Wichtigster Dekor ist der zentral gelegene Brunnen. Die Böden des Hofes sind mit Marmor- oder Lehmfliesen ausgelegt und werden von unterschiedlich geformten bunten ornamentalen Zierfliesen umrahmt. Die Arkaden des Patios sind ebenfalls mit Zierfliesen besetzt. Weitere Räume, die man durch große, oft bunt bemalte Türen betritt, gruppieren sich um diesen Hof. Die Zimmer haben häufig prachtvolle Decken, die mit Zedernholzmalereien oder Stuck verziert sind. Vor allem in

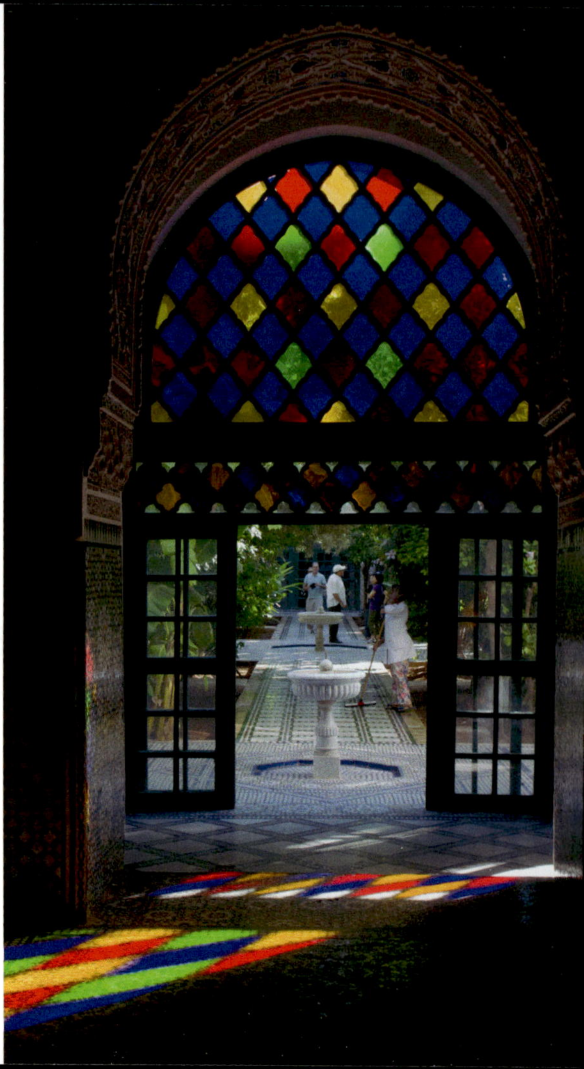

Marrakesch wurden viele dieser Stadthäuser von Ausländern gekauft und zu wunderschönen kleinen Hotels oder Restaurants umgebaut.

Als ein eindrucksvolles Beispiel marokkanischer Stadtpaläste gilt der Bahia Palast mit den dazugehörigen Hofgärten im andalusischen Stil. Es handelt sich um einen Gebäudekomplex aus ineinander verschachtelten Räumen, Höfen und Gärten. Leider ist dieser wie viele der Sehenswürdigkeiten Marrakeschs sehr überlaufen. Wenn Sie hier fotografieren möchten, müssen Sie viel Geduld mitbringen.

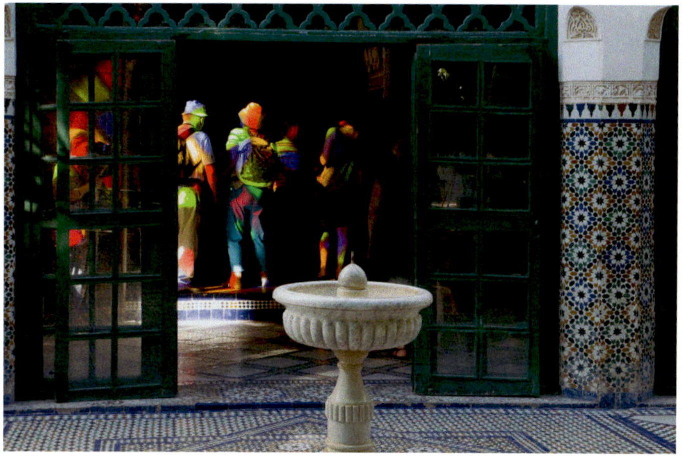

Es ist kaum möglich, ein Foto ohne Besucher zu machen. Deswegen versuche ich, sie in die Bildgestaltung mit einzubeziehen.
43 mm · ISO 1600 · Blende 9 · 1/160 s

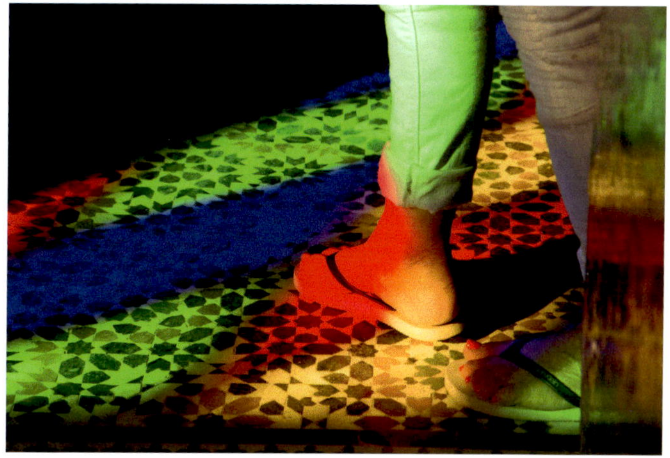

Eine Alternative ist, Details zu fotografieren und damit die Stimmung des Ortes einzufangen.
85 mm · ISO 800 · Blende 7,1 · 1/320 s

Gartenkunst

Für die aus der lebensfeindlichen Wüste gekommenen islamischen Eroberer symbolisierte ein Garten die Heiligkeit Gottes und das Paradies. Ein Garten war ein Ort, an dem unaufhörlich Wasser floss und wo es immer Schatten und Früchte gab. Dieser Garten Eden war wohl geordnet. So wurden die islamischen Gärten nach einem streng geometrischem Konzept angelegt – immer mit einem Brunnen als Zentrum. Sein Wasser verkörperte die alles ernährende Mutter, die ihr feuchtes Gut an die Gewächse weitergibt. Die Pflanzen bieten wiederum Fülle, Schönheit, angenehme Düfte, köstliche Früchte, die Freuden der Kontemplation und Meditation – hier findet der Mensch Harmonie und begegnet der göttlichen Schöpfung.

Marokkanische Stadtbewohner lieben ausgedehnte Besuche in den Parks und Gärten, um Energie zu tanken. Sie treffen dort Freunde und halten Familienfeste ab. Der Garten ist wie ein zweites Zuhause, er versöhnt die Menschen mit ihrem städtischen Umfeld und sie fühlen sich dort ihrem Schöpfer nahe.

Die frühen islamischen Gärten Marokkos waren nicht nur als Kunstwerke konzipiert. Sie hatten auch einen praktischen Nutzen, da viele schattenspendende Nutzpflanzen wie Dattelpalmen und Olivenbäume angebaut wurden. Einen Eindruck davon können Fotografinnen noch heute im Menara- oder Agdal-Garten in Marrakesch erhalten.

Spätere Dynastien verschlossen sich allerdings der Öffentlichkeit und konzentrierten sich beim Anlegen der Gärten mehr auf die Innenhöfe ihrer Paläste, von denen sich viele aufgrund von Umbauten und Verwüstungen

Der Eingangsbereich im Jardin Majorelle enthält viele Elemente eines islamischen Gartens.
21 mm · ISO 800 · Blende 6,3 · 1/100 s

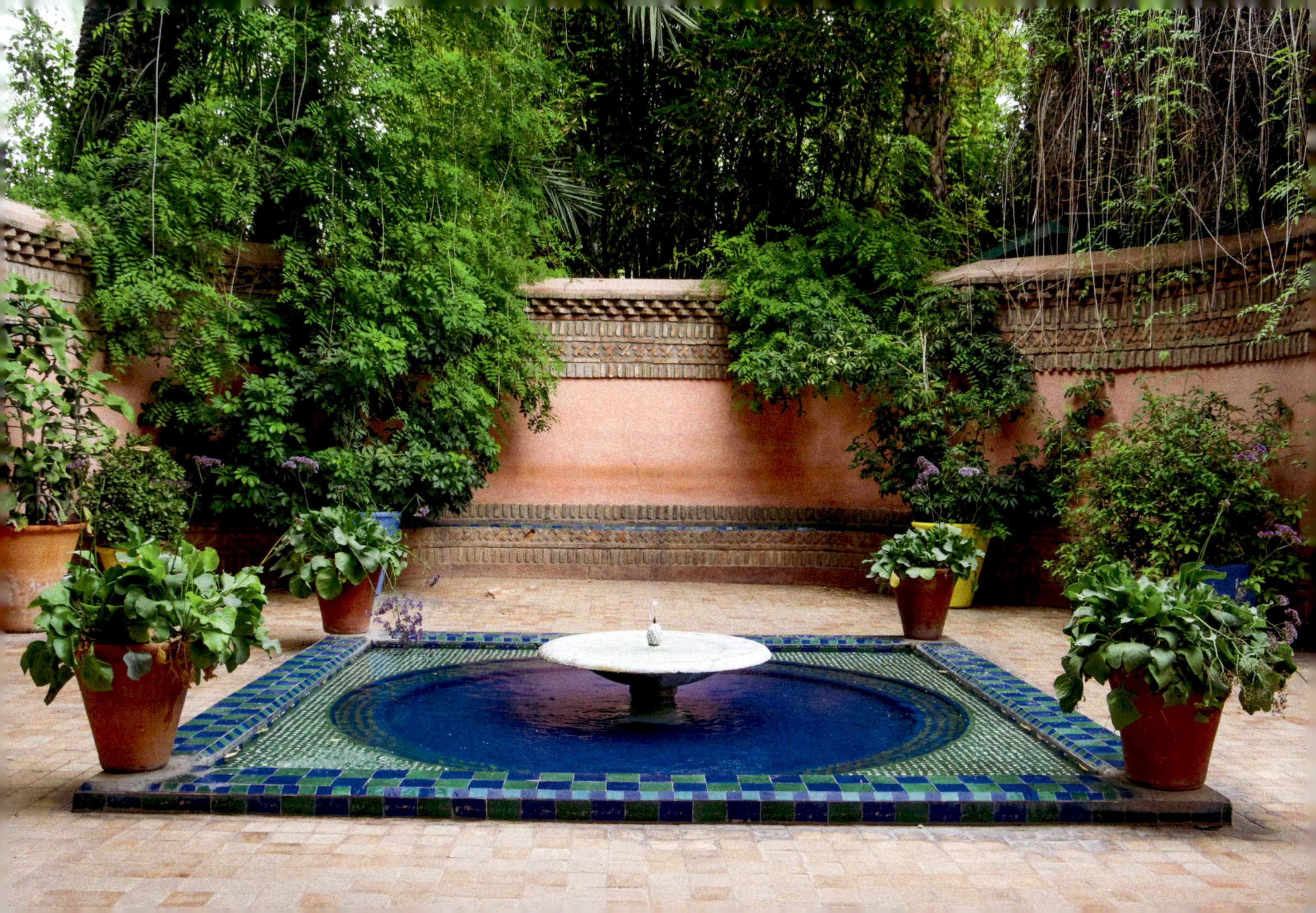

nicht erhalten haben. Auch größere Stadthäuser, die sogenannten Riads, haben ihre Innenhöfe mit Brunnen und Grünpflanzen gestaltet.

Heute finden Sie beeindruckende Beispiele von Palästen mit Gärten vor allem noch in der Wüstenstadt Marrakesch: im Bahia Palast, im Jardin Secret und im Dar El Bacha (Musee des Confluences). Auch die Gartenanlagen des berühmten Grandhotels Mamounia sind einen Besuch wert – dort kann man, entsprechend gekleidet, einen Drink nehmen und das satte Grün genießen.

Im 20. Jahrhundert legten Ausländer den mittlerweile weltberühmten Jardin Majorelle und etwas außerhalb der Stadt den Anima Garden an.

Zwei sehenswerte andalusische Gärten befinden sich auch in der Hauptstadt Rabat: einer innerhalb der Festungsanlagen der Kasbah des Oudayas und einer in der Nekropole Chellah. Zwölf Kilometer nördlich von Rabat befinden sich die interessanten Jardins Exotiques de Bouknadel.

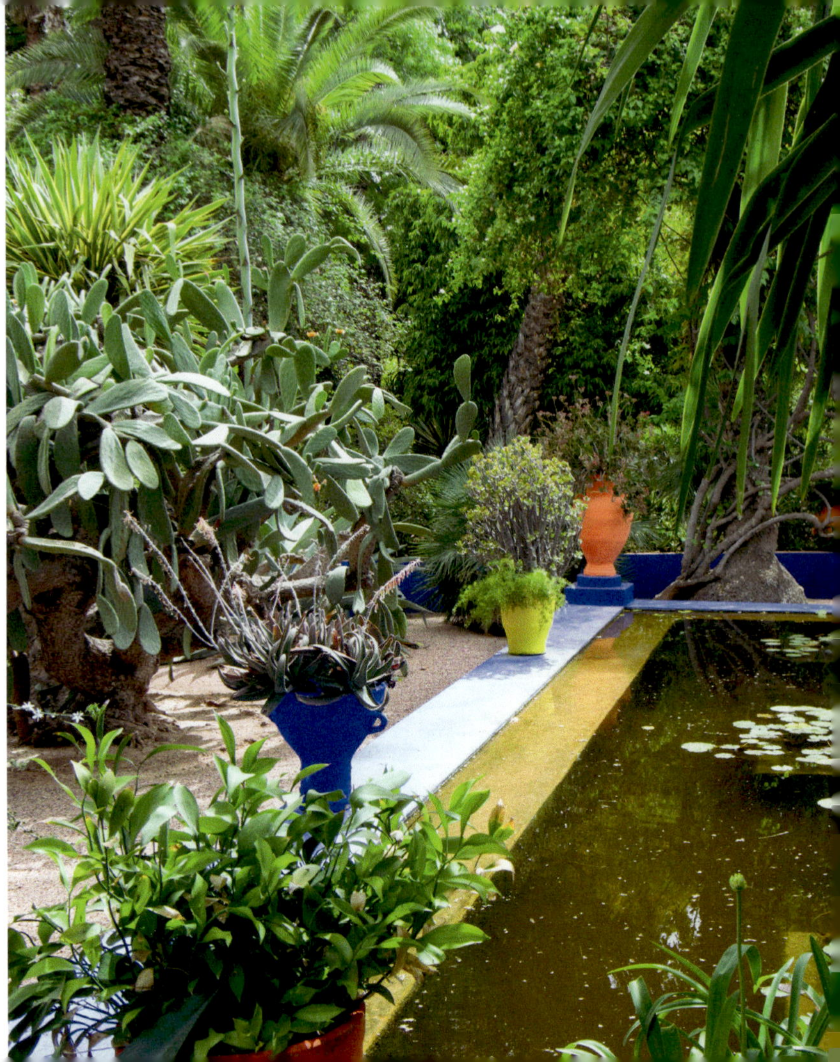

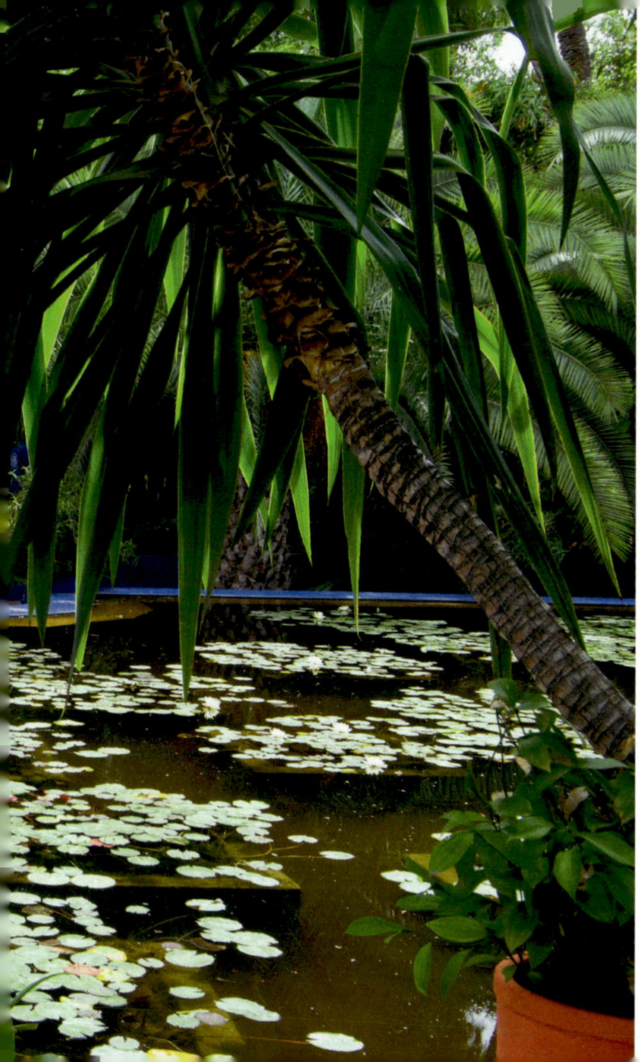

JARDIN MAJORELLE

Der in der Neustadt von Marrakesch gelegene Park wurde von dem französischen Maler Jacques Majorelle 1931 angelegt. Er schuf aus einem einfachen Palmenhain einen Paradiesgarten im islamisch-maurischen Stil und ließ sich hier eine Villa mit Atelier bauen. Auf 4.000 Quadratmetern pflanzte er exotische Pflanzen, die er von seinen Reisen mitbrachte. Besonders die vielen hohen Palmen und Kakteen sind beeindruckend.

Kleine Wege, ein zentrales Bassin, Springbrunnen, Pergolen, bunte Keramikvasen und die drei hervorstechenden Farben Kobaltblau, Gelb und Rot prägen dieses lebende Kunstwerk. Vor allem das von Jacques Majorelle erfundene Majorelle-Blau lassen Villa, Wasserbecken und Pflanzenkübel in diesem einzigartigen Farbton erstrahlen. Aus diesem Grund

31.641231,
–8.002499

Der Seerosenteich im Jardin Majorelle
21 mm · ISO 400 · Blende 8 · 1/80 s

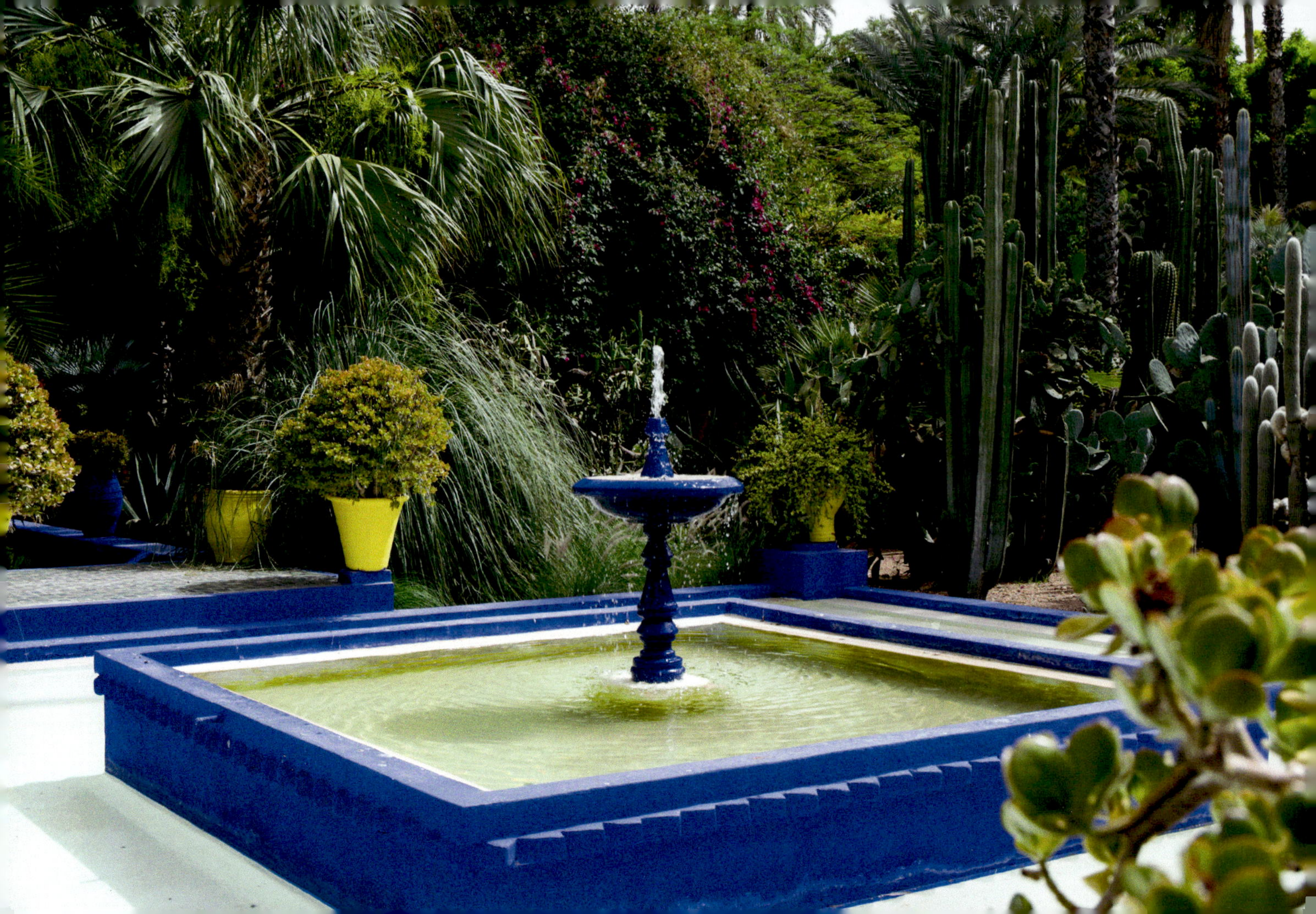

ist der Majorelle-Garten eine der am meisten fotografierten Attraktionen von Marrakesch.

Nach dem Tod Majorelles verwilderte der Garten jahrelang, bis er 1980 von Yves Saint Laurent gekauft und restauriert wurde. Der Modeschöpfer verstarb 2008, es gibt im Garten ein Memorial für ihn. Neben dem eigentlichen Garten kann noch ein Museum über Berberkultur besichtigt werden. In dem zur Anlage gehörenden Café können Sie sich unter Zitrusbäumen sitzend erfrischen. Es herrscht ein sehr großer Besucherandrang vor! Für Fotografen ist die Zeit direkt nach der Öffnung des Gartens um 8.00 Uhr morgens am günstigsten, da dann die Pflanzen von der Nacht erfrischt wirken und der Andrang noch nicht ganz so groß ist.

Der Springbrunnen im Jardin Majorelle ist von dem typischen Kobaltblau umrahmt. Eine kurze Belichtungszeit lässt die Wasserfontäne quasi einfrieren.
28 mm · ISO 400 · Blende 8 · 1/250 s

Wenn es so voll ist, dass Überblicksaufnahmen nicht gelingen wollen, können auch Detailbilder viel von der Stimmung des Gartens einfangen.
88 mm · ISO 400 · Blende 9 · 1/50 s

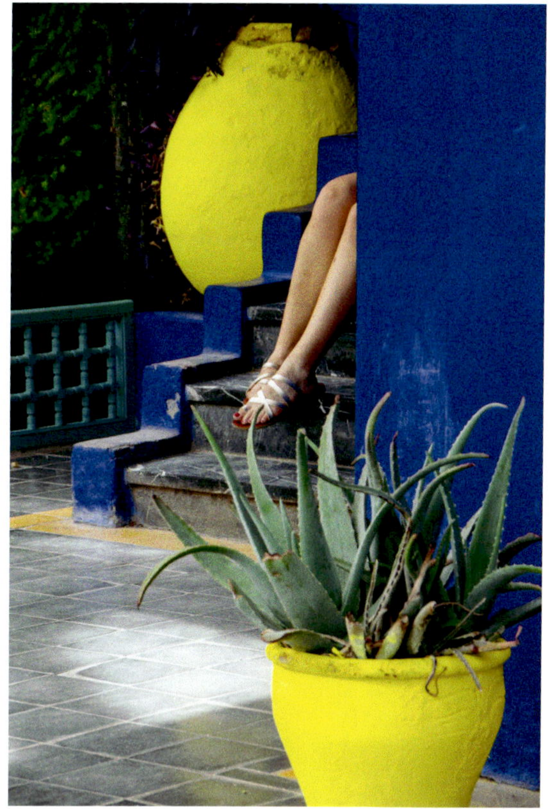

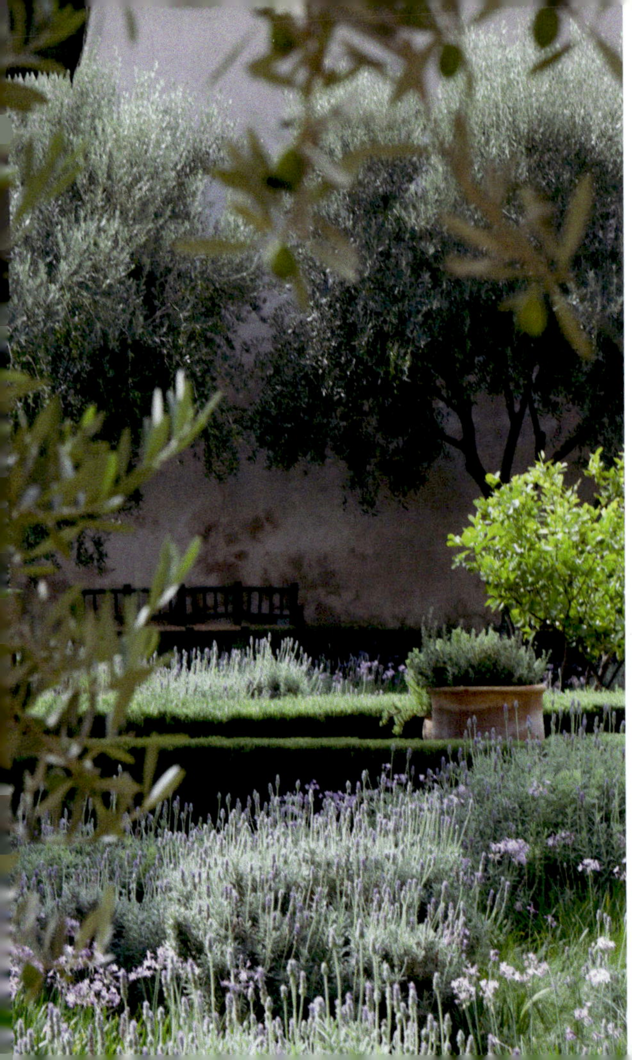

31.631000,
–7.989490

85 mm · ISO 100 · Blende 9 · 1/60 s

JARDIN SECRET

Der Jardin Secret entstand in der Medina von Marrakesch auf einem verwilderten Grundstück, auf dem sich die Reste eines alten Palastes der Saadier befanden. Der Italiener Lauro Milan wollte diesen Ort wieder zum Leben erwecken. In seinem Auftrag komponierte der britische Gartendesigner Tom Stuart-Smith eine Symphonie aus Kakteen und Agaven, Orchideenbäumen, Rosmarinhecken und Zitrusbäumen, hoch aufragenden Palmen, Gräsern und Lavendel. Das Wasser wird durch ein spezielles System (Rhettaras) von weit her geführt, es fließt in kleinen Kanälen und plätschert im Bassin eines Pavillons. Türkisfarbene Fliesen symbolisieren weitere Wasserläufe entlang der Wege. Um die Gärten gruppieren sich mehrere Palastgebäude, die von einem Turm mit toller Aussicht auf die Stadt überragt werden. Der Jardin Secret ist besonders fotogen im Spätwinter und zeitigen Frühjahr, wenn die Zitrusfrüchte gelb und orange leuchten.

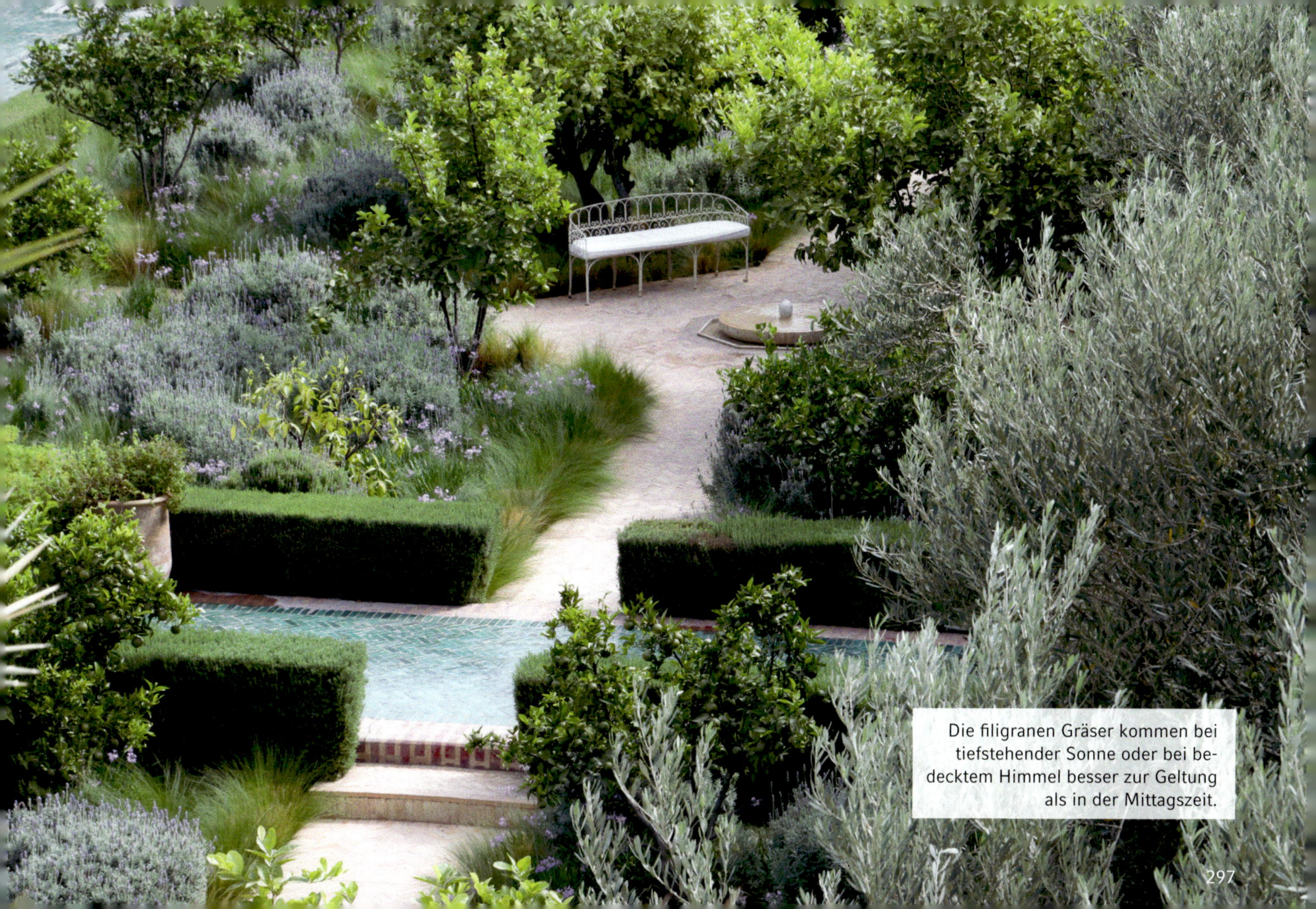

Die filigranen Gräser kommen bei tiefstehender Sonne oder bei bedecktem Himmel besser zur Geltung als in der Mittagszeit.

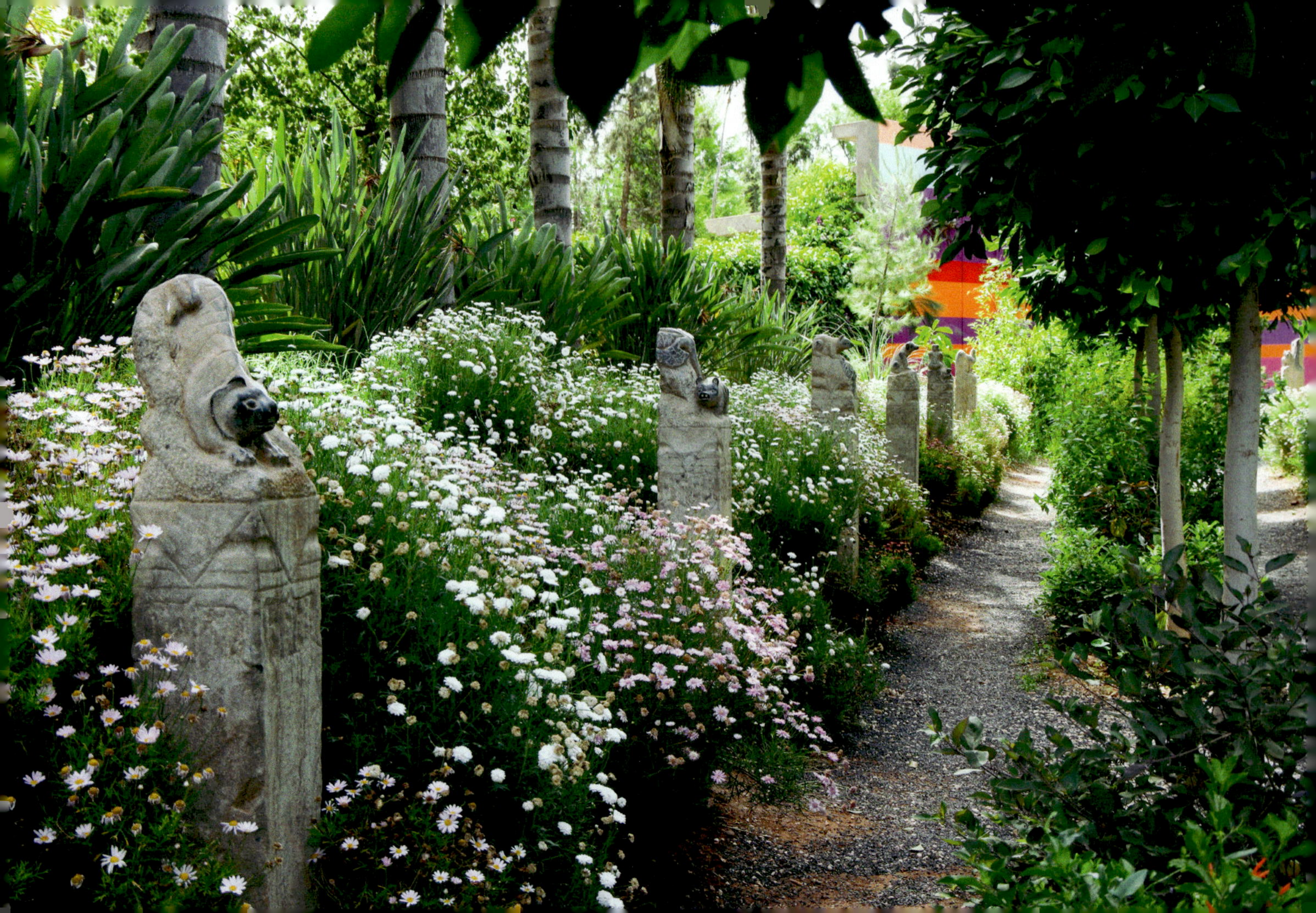

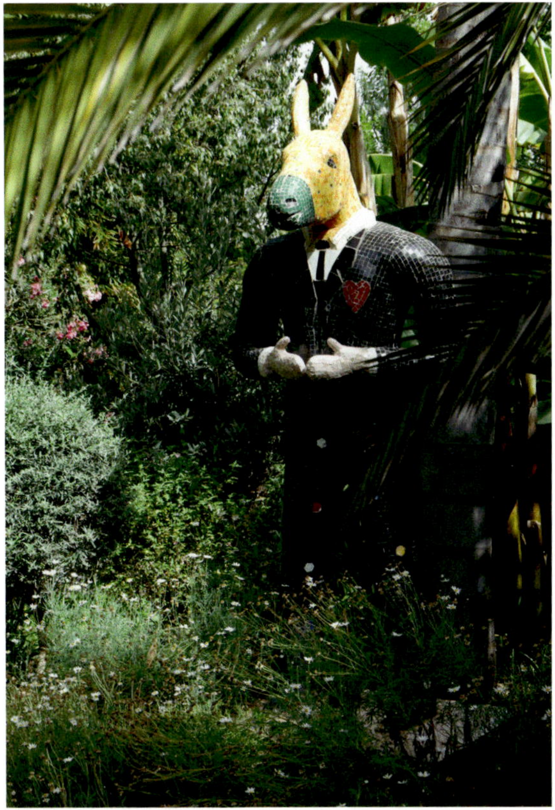

ANIMA GARDEN

Andre Hellers Projekt gilt schon wenige Jahre nach seiner Einweihung 2016 als einer der schönsten Gärten der Welt. Er liegt etwa 45 Minuten außerhalb von Marrakesch. Auf über drei Hektar Fläche schuf der Künstler eine botanische Welt der Magie und Ruhe, seine Vision des Paradieses. Er ließ für diesen Zweck ausgewachsene Bäume und uralte Kakteen entlang verschlungener und schattiger Wege pflanzen, gesäumt von blühenden Rosen und Stauden. Der Besucher stößt an jeder Biegung auf neue Überraschungen: bunt gefärbte Kegel, Skulpturen berühmter Künstler wie Keith Haring oder eine Kopie von Rodin, ein Berberzelt, ein riesiger Mosaikkopf, der Wassernebel versprüht, eine Arche Noah und ein Pavillon inmitten eines Rosengartens mit einem Brunnen voller Rosenblätter.

Viele Skulpturen stellen Tiere und Fabelwesen dar. Sie lassen sich leicht und zugleich eindrucksvoll fotografieren. Einige Pflanzenteile im unscharfen Bildvordergrund sorgen für Tiefenwirkung. 40 mm · ISO 400 · Blende 9 · 1/100 s

31.402715, –7.825927

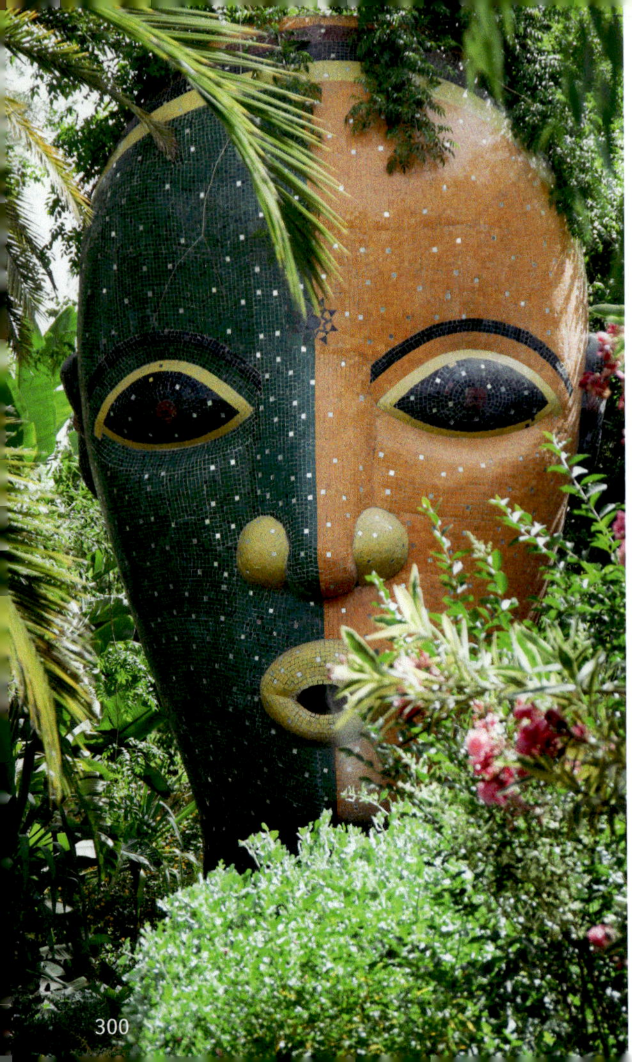

Shuttle
31.624133,
–7.994349

Entspannen kann die Fotografin in einem Café. Das kleine Museum auf dem Gelände zeigt bisweilen auch Fotokunst. Am besten gefällt uns der opulente Garten, wenn hier von Mitte April bis Mitte Mai die Rosen blühen. Anima Garden bietet einen Shuttle Service aus Marrakesch an, die Abfahrt ist in der Nähe der Koutoubia-Moschee.

TIPPS ZUR GARTENFOTOGRAFIE

Das Frühjahr ist in Marokko die beste Zeit für die Gartenfotografie. Meiden Sie die Mittagszeit, dann gibt es unschöne harte Schatten. Leicht diesige Tage sind ideal, weil das Licht weicher ist. Am besten ist der zeitige Morgen, wenn die Sonne noch tief steht und die Pflanzen sich über Nacht von der Hitze des Tages erholt haben. Seitenlicht lässt Strukturen besser hervortreten, moderates Gegenlicht betont den filigranen Charakter von Gräsern und feinem Laub.

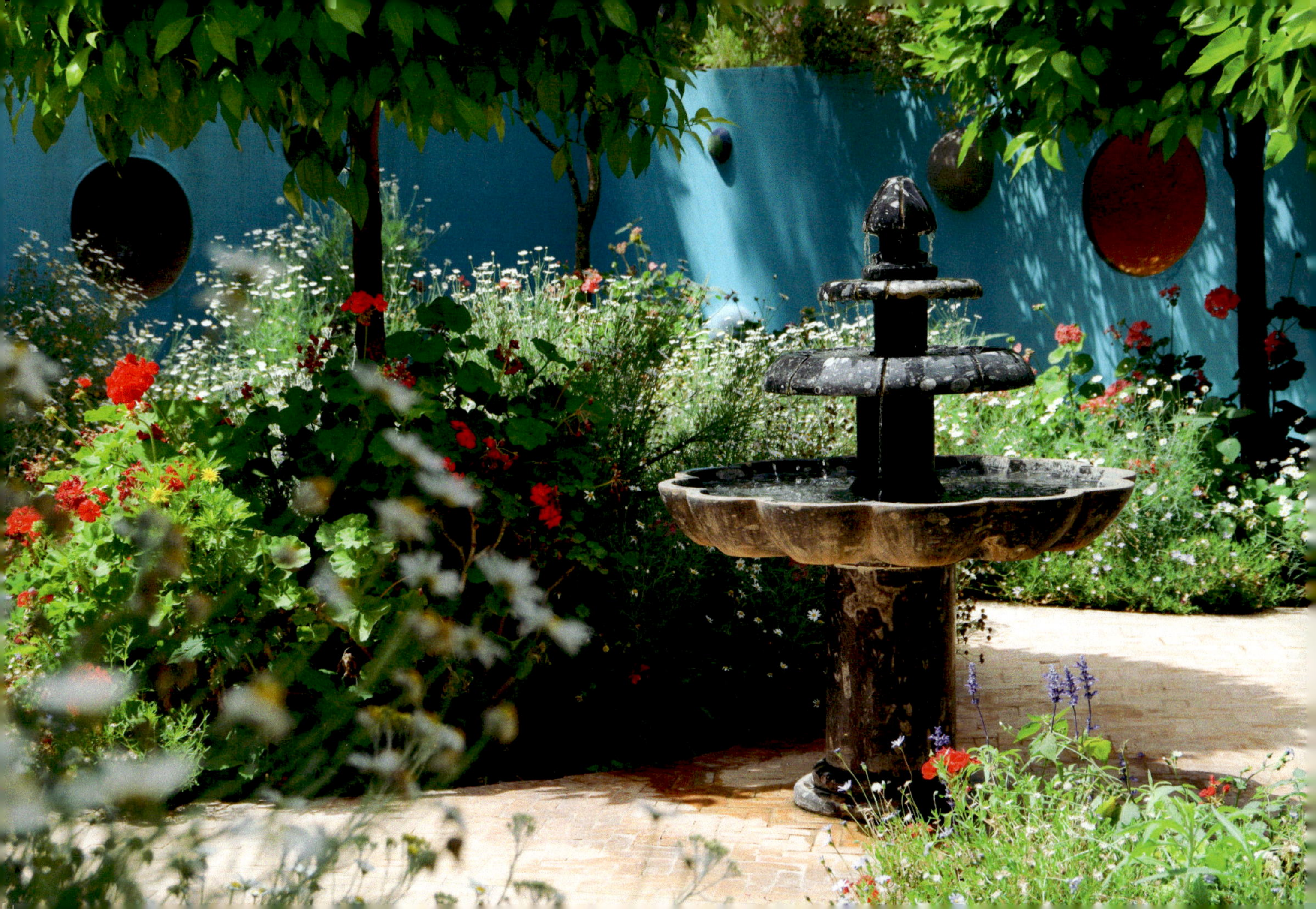

INDEX

G

H

I

J

K

L

M

N

O

P

R

S

T

V

W

Z

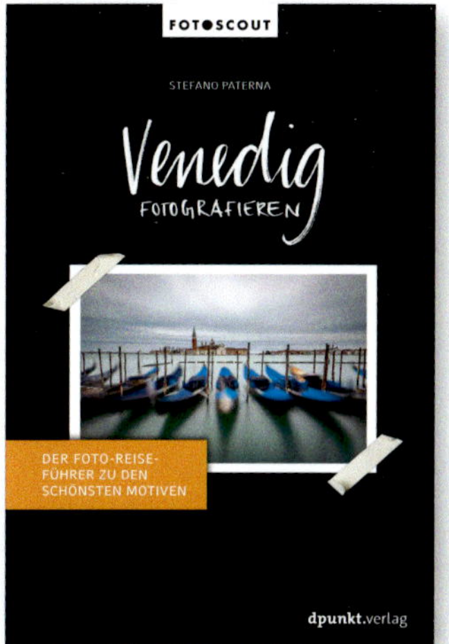

2021
256 Seiten, Broschur
€ 24,90 (D)

ISBN:
Print 978-3-86490-817-0
PDF 978-3-96910-146-9
ePub 978-3-96910-147-6
mobi 978-3-96910-148-3

Sie sind mehrere Tage in Venedig und möchten Typisches fotografieren, ohne in Stereotypen zu verfallen? Oder Sie wollen Neues entdecken, ohne lange danach suchen zu müssen? Der Kölner Fotograf Stefano Paterna ist Ihr Lotse und führt Sie gezielt durch die Lagunenstadt. Gemeinsam mit ihm entdecken Sie unbekannte fotografische Schätze und lernen, wie Sie auch bekannte Motive aus neuem Blickwinkel fotografieren.

Er zeigt Ihnen nicht nur die beeindruckenden Motive von Gondeln, dem Markusplatz und dem Dogenpalast, sondern gibt Ihnen auch nützliche Tipps für das Fotografieren bei »Wind und Wetter«, außerhalb der Touristensaison und abseits der Touristenströme. So verleihen Hochwasser (Aqua alta) und Nebel der Stadt einen besonderen Reiz und sorgen für wunderbare fotografische Motive. Zudem bietet das Buch Informationen für weitere Ausflüge zu den interessantesten Inseln der Lagune.

Dank QR-Codes, die auf Google Maps verlinken, können Sie ganz einfach zu jedem der zahlreichen Fotospots navigieren – scannen Sie dazu einfach den QR-Code mit Ihrem Smartphone.

Stefano Paterna

Venedig fotografieren

Der Foto-Reiseführer zu den schönsten Motiven

Jetzt bestellen unter www.dpunkt.de

dpunkt.verlag
www.dpunkt.de